中国人民大学财务管理系列教材

"十二五"普通高等教育本科国家级规划教材

国际财务管理学

许艳芳　王建英　支晓强　袁　淳　编著

第7版 · 立体化数字教材版

中国人民大学出版社
· 北京 ·

总 序

财务管理学科是我国管理学科中一个新兴的、具有广阔发展前景的学科。中国人民大学自成立以来，在财务管理教材建设和学科建设方面不断探索，推出了一系列高质量的教材，在财务管理界产生了重要影响。这些教材大体上可以分为四批：

第一批教材于20世纪60年代推出，主要包括邢宗教授等编著的《工业企业财务》，向萱培教授编著的《农村人民公社财务》。其中《工业企业财务》一书首次提出了资金运动理论，对我国财务管理理论的发展和财务管理学科的建设做出了重要贡献。

第二批教材于20世纪80年代推出，主要包括向萱培教授主编的《国营农场财务管理》，王庆成教授等编著的《工业企业财务管理》《工业企业财务管理概论》《工业财务管理学》（该书曾参加国际图书博览会展出，获北京市第二届哲学社会科学优秀成果奖），温坤教授等编著的《商业企业财务管理》，李相国教授等编著的《工商企业财务管理》。上述教材以及后来出版的这些教材的修订本，能够较好地适应当时的经济体制和改革开放的要求，是20世纪80年代中国财务管理的主流教材，总销售量超过100万册。

第三批教材于20世纪90年代推出，主要包括王庆成教授主编的《工业财务管理》（列为全国高等教育自学考试统编教材）、《财务管理》（列入注册会计师专门化系列教材）、《财务管理学》（列为全国高等教育自学考试统编教材），王庆成教授和郭复初教授主编的《财务管理学》（获教育部2002年全国普通高等学校优秀教材一等奖），向萱培教授等主编的《农业财务管理学》《农业企业财务管理》，王庆成教授等主编的《财务管理学教学案例》《西方财务管理》《新编工业财务管理》，李相国教授等主编的《企业财务管理》《国际财务管理》，荆新教授、王化成教授等主编的《财务管理学》，王化成教授编著的《企业财务学》等。这些教材较好地适应了我国从计划经济向市场经济转型的要求，既借鉴了国际惯例，又紧密联系中国实际，成为20世纪90年代的畅销教材，总销售量超过200万册。

第四批教材也就是现在这套“中国人民大学财务管理系列教材”（以下简称“系列教材”），于2001年陆续出版，可以看作前三批教材的继承和发展。系列教材经过不断修订和调整，以高品质荣获众多奖项，先后入选“十一五”“十二五”国家级规划教材、北京高等教育精品教材，其中，王化成教授主编的《高级财务管理学（第4版）》荣获首届全国教材建设奖全国优秀教材二等奖。系列教材得到了广大读者的厚爱与支持，被许多高校和单位选用，也成为许多读者个人学习财务管理知识的首选读物。系列教材具有以下特点：

1. 体现教育目标的转变，重视学生素质和能力的培养

我们认为，财务管理专业本科生的培养目标是：培养具有较强市场经济意识和社会适应能力，具有较为宽广的经济和财务理论基础以及相关学科的原理性知识，能够较好地从事公司理财、投资银行业务、财务咨询及其他有关经济管理工作的具有一定专业技能，能够较好把握金融科技等学科前沿和大数据、人工智能等新技术的复合型人才。

上述素质包括基本素质和专业素质。前者指学生作为一个成功的社会人所应有的素质，大体包括政治思想素质、人文素质、心理素质和身体素质；后者则指学生将来成为理财人才所应具备的专业素质，如财务管理业务的熟练程度、财务管理的职业道德、对经济现象敏锐的洞察力、批评性思维和人际交往能力。系列教材力求体现上述素质教育的要求，努力提高学生分析问题和解决问题的能力。

2. 体系结构合理，涵盖财务管理专业学生应掌握的主要内容

最初确定系列教材的构成时，我们经过反复探讨，借鉴国内外财务管理教育改革的成功经验，确定了三个层次九本书。初级类即《初级财务管理学》，主要讲授财务管理的基本理论和基本方法。中级类分别为《筹资管理学》《投资管理学》《分配管理学》《成本管理学》《财务分析学》《国际财务管理学》《计算机财务管理学》，主要讲解通用的财务管理理论与实务。高级类即《高级财务管理学》，主要讲授中级财务管理无法容纳但在经济活动中又经常发生的财务管理业务。实践中，我们发现将筹资管理、投资管理、分配管理分散在三本书中可能会割裂三者的联系，为此合并为《中级财务管理学》。

随着大数据、人工智能的快速发展，我们又新增了《智能财务基础》和《大数据财务分析》，以满足新技术与财务管理专业交叉融合所带来的新需求。

3. 匠心设计，配套立体化数字化教学与学习资源，方便教师教和学生学

财务管理理论与方法框架结构既要充分吸收当代国内外财务研究的理论成果，又要符合我国实际，体现中国特色。其内容和表述形式均应符合中国人的思维习惯、价值观念和文化特征，努力做到在基于中国实际的前提下与国际上通行的理论与方法协调一致。为此我们在努力做好内容的同时，在形式上也做了细致的设计，方便教学。配套丰富的教学资源，如PPT、教学大纲、题库等，方便教师教学。通过视频、音频、图文资料等多种形式为学生提供丰富的立体化数字学习资源，拓展学生的思维。

随着时代的进步和社会经济环境的变化，教材也要不断改进。一套科学的、充分吸收世界先进文明成果并适合我国国情的教材，不可能一蹴而就。系列教材的作者虽然付出了极大的努力，但书中疏漏和错误仍难免存在。我们衷心希望广大读者提出批评、建议，以使系列教材更加完善。

中国人民大学财务与金融系

前　言

20世纪90年代，随着冷战结束，各国经济体制趋同，国与国之间在政治、经济上相互依存，全球化成为一种新的历史趋势。在全球化的浪潮中，中国企业从2000年开始，逐渐走出国门，在全球不同国家和地区进行贸易、生产、销售活动，并在全球范围内进行资金的筹措和投资。最近几年，国际形势日趋复杂，经济全球化与逆全球化的声音交织，包括欧洲、美国等在内的各地区/各国政治经济政策变得动荡，国际关系变得脆弱。在这种复杂的全球化进程中，一方面，各国为了吸引国际投资，提振本国经济，纷纷发布优惠政策。我国很多已经国际化和正在走向国际化的企业，面临积极进行海外部署的决策，在走出国门的过程中，也在逐步积累国际化的经验，展现中国企业的社会责任和风险管理能力。另一方面，逆全球化使中国企业在国际化道路上面临更多政治风险，人民币国际化的进程放缓使中国企业面临更多的外汇风险，中国企业国际化的步伐在一定程度上受到阻碍。这种外部环境的动荡带来的风险和困难，是对我国政府和企业战略智慧的极大考验，企业国际化的相关决策和资金安排较以往更具挑战性。

本书以全球化带来的机遇与风险为背景，介绍国际企业财务管理的相关知识，希望投身经济、金融和企业管理的读者，掌握国际金融的基础知识，并能利用这些知识帮助国际企业进行理财活动，助力国际企业在全球化背景下更好地经营。具体而言，本书包括三部分共11章的内容。第一部分（第1～2章）介绍全球化经营环境下国际企业的财务管理活动，以及国际企业财务管理活动所处的外部环境；第二部分（第3～4章）介绍国际金融的相关知识，包括外汇市场与外汇交易、汇率理论以及外汇风险管理等；第三部分（第5～11章）介绍国际企业财务管理的具体内容，包括国际融资方式与决策、国际直接投资、国际营运资金的管理、国际转移价格、国际纳税筹划、国际财务报告与财务分析等。

本书此次修订基本保持了上一版的风格，并根据国际财务管理理论和实践的发展，考虑国际财务管理教学实践的变化，充分吸纳教师和学生的合理化建议，进行了更新、细化。与第6版相比，第7版主要修改如下：

第一，更新了部分章节的内容。

(1) 增加经济全球化的最新研究成果，以体现思政教学的要求。在第1章中，重新梳理了经济全球化的发展历程，增加了企业经营国际化的相关理论，特别是马克思的国际贸易理论和对外投资理论；结合最新研究成果新增了经济全球化带来的问题以及由此导致的逆全球化问题，并介绍了中国在经济全球化中承担的大国责任，包括“一带一路”倡议和行动、构建人类命运共同体等改善全球治理的中国方案；增加了利益相关者利益最大化目标，强化国际企业的社会责任内容，新增了相关案例。

（2）增加反映最新实践的内容。在第5章“国际融资方式”增加全球债券、绿色债券等内容；在第8章“国际营运资金的管理”加入国际营运资金的数字化管理内容；在第10章“国际纳税筹划”加入反映国际税收协调的BEPS公约内容。

（3）更换正文中的案例。对各章正文中的案例进行了更换，尽量更换为近3年的案例，以反映最新事件。中国企业在国际化进程中积累了大量经验，有许多经典案例，因此在正文中主要选择中国优秀国际企业的最新案例，以反映中国企业的国际化经验和实践，如增加了国家电网发行双币境外债券、京东互联网时代的敏捷资金管理等案例。

（4）更新所有数据。对各章的数据如汇率数据、各国资本成本数据等进行了更新，更换为近期数据，以反映最新的国际环境变化对企业财务决策的影响。

（5）拆分原“国际融资”一章。为适应教学需要，将上一版中第5章“国际融资”拆分为两章，分别为第5章“国际融资方式”和第6章“国际融资决策”，并根据教学需要，增加或删减了部分文字。

（6）增加和修改部分案例和习题等。增加或修改了部分课后案例，更新了课堂案例讨论和网络学习资料，继续打磨习题内容和案例以贴近实务。

第二，增加了数字化立体化方面的内容。

（1）思维导图视频讲解。主要提炼各章的重点内容、各知识点的逻辑关系以及本章与前后章节之间的关系，帮助读者建立全局思维，更好地掌握各章学习的重难点。

（2）章前预习与思考。主要围绕各章的重点内容，以思考题、计算题、小案例的形式，提炼各章核心内容，帮助读者在学习各章内容前，就相关内容进行思考、讨论，便于对各章内容的深入学习。

（3）题库。主要包括判断题、单选题、多选题，并附有答案、解答、难易程度等，便于学生在课后复习、巩固，也便于教师进行随堂测、期中期末组卷并导出。题库使用教程见二维码。

题库使用教程

第三，增加了与党的二十大相关的内容。

本书由中国人民大学商学院王建英副教授、支晓强教授、许艳芳副教授和中央财经大学会计学院袁淳教授共同修订。其中，第1、2、3、4章由王建英执笔，第5、6章由许艳芳执笔，第7、8、9、11章由支晓强执笔，第10章由袁淳执笔。各章课后习题由许艳芳执笔。数字化立体化部分，各章题库由四位编者各自编写，最后由许艳芳统一校对、增补；章节预习与思考、思维导图视频讲解由许艳芳提供、录制。

本书第6版调整了封面署名的作者顺序。需要强调的是，本书一直由王建英副教授负责整体框架的设计，并承担主要章节的撰写工作，付出了许多心血。编写组成员感谢王建英副教授的无私付出。

希望教材的使用者能真切感受我国国际企业在构建人类命运共同体中的责任和作用，了解中国企业与东道国社会、国际市场之间的紧密联系，体会国际财务管理理论和技术在现实世界中的应用和效果，也希望使用教材的师生能够有更灵活的学习方式，拓展自己的思考空间。

本书修订过程中多方征求了此课程任课教师、学生、出版机构相关负责人的意见和建议。在此，向关心本书修订的中国人民大学商学院同人、中国人民大学出版社的编辑，以及使用本书的师生、本书忠实的读者表示真挚的谢意！你们的热心支持和不断促进，是本书不断完善的强大动力。

目　录

第 1 章　国际财务管理导论

知识要点

- 国际财务管理的概念和主要内容
- 企业国际化的历史和逆全球化阻力
- 企业国际化的动因
- 经济全球化的问题与逆全球化的成因
- 国际财务管理的目标和内容
- 国际财务管理的集权和分权

思维导图
视频讲解

章前预习与思考

1.1　国际财务管理的相关概念和内容框架

1.1.1　国际企业、跨国公司、全球公司

从广义上讲，国际企业（international corporation）是指任何超出本国界限从事商业活动的公司，包括各种类型、各种规模的参与国际商务的企业。国内生产、国际销售是国际企业最简单的国际业务。

跨国公司（multinational company）是国际企业发展的较高阶段，是企业国际化程度较高的组织形式，通常被认为是最具代表性的国际企业。根据 1980 年 5 月联合国跨国公司委员会（1994 年改名为联合国国际投资和跨国公司委员会）对跨国公司概念达成的共识，跨国公司是指一家工商企业在两个或更多的国家经营业

务，该企业有一个反映企业全球战略经营政策的中央决策体系，企业内的各个实体共享资源、信息并分担责任。

全球公司（global corporation）是近年来提出的新概念，它是跨国公司全球化发展的新阶段。全球公司拥有全球战略，建立全球管治架构，承担全球责任。与一般跨国公司相比，全球公司的全球化程度大大提高，其跨国指数（海外资产/总资产、海外销售/总销售、海外雇员/总雇员的平均数）超过50%。

本书将对这三种国际化程度不同的企业的基本财务管理问题进行阐述和介绍。在概念的使用上，鉴于全球公司也是跨国公司，同时照顾读者的习惯，本书主要使用国际企业和跨国公司概念，必要时使用全球公司的提法，专指全球公司面临的特殊情况。书中将从事国际业务的所有企业均称为国际企业；如果强调在多国拥有一组企业的公司形式，则称为跨国公司，包括一般跨国公司和全球公司。本书展现的是任意一家国际企业、一般的跨国公司或者全球公司在国际化运营和发展中都有可能面临的具有普遍性的财务管理内容和方法。

1.1.2 国际财务管理的内容框架

本书以国际企业和跨国公司的财务管理环境及其业务环节为基础。

第1章对国际企业及其财务管理进行框架式的介绍，包括国际企业的形成和发展历程、财务管理在国际化过程中的组织、国际财务管理目标的确定。与单纯的国内企业相比，国际企业的业务全球化、股东全球化甚至雇员全球化，使得国际企业财务管理目标的内容和层次更加丰富。跨国公司在不同国家建立子公司和分支机构，多级的组织层次和巨大的环境差异使公司本身存在的委托-代理问题更加严重和复杂，财务管理目标的制定和落实需要更多权衡。

第2章对国际企业在全球化过程中面对的东道国环境和国际环境进行分项介绍。经济一体化和全球企业的出现，不仅造成不同东道国的文化、政治、经济、法律等环境差异对国际企业风险和决策产生影响，而且在互联网的作用下，产品市场、劳动力市场、金融市场等出现一体化趋势，各国及其企业（甚至非国际企业）都不可避免地进入全球价值链，在其中创造价值或分配价值。国际企业财务管理的组织模式、财务管理目标的制定和落实，都受到国际环境的制约和影响。

第3、4章是对外汇理论和外汇风险管理方法的介绍。外汇和汇率是国际企业和跨国公司财务管理面临的最直接的风险，它使得企业的资金存量和流量价值直接发生变化。管理外汇风险是国际企业财务管理最基础的内容。第3章介绍外汇风险形成和汇率预测的理论，第4章介绍企业管理外汇风险的具体手段和方法。

第5～10章按照企业财务管理的环节，介绍国际企业在这些环节的特殊业务和特殊决策。国际企业在全球环境中面对的汇率波动及各国税率、利率等差异，给国际企业三大主要财务管理环节——融资、投资、运营创造了更多的选择机会和决策空间，每一个环节的决策都需要对这些因素进行考量。第5章介绍不同的国际融资方式，第6章介绍国际融资决策，第7章介绍考虑国家风险、企业母公司利益和全球利益的国际投资决策。第8～10章从不同角度介绍国际企业在日常经营中的资金调配、资金转移的方法和纳税筹划。其中，第 8 章从营运资金管理的角度介绍现金管理、应收账款管理、存货管理的方法；第 9 章介绍转移价格在国际企业资金转移中的运用；第 10 章介绍国际企业通过财务和非财务手段进行纳税筹划的方式。

第 11 章介绍国际企业的财务分析与业绩评价。基于国际企业所面临的环境，以及由此导致的财务管理目标、治理方式、决策因素等特点，国际企业对内部单位和全球业绩的分析和评价，需要从企业的全球利益出发，而非仅依据单个企业或单个国家的业绩高低。

本书所涉及的内容对拥有国际业务的企业无疑十分重要，对于没有国际业务的企业而言，由于经济全球化和全球价值链的形成，它们在国内市场也无法回避拥有国际业务的国内同行和进入本国市场的跨国公司的竞争。因此，了解国际财务管理的相关知识，认识这些竞争对手如何受到国际经济环境的影响，利用国际经济环境的变化成长为国际企业，对所有企业都是十分必要的。

1.2　企业的国际化进程

1.2.1　企业国际化的历史沿革

早在 18 世纪，伴随着产业革命带来的国内和国际生产分工，一些国家的企业开始了以商品贸易为主的国际经营活动。随着资本主义的进一步发展，到 19 世纪中叶，国内投资机会逐渐减少，投资利润下降，一些西方国家的资本出现剩余，西方企业的海外活动重心逐渐由贸易转向资本输出。在海外投资初期，间接投资是占主导地位的投资方式，如购买外国公债以及不拥有控股权的股票投资。在此期间，也有一些发达国家的大型企业通过对外直接投资在海外设立分支机构和子公司。例如，1867 年美国的胜家缝纫机公司最先到欧洲进行直接投资。第一次世界大战后的对外直接投资以铁路修建、对殖民地半殖民地资源进行开发等为主，制造业的投资比重较小，而且主要分布在欧美经济发达地区。

由于第一次世界大战造成的巨大破坏，参战各国无力发展对外投资，再加上频繁的经济危机和动荡的金融环境，发达国家企业对外投资的步伐放慢。与间接投资相比，第一次世界大战后的对外直接投资比重有所上升，制造业的投资增长尤为明显。美国、英国和欧洲大陆主要资本主义国家大公司的国外子公司的数量由 349 家增加到 1 441 家。

第二次世界大战之后，主要西方发达国家对外投资增长速度加快，战后 30 年间发达国家对外投资总额增长了近 11 倍，尤其是对外直接投资增长了 318 倍，对外直接投资已经远远超过间接投资，占主导地位。对外直接投资的增长意味着跨国公司数量的增加、规模的扩大，跨国公司在战后成为发达国家对外投资的主体。战后迅速发展的国际金融市场也为企业筹资和投资开辟了新的途径和更广阔的领域，特别是使企业的筹资范围从过去的仅在国内筹资发展为从国外多个渠道筹措资金，促进了企业的国际化发展。

20 世纪 90 年代，随着国际贸易自由化、统一产品标准、信息化的发展，经济全球化①的趋势越来越明显。据统计，全球对外直接投资存量 1979 年为 5 290 亿美元，1990 年为 2 万亿美元，2010 年为 19.9 万亿美元，2023 年达到 49.13 万亿美元。② 在这场风起云涌的全球化浪潮中，跨国公司成为最活跃、最重要的推动力之一。全球扩张使其成为国际生产一体化的主要载体。

跨国公司的全球战略促使它在海外的直接投资、生产、销售、研发等活动在公司全部业务中的比重越来越大，这种按照最优化原则进行资源配置和成本控制的组织形式使得跨国公司成为当今经济全球化的主要执行者。跨国公司不仅在生产要素上进行全球布局，而且将产品价值的创造环节分割后，结合全球资源配置，通过多中心化、外包、并购等手段，在全球范围进行价值链环节的分工，形成在全球范围内通过连接生产、销售、回收处理等过程来实现商品或服务价值的全球性跨企业的网络组织，涉及从原料的采集和运输、半成品和成品的生产与销售直至最终消费和回收处理的全过程，涵盖所有参与者和生产、销售等活动的组织，以及价值、利润的分配。许多发展中国家的企业尽管是国内投资，却通过代工加工、代工设计、原始品牌设计等方式纳入全球价值链，迅速参与全球化的分工和利益分配。

2007 年开始的金融危机和 2010 年开始的欧洲主权债务危机造成发达国家（经济体）跨国公司投资停顿甚至撤离，而参与全球价值链使得发展中国家的企业不论是技术还是管理均得到明显提升，发展中国家在全球化中的步伐加速，海外投资迅速增长，2012 年将近 1/3 的全球直接投资流出量来自发展中经济体。③ 2020 年初开始的新冠疫情导致世界范围的对外直接投资急剧下降。2020 年发达国家（经济体）跨国公司的海外投资减少了 56%，发展中国家（经济体）跨国公司的海外投资只减少了 7%。由此导致发展中国家（经济体）对外投资流出量占到了 53%。2020 年，中国对外直接投资同比只下降了 3%，达到 1 330 亿美元，中国成为全球最大的对外投资国。2024 年，中国对外非金融类直接投资 1 438.5 亿美元，同比增长 10.5%。④ 可以说，2008 年后，企业国际化的主角逐步由发达国家转为发展中国家。尤其是中国，在“一带一路”倡议下，企业国际化的步伐越来越快。

1.2.2 企业国际化的动因

企业为什么会走出国门，开展国际贸易和对外投资？传统上对企业走向海外的解释包括：

1. 马克思的国际贸易理论和对外投资理论⑤

马克思对国际贸易和国际投资原因的阐释，是从资本主义生产关系的角度进

① 经济全球化，指世界各地主要通过贸易和资金流实现的经济一体化，也包括人员（劳动力）和知识（技术）跨越国际边界的流动。IMF. Globalization: Threat or Opportunity?. April 12, 2000 Corrected。

② 联合国贸易和发展会议. 世界投资报告 2024.

③ 联合国贸易和发展会议. 世界投资报告 2014. 北京：经济管理出版社，2014.

④ 商务部：2024 年对外非金融类直接投资 1 438.5 亿美元，同比增长 10.5%. 第一财经，2025 - 01 - 21.

⑤ 刘国晖，吴易风. 国际贸易理论：马克思经济学与西方经济学的比较. 政治经济学评论，2015 (7).

行的。

对剩余价值的追求是资本主义生产的决定性动机和最高目的。为了获取更多剩余价值，资本会努力提高劳动生产率，导致形成平均利润率下降的趋势。为了防止利润率下降，甚至为了追求超额利润，资本主义生产方式从其确立的那一刻起就与对外贸易和对外投资紧密相关。

通过对外贸易可以进口更为廉价的机器和生活资料，降低不变资本要素价格和可变资本（劳动力）成本。在对外贸易中，比较发达的国家所生产的商品是和生产条件较为不利的其他国家所生产的商品进行竞争，因此，比较发达的国家能够以高于其商品价值更多的价格售卖商品，通过对外贸易实现超额利润。

当资本发现在国外能够获得更高利润率时，资本就会输出投资。例如，殖民主义时期，由于使用奴隶和苦力等，劳动的剥削程度非常高，能够提供较高的利润率，因此资本有动力在殖民地投资，获取更高利润。

在生产社会化和资本主义生产资料私有制之间的基本矛盾的作用下，生产的相对过剩就成为资本主义生产方式本身无法克服的天然缺陷。对外贸易能够起到一定的补救作用，因为对外贸易可以销售过剩的商品。但这一手段反过来又成为导致资本主义生产方式在更大范围内出现问题的原因，这也是导致当前逆全球化的深层次问题的根源。

2. 比较优势理论

各国包括自然资源、技术资源、人力资源等在内的不同生产要素的丰裕程度和质量存在差异，生产不同产品所需的生产要素比例也不同，这使得一些国家在生产同一产品时拥有更低的成本，或者在不同的产品生产上具有比较优势或成本优势，从而形成出口时的价格优势。

即便一国在两种商品的生产上较另一国处于劣势，也可以通过专门生产并出口其绝对劣势相对较小的商品，同时进口其绝对劣势相对较大的商品，而使各自资源获得最大利用。我国改革开放之初，江浙、广东一带的中小企业大规模从事来料加工、贴牌加工等出口业务获得发展，正是这一理论的最好见证。泰国、马尔代夫等国家主要发展国际旅游也是同样的道理。

同样，不同国家的资源不可转移或者转移成本过高，也会导致企业选择低成本生产要素国家进行投资。例如，为了利用发展中国家廉价的劳动力，许多发达国家将传统的制造业生产工厂转移到发展中国家；或者为了尽可能地避免受制于供应商，自行控制这些关键要素，到拥有关键要素的国家建立子公司或合资企业。例如，轮胎公司到海外发展橡胶种植园，石油公司到中东开发新油田。

3. 产品生命周期理论

产品的生命周期通常分为三个阶段：创新阶段、成熟阶段和标准化阶段。不同阶段中比较优势的变化决定了对外直接投资的动机、流向和时间。创新阶段产品的生产设计、投入品组合、组装过程以及最终规格尚未标准化，新产品的价格弹性也通常较低，对产品不断改进比到他国投资降低成本更重要。企业因此倾向于选择在消费者、供应商、竞争者信息更充分便捷的国内生产和销售。产品成熟阶段出现了规模经济，企业更关注降低生产成本，而且产品的需求迅速扩展到其他国家，企业开始考虑到产品消费国建厂，减少运输成本。当产品进入标准化阶段时，随着竞争的加剧，原有的技术垄断优势完全丧失，企业会向生产成本更低的发展中国家转移。这个理论解释了发达国家的创新企业如何一步步从国内生产，到在消费产品的发达国家办厂，再进一步向发展中国家转移生产的过程。

4. 国际生产折衷理论

不同企业在特定产业里的经营能力不同，有些企业在某一特定产品生产上与产业内同行相比具有所有权优势，比如拥有特别的技术专利、管理能力、产品差异、营销能力或者规模经济等。由于市场不完善，这些优势可能无法被准确定价，而且可能被竞争者以更低成本获得，企业对外直接出售这些技术和知识的交易成本可能会变得很高。生产者抉择是在企业内部组织生产还是对外出售这些所有权优势时，主要考虑的是内部管理成本与通过市场出售的交易成本的比较。通过企业内部市场取代外部市场，可以节省交易成本与提高协作效率，获得内部化优势。

如果正好有东道国存在企业需要的无法流动或不易流动的要素优势，以及东道国政府对外资的鼓励政策，企业就可以通过对外投资的形式，并进一步在全球范围整合价值链中的专业化国际分工，获取更大的国际市场份额，创造更高的垄断优势和规模经济效益。如果不存在这样的东道国，则企业只能通过内部化的规模生产，再将商品出口。

5. 企业国际化的其他理论解释

（1）取得战略性资产。企业战略性资产主要是基于知识的资产，例如企业的销售网络、管理经验、技术实力、品牌价值、公司信誉等。企业通过并购等对外投资方式，可以获取战略性资产，这对于解释发展中国家在发达国家的国际直接投资（FDI）具有显著意义。中国目前的对外直接投资仍然以战略性资产获取为主。这对于理解中国企业近十年在国际产业价值链中并不完全具备优势地位的情况下，仍然在发达国家大量开展跨国并购有很大意义。

（2）靠近市场。尽管企业通过国内工厂生产可以形成规模经济，但是考虑到运输成本、贸易壁垒等因素，出口的总营销成本可能很高。如能安排在靠近国外市场的地方生产，总营销成本可能较低。当总营销成本超过规模经济时，企业更倾向于对外投资。

（3）分摊研究与开发成本。研究与开发成本的增加和产品生命周期的缩短，使得产品成本上升，但是产品的更新速度加快，要维持在相关领域的经营，公司必须进入更大的世界市场，以便分摊过去的研究与开发支出，并支持不断发展的研究与开发工作。例如，大型软件的开发成本非常高，被替代的速度也非常快，只有迅速地在全球销售，才能最快收回研究与开发成本，降低风险。

案例 1-1

我国企业在德国的技术获取型并购

2010 年中德双方签署了《中德关于全面推进战略伙伴关系的联合公报》，双边关系进入持续深化发展阶段。2015年，《中国制造2025》报告中明确指出要积极利用全球资源和市场，提升制造业开放发展水平。2016年，《"十三五"国家科技创新规划》发布，规划指出，核心电子器件、高端通用芯片及高档数控机床与基础制造装备等领域的技术突破成为我国未来科技发展的重点方向。德国作为制造业强国，许多企业在高端制造领域具有领先优势。因此中国企业力图通过并购交易加强双方在上述领域的合作。2015—2017年，中国企业在德国技术获取型并购规模急剧扩大。2017—2018年，德国收紧了外资审查力度，中企在德国技术获取型并购交易的数量和金额明显下滑。

中国企业在德国进行技术并购主要集中于德国具有优势的工业及商用机器和计算设备、运输工具、化工制品（包含橡胶和其他塑料制品）以及电子设备及零部件（除计算设备外）四大制造行业，这四大行业的并购数量和金额合计分别占到中国企业在德国技术并购数量和金额的78%和84%，工业及商用机器和计算设备行业属于机械设备制造业。德国的高端机械制造企业在技术上更具领先优势，因此该行业的企业也最受中国投资者青睐。例如，广东美的收购的德国库卡是全球领先的机器人及自动化生产设备供应商，收购库卡有利于美的深入全面布局机器人制造产业，同时库卡也将帮助美的进一步升级生产线及系统的集成自动化水平，从而大幅提升美的集团的生产效率。

运输工具行业的并购主要来自汽车制造企业。2010—2018年，中资企业在德国完成的19起运输工具并购中有16起涉及汽车制造业。德国是全球汽车制造业强国，目前德国汽车正着力进行新能源汽车以及无人驾驶领域的研究。2018年2月，吉利汽车收购戴姆勒公司9.69%的具有表决权的股份，此次收购有助于吉利加强与戴姆勒在汽车技术领域的合作，2018年3月，吉利与戴姆勒在全球范围内联合运营推动Smart品牌转型，致力于将其打造成为全球领先的高端电动智能汽车品牌。

此外，中资企业通过收购德国化工产品制造和电子电器领域企业，实现了在这些领域的技术升级。例如，2016年，中国化工集团全资收购了德国克劳斯玛菲集团(Krauss Maffei)，该企业是全球极少能提供注塑、挤塑和反应技术等全套工艺的塑料和橡胶加工机械设备制造商之一。2017年，立讯精密工业全资收购了德国汽车供应商采埃孚（ZF）的车身控制系统部门，该部门生产包括复杂开关、转向柱控制模块和阳光感应器等多个关键元件。此次收购有助于立讯发展先进人机界面方案，迎合了汽车产业智能化的发展趋势。

资料来源：陈双，冷祥彪. 我国企业在德国技术获取型并购风险研究：基于PEST-SWOT模型分析. 科技管理研究，2020（11）.

1.2.3　经济全球化的问题与逆全球化成因

发达国家曾经是经济全球化的推动者，特别是第二次世界大战之后，美国主导重构了以经济自由化为核心思想的全球化规则体系并沿用至今，这个体系强调以市场为导向，跨国交易不受限制。依托经济自由化发展起来的经济全球化，在一定范围优化了资源配置，促进了经济增长，带来全球化红利。

但是，经济自由化的基础存在天生的缺陷，给发展中国家带来了严重的利益分配不公问题，且发展中国家在当前体系中没有或缺少话语权，因此通常只能作为经济全球化的被动接受者承担全球化带来的损害。

随着经济全球化的深入，发达国家获得的大量全球化红利因为内部分配不公，产生严重的社会问题；同时，发达国家与在全球化中受益的发展中国家之间的矛盾冲突加剧。这导致目前世界上出现了以发达国家为主的逆全球化趋势。

逆全球化（deglobalization）是一个与全球化完全相反的过程，是由全面开放退回到有条件开放，甚至封闭的过程。① 逆全球化在经济上的具体表现包括更多贸易壁垒和外资限制政策，以及因此导致的全球对外直接投资和贸易降速甚至萎缩。

具体而言，在历史上和当前国际环境中，经济全球化导致世界各国面临不同的问题和矛盾。

1. 建立在不平等基础上的经济自由化损害多数发展中国家的利益

在当前的全球化规则体系中，资本是市场中凌驾于其他生产要素之上的力量，资本拥有绝对的话语权。拥有充足资本的发达国家和资本不足的发展中国家在进入市场时就不在同一条起跑线上。由于资金和技术弱势，发展中国家在全球化过程中受到不公平对待。按照比较优势理论，它们提供的主要是原材料、劳动力等要素，以及以农产品为主的产品。在发达国家资本垄断产品价格和资源价格的情况下，这些生产要素只能获取很低的报酬，农产品和低端加工品也只能获取很少的利润，并且在发展中很容易被锁定在低水平发展的路径上。同时，发展中国家为了获得发展所需资本，需要将其本来就微薄的增长收益的一大部分支付给提供资本的发达国家。当发生经济波动时，这些发展中国家会周期性地陷入债务危机。

2. 全球化红利在发达国家内部分配不均造成国内矛盾

在发达国家，跨国企业和金融、信息技术行业因全球价值链配置和资本的快速流动，成为全球化的最大受益者，从业者的收入也普遍高于本土企业和其他行业。富人可以利用全球化的便利在全球范围配置资产获得更高收益，其财富的增值速度远快于中低收入阶层。

资本逐利目标的产品出口和产业转移打破了发达国家原有的生产结构，导致传统产业人群失业、贸易出现逆差等一系列问题。而发达国家现有的政治体制无法将从全球化获得的利益从高收入的金融、新兴产业和富人阶层转移到低收入人群和低收入地区，进一步加大了社会收入差距，导致阶层分化、区域分化等社会割裂问题。例如，20世纪80年代全球化加速以来，美国的收入分配状况急速恶化，进入21世纪后，占总人口0.1%的富人的财富占比逼近20%关口。在过去的几十年中，只有上层40%的人感受到了社会进步，底层60%的人感觉处于停滞状态。②

发达国家日益扩大的贫富差距在这些国家内部产生了逆全球化的社会基础，面对越来越严重的问题，这些国家的政府必须考虑如何缓解国内社会矛盾。实施贸易保护主义政策提升本国从业人员的工资水平，通过鼓励措施引导制造业回流本国，逆全球化成为发达国家缓解社会矛盾的选择。

---

① 佟家栋，等．“逆全球化”与实体经济转型升级笔谈．中国工业经济，2017（6）：7-15．

② 万广华，朱美华．“逆全球化”：特征、起因与前瞻．学术月刊，2020（7）．

3. 从全球化中受益的发展中国家让发达国家感受到威胁

一些发展中国家进入现有的全球规则体系后，尽管受到经济自由化的国际资本剥削，但是它们通过内部积累资本等方式实现了工业化，并利用开放国内市场换取国外技术或跨国投资获取战略资源等方式，实现效率改善和技术升级，成功跳出了现有的国际分工体系，甚至在一些前沿领域超越发达国家。

自由贸易和资本自由流动促进了这些发展中国家国力和国际话语权的提升，造成发达国家原有垄断地位的动摇。为了维护自身利益，一些发达国家放弃已经不能给它们自己带来更多利益的经济自由化，试图通过实施贸易保护和投资限制等逆全球化政策，遏制发展中国家进一步从全球化中受益，将其内部社会矛盾归咎于经济全球化也成为一种政治手段和目标。

1.2.4　企业国际化面临的逆全球化阻力

经济全球化并非一帆风顺。1914—1945 年两次世界大战期间，世界经济大萧条曾导致各国纷纷开启贸易保护政策，出现逆全球化。20 世纪 80 年代以来，随着发展中国家主动参与经济全球化，经济全球化在整个世界范围不断深入。2016 年，英国脱欧公投，特朗普当选美国总统，国际环境中以欧美为代表的逆全球化趋势突现，2020 年的新冠疫情更加剧了逆全球化的程度。

2009—2014 年，全球每年新发布的有利于外国投资的政策比例都在 50%以上，而到 2020 年，则不到 40%。① 与此相反，直接限制外国投资的政策比例，2015 年为 14%，之后一路上升到 2020 年的 41%。2020 年，主要由发达经济体引入的监管或限制性措施数量增加了一倍多。② 2023 年，各国采取的投资政策措施数量比 2022 年下降了 25%，有利措施和不利措施之间的总体平衡没有变化。③

新冠疫情加重了各个国家鼓励产业回流、重塑产业链的决心。以美国、日本、德国等发达国家政府为首，许多国家纷纷表示支持本国企业回迁产业链或加强本国产业保护。例如，2020 年 4 月初，美国国家经济委员会主任库德洛表示，美国政府愿意支持美国企业迁出中国，搬迁支出可以计入相关费用抵扣；2020 年 4 月 7 日，日本政府出台了追加预算方案，其中 2 200 亿日元（约 20 亿美元）用于资助企业把生产地点迁回日本，提供 235 亿日元资助企业将生产从中国转移到其他国家；德国政府 2023 年 4 月 8 日宣布修改《对外经济法》，旨在对非欧盟国家投资实施更加严格的审核，执行更加严格有效的审核标准，以避免关键漏洞。④

从影响看，这类政策对全球外商投资（对外投资的流入量）的打击远远超过金融危机的影响。2005—2007 年，全球外商直接投资均值为 1.425 万亿美元，经历

---

① Simon J. Evenett, Johannes Fritz. Advancing Sustainable Development With FDI: Why Policy Must Be Reset. 27th Global Trade Alert Report, 2021.

② UNCTAD. World Investment Report 2021. https://unctad.org/system/files/official-document/wir2021_en.pdf.

③ 联合国贸易和发展会议. 世界投资报告 2024.

④ 周建军. 全球产业链的重组与应对：从防风险到补短板. 学习与探索，2020 (7).

2008 年金融危机后的下滑和复苏，2016 年达到高点，超过 2 万亿美元。但是从 2017 年开始，这个数字一路下滑，2020 年降到 1 万亿美元，比全球金融危机后的谷底（2009 年）低了近 20%。① 2023 年，全球对外直接投资下降 2%，为 1.3 万亿美元。②

在国际贸易领域，贸易保护主义政策更早抬头。自 2008 年 11 月二十国集团（G20）领导人首次在危机模式下会晤以来，全球各国政府实施的大规模保护主义措施共达 348 项。截至 2019 年 4 月中旬，新出台的重大保护主义措施在 2009 年和 2015 年达到顶峰。2023 年，世贸组织成员通报的技术性贸易措施数量超过 6 000 项，达到 6 061 项。③

根据世界贸易组织（WTO）的统计数据，受金融危机影响，全球贸易增速由 2007 年的 6.7%下降至 2008 年的 2.92%；受贸易保护主义政策影响，2008—2017 年 10 年间全球贸易增速均值仅为 3.09%，远远低于危机前 10 年年均 6.7%的增长率。④ 2018 年增长仅为 2.9%，2019 年则下降到 0.1%。2023 年，全球贸易总额为 23.8 万亿美元，比 2022 年下降 4.6%。⑤

本次逆全球化以发达国家为主，而发展中国家成为维护经济全球化的重要力量。2018 年，亚洲区域发展中国家采取的 32 项政策措施是关于自由化、促进和便利投资的，只有 2 项政策措施是关于限制或新规定的。相比之下，发达国家采取了 21 项旨在加强限制或条例的投资政策措施，而只有 7 项措施更有利于投资。2019 年，发展中经济体采取的 52 项政策措施是关于自由化、促进和便利投资的，只有 11 项政策措施是关于限制或新规定的。2023 年，发展中国家 86%的措施对投资者有利，发达国家 57%的措施不利于投资者。⑥

1.2.5 应对逆全球化的中国方案

虽然经济全球化在现阶段遇到严重的问题，但是过去几十年间形成的全球价值链已经把世界各国和人民紧密地联系在一起。不同国家的产业结构之间优势互补，生产要素在全球的配置日益明显，彼此之间的依存度也大大增强。

以中国为代表的发展中国家在全球化过程中探索积累了成功的发展经验，实现了技术进步和经济增长。从 2011 年起，中国就成为世界数一数二的贸易出口大国，2018 年以后，中国的对外投资流量升至全球第二，2023 年，中国对外直接投资流量达 1 772.9 亿美元，较 2022 年增长 8.7%，连续 12 年位列全球前三。⑦ 在全球化中，中国从刚加入 WTO 时的规则制度的服从者，发展到制定规则制度的参与者，

---

① UNCTAD. World Investment Report 2021. https://unctad.org/system/files/official-document/wir2021_en.pdf.

② 联合国贸易和发展会议. 世界投资报告 2024.

③ 2023 年世贸组织技术性贸易措施通报数量创历史新高.（2024-01-31）. 商务部网站.

④ 董琴. "逆全球化"及其新发展对国际经贸的影响与中国策略研究. 经济学家，2018（12）.

⑤ WTO. World Trade Statistical Review，2019/2020/2024.

⑥ UNCTAD. World Investment Report，2019/2020/2024.

⑦ 2023 年度中国对外直接投资流量公报.（2024-09-24）. 商务部网站.

现在则成为规则发展方向的引领者，主动承担起推动经济全球化的责任。

1. 构建人类命运共同体价值观

以往的经济全球化建立在不平等起点的经济自由化竞争基础上，当全球化已经将世界各国深度链接的时候，经济全球化产生的问题最终会从一个国家波及全球，不仅损害了发展中国家，发达国家也会被这样的制度后果反噬。2013 年的博鳌亚洲论坛上，中国政府发出了坚持和平发展路线，构建人类命运共同体的呼吁。2017 年，联合国首次将“构建人类命运共同体”写入联合国决议。

2. 构建人类命运共同体强调共赢共享的全球治理理念

基于人类命运共同体价值观的经济全球化，不仅要求在市场化基础上继续保障经济的合理自由流动性与多边规则的公平性，同时强调多极共治，强调国家不论大小、强弱、贫富一律平等，参与经济全球化的国家在平等发展的同时，能够共同分享全球贸易治理的成果与收益。

3. 发起和落实“一带一路”倡议

作为具体行动，中国向世界发出“一带一路”① 倡议并推动具体合作的落实。“一带一路”起于中国，连接亚洲、非洲和欧洲，沿线大多是新兴经济体和发展中国家，是世界上跨度最长的经济走廊。通过“一带一路”这一大型国际合作平台，沿线各国共同构建全方位、多层次、复合型的互联互通网络，政策沟通、设施联通、贸易畅通、资金融通、民心相通，实现沿线各国经济政策协调，促进经济要素有序自由流动、资源高效配置和市场深度融合，各国得以共同打造开放、包容、均衡、普惠的区域经济合作架构，共同实现多元、自主、平衡、可持续的发展。

截至 2023 年 8 月 24 日，中国已经同 152 个国家和 32 个国际组织签署了 200 多份共建“一带一路”合作文件。② 2023 年，中欧班列全年开行超过 1.7 万列，通达境外 25 个国家的 200 个城市③；2023 年，中国对“一带一路”共建国家投资 407.1 亿美元，在共建国家承包工程完成营业额 1 320.5 亿美元④；共建国家企业也看好中国的发展机遇，在华新设企业 13 649 家，直接投资 1 221 亿美元⑤。

为给“一带一路”倡议下的经贸合作和互通互联提供投融资支持，2014 年 12 月，中国成立中长期开发投资基金“丝路基金”，重点围绕“一带一路”建设推进相关国家和地区的基础设施、资源开发、产能合作和金融合作等项目，进行中长期的股权投资和融资。

4. 发起成立亚洲基础设施投资银行

交通、通信、能源等基础设施是发展中国家摆脱贫困和落后，实现与世界贸易、交流，从经济全球化中获得发展机遇的前提，但是发展中国家在基础设施的投入上缺乏必要的资金。2014 年 10 月，包括中国、印度、新加坡等在内的 21 个首

---

① “一带一路”是“丝绸之路经济带”和“21 世纪海上丝绸之路”的简称。
② 我国已与 152 个国家、32 个国际组织签署共建“一带一路”合作文件.（2023-08-24）. 新华网.
③ 高质量共建“一带一路”走深走实. 经济日报，2024-02-22.
④ 中国企业在共建“一带一路”国家直接投资存量超 3 300 亿美元.（2024-10-02）. 新华网.
⑤ 国家统计局：2023 年实际使用外商直接投资额 11 339 亿元，下降 8.0%.（2024-02-29）. 新浪财经.

批意向创始成员的财长和授权代表在北京签约，成立亚洲基础设施投资银行，简称亚投行（AIIB）。2015年12月25日，亚投行在北京正式成立。亚投行从成立时的57个创始成员（37个区域和20个非区域），到2024年9月，已经拥有110个获得批准的成员，约占全球人口的81%和全球GDP的65%。① 亚投行吸收成员的资金，向成员和成员境内经营的机构、实体或企业，以及与亚洲经济发展有关的国际或区域机构或实体提供融资或融资便利，提供资金的手段包括贷款、权益投资以及担保等。到2024年10月，已经批准286个项目投入近550亿美元。②

1.2.6 企业国际经营的方式

企业从事国际经营的方式有很多，主要有产品出口、对外经济合作、许可经营、特许经营、合资、新建境外子公司、跨国并购等。其中，合资、新建境外子公司和跨国并购可称为对外直接投资。企业国际化程度如何、承担的风险和收益如何都与采用的方式有直接关系。

1. 产品出口

产品出口是最简单、风险最小的国际经营方式。它所需要的初期投入较少，见效快，而且资金投入和使用都在国内，相对于在国外投资，风险要小得多。特别是当出口遇到进口国政治或经济环境变化而减少时，公司可以较低的成本减少或终止这种经营。产品出口往往是企业迈向国际化的第一步，也是成熟的跨国公司探索新市场的一种方式。

按照出口企业与中介或中间商的关系，产品出口分为间接出口和直接出口。在间接出口的情况下，本国市场的中间商向企业提供出口所需的服务，出口企业与国外没有直接联系。小企业或新的出口企业通常因缺乏介入国际市场的经验，或出于成本等因素的考虑，愿意采用间接出口方式。与间接出口相对应，直接出口是指出口企业直接与国外市场的中间商或最终用户联系开展出口业务。直接出口的企业通常利用国外销售代理、国外分销商或国外零售商将产品销售给最终用户，也有许多企业在国外建立自己的销售分支机构。

2. 对外经济合作

对外经济合作是指向国外提供工程承包、物料采购、技术咨询以及提供劳务和技术服务等的经营方式，这种方式实际上是劳务和服务的出口。目前在国际市场上，这种方式已经成为各国非贸易交易的重要内容。这类业务一般通过在项目的国际招标中中标取得。对外经济合作的风险因不同的业务而有所不同，比如对外工程承包一般金额较大，利润较高，但风险也较大；对外提供劳务合作只提供劳动力，资金投入较少，风险也较低。

3. 许可经营

许可经营是许可方企业向被许可方提供技术，包括版权、专利技术、技术诀窍

---

① 共绘发展“同心圆”，亚洲基础设施投资银行全球成员总数增至110个.（2024-09-27）. 国际在线.

② 亚投行批准286个项目近550亿美元，援助超1 500亿投资.（2024-10-28）. 东方财富网.

或商标以换取使用费的一种经营方式。当许可方企业和被许可方企业分别位于不同国家时，就形成了国家间的许可经营。这种方式也可以看作技术出口。根据被许可方的不同，这种国家间的许可经营可区分为国际企业对外许可经营和国际企业内部的许可经营。前者的被许可方是国际企业之外的独立企业，后者则是国际企业内部的海外子公司。国际企业与海外子公司之间的许可经营可以用于企业内部转移资金或利润，实现企业的总体效益。而通过与国外的独立企业签订许可协议，国际企业可以在不投入任何资金的情况下取得收益，因而风险很低，并且简便易行。不仅如此，通过许可经营，国际企业还可以获得额外资金弥补高额的研发成本。另外，由于许可经营通常许可的技术，在本国投入使用时间较长，很难再取得正常收益，但对于被许可方仍有利用价值，因此可以利用这些技术为国际企业带来二次收益。许可经营的最大缺陷是许可方很难对国外的被许可方进行控制，可能导致被许可方成为许可方的竞争对手或障碍。

4. 特许经营

特许经营是一种特殊的许可经营方式，特许经营的许可方通过向被许可方提供全套专业化的企业经营手段，包括商标、销售或服务策略和培训等，定期取得特许权使用费，被许可方则必须同意遵守严格的规则和程序以实现经营的标准化。特许权使用费通常以被许可方的销售收入为基础收取。著名的国际特许经营商有麦当劳、肯德基、DQ、假日酒店等。与许可经营一样，特许经营使国际企业能在国外用不多的投资占领市场并取得收益。

5. 合资

合资是指来自不同国家的两家或多家企业通过在一家独立企业中分别拥有所有权进行的合资经营。合资可以使两家企业在一个项目上发挥各自的优势。例如，一些中外合资企业中，中方提供低廉的劳动力和原材料，外方则提供中方所需的技术、管理经验和资金。合资还可以使国际企业在进入一个陌生的国外市场时节约大量资金，降低进入市场的风险。例如，可以充分利用合资方对当地市场的了解和对消费者习惯、偏好的熟悉以及在当地市场上已经建立的销售网络和知名品牌，减少了解市场的初期投入，降低投资成本。有时合资还是国际企业进入某国市场的唯一方法，比如我国政府将外商在我国某些行业的投资比例限定为49%以下，外商要在这些行业投资只能通过合资的形式。合资的过程是合资双方风险共担的过程，在项目投资数额巨大时，可以减少国际企业的风险。但是，合资的一个重要缺陷是合资双方容易因文化差异、管理方法差异等发生冲突，甚至最终导致合资失败。在合资过程中，国际企业由于持股比例的原因，很难完全按照自己的意愿运用自己的管理系统，比如质量管理、作业管理、信息管理系统等，也较难将合资企业的资金和利润在自己的子公司之间进行合理分配和转移。

6. 新建境外子公司

国际企业可以通过在其他国家新建任何类型的子公司（从事研究与开发、销售、生产等），打入国外市场。这种方法需要大量的投资，从投入到取得收入的时间较长，而且要承担相当大的风险，在某些时候可能导致投资全部受损。但是，国际企业可以通过对子公司的部署和控制，实现企业的总体利益，比如利用国外廉价的资源，规避关税壁垒和其他贸易壁垒，实施市场渗透策略，分散企业的风险等。

7. 跨国并购

与新建境外子公司相比，并购国外企业可以使国际企业在国外市场上迅速形成生产能力。在经济全球化的今天，速度和规模是企业获取竞争优势的关键，在这方面，跨国并购比在境外新建子公司更具优势。并购可以使国际企业迅速增强自身的竞争力；可以使企业规模迅速扩张，增强抵御单个市场风险的能力；可以使企业在全球范围内迅速抢占市场。由于存在这些优势，跨国并购已经成为当今世界上跨国公司直接投资的主要形式。据联合国贸易和发展会议的统计资料，2010 年，跨国直接投资流入量达到11 200亿美元，跨国并购金额为 3 414 亿美元；2017 年，受逆全球化和贸易保护主义的影响，跨国直接投资和跨国并购的上升趋势受到遏制，呈现一定的下降趋势，但是仍分别达到 14 300 亿美元和 6 940 亿美元。

1.2.7 单个企业国际化经营的进程

1. 阶段式国际化进程

单个企业是怎样从单纯的国内企业发展为国际企业的呢？传统上，可能会经历以下几个阶段。

（1）出口产品。在该阶段，由于国外对某种产品的需求，国内或国外的进出口代理商组织订单并寻找国内的企业生产。生产企业只是完成这些订单，自己并没有参与到出口业务管理中，因而是间接出口。但是随着出口数量的增加或企业对出口业务的熟悉，企业试图设立自己的出口部与国外市场上的客户进行直接联系，并加大对出口产品的各项资源投入。当企业发现进口国或地区对产品的需求激增时，就可能考虑在当地设立销售分支机构，派驻专门的销售经理或招募当地人员参与管理。这时企业的出口就变成了直接出口。

（2）建立国外分支机构进行生产。随着时间的推移，企业发现国内其他竞争者在与之竞争，特别是国外市场上出现了同类产品的竞争者。为了维持产品的竞争优势，企业要考虑如何降低产品的成本，其中一个重要方法就是利用国家间的比较优势，将生产转移到低成本的国家，这些国家可能并非产品的需求国，但拥有较低成本的劳动力或自然资源。另外，企业有可能发现出口产品受到进口国政府关税壁垒或非关税壁垒的影响，于是考虑在进口国当地生产产品或向进口国企业转让技术，以规避出口遇到的阻碍。企业在国外生产产品的方式通常有国际许可经营、合资或其他直接投资方式。

（3）实现跨国经营。当企业发展到在海外拥有大量直接投资时，就需要采取统筹、连贯的政策使母公司与分散在各国的子公司、分公司间的业务成为服务于统一目标的整体，这时该企业就成了跨国公司。在跨国经营阶段，企业的管理不再受国界的分割，世界各地的业务都被看作企业业务的一部分，企业需要在世界范围内配置资源、利用资源，实现全球业务的整体利益。

案例 1－2

海尔集团的跨国历程

1984 年 10 月 23 日，青岛电冰箱总厂和德国利勃海尔公司签约引进当时亚洲第一条四星级电冰箱生产线。这一年，青岛电冰箱总厂还是一个亏损 147 万元、产品滞销的地方小厂。1985 年开始，通过“名牌战略”，它以高质量的产品和服务赢得了国内市场。更名后的海尔将目光投向国外市场。海尔在国外的发展一直遵循“先有市场后有工厂”的原则。1990 年，海尔向欧洲出口了第一批冰箱；2001 年，海尔收购意大利迈尼盖蒂公司所属的一家冰箱厂。1995 年，海尔开始向美国出口冰箱，起初是以 OEM（原始设备制造商）的方式，然后开始打造自己的品牌；1999 年 4 月 28 日，美国海尔贸易有限责任公司的揭牌仪式在联合国大厦举行；1999 年 4 月 30 日，美国海尔生产中心在美国南卡罗来纳州首府哥伦比亚市附近的汉姆顿举行奠基仪式，加上之前在洛杉矶建立的海尔设计中心，海尔在美国形成了设计、生产、销售“三位一体”的经营格局。

2011 年 10 月 18 日，海尔与日本三洋电机株式会社正式签署协议，收购三洋电机多项业务；2012 年 11 月 6 日，海尔正式宣布完成对新西兰斐雪派克规模为 9.27 亿新西兰元（约合 7.66 亿美元）的并购。2016 年，并购 GE 永电业务；2024 年并购开利商用制冷业务。

截至目前，海尔已实现全球化设计研发、全球化工厂、全球化销售，在全球拥有 10 个研发中心（其中海外 8 个）、海尔在全球 4 大洲、20 个国家建立了 35 个工业园（海外 15 个）、163 个制造中心（其中 60 个位于海外）、全球销售网络遍布 200 多个国家和地区。世界权威市场调查机构欧睿国际的数据显示，2024 年海尔全球大型家用电器品牌零售量第一，这是海尔第 16 次蝉联第一。2024 年，海尔的海外收入占比 53%，海外销售产品海外工厂生产占比 60%，海外员工占比 35%。

资料来源：根据海尔官方网站资料整理.

2. 天生全球化

自 20 世纪 90 年代以来，欧盟各国、加拿大、澳大利亚、新加坡和韩国等的新型中小企业的国际化，完全不同于上述传统的阶段式发展过程，它们因刚成立或成立不久就快速进行国际化而被称为“天生全球化企业”。与传统企业相比，天生全球化企业具有鲜明的特征：(1) 在成立之初就将世界视为一个完整的市场，而不仅仅是国内市场的简单延伸；(2) 在成立不到两年的时间里就出口一种以上的产品，出口额很快就超过总销售额的 1/4；(3) 由活跃的企业家创立，往往是过程或技术获得重大突破的结果；(4) 能够发展独特的产品创意或使用新的方式开展业务；(5) 产品中包含较多的价值增值，一般为工业用品。

1.2 即测即评

研究发现，这些天生全球化企业的出现，与企业家精神、企业家的国际化经历和经验、企业家的国际化关系网络、具有国际竞争力的产品或服务以及全球范围存在的被大企业忽视的小众市场有关。得益于互联网、信息技术的发展以及国际人才的普及，具有以上特征的企业能够从一开始就在全球范围开展业务并获取利润。

案例 1 - 3

天生全球化企业诚信诺：用爱心点亮金字塔底层人群

深圳诚信诺的创始人李霞在黑龙江省尚志市的一个偏远村庄长大。因为家庭贫困，初中毕业后便辍学，1999 年她到广州后进入一家电子公司负责外贸销售。2004 年李霞成立了自己的消费电子产品外贸公司——深圳诚信诺，三年内就实现了每年 10 万美元的净利润。

2007 年 7 月，李霞应朋友之邀前往印度旅行，看到新德里豪宅旁边的贫民窟时，她回想起自己的童年和艰苦生活，因此下定决心一定要做点什么。2009 年，在观看一部关于冰川融化和全球气候变暖的纪录片后，她想到把帮助贫困人群和环境保护结合起来——用太阳能帮助金字塔底层（BOP）人群。经过三年的努力工作，在公司消费电子产品销售业绩支撑下，太阳能灯项目正式推出。

2011 年，公司在广交会上接到了麻省理工学院和斯坦福大学学生的订单，要求公司生产符合特定标准的太阳能灯，之后一年，来自 BOP 人群的询价次数增长了 5 倍多。在分析了所有数据之后，李霞意识到，公司大多数最终用户都在非洲。李霞将目光转向新的市场。2012 年深圳诚信诺停掉了消费电子产品的销售业务，自己开办工厂，专心从事 BOP 人群太阳能解决方案业务。

自 2011 年以来，诚信诺开发了门类广泛的太阳能产品，全部符合 CE（符合欧洲法规）和 RoHS（有害物质禁用指令）标准，且均已通过尼日利亚强制性合格评定程序（Soncap）、沙特阿拉伯标准组织（SASO）、COC、CIQ 和肯尼亚符合性验证计划（PVOC）认证标准。产品还获得“点亮全球”、德国莱茵公司（TUV）、法国船级社（BV）和 SGS 授权证书。作为国家认可的“高新技术企业”，诚信诺拥有 60 多项专利，其中包括 3 项发明专利。

致力于解决发展中国家 BOP 人群照明问题的企业大多是欧洲和美国企业。较知名的包括 Mobisol、Sunking、D. Light 和 M-kopa，这些国际企业能够通过多轮融资从风投机构累计获得巨额资金。而诚信诺完全依靠自有资金。公司 2015 年收入比 2014 年翻一番，总额达到 850 万美元。但在 2016 年和 2017 年，埃塞俄比亚旱灾、肯尼亚长达一年的政治动荡以及部分非洲国家货币贬值 30%，削弱了 BOP 人群的购买力。更没有想到的是，国际著名的太阳能企业 D. Light 对诚信诺提起了知识产权诉讼，而李霞那时对这家公司几乎一无所知。诚信诺一度陷入停滞和面临解散的困境。

2018 年，国际金融公司（IFC）、壳牌基金、英国国际发展部（DFID）和亚洲开发银行等知名机构纷纷前来诚信诺参观访问。它们对于诚信诺这样一家没有任何资金帮助，却拥有很高市场声誉的企业表达了敬佩，并对 9 年来公司用认真经营证明了帮助非洲 BOP 人群的决心所打动，不久，诚信诺就收到了几份合作意向。在国际机构的帮助下，诚信诺解决了与 D. Light 公司的法律纠纷。公司起死回生。

诚信诺的使命确定为：让电网覆盖不到的 10 亿人能够用上电，享受自己应有的权利，并得到良好的教育，从而帮助他们在自主和自尊的前提下过上更幸福、更安全、更光明、更清洁的生活。

建厂之初，深圳诚信诺只有 10 名员工，厂房占地 500 平方米，全厂仅生产一种产品；到了 2018 年，工厂占地增加到 3 000 平方米，员工数量增加到 130 人，产品远销 63 个国家，仅在非洲，就改善了 300 多万个家庭的生活。截至 2023 年底，公司已同全球 66 个国家的 100 余家经销商建立合作伙伴关系，为 700 多万个无电贫困家庭接入了清洁电力，减少碳排放量约 670 万吨。①

2018 年诚信诺成功获得"中国优秀社会企业"认证，成为从全国 621 家申请公司中脱颖而出的 39 家社会企业之一。2024 年，创始人李霞在达沃斯论坛上获得施瓦布社会企业家基金会"2024 年度社会企业家"奖项，成为当年唯一一名中国获奖者。②

1.3 国际财务管理的目标和内容

1.3.1 国际企业的目标与财务管理的目标

总体上讲，国际企业财务管理的目标与国内企业十分类似，通常受企业目标的影响。在不同国家，由于文化和制度的差异，企业的目标也不一致。国际上典型的企业目标和由此导致的财务管理目标有三类。

1. 股东价值

最为典型的以股东价值最大化为企业目标的国家是美国。股东价值最大化强调最大限度地增加股东的财富。虽然人们目前对于股东价值的理解有所不同，但一般而言，强调股东价值最大化的企业，其企业目标与财务管理目标是一致的，或者说企业目标就是财务管理目标。具体表现为强调影响股票价格的有关财务指标，如资金收益率、每股收益、利润、股利等。

2. 雇员利益

强调维护雇员利益这样的企业目标在欧洲和亚洲十分普遍，其表现是企业多以非财务指标为目标，如职工福利、市场份额、企业声誉等。在企业的财务目标上，不是将最大限度地提高股东价值作为主要目标，强调的重点是保持企业财务稳健，保持企业的发展和安全，如降低企业账面收益、低股利支付等。

不同国家对企业财务目标的不同选择，对国际企业，尤其是在国外设立子公司甚至在国外进行权益融资的跨国公司构成了挑战，企业需要不断权衡公司总体目标与子公司或东道国对财务管理目标要求的差异。但是，随着经济全球化的发展，不以股东价值为企业目标的国际企业越来越难以保持竞争力，甚至濒临破产。原因十分简单，在经济全球化趋势下，国际资本的流动越来越容易，许多以前封闭的资本

① 2023，披荆斩棘/年终回顾．(2023－12－31)．POWER-SOLUTION 诚信诺科技微信公号．

② 诚信诺创始人李霞荣获施瓦布社会企业家基金会"2024 年社会企业家"，亮相世界经济论坛．(2024－01－22)．POWER-SOLUTION 诚信诺科技微信公号．

市场也向世界开放。资本流向高回报率的企业是必然趋势。如果某国的企业由于文化或制度原因未能给予投资者较高的回报，就会因投资者转向其他国家投资而造成资本短缺，在全球竞争中越来越落后。当前许多欧洲国家和日本的国际企业都意识到了这一点，纷纷改变原来的企业目标，转向股东价值最大化。例如，20 世纪 90 年代以来，德国大公司调整企业经营目标，提出新的企业经营管理目标：为股东提供适当的利润；为顾客提供有吸引力的产品与服务；为员工提供待遇优厚的有保障的工作职位。1998 年亚洲金融危机后，日本公司大幅调整企业经营目标，认为企业必须重视为股东盈利，如索尼公司把股东、员工和客户三者的利益摆在同等重要的地位。

3. 利益相关者利益

在完善市场假设下，理论上企业追求股东价值最大化目标，最终会实现包括客户、供应商、员工、债权人、政府、社会、环境等在内的所有利益相关者的利益最大化。但是，现实的市场存在信息不对称、道德风险、外部性等诸多不完善，导致在追求股东价值最大化的过程中，如果没有足够的约束，企业很可能损害利益相关者的利益。20 世纪 90 年代，利益相关者的概念开始在企业治理中得到广泛应用。最初，企业对利益相关者负责任（社会责任）被看作企业价值创造与赢得生存条件的工具，后期，企业社会责任被认为是提高企业最终财务绩效的战略性资源，参与解决社会问题能够为企业带来新的商业机会，企业社会责任被用于业务活动和价值链创新，成为企业利润的直接来源。因此，企业社会责任成为企业实现商业战略目标的重要手段。①

近 20 年来，在经济全球化的推动下，跨国公司逐渐向全球公司转型。跨国公司在全球范围布局营销服务、制造组装、研发设计等价值链条的各个环节，而且在全球范围内进行股权融资，股权的全球化意味着公司从对一个国家的股东负责逐步转变为对全球股东负责，公司从董事会到员工都出现全球化趋势。跨国公司的实力使得它对各个东道国和世界的经济、社会和环境产生了巨大的影响，因此也需要更重视自身的全球社会责任。正如诺维信公司所称，“强大的社会行为表现可以帮助我们赢得‘人才之战’、品牌价值、社会责任投资、客户要求，否则可能冲击我们的底线：声望、股票价值、运行许可、员工士气”。强化全面的社会责任，打造先进的公司责任理念已经成为为股东创造价值的不可或缺的软实力，成为跨国公司全球战略的有机组成。

习近平总书记强调，“我国企业走出去既要重视投资利益，更要赢得好名声、好口碑，遵守驻在国法律，承担更多社会责任”②。随着我国国际企业对“一带一路”共建国家的影响逐步深入，中国国际企业履行社会责任的理念更为明晰，内容更为丰富，影响更为深远。

财务管理中的利益相关者利益最大化目标，要求改变股东决策这种单一治理结构，让所有利益相关者按照其投入拥有相应的治理权。企业财务目标从利润最大化

---

① 肖红军. 共享价值式企业社会责任范式的反思与超越. 管理世界，2020（5）.

② 中共中央文献研究室. 习近平关于社会主义经济建设论述摘编. 北京：中央文献出版社，2017：272.

和股东价值最大化转向可持续地创造价值以实现利益相关者利益最大化。由于利益相关者利益的度量通常难以用财务上的货币度量单位，需要采用大量非货币化的绩效指标，因此，企业绩效评价中财务指标的权重也会调整。

案例1-4

中国五矿集团有限公司坚持普惠共享关注社区发展

中国五矿集团有限公司牵头实施了秘鲁拉斯邦巴斯铜矿项目，在项目进程中携手各方推进"一带一路"建设国际合作，坚持负责任的社区建设，与当地社会共享发展成果，为实现各国共同繁荣注入强劲动力，树立了良好的海外责任形象。

增进社区沟通

处于超高海拔地区的拉斯邦巴斯矿山到马塔拉尼港口运输距离长达700公里，需经过公路和铁路，穿越80多个当地社区。作为区域内最大的雇主和经济驱动力，矿山特别设立了一个由约120人组成的社会管理团队，与周边社区以及物流走廊沿线的社区建立了紧密的联系，积极参与当地政府设立的论坛及附近社区的多项活动，通过这些活动与社区建立了长期友好关系。设立正式申诉渠道；投入大量资源缩短投诉响应和处理时间；对所有面向社区的岗位进行培训，提高申诉机制在社区中的可访问性和关注度，并简化内部流程。实施长期社区计划，资助学校、医疗中心、食品安全项目以及本地商业企业等。

提升社区教育水平

拉斯邦巴斯矿山通过大学和技术教育奖学金计划，为300多名年轻人提供了支持，以资助他们完成学业并获得相应学位。2023年，拉斯邦巴斯矿山为崔库尼社区的40名女性提供了包含领导力、软技能、营销、会计基础、物流和成本、劳动法等主题课程的企业管理培训，帮助女性更好地提高管理小企业的能力。拉斯邦巴斯的教育强化计划为矿山所在的阿普里马克大区科塔班巴斯省提供了23个设施齐全的教育场所，每年惠及700多名儿童。

在当地开展了众多社区计划，其中包括多个教育支持项目（数字教育和环境意识教育等），并为受矿山直接影响的6个社区提供了互联网接入服务；持续推进"拉斯邦巴斯教育资源项目"，为学生提供关于水资源保护和管理、气候变化、安全、管治和生态系统服务等方面的教育。

改善医疗健康

拉斯邦巴斯矿山举办综合医疗活动，为秘鲁国家学校营养计划Qali Warma提供支持，在富埃拉班巴社区取得了显著的改善成果，将5岁以下儿童的慢性营养不良率降低了0.5个百分点，从2022年的6.8%降至2023年的6.3%。同时，还成功地将36个月以下儿童的贫血率大幅降低了11个百分点，从2020年的32.1%降至2023年的21.1%。

支持农牧业发展

自2016年以来，拉斯邦巴斯矿山开展"农业计划"积极支持当地的农牧业发展，交付42台农业机械，价值超1 500万索尔（超2 850万元）；提供了739吨马铃薯、藜麦、大麦、大蒜、燕麦种子，价值超255万索尔（超485万元）；并开展了牲畜健康驱虫义诊。

为支持当地传统农业，拉斯邦巴斯矿山于2016年启动安第斯作物项目，项目成本由参与者和拉斯邦巴斯矿山共同承担。安第斯作物项目吸引了17个社区的1 655个家庭参与，45%的参与者为女性，耕种面积达120公顷，每公顷土地的产量增加了100%。该项目已被秘鲁矿业协会认定为农业示范项目，成为矿业与农业并存的典范。

开展基础设施建设

拉斯邦巴斯矿山出资4 300万新索尔（约8 000万元）帮助项目所在地——科塔班巴斯省修建库图克泰大桥，该座大桥建成后联通了库斯科和阿普里马克两个大区，多个社区之间的交通时间缩短了4个小时，造福当地5万多社区居民。2024年4月，库图克泰大桥顺利竣工。

2023年，在查尔瓦瓦乔地区奇维拉社区成立36周年之际，拉斯邦巴斯矿山成功向社区交付了教堂、社区大厅金属围墙以及文化中心的聚乙烯保护砖墙等三个基础设施项目，项目由拉斯邦巴斯矿山提供全额资金，并由当地公司组织社区成员实施，为社区家庭的收入增长作出贡献。

1.3.2 国际财务管理目标的层次

不论追求股东价值最大化还是利益相关者利益最大化，由于国际企业经营范围的全球化，涉及的国家和地区可能存在巨大的文化、经济制度、法律甚至道德标准的差异，国际企业在实现财务管理目标时不得不考虑这些因素的影响。为了实现总体目标，国际企业还需要设定相应的辅助目标，主要有以下几个方面。

1. 长期合并收益

股东价值不等于企业的收益，但企业的收益的确会对股东价值产生直接的影响。长期合并收益要求跨国公司不能只注重眼前的、局部的收益，而必须关注长远的、整体的收益。当国际企业的利益与经营所在国的利益发生冲突时，国际企业为了长远的、整体的收益，甚至必须暂时放弃或牺牲眼前的、局部的收益。同时，某一子公司利益的最大化并不一定导致企业总体利益的最大化，在子公司利益与企业总体利益发生冲突时，必须考虑企业的总体利益，从而使企业的合并收益最大。

2. 资产流动性

与国内企业相比，国际企业更需要保持资产的流动性。不仅要保持企业整体的资产流动性，而且要保持各子公司的资产流动性，以消除相关债权人和供应商的风险，保障其正当权益，避免所在国政府可能进行的某些干预。

3. 子公司或分部的目标

国际企业的子公司或分部设置在不同的国家，由于所在国的政治、经济、法律、文化等方面所具有的特殊性，这些子公司或分部的财务管理目标有时很难与母公司保持一致，如果只强调与国际企业的总体目标相协调，很可能与子公司所在国环境发生矛盾或冲突，最终影响国际企业总体目标的实现。因此，必要时，国际企业需要为不同地区的子公司设置不同的财务目标，通过对所在国环境的暂时妥协实现长远的目标。

案例 1-5

万向在美国的合法性战略演变

万向集团从 1984 年起，通过 OEM 方式进入美国传统的汽车零部件市场。1994 年，万向集团在美国成立全资企业——万向美国公司（简称万向美国）。在万向美国成立前，美国的零部件产业市场还没有中国企业。虽然万向集团过去有为美国客户贴牌生产的经验，但生意还是很难做起来，万向集团在中国标准下的产品、擅长的低价供货方案不被美国客户认可，收购当地企业被拒绝，一系列接踵而来的歧视和挫败让万向美国逐渐意识到自己没有能力凭借原先的优势获得认可，要想在美国活下去必须去适应美国规则并彻底地融入当地成熟体系。

万向美国将全面本地化改造作为首要任务，不再沿用母国集团的管理理念和方法，决心“跳出华人圈，瞄准美国主流社会”。万向美国聘请美国人盖瑞为首席运营官和首席财务官，在内部建立起一套符合美国金融资本需要的运营体系，重新设计了一整套规范的工作程序。在用人方面，万向美国打破中资公司从国内大量派人的老框框，从当地招聘人才，按当地标准付薪，并请美国前总统小布什的叔叔担任顾问。这一系列本地化举措让万向美国弱化了中国企业的影子，满足了美国市场对一家普通汽车零部件企业的基本期望。

2007 年初金融危机爆发后，汽车产业是受影响最大的产业之一，美国三大汽车公司无一例外陷入困境。原本现金流耐受力就较差的美国企业在冲击中纷纷倒下，众多供应商走向破产，谨慎的资金管控战略让万向美国在金融危机中保持坚挺。此前，万向美国通过成功地帮助一些危机企业扭转局面在业内积累了不错的声誉，危机爆发后很多企业主动找到万向美国希望能够被其收购。在此阶段，万向美国用自己和总部独有的资源和优势帮助很多危机中的美国企业渡过难关，并在金融危机时做出了“即使企业有困难，也保证一不裁员、二不减薪、三不减福利”的长期保证。该阶段被收购的企业多是一级供应商，万向美国通过帮助它们，让美国市场见识了万向集团的实力，并接纳了万向集团。同时，由于在危机中为 3 500 个美国人保住了工作，万向美国被称为“拯救者”。危机过后，美国 1/3 的汽车装有万向美国生产的零部件。

在传统零部件领域站稳脚跟后，万向集团开始向美国新能源汽车领域挺进。由于起步晚、缺少高端技术研发人员，万向集团的电动车零部件核心技术远远落后于国外。

尽管万向美国在当地运营比较成熟，却迟迟无法进入美国新能源汽车供应体系。万向集团管理者曾提到“我们要搞电动汽车，其他汽车厂商说：‘你要搞电动汽车，那么我不买你的零部件了’”。万向美国在新能源市场上举步维艰，面临来自美国“国家安全”的重重压力，只能在迎合外界的前提下小心翼翼地经营，与新能源领域保持距离，以维持已经在成熟领域获得的认可。

在这一阶段，万向美国通过与集团总部的紧密协作依然耕耘于零部件产业，同时有意识地减少对集团的新能源战略布局的参与。在传统领域，万向美国聚焦于“万向全球汽车零部件产业平台构建”战略，整体收购美国刹车片企业BPI，进一步强化了在国际零部件市场的地位。在新能源领域，2010年的太阳能板厂、2011年与Ener1公司的合资项目以及2012年与史密斯公司的合资项目都是中国总部主导进行的，万向美国并没有参与。为了使用Ener1的电池专利技术，万向集团遵从仅在中国市场使用这些技术的限制条款，而把海外市场都让给Ener1。在与史密斯的合资项目中，万向集团在中国国内生产的电动车也按史密斯品牌销售，帮其拓展了中国市场。

2012年底，为了进入美国的新能源汽车市场，万向美国协助总部参与竞购美国A123公司。万向集团全面收购方案和维持2 000多名员工的承诺，得到了A123首席执行官的高度认可。整个过程中，万向美国协助中国总公司进行竞购，树立了愿意承担责任的形象，妥善处理了来自外界的危机和压力。万向美国协助万向集团与东道国评价者沟通，确定在新能源领域的可为和不可为之处，短期战略顺应外部期望，并在与外部合作者和相关机构的互动中大大削减了东道国政府和市场对于万向集团进入新能源汽车市场的抵制和歧视。

2014年初，经过多轮角逐，美国批准了万向美国对Fisker电动汽车公司的收购，标志着万向集团全面进入新能源整车产业。

资料来源：魏江，王诗翔．从“反应”到“前摄”：万向在美国的合法性战略演化（1994—2015）．管理世界，2017（8）．

1.3.3 国际财务管理的内容

财务管理是组织企业财务活动、处理财务关系的一项经济管理工作。国际财务管理与国内财务管理在性质上是相同的，但是，国际财务管理并不是国内财务管理在全球范围内的简单扩展和延伸，国际企业财务活动环节的管理以及财务管理的整个内容都具有一定的特殊性。

1．国际企业财务活动环节的管理

根据资金运动的规律，企业的财务活动环节包括筹资、投资、营运资金管理和利润分配几个环节。由于国际企业财务活动的范围遍及全球的不同国家或地区，地区上的延伸导致这些活动受到许多因素的影响，因此国际企业财务管理需要关注这些财务活动环节的特殊性，采用特殊的方式或更复杂的管理方法。

（1）国际融资管理。国际企业的筹资渠道比国内企业多得多，筹资方式也更灵活多样，尤其是货币和资本市场全球一体化进程的进一步加快，为国际企业在筹资风险和资本成本的组合上提供了更多选择，从总体上讲，通过国际筹资风险和资本成本组合的管理，国际企业可以获得比国内企业综合资本成本更低的资金。除了企业内部的资金和总部所在国的各种资金外，国际企业还可以利用子公司或分部所在国的各种资金，以及其他国际资金。国际企业可以根据不同资金来源地的特点，利用不同的筹资方式，构建最优资本组合，降低筹资成本。与国内融资不同的是，国际融资成本决策中不仅需要考虑融资利率的高低，而且需要考虑汇率变化对资本成本的影响。

（2）国际投资管理。国际企业的经营活动范围遍及全球，各国税制不同，利率有高有低，劳动力、生产资料价格存在明显的差异，商品的价格也不相同，再加上各国产品和劳务市场需求具有多样性，这些都为国际企业提供了比国内企业更具优势的投资获利机会。但是在国际投资活动中，国际企业遇到的风险比国内企业多。除汇率的变化可能导致投资本金和收益脱离预期外，投资所在国的经济状况和市场变化以及投资所在国政府更迭、资金管制等都会引起国际投资资金回收和利润流回受阻，影响投资的安全性和资金的流动性。这并不意味着国际企业投资的总体风险会比国内企业大，相反，由于国际企业经营的全球化，可以有更多的机会分散单个国家国内经济、政治状况变化的风险，但是，在投资管理时国际企业更需要进行风险评估和控制。

（3）国际营运资金管理。与国内营运资金管理相比，国际营运资金管理除了现金、应收款项和存货的最佳存量管理之外，还增加了营运资金流量管理的内容。国际营运资金流量管理主要是指国际企业利用内部资金转移机制实现资金的最佳配置。国际企业的子公司和分部分散在全球各地，利用不同国家和地区的资源优势、市场差异、税率差别等获得超过国内经营的收益，这些全球化经营给国际企业带来的好处需要通过资金的转移来实现。然而，全球化经营中存在大量不利于资金转移的因素，比如国际上对资金国际流动的数量限制、进出口经营所在国资本市场的限制、经营所在国的资本管制等，国际企业如果利用正常的资金外部转移方式转移资金，会导致成本高昂，只有借助资金内部转移机制，才能避开资金转移障碍，实现全球化经营的优势。营运资金管理的具体内容包括：转移价格的设定，特许权使用费和管理费的管理，子公司间应收、应付账户支付时间的管理，内部交易计价货币的选择以及冻结资金的管理等。

（4）国际利润管理。国际企业利润管理的核心是利润分配和业绩考评。国际企业避开资金转移障碍的各项措施，可能导致子公司或分部的业绩及其资金的留存与其经营的努力程度以及实际效果之间存在巨大的差异，如果不能制定合理的财务业绩评价和考核体系，或者利润分配不当，可能导致国际企业内部的利益冲突，甚至导致国际企业子公司与各经营所在国利益的冲突。

2. 国际财务管理的特殊内容

与国内财务管理相比，国际财务管理有以下几项特殊的内容，这些内容贯穿国际财务管理活动的各个环节，也可以理解为国际财务管理的拓展。

（1）汇率预测和外汇风险管理。国际企业的经营范围涉及许多国家，这些国家货币币值的变动本身就可能导致国际企业已有的或未来的资产价值、负债价值、收入、费用、利润发生变动，使国际企业发生或可能发生损失或收益。这种由于不同国家货币币值的变动引起的风险就是外汇风险。为了控制外汇风险，需要利用一系列金融工具和技术，在减少外汇风险给国际企业带来损失的同时，设法利用币值的变动取得收益，这是国际企业财务管理的一项特殊内容。要掌握外汇风险管理的知识和技术，国际企业的财务管理人员必须先了解有关外汇币值的知识，也就是各国货币之间的兑换关系——汇率是如何决定的，在此基础上对汇率的变化进行预测。

预测的结果为国际财务管理人员应对经济风险、交易风险、折算风险这三类外汇风险提供依据。

（2）国际资金转移管理。虽然国际资金转移管理的主要内容是营运资金流量的管理，但在国际筹资、国际投资以及利润管理中，也涉及资金的转移，并且同样面临国家间正式或非正式的障碍，这些障碍阻碍资金的正常流动。为此，国际资金转移的管理也是国际财务管理的一项重要内容。

国际资金转移管理主要是通过设计有效的国际企业内部资金转移机制达到避开障碍、保证国际企业总体利益的目的。国际企业内部资金转移管理主要包括：

1）转移价格的制定。国际企业通过总部与子公司、子公司与子公司之间相互提供商品或劳务，可以有效应对各经营所在国设置的贸易壁垒，满足自身经营对自身产品的特定需求，保持技术垄断。利用国际企业内部转移价格的不同制定方法，可以保证国际企业内部贸易的顺利进行，更重要的是可以避开价格管制，逃避征税和外汇管制，占领市场，为实现国际企业的总体利益服务。

2）投入子公司资本及分红的管理。由于各国对国外企业在本国的投资和分红从数量到形式都有不同程度的规定和限制，国际企业对子公司投资和分红的管理比国内企业更复杂。对子公司的投资决策中，子公司利益最大化或总部利益最大化不一定意味着国际企业总体利益的最大化；对子公司的投资形式也是国际企业需要考虑的内容，采取股权投资还是债权投资，采取全部控股还是部分控股，采取何种形式将多少股利汇回总部等，这些选择都可能受到投资所在国政府的限制。如何既满足投资所在国政府的要求，又能够为企业整体或长期利益服务，是国际企业需要考虑的内容。

3）子公司收入和费用的管理。子公司收入和费用的管理同样是为了避开子公司所在国对资金转移的限制。在投资和分红资金转移受到限制的国家，可以利用特许权使用费、管理费等支付方式应对。根据需要，向子公司收取费用的既可以是总部，也可以是其他子公司。

4）冻结资金的管理。如果子公司所在国实施外汇管制，子公司投资的回收以及投资收益就无法汇回总部或汇往其他子公司，即使采用转移价格或费用支付等方式也无法将资金转移。对国际企业来说，在投资之前就需要充分考虑资金冻结的可能性，设计运用和调动资金的渠道和方式；在投资过程中，随时根据具体情况制定尽量减少冻结资金的对策；在资金被冻结的情况下，寻找冻结资金保值和增值的途径，等待资金的解冻。

1.3 即测即评

（3）国际税收管理。国际企业财务管理的另一项特殊内容是国际税收管理。国际企业面对的税收制度差异远远大于国内企业之间的税收政策差异，该项管理的重点就是利用各国间税收制度的差异，在国际企业筹资、投资、营运资金管理及利润分配的各个财务环节设计减少双重纳税的措施，利用税收优惠实现税收减免或利用国际避税地减少所得税支付，从而减轻企业的税收负担，增加企业的税后收益。

1.4　国际企业财务管理的组织

国际企业在全球范围内开展经营活动，面临的环境复杂多变，经营业务远较国内企业丰富和繁杂，跨国经营程度越大，这种复杂性越明显。因此，国际企业经营和财务管理必须适应这种环境变化，形成不同的组织形式，保证国际企业实现发展战略。

1.4.1　国际企业经营和财务管理的组织结构

1. 职能式组织结构

职能式组织结构是最简单的组织结构（见图 1－1），组织中的各个部门履行独立的企业职能，如生产、销售、财务管理、研究与开发等。国际企业设置职能式组织结构时，通常在一般的职能机构之外，还要根据国外业务的多少设置与国外生产或销售业务有关的职能机构。这种职能式组织的最大好处是符合专业化的原则，使每项职能因专业化而实现成本的节约和效率的提高，而且容易为高层管理提供严密的控制。但是，由于各职能部门之间相对独立，沟通和协调困难，加之各部门服务于不同的职能目标，容易产生本位主义，因此对环境变化的反应迟钝，使得企业总体的效率受到影响。这种组织方式适合技术和市场变化较慢、产品品种少、涉及的国家地区有限、规模中等的国际企业。

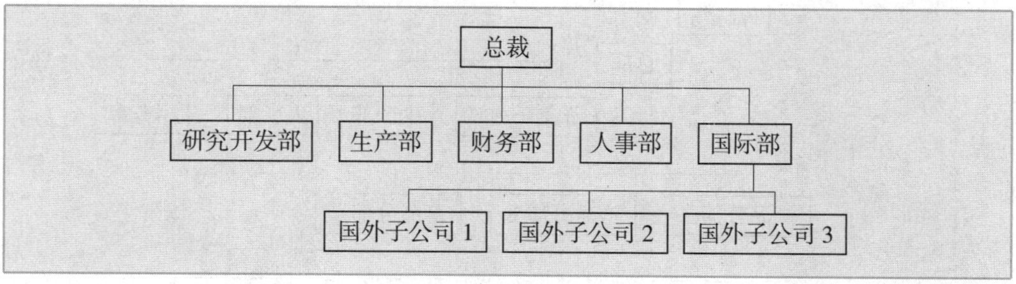

图 1－1　职能式组织结构

2. 分部式组织结构

分部式组织结构是根据不同产品或地区建立部门或安排下属单位的一种组织结构。每一个产品或地区分部都是一个利润中心，设置各职能机构。国际企业的分部式组织结构按照划分的依据可分为两类：一类是地区组织结构；另一类是产品组织结构。

（1）地区组织结构。产品类别较少，但业务分布于多个国家或地区的市场，需要依据国家或地区实现产品或服务差异化的企业，可以采取这种组织结构。它可以减轻企业总部经营全球业务的负担，具有较大的地区灵活性，可以因地制宜适应不同市场的需求。它的主要缺点是地区负责人容易重视地区业绩而忽略企业的整体利益和总体战略；同时，职能机构的重复设置造成人员重叠，影响职能效率。地区组织结构的模式如图 1－2 所示。

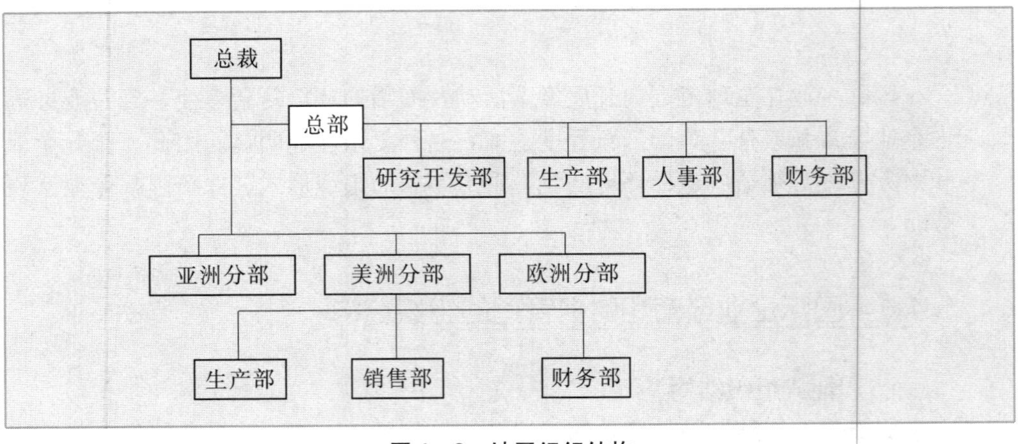

图 1－2　地区组织结构

（2）产品组织结构。这种组织结构能够组织和集中为全球市场生产和销售某类产品的资源，确保与产品有关的信息和技术的沟通和统一管理，发挥产品开发和制造的规模优势，有利于下属单位树立全球市场营销的观念。最大的缺陷是缺乏不同产品在同一地区的信息和技术沟通，可能产生职能重复设置的情况，降低职能效率。产品组织结构适用于生产线分散、最终用户差异很大，但对于同类产品不同地区的用户要求差异较小的企业。产品组织结构的模式如图 1－3 所示。

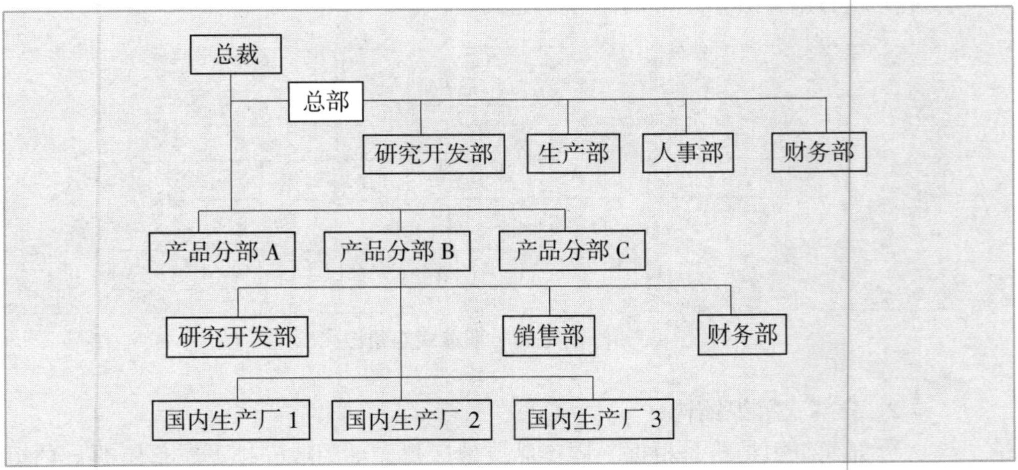

图 1－3　产品组织结构

3. 混合式组织结构和矩阵式组织结构

产品组织结构与地区组织结构，一个强调产品的全球性，一个强调当地的适应性，具有各自的优势和劣势，但对许多国际企业而言，可能需要两者兼顾，因此混合式或矩阵式组织结构更符合这些企业的要求。

产品或地区的重要性决定了混合式组织结构是以产品为基础还是以地区为基础

设置。以产品为基础的混合式组织结构如图 1-4 所示。

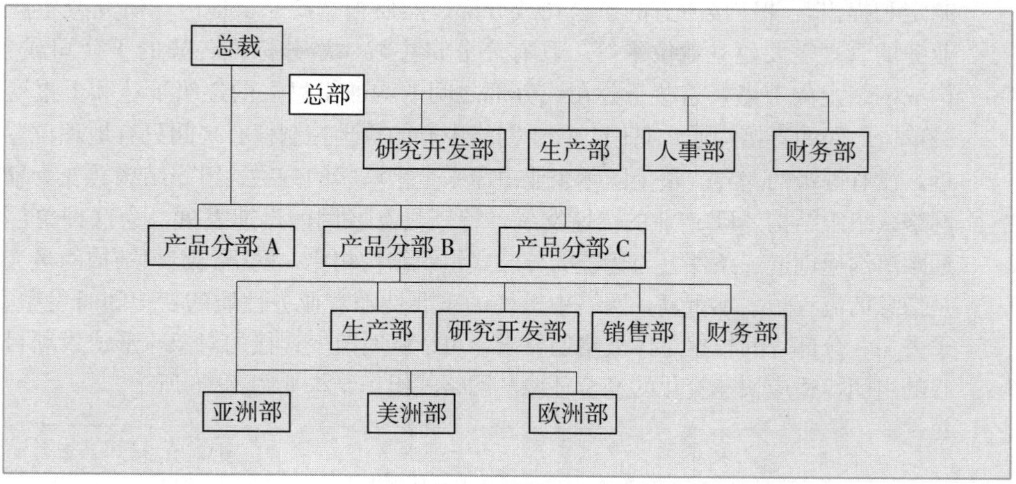

图 1-4　混合式组织结构

矩阵式组织结构往往会因为产品分部和地区分部负责人的利益差异，使决策难以达成一致意见，导致决策缓慢、烦琐。矩阵式组织结构的模式如图 1-5 所示。

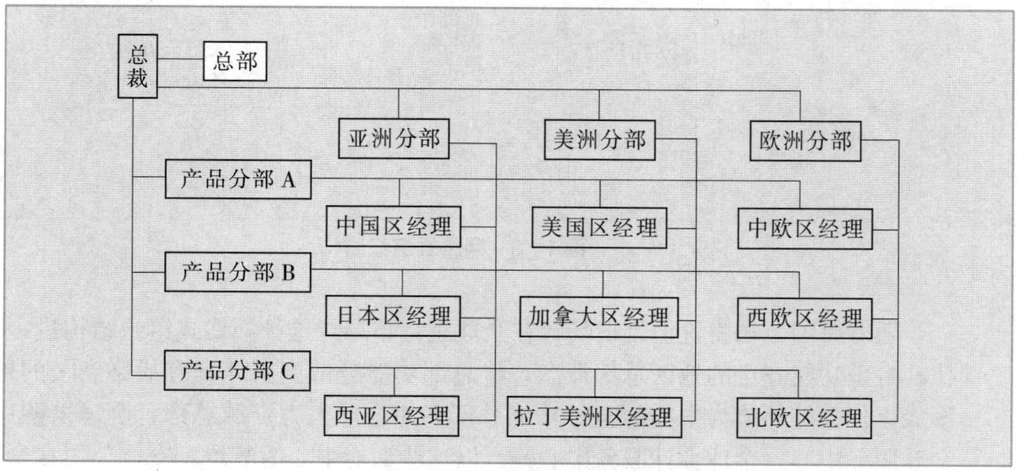

图 1-5　矩阵式组织结构

4. 网络式组织结构

随着经济全球化，国际企业的经营策略逐渐从“跨国界”变为“无国界”。它们以全球为立足点，思维全球化，经营本土化，一方面，全面利用全球不同国家和地区的资源优势，并将这些资源在企业内部重新配置；另一方面，更强调经营和产品的本土化，以适应不同经营地的环境，提高经营效率。如果仍然按照传统的分层式方法设计组织结构，这种经营的复杂性将导致组织层次增加，层次间的信息传递途径延长，反应迟缓。因此，20 世纪 90 年代以来，越来越多的国际企业进行了组织结构的改造，将原来的职能部门如战略管理、人力资源、财务管理与其他职能部门分离，形成一个管理控制核心（总部），处于网络中心点，负责全局战略计划的制定和提出，并连接所有的子公司或分部；然后根据产品、地区、研究或生产经营业务的管理需要建立地位平等、具有充分自主权、划分标准各异的子公司或分部，构成网络上的节点，这些子公司或分部之间的沟通由过去的逐级下达和上报变为相关单位之间的直接沟通，它们与处于网络中心的管理控制核心之间只有地理位置的远近，没有等级的差异。整个国际企业由原来金字塔状的分层式组织结构转变为扁平的网络式组织结构。IT 产业的飞速发展，特别是互联网的迅速发展，为这种单位间的远距离沟通创造了条件。与传统的分层式组织结构相比，网络式组织结构的最大优点是信息的流程短、不重复，网络中机构的重要性随着业务性质的变化随时发生变化，子公司、分部之间根据总体战略的要求，可以随时改变连接的对象，形成以项目为核心的组团，适应快速变化的经营环境。网络式组织结构如图 1-6 所示。

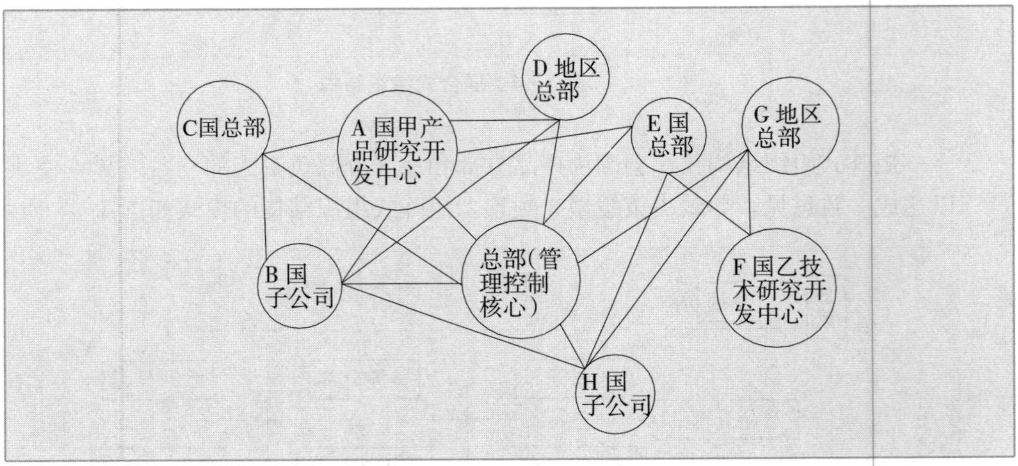

图 1-6　网络式组织结构

随着跨国公司将价值创造环节在全球进行布局，这种网络式组织结构进一步演化，打破功能齐全的地区总部概念，将总部功能分散到全球具有战略意义的地区，形成以价值链环节为中心的全球功能总部，如全球人力资源总部、全球采购中心、全球服务中心、全球会计服务中心等。以这些功能中心为节点，支持公司在全球的业务需要和客户需要。

1.4.2　影响国际企业经营和财务管理组织形式的因素

影响国际企业选择经营和财务管理组织形式的因素有以下几种。

1. 企业国际化经营的程度和阶段

从单个企业迈向国际化的进程中组织形式的变化，以及历史上国际化经营的发展对组织形式的影响来看，国际企业经营和财务管理组织形式的演进顺序如图 1-7 所示。

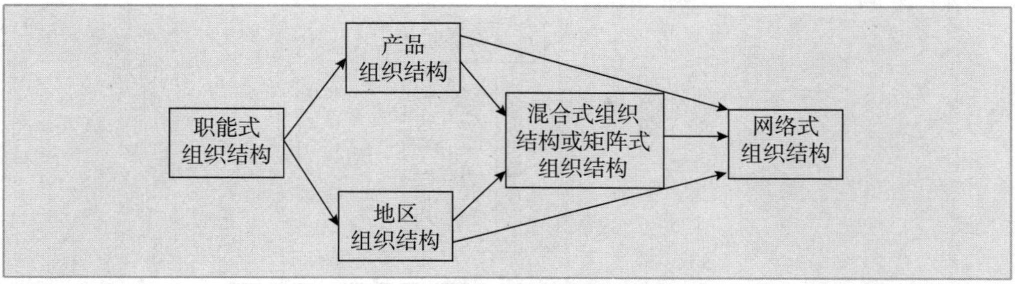

图1-7 国际企业组织形式的演进

2. 国际企业的产品和技术特点

针对不同的产品和技术特点，各类国际企业经营和财务管理的组织形式有各自的优缺点。产品和技术的特点往往决定了国际企业如何选择组织形式。比如产品种类较少、技术标准较统一的企业，往往愿意采用产品组织结构；反之，则可能愿意采用地区组织结构或混合式组织结构。当产品和技术复杂程度进一步提高时，企业可能更愿意采用网络式组织结构。国际企业的产品和技术特点对组织形式影响的一个典型表现是，同一产业竞争的国际企业往往具有类似的组织形式。

3. 国家文化

一个社会对集中或民主的偏好可能会影响企业选择职能式或分部式组织结构，同时还影响到国际企业能否尽快吸收、借鉴世界上同行业其他国际企业组织结构的设计思路。

4. 企业的管理哲学

企业的管理哲学也会影响国际企业经营和财务管理的组织形式。思想保守、喜好集权的领导风格往往使得企业采用职能式组织结构；反之，则可能偏好分部式甚至网络式组织结构。

1.4.3 国际企业财务管理的决策控制模式

国际企业处理总部与子公司或分部以及各组织层次上下级子公司或分部之间的财务管理决策的控制模式，有集权模式和分权模式两种。

1. 集权模式

集权模式的财务管理（见图1-8）是将国际企业的财务决策权集中在企业的总部，子公司或分部的财务机构只负责日常的财务事务。在这种模式下，企业总部的管理者可以有效地控制和管理下属机构的财务活动，保证下属机构的财务活动更好地符合企业的总体目标。但是，这种模式的缺点也十分明显，那就是在信息不畅的情况下，随着国际企业全球化程度的提高，总部的管理者不能及时了解下属单位环境和经营的变化并做出及时的反应，有可能决策不当；而下属单位的每一项财务活动需要必须层层上报和审批，产生大量的成本和时滞，影响管理效率，且容易妨碍下属单位应变的主动性和灵活性。

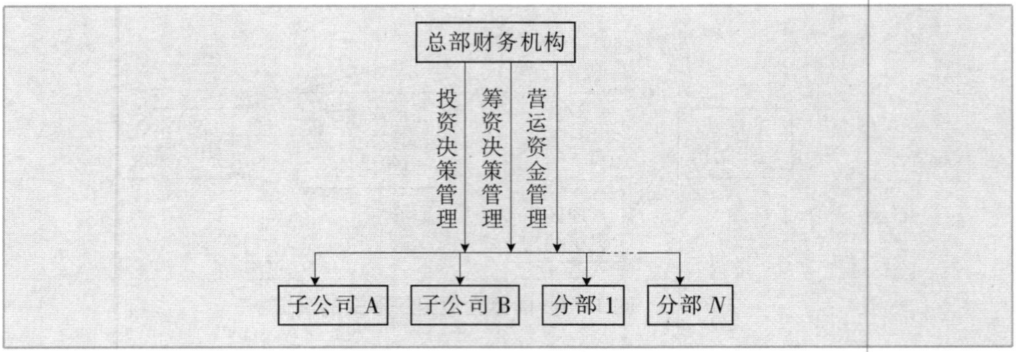

图 1-8　财务管理的集权模式

当前信息技术、网络技术的快速发展，使母公司和子公司之间的信息交流更加快捷，集权导致的应变能力不足问题容易得到解决，为跨国公司总部实行集权式管理提供了强有力的技术支撑。因此，跨国公司在集权和分权的选择上更倾向于强化集权，特别是在资金管理以及投资决策和实施方面加强控制。许多跨国公司直接设立全球会计中心、筹资中心、资金管理中心等进行财务集中管理，财务部门的人员直接由总公司管理，不再对部门经理负责。

2. 分权模式

与集权模式相反，财务管理的分权模式（见图 1-9）是将财务管理决策的一部分或大部分权限下放给各下属单位。分权没有确定的标准，但一般而言，各组织层次的财务负责人拥有本层次业务范围的财务决策权。例如，总部集中与企业整体利益和全球战略有关的财务决策权，包括海外的市场开发与投资、从海外某地的撤退或转移、在海外建立子公司的股权安排、企业在全球市场信誉的建立等；地区分部或产品分部主要负责与地区或产品战略有关的财务决策，如地区或产品市场开发的投资、生产和技术的投资或撤资等；地区分部或产品分部的下属子公司则只负责日常的财务事务。分权模式的最大优点是各下属单位可以根据所在国或地区、产品市场的经营环境、资本市场供求等的变化，及时调整财务战略，捕捉机遇，规避风险，进而提高国际企业的整体应变能力和总体利益。分权模式的缺点是下属单位分散在世界各地，它们拥有各自的利益。在分权模式下，下属单位的负责人可能只考虑本单位的财务目标，而忽视企业整体的财务目标，总部如果不能有效监督，有可能导致企业总体利益下降。

3. 集权模式与分权模式的选择

国际企业财务管理是选择集权模式还是分权模式，主要受代理成本与企业适应性的平衡、企业的组织结构以及文化传统三个因素的影响。

（1）代理成本与企业适应性的平衡。在现代企业中，所有者与经营者之间存在利益冲突，经营者有可能不按照所有者的利益行事，所有者为了监督经营者的行为而耗费的成本就称为代理成本。在国际企业中，这种代理成本比国内企业更高，因为除了经营者与所有者之间的利益冲突外，处于不同国家或地区的子公司与子公司之间以及子公司与总部之间可能存在利益上的不一致，某家子公司的管理者做出的

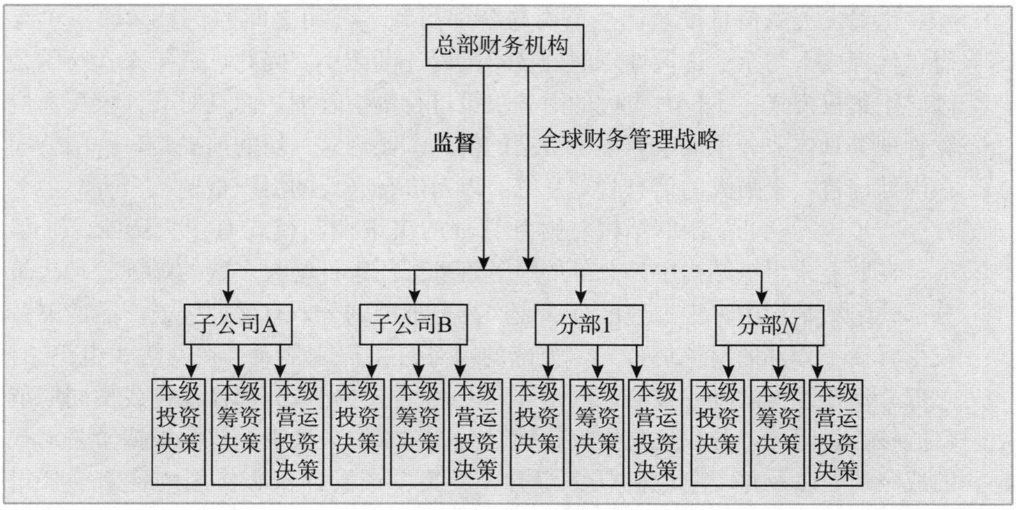

图 1-9　财务管理的分权模式

决策可能使该子公司利益最大化，但对其他子公司或企业总体的利益构成损害。集权模式可以减少这种代理成本，但可能降低企业的灵活性和应变能力；分权模式会增加这种代理成本，但可以提高企业的灵活性和应变能力。代理成本与企业适应性的平衡成为选择财务决策控制模式最需要考虑的问题。不同的企业对代理成本与企业适应性的选择是不同的。

1）企业的国际化程度。国际化程度较低的企业，国际业务相对较少，产品和部门比较集中，企业的适应性问题较小，而集权模式下代理成本更低，因此适宜采用集权模式进行财务管理。国际化程度较高的企业，产品或分部多且分散，产品或分部所处的环境差异大，为了保证企业的适应性，更需要采用代理成本较大的分权模式进行财务管理。

2）企业的规模。小规模和大规模的国际企业，其总部通常没有足够的人员和精力对下属单位的每项财务活动进行决策和监督，因此常采用代理成本较高的分权模式进行财务管理；而中等规模的国际企业多采用代理成本较低的集权模式进行财务管理。针对美国 187 家跨国公司的调查表明，小型跨国公司因总部缺乏足够的资金和财务专家，往往较多地把财务管理决策权授予子公司经理，实行分散化的财务管理；中型跨国公司拥有较强的经济实力和财务专家，大多实行集权模式的财务管理；大型跨国公司因产品品种多、分布广和所处环境复杂，倾向于分权模式的财务管理。

国际企业选择分权模式的财务管理并不意味着总部放弃所有的决策和管理职能。国际企业始终存在代理成本，随着企业规模的扩大和国际化程度的提高，这种代理成本会越来越大。为了控制分权模式下较高的代理成本，总部应该对可能引起多个子公司间利益冲突的决策以及各子公司独立决策所需的公共信息进行集中管理，比如就货币的套期保值、转移定价、资本结构等进行集中决策，对开展或将要开展业务的国家的货币汇率、通货膨胀率、利率、贸易额等子公司财务决策所需的变量进行集中预测，减少子公司分别预测造成的重复成本。

迅猛发展的信息技术让总公司与各部门和子公司之间的信息沟通不再存在障碍，代理成本与企业适应性之间的技术障碍逐渐减小。因此，近年来，跨国公司更倾向于集权模式，不仅对重大的财务决策进行集中管理，而且对会计核算、应收账款管理等具体业务采取全球集中管理的模式。实现这一切的前提是，跨国公司需要在内部构建一个强大的信息管理系统，以及进行必要的组织重构。

（2）国际企业的组织结构对财务管理的决策控制模式有很大影响。通常情况下，在职能式组织结构中，总部的财务管理部门进行绝大多数的财务管理决策；在分部式组织结构中，根据地区分部或产品分部的划分，有关地区或产品的财务决策权主要授予分部的财务负责人，分部的财务自主权非常大；在网络式组织结构中，总部并不是经营的唯一核心，网络节点上一些子公司或分部往往构成不同职能或战略的核心。因此，分权还是集权是相对而言的，财务决策的权力根据子公司或分部的战略地位以及每个阶段的任务组合，或集中在发挥核心作用的各个子公司或分部，或分散给这些子公司或分部的下属单位。

1.4 即测即评

（3）文化传统对国际企业财务管理决策模式的影响也非常大，在不同文化下形成的国际企业，对采用集权模式还是分权模式进行财务管理有不同的偏好。比较容易接受权力不平等、希望有统一思想、尊重专家与权威的国家（地区），比如欧洲和日本，企业倾向于采用集权模式；在需要对权力的不平等进行明确解释、人们努力争取权利平等的国家，比如美国，企业倾向于采取分权模式。

本章小结

在本章中，我们解释了企业国际化的原因以及国际化对财务管理的重大影响。企业走出国门的动力从过去对生产要素和市场的追逐上升到生存竞争的层面，不论是国内企业还是跨国企业都不可避免地要面对经济全球化的浪潮。

企业进行国际经营的方式有产品出口、对外经济合作、许可经营、特许经营、合资、新建境外子公司、跨国并购等。在这种背景下，国际企业的财务管理包含公司总目标与适应不同国际环境背景的子公司财务目标、短期财务目标与长期财务目标的权衡和协调；财务管理的内容也因经济全球化背景下风险和机会的增加，形成以外汇风险管理和资金转移管理为特殊内容的国际企业财务管理体系。

受企业国际化经营的不同程度和阶段、产品和技术的特点、国家文化以及企业管理哲学等因素的影响，国际企业的组织结构有职能式、分部式、混合式和网络式等多种模式。与之相应，国际财务管理需要考虑如何对集权模式和分权模式做出选择，国际企业需要依据代理成本与适应性的平衡、组织结构、文化传统选择财务控制模式。

名词术语

国际企业	经济全球化	逆全球化	马克思的国际贸易和对外投资理论
比较优势理论	产品生命周期理论	国际生产折衷理论	
许可经营	特许经营	职能式组织结构	对外经济合作
混合式组织结构	矩阵式组织结构	网络式组织结构	分部式组织结构
集权模式	分权模式		

练习题

一、思考题

1. 国际财务管理与财务管理有何异同?

2. 与国内企业相比，为何国际企业的财务管理目标冲突更大?

3. 企业国际化经营的主要动因有哪些?

4. 说明不完全市场的存在怎样导致国际企业在国外市场上建立子公司。

5. 如果完全市场存在，那么各国的劳动力成本、商品价格、利率会与非完全市场的更为类似还是差别更大? 为什么?

6. 说明产品生命周期理论与国际企业的国际化进程有怎样的关系。

7. 哪些因素推动了经济全球化?

8. 传统制造企业和高科技网络公司在向国际企业迈进的过程中，其动力和国际化的步骤有什么区别?

9. 在2001年加入世界贸易组织之后，中国企业的国际化进程为什么会加快?

10. 经济全球化给中国的经济和文化带来哪些影响?

11. 全球价值链的形成会对中国企业和中国经济带来哪些影响?

12. 国际企业制定财务目标时需要注意哪些问题?

13. 国际财务管理与国内财务管理在内容上有哪些重要区别?

14. 可口可乐公司60%的资产在国外，在200多个国家占有全球10%的市场，海外雇员占83%，70%的收益来自国外，饮料品牌有400多个，涵盖2 600多种产品。用企业国际化的相关动因说明为什么像可口可乐这样的跨国公司仍然有大量的国际投资机会。

15. 在存在逆全球化的当今世界，你如何评价中国的“一带一路”倡议?

二、课堂案例

瑞智公司是一家生产和销售办公用品的企业。公司位于广州，向国内提供办公用品。公司通过在网络上发布产品目录占有市场，客户可以通过电话订货，公司根据需求送货。过去，公司有着很高的生产效率，这是因为公司雇员流动率较低。在中国的办公用品市场中，瑞智公司占有很大的市场份额。它在中国的竞争者主要是一家中国公司和一家英国公司。一家美国公司占有一小部分市场份额，但由于距离遥远而处于不利地位，在中国的市场开发和运输成本较高。瑞智公司的产品与其他竞争者类似，因生产效率高、提供给零售商的产品价格低占领了国内大部分市场。公司预计未来中国市场的办公用品总体需求会下降。今后几年，欧洲、北美对办公用品会有很大的需求。瑞智公司的经理正在考虑为应对国内市场需求下降而出口其产品。

要求：

（1）瑞智公司计划通过出口进入欧洲、北美市场。在决定应进入哪个市场时，应该考虑哪些因素？

（2）一位财务经理负责制定一项应急计划，以防某个国家设置出口障碍。这位经理建议在所考虑的国家建立子公司。这是不是一项合理的策略？有没有这项策略行不通的明显原因？

三、课后上网练习

1. 选择一家你感兴趣的外国跨国公司。上网收集相关信息，回答以下问题：

（1）该公司的全称、设立时间、主要业务。

（2）该国际企业在哪些环节进行了国际化经营（研究与开发、采购、生产、销售）？

（3）该国际企业最近一个年度在不同国家的销售收入分布情况（在各地区的销售收入金额、所占百分比）。

（4）该国际企业的组织结构属于何种类型？

2. 选择一家你感兴趣的中国国际企业。上网收集相关信息，回答以下问题：

（1）该公司的全称、设立时间、主要业务。

（2）该国际企业在哪些环节进行了国际化经营（研究与开发、采购、生产、销售）？

（3）该国际企业最近一个年度在不同国家的销售收入分布情况（在各地区的销售收入金额、所占百分比）。

（4）该国际企业的组织结构属于何种类型？

3. 上网搜索相关信息，回答以下问题：

（1）登录中华人民共和国国家统计局的网站，了解中国近3年对外直接投资的趋势（投资额和地区分布，选取投资额前十的地区）。根据近3年中国公司对外直接投资的趋势（投资额和地区分布），说明中国国际企业主要在哪些地区寻找商机，可能的原因有哪些。

（2）登录美国国家统计局或美国国家经济分析局的网站，查询美国近3年对外直接投资的趋势（投资额和地区分布）。解释美国和中国在对外直接投资趋势方面存在差异的可能原因。

（3）在网络上搜索《2024年世界投资报告》（联合国贸易和发展会议），说明2023年全球投资趋势、外国直接投资的区域趋势的变动情况。

四、小企业的困境

创立一家国际小企业

小强刚从体育大学毕业，他学的专业是乒乓球。他了解到欧洲、美洲有许多人对乒乓球非常热衷，但是当地市场上只销售高档乒乓球，这对乒乓球爱好者来说是一个巨大的挑战。小强觉得低价乒乓球在欧洲、美洲市场有广阔的前景，决定自己创办一家体育用品公司，专门生产低价乒乓球，并将产品卖给海外的体育用品经销商，这些经销商再以零售价在当地出售。他决定将公司命名为“小强体育用品出口公司”。为了节省租金和其他费用，小强决定在自家院子里经营业务，父母也表示支持。这样，他的主要费用就是购买原材料的费用、雇用工人加工的费用以及寻找国外经销商的费用。

1. 小强体育用品出口公司是一家跨国公司吗？

2. 与国外在当地生产和销售乒乓球的竞争对手相比，小强体育用品出口公司是否有比较优势？

3. 小强在决定进入国外市场时，最初应当集中于一个市场还是进入多个市场？

五、真实案例在线文章

在网上查找一篇近期的文章，文章内容（最好与某一特定国际企业有关）能够诠释本章所阐述的一个或多个概念。可以使用的搜索关键词包括直接对外投资、企业国际化经营、特许经营、跨国公司的组织结构等。

六、推荐书目/视频/网站

1. 弗里德曼. 世界是平的：21 世纪简史. 长沙：湖南科学技术出版社，2008.

2. 弗兰科潘. 丝绸之路：一部全新的世界史. 杭州：浙江大学出版社，2016.

3. 彭慕兰，等. 贸易打造的世界：1400 年至今的社会、文化与世界经济. 上海：上海人民出版社，2018.

4. 公司的力量. 中央电视台 10 集纪录片，2010.

5. 大国崛起. 中央电视台 12 集纪录片，2006.

6. FI 中文网站.

7. 中国经济网站.

8. 环球财经网站.

9. 中国“一带一路”网.

10. 亚洲基础设施投资银行网站.

第2章 环境与国际财务管理

知识要点

东道国和母国政治环境对国际财务管理的影响
法律环境对国际财务管理的影响
经济环境对国际财务管理的影响
国际收支失衡的定义、原因和对策

思维导图
视频讲解

章前预习与思考

2.1 国际财务管理环境概述

2.1.1 国际财务管理环境的特点

国际财务管理与国内财务管理产生区别的根本原因在于它们所面临的环境差异。与国内企业相比，国际企业财务管理面临的环境有以下特点。

1. 环境差异大

国内企业在一个国家内经营，虽然一国之内各地域的文化、习俗可能存在差异，有时由于政府的政策倾斜，不同地理位置、不同行业的企业可能享受不同的税收待遇、政府补贴，但总的来说，相对于世界范围而言，一国之内政治体制、经济体制、法律制度、文化传统等方面的地域差异比较小，因此国内企业在经营和管理上，包括在财务管理上，一般不会与环境产生激烈矛盾和冲突。

对于国际企业而言，它们的投资和经营跨越了国界，跨越了政治、经济制度、民族的界限。不同国家、不同地区的环境差异非常大，国际企业每进入一个新的国家或地区，都必然面临不同制度、文化、法律等诸多冲突，国际企业往往又同时在多个国家或地区经营，因此需要同时应对不同的矛盾，导致财务管理的管理目标、管理手段、决策过程、沟通和控制方式等各方面都需要在考虑整体利益一致性的基础上，具备强大的适应和调整能力。谁能更全面地研究环境、更深入地理解环境、更迅速地适应环境，谁就更有可能在全球化经营中取得成功。

2. 环境变化频繁

一个国家的环境在长期内也会发生变化，比如经济体制改革、行业产业政策的变化、法律的修改、政府的更迭等。另外，随着经济全球化的深入发展，其他国家经济和政策的变化会较快波及国内，导致国内企业经营环境的改变。尽管如此，相对于世界范围而言，国内企业面临的本国环境在短期内更具稳定性。同时，一国范围内信息来源丰富，信息传递渠道比较畅通和透明，国内企业对于国内环境的变化一般都较容易预见，能够及早做好应对环境变化的准备。

国际企业面对的是世界上各种制度的国家和政府，随时可能遭遇经营所在的某个国家或地区环境的改变，比如吸引外资的政策改变、政治动荡等。同时，一国政治或经济的变化波及国际企业某个经营所在国的可能性更大。尽管近年来通信技术高速发展，但相比国内而言，跨越国界的信息来源仍然有限，信息沟通存在时滞。种种因素导致国际企业面临的经营环境的变化更加频繁，也更加难以预测。环境的频繁变化要求国际企业在管理的组织设计和决策过程方面具有更强的应变能力。逆全球化趋势更造成企业面对诸多不利政策的可能打击，环境风险进一步放大。

2.1.2　国际财务管理环境的分类

按照不同的标准，影响国际财务管理的环境因素可以划分为以下几类。

1. 自然环境和社会环境

自然环境是指自然资源或自然条件的总和。与国际财务管理有关的自然环境因素包括：投资和经营所在国或地区的地理位置、距总部的远近、是否拥有在国际上有优势的自然矿产或其他资源等。自然环境的差异可能导致诸如是否设置财务管理机构、是否从总部派遣财务人员以及是否进行以取得原材料为目标的投资等不同的决策。

社会环境是指人类有意识构建的经济基础和上层建筑的整体，包括文化、教育、人口数量及构成、经济体制、政治体制、法律制度等。国际财务管理本身就是社会活动的一种，因此社会环境对财务管理的影响要比自然环境大得多，因而也是国际财务管理更加关注的环境因素。

2. 宏观环境和微观环境

国际财务管理的宏观环境是指超越国境的国际性境况，主要包括国家间的贸易、金融市场、区域性或国际性的组织、国际性的协议等。不论国际企业在何处经营，这些宏观环境因素都可能对其产生影响。宏观环境是国际财务管理活动无法回避的前提环境。

国际企业经营所涉及的单个国家的环境称为微观环境。也有人认为国际企业自身的内部环境是微观环境，国家环境是中观环境。单个国家的环境包括自然环境及社会环境，对国际企业的筹资、投资、经营等全方位的管理都产生重大影响，财务管理目标的设定、组织安排、控制、业绩评价等很大程度上取决于微观环境的状况。

3. 政治环境、法律环境和经济环境

按照社会环境的具体内容，可以把与国际财务管理密切相关的环境因素分为政治环境、法律环境和经济环境。

本章对环境的分析主要依据这种分类，具体介绍政治、法律和经济环境的内容以及它们对国际财务管理可能产生的影响。

2.2 国际财务管理与政治环境

政治环境是企业活动不可回避的环境因素之一。企业能否取得经营权、企业经营活动的范围有多大、企业资金能否顺利流动、企业可以支配多少利润等，都处在政府的管辖控制之下。显然，不论是国内企业还是国外企业，政府的这种影响都十分直接而且非常重要。对于国际企业而言，更不能忽视这样一个事实：任何一个独立的国家都百分之百地拥有允许或禁止国外企业在其政治边界内开展业务的正当权利。国际企业要在其他国家进行经营和财务管理，就需要认真考虑东道国的政治环境。同时，尽管目前许多国际企业纷纷采取战略全球化与经营本土化相结合的方针，尽量减少自身在文化、意识形态、利益等方面的母国色彩，把自己装扮成一个没有国籍特点的全球性企业，但是，毋庸讳言，国际企业在国外仍被视为其母国的一个代表，而且国际企业在国外的发展也离不开母国政府的支持。就国际企业的财务管理而言，不仅要考虑东道国的政治环境，还要考虑母国政府的政策。在逆全球化趋势愈发明显的未来，这种关注和风险防范显得尤为重要。

2.2.1 东道国政府对待国外企业的政策态度

各国都有自己的国家利益和国家目标，比如维护国家主权和独立，减少外来威胁，提高本国人民的生活水平，促进本国国际地位不断上升，增强自身在国际事务中的影响力，坚持和促进本国的政治思想意识等。国际企业在其他国家经营时不可避免地会对东道国的产品市场、劳动力市场、资本市场产生积极或消极的影响，国际企业带去的文化、道德观念甚至政治观点也可能与东道国社会的理念相冲突，有的大型国际企业甚至可能影响这些国家政策的制定。国际企业对东道国的这些冲击可能会促进东道国的国家利益和目标的实现，也可能会妨碍这些利益和目标的实现。因此，在对待国外企业时，不同理念的政府可能会采取不同的政策态度。有的国家政府认为，国外企业与国内企业的自由竞争会对国内企业产生促进作用，维护市场公平，因此采取国外企业与本国企业一视同仁的政策，不干涉国外企业的经营和资本运作；有的认为国外企业在本国的经营会损害本国企业的利益，或者危害本国的文化和价值观，因此采取禁止或严格限制的政策，比如进口管制、对企业形式和股权比例的严格限定、借款的限制、利润汇出的限制、投资领域的限制、产品原料来源和产成品销售地点的限制等；有的则采取鼓励与限制、干预相结合的政策，比如虽然规定了许多限制条件，但同时提供税收方面的优惠、外汇业务的便利等。这些国家的政府既希望国外企业的投资能够带动本国经济，提高本国企业的生产和管理水平，又担心国外企业给本国经济带来消极影响。政府对国外企业的政策态度直接影响国际企业的经营和财务管理决策，尤其是东道国政府对国际企业的限制政策通常会直接影响国际企业的现金流量、资本成本、资本结构等财务决策的重要指标，在有这些影响时，财务管理人员的决策模型会更加复杂。

案例 2-1

美国政府对华为的系列制裁

2017 年 12 月，美国总统特朗普向国会提出了他的首份《国家安全战略》报告，将中国确定为竞争对手。此后，美国陆续采取多项举措向中国全方位施压，其中的核心领域之一就是围绕人工智能和第五代移动通信技术（5G）展开的数字技术竞争。华为是全球排名第一的通信设备供应商，也是全球 5G 标准的主导者之一，因此成为美国制裁的重要对象。

2018 年，美国国会制定了《2018 年出口管制改革法案》，其中第 1758 条授权美国商务部针对新兴与基础科技出口建立适当的管控措施。

2019 年 5 月 15 日，美国总统特朗普签署行政命令，宣布进入国家紧急状态，在此紧急状态下，美国企业不得使用对国家安全构成风险的企业所生产的电信设备和服务。同日，美国商务部宣布，将把华为及 70 家关联企业列入“实体清单”。今后如果没有美国政府的批准，华为将无法向美国企业购买元器件。

2019 年 8 月 7 日，白宫宣布禁止美国政府部门购买华为的设备和服务。

2020 年 5 月 15 日，美国商务部要求使用美国设备和技术的外国半导体公司，必须获得美国政府许可，才可向华为出口供货。

2020 年 8 月 17 日，美国商务部对华为以及被列入“实体清单”的华为在境外的附属机构采取进一步的限制措施，禁止它们获取在美国境内外开发和生产的美国技术和软件。美国商务部产业安全局还决定把另外 38 家华为关联实体列入“实体清单”。

2021 年 3 月 12 日，美国联邦通信委员会（FCC）公共安全部和国土安全局（HHS）将包括华为在内的 5 家中国公司纳入不可信供应商名单，认为这些企业生产的电信设备和服务会给美国国家安全和公民安全带来“不可接受的风险”。上述公司生产的部分通信产品将在美国境内被拆除。

资料来源：美国 FCC 认定华为海康威视等威胁其国家安全部分通信产品将被拆除. 证券时报 e 公司，2021-03-13.

2.2.2 东道国政治的稳定性

稳定的政治包括稳定的政权、稳定的社会，以及连续、稳定的政策。东道国政治稳定可以使影响国际企业财务决策的变量变化较小，企业决策的准确性更高。但是，政治稳定对国际企业的经营和财务管理到底是利还是弊不可一概而论。政治稳定并不一定意味着国际企业经营的经济利益就高，因为当前稳定的政府或政策并不一定对国际企业有利。因此，对东道国政治变化的预测以及对政治变化给企业带来何种影响的分析和判断，是国际企业经营和财务管理的一项重要内容。

稳定的政权不一定代表政策的延续，但政权的更迭往往伴随着政策的变化，特别是对国外企业政策的变化。对于国际企业而言，政权变化给财务管理带来的最大风险是，新政府因对国外资本的敌视或对该国际企业母国的敌视而对境内的国际企业子公司实行国有化或进行征收，或出台严格限制国外企业在本国活动的政策。如果存在这种政权更迭的可能性，国际企业的财务管理人员在进行投资决策时就必须加大对风险因素的考虑。如果决定投资，则需要事先准备减少损失的方案；当损失不可避免时，应采取必要的措施最大限度地减少损失。

东道国社会的稳定性，比如没有暴乱、政治性罢工、仇视国际企业的行动、战争、恐怖活动等社会动荡事件，对于国际企业的财产安全和人员安全极为重要。危害国际企业安全的社会动荡诱因有许多，其中一些与国际企业的行为有关，比如国际企业的文化或产品与东道国民众的宗教信仰发生激烈冲突；国际企业的产品挤占了东道国的产品市场，导致东道国企业倒闭和员工失业；国际企业从东道国获取资源和巨额利润的行为被当地民众视为对他们财富的剥夺；国际企业的母国与东道国发生激烈冲突等。国际企业在进入其他国家时，需要特别注意自身的行为对东道国可能造成的危害，在处理与东道国政府和民众利益时，眼光一定要放长远，不要为一时的财务利益或其他利益导致东道国政府和民众的反感和抵制。有时，一些社会动荡与国际企业本身的行为无关，但社会动荡导致的产品和资本市场萎缩、人心恐慌也会对国际企业的经营和财务管理造成消极影响。在进入这些国家之前和之后，必须时刻警惕这种社会动荡的发展趋势，根据形势及时做出保留投资或撤出投资的决策。

东道国连续、稳定的政策，可以使得国际企业在进行财务决策和决策实施时能够提高准确性和可控性。但是，这种连续、稳定的政策可能会限制或阻挠国际企业的经营活动，因此并不一定对国际企业有利。政策的大幅变化并不只是在政权变更时才会出现，当执政当局的思想意识发生改变，比如对经济运行规则有了重新认识，也会出现政策的改变。在当前的国际社会中，许多国家都发生了大幅度的政策改变，主要是朝着对国际企业有利的方向发展，比如从拒绝和限制国际企业到设法提供更优惠的政策措施吸引海外投资；取消对国际企业在投资领域、股权比例、企业形式等方面的种种限制性措施；改善投资环境；实施促进市场自由竞争的措施；国有企业从许多重要行业退出，允许海外资本进入原来的国家垄断行业；等等。

从上面的分析可以看出，国际企业在进行财务决策时应该辩证地看待东道国的政治稳定，特别是对于即将或正在发生政权更迭和重大政策变化的国家，绝不能因为这些变化而裹足不前，因为这些变化并不一定会使企业或项目的风险增大，有时甚至意味着新的获利机会。谁能较早地预见并利用这些变化，谁就能获得更高的收益。但是，如果这些变化的确会导致企业或项目风险增大，就需要在决策模型中增大风险变量，重新做出决策。

案例2-2

小米被扣48亿元，印度为何对中国企业下狠手？

2023年，印度执法局向小米发出通知，正式指控其“向外国实体非法转移资金”。这份通知意味着，此前小米被扣押的555亿卢比（约合人民币48亿元）被印度没收的可能性越来越大。小米在印度的这起纠纷，事发于2022年。当时印度方面表示，小米印度公司以支付版税为名，向三家外国公司支付了555亿卢比，但小米印度公司并没有从这三家公司获得任何服务，向外转移资金涉嫌违反印度的外汇管理法，所以扣押了小米印度公司的555亿卢比。这也是印度历史上资金规模最大的一次扣押。

小米当时回应表示，支付的特许权使用费都是合法且真实的，均用于印度版本产品中所使用的授权技术和知识产权。向外支付的全部555亿卢比中，超过84%是向高通支付的特许权使用费，没有这些技术和标准，小米的智能手机将无法在印度使用。在时隔一年之后，印度执法局正式向小米发出指控，显示出印度方面并不认可小米的解释，小米被扣押的巨额资金可能被正式没收。对于小米而言，这无疑是一个巨大打击。即使放到整个小米集团里，这笔资金也具有极大的分量。2022年全年，小米集团的净利润为24.7亿元，印度公司被扣押的资金，几乎接近集团两年的净利润。小米在印度的损失不仅是财务层面的，更大的损失还在于战略层面。小米是印度市场上最成功的手机品牌，长期占据印度手机市场最大的市场份额，2019年，小米在印度手机市场份额高达29%。但是经过几年的打压之后，小米在印度的市场份额下降到20%，而三星在印度快速崛起，市场份额达到了19%，距离赶超小米只有一步之遥。

在印度遭遇打压的不只是小米。2020年中印边境冲突爆发之后，印度对中资企业的监管力度骤然升级，当年就以安全威胁为由，禁用了中国的100多个APP应用程序，在当地影响力较大的一些中资企业比如小米、OPPO和vivo等，也都遭遇了各种严厉调查。

3年之后，这一轮风波并没有停止，不仅是印度执法局正式指控小米非法转移资金，而且印度电子信息部召集小米、OPPO、vivo等多家中国手机企业开会，要求这些公司任命印度籍人士担任首席执行官、首席运营官、首席财务官和首席技术官等高管职位。同时，印度政府还要求这些企业将制造工作委托给印度公司，并通过当地经销商出口。中资企业在印度面临前所未有的监管压力。

多年以来，印度对于外资是一个巨大的磁场，又是一个巨大的坟场，很多外资纷至沓来，但最终铩羽而归。

印度对于外资的最大吸引力在于人口红利。印度不仅人口总量多，而且人口结构也比较年轻化，平均年龄只有28岁，这意味着印度已经成为当前国际上最具市场潜力的国家。对于外资而言，面对一个人口总量和结构俱佳的印度，俨然就像看到了当年的中国，所以很多外资都将印度视为兵家必争之地。

但很多外资进入印度之后，慢慢意识到印度是全球最难做生意的国家之一。多年以来，印度的营商环境一直为人所诟病，在2014年之前世界银行的营商环境排名中，190个国家当中印度一直排在130多位。2014年，莫迪当选总理之后，誓要改善印度的营商环境，最近几年印度的排名有了较大提升，以2019年的数据来看，印度排名上升到了第63位。虽然上升较快，但以印度这样的经济体量而言，这仍是一个比较靠后的位置。

虽然印度的营商环境有所提升，但还是远远达不到很多外资的理想标准，糟糕的营商环境，以及印度市场的需求不及预期等等，多重因素让很多外资最终选择了放弃，其中知名的公司包括家乐福、福特汽车和哈雷摩托等。按照印度的官方数据，2014年至2021年底，有将近2 800家外国公司关闭了在印度的业务，约占印度跨国公司总量的六分之一。

新冠疫情之后，全球供应链重新洗牌，印度从中看到了机会，印度总理莫迪在2020年提出“自给印度”的口号，鼓励印度企业减少从中国采购，打造一个自力更生的印度，希望在后疫情时代让印度制造崛起。

在这样的战略下，印度的保护主义开始抬头。2020年11月，区域全面经济伙伴关系协定（RCEP）正式签署，原计划加入的16个国家当中，只有印度在最后关头选择退出，就是因为印度担心RCEP会对本国相关产业带来负面冲击。在这样的背景下，在印度市场经营得风生水起的几家中国手机企业，自然也就成为印度的重点关注对象。

资料来源：小米被扣48亿元，印度为何对中国企业下狠手？（2023-06-22）. 三联生活周刊微信公众号.

2.2.3 母国政府的政策态度

尽管国际企业的经营越来越全球化，但是通常情况下，国际企业的总部、最大的子公司、所有者以及资产的集中地都设在母国；国际企业在东道国也被看成其母国的一家企业，东道国对待国际企业的态度和政策也往往与其母国有关。因此，国际企业在海外经营的成果和受到的待遇对于母国政府而言具有重要的经济意义和政治意义。母国政府为了本国的利益，通常会采取一些扶植和保护本国国际企业、提高本国企业国际竞争力的政策措施。这种扶植和保护措施对于发展中国家的国际企业尤为必要，因为这些国家的国际企业往往在经验、资金、实力等方面落后于发达国家的国际企业，在国际竞争中常处于劣势。实践证明，一国政府能否给予本国企业政策扶持，对于它们能否加快国际化经营进程和增强国际化经营实力至关重要。这些国家对本国的国际企业提供的支持政策一般体现在以下几方面：

（1）在税收政策上，一般都有抵免和延迟缴纳所得税以及对出口产品返还增值税税款等政策。这些政策通常可以降低企业成本或直接增加企业项目的现金流入量。

（2）在财政信用政策上，通过专门的银行向本国国际企业提供优惠贷款，对研究与开发活动提供财政补贴，提供国外投资保险等。这类政策对国际企业拓宽资金渠道，获得低成本的资金有明显作用。

（3）在投资情报信息上，向本国国际企业提供有关国家的经济状况和投资机会的情报并提供咨询，不仅大大降低企业搜寻信息的成本，还能帮助企业降低海外投资风险。

（4）在外交政策上，不少国家政府通过与其他国家政府进行会晤和谈判，组团考察与互访，签订双边或多边协议，积极为本国国际企业争取各种优惠待遇和有利的投资条件；有的国家政府为了保护本国国际企业的利益而对有关国家施加政治和军事压力。这些措施能够减少本国企业在海外投资和经营中可能受到的不利限制，为其创造良好的投资和经营环境。

2.2 即测即评

除了以上直接影响国际财务管理的政治因素外，其他一些政治因素也会间接地作用于国际企业的经营和管理，比如东道国的经济制度是公有制还是私有制、执政党是左翼还是右翼、政府形式是民主共和还是军人专政等，这些因素可能给国际财务管理带来风险和机会，必要时应予以考虑。此外，政治环境决定了法律环境和经济环境，因为政体和社会制度往往决定了该国的法律原则和内容，政府政策是通过各种法律法规、文件条例等形式颁布并经执法和监察部门落实的，政治体制决定了经济体制和经济运行规则，决定了经济中各种关系的处理方式。因此，政治环境、法律环境和经济环境在许多方面是相互作用、相互影响的。

2.3 国际财务管理与法律环境

国际企业的经营和财务管理活动涉及多个国家或地区，面临的法律问题不再局限于母国的有关规定，东道国、国际社会的法律也会对它的活动产生效力。实际上，东道国政府对待国外企业的许多政策措施都是通过法律形式颁布的。本节只介绍东道国的法律特征、国际法和东道国法律对国际企业的法律管制内容、国际经营活动中的司法管辖权问题，不涉及法律的具体内容，但国际企业的财务管理人员还需要了解东道国的法律状况以及有关经营和财务管理方面的法律条文，因为遵循这些法律法规是国际企业在东道国取得经营资格和顺利经营的前提，熟悉和利用这些法律法规可以保护国际企业在东道国的利益。

2.3.1 法律制度的主要类型

当前世界上各个国家的法律体制大致主要分为两大法系：普通法系和大陆法系。

1. 普通法系（又称英美法系或判例法）

普通法系是以少量的成文法为基础，由法庭依据过去的惯例和判例进行解释而形成的法律体系。该法系起源于英国，以英国及曾处于英国影响之下的其他国家为代表。普通法系注重对社会经济生活中出现的具体问题在法律上加以规定，尤其重视前人的法律处置先例，法律多为先前法官所作的判例。因此其法律的构成形式不同，来源不一。

2. 大陆法系（又称成文法系）

这是一种在法律中规定详细规则的法律体系，法院判决依据已有的法律条文进行。世界上大多数国家采用的是这种法律体系。大陆法系强调法律条文的完整性、系统性和逻辑性。各种法律一般都包括基本原则和细则，自成体系、形式完善、内容完整、原则性强，整个法律体系无所不包。

这两大法系对于国际企业经营和财务管理的影响主要体现在管制的程度不同。普通法系的国家法律对经济活动的约束比较宽泛灵活，强调保护私有财产，主张契约自由。而大陆法系的国家政府借助法律对经济活动进行较为全面的干预，整个社会的经济活动处于国家详细完备的法律约束之下，企业的自主权受到一定限制。

2.3.2 国际法对国际企业的管制

国际法包括所有影响国际交易的法律法规，其中调整涉外民事关系的法律称为国际私法，调整主权国家之间关系的法律称为国际公法。国际企业属于国际私法调整的范畴，因此这里所称的国际法主要是指国际私法。与国内法相比，国际法没有统一的立法机关和强制执行机构，因此一般通过国家之间的协议或认可来制定，并通过有关国家单独或集体采取强制措施来保证实施。目前，规范国际企业行为的国际法主要是联合国的有关文件和区域性国际组织的有关条约，比如，联合国通过的《建立新的国际经济秩序宣言》《各国经济权利和义务宪章》《跨国公司行动守则》《经济合作与发展组织关于国际投资与多国企业的宣言》《联合国全球契约》等法律或文件；区域性的条约包括《关税及贸易总协定》，欧共体（即现在的欧盟）的《罗马条约》《反倾销条例》等。这些法律或文件对国际企业尤其是跨国公司的活动，比如竞争、雇佣和劳资关系、内部交易、垄断、倾销、社会责任等各方面进行约束。相关法律和文件数量众多，在此不一一列举。尽管这些国际法对企业没有强制力，但是，违反这些契约的企业很可能受到东道国甚至国际组织的处罚、抵制或被列入黑名单。对国际公约的遵守逐渐成为企业全球化成功的重要因素。

案例 2－3

世界银行集团的制裁系统

世界银行集团（WBG）的目标是消除极端贫困和促进共享繁荣。世界银行对其资助项目中的欺诈和腐败指控十分重视。世界银行因此设置制裁系统，对包括腐败、欺诈、共谋、胁迫、阻碍等五种行为进行调查并对相关企业进行制裁，如收回已资助款项、列入世行黑名单、在未来一定期限内或永久地不得中标世界银行资助项目合同或从中受益。

世界银行与非洲开发银行、亚洲开发银行、欧洲复兴开发银行和美洲开发银行这四家多边开发银行达成了协议，一旦被世界银行认定为行为违规，不仅会受到世界银行的制裁，在这四家多边银行也会受到制裁。

截至 2025 年 1 月，世界银行制裁黑名单上有 355 家中国企业。这些企业受到制裁的原因，既有不同程度的直接或间接地存在上述五种违规，也有的是对世界银行的各项指南和规则不熟悉不重视所造成的。在“一带一路”倡议下，越来越多的中国企业走出去，更需要重视国际规则。

资料来源：https://www.worldbank.org/en/projects-operations/procurement/debarred-firms.

2.3.3　国内法对国际企业的管制

国际企业在东道国的经营活动受东道国法律的管制。为了发挥国际企业的积极作用，抑制其对本国的不良影响，各国都有相关的法律法规调整和控制国际企业的行为。这些法律法规涉及包括财务管理在内的国际企业活动领域，比如对国际企业在本国设立企业的股权比例、分红原则、共同管理、采用当地原材料和劳务等进行限制；对国际企业的资本转移、转移定价、税务、信息披露、垄断行为、资本退出等进行管制。除此之外，国内法中还有一些不是专门针对国际企业的法律法规，也是国际企业在该国进行经营活动和财务管理所必须遵守的，比如公司法、破产法、税法等经济法律法规。各国法律体制不同，法律规定也不完全相同，有的甚至截然相反，因此，国际企业在进行经营和财务管理时要在东道国的相关法律法规内进行决策。

2.3.4　国家对国际企业的管辖权

2.3 即测即评

迄今为止，国际关系领域并不存在能够处理不同国家非政府组织之间纠纷的法律机构，国际组织也没有依据国际法约束非政府组织行为的强制力。因此，当国际企业与东道国企业或其他组织、个人发生法律纠纷时，尽管有相关的国际法为依据，解决纠纷的仍然是相关国家的法律机构，解决纠纷所依据的也仍然是相关国家的法律。关于国际企业到底受哪个国家的法律机构管辖、适用哪国法律，基本原则是，国际企业的各个实体受各自东道国法律的管制。但是在实践中，各国对国际企业实体所主张的管辖权有领土原则和国籍原则两种，而且对国籍的认定存在差异，因而可能产生管辖权冲突。若无特殊说明，一般是领土管辖权优先，即国家对其领域内的任何人、事、物和行为有权实施管辖。为了避免发生纠纷时因管辖权理解的差异引起的诉讼难题，国际企业在签订合同时最好包含有关司法管辖权的条款。

2.4 国际财务管理与经济环境

与政治环境和法律环境相比，经济环境变化最快，对国际财务管理的影响也最直接。例如，东道国的经济制度往往影响国际财务管理活动的灵活性；经济周期、经济发展水平和发展速度决定了国际企业投资的规模；金融体系影响国际企业资金筹措的渠道和方式；税收制度会对国际企业财务管理的资本成本、现金流量产生最直接的影响；东道国的通货膨胀、国际收支状况可能导致影响国际企业现金流的汇率发生改变。一国经济环境包含的内容众多，本节只介绍对国际财务管理产生较大影响的几个经济环境因素。

2.4.1 通货膨胀或通货紧缩

通货膨胀或通货紧缩都可能给国际企业的经营带来风险。东道国的通货膨胀对国际企业财务管理的影响主要体现在以下几个方面。

1. 通货膨胀对国际企业现金流量的影响

东道国通货膨胀对国际企业财务管理最直接的影响是，导致在东道国市场上销售的产品价格上涨，从东道国市场上取得原材料、劳动力、资本的成本上升，从而导致国际企业现金流量的波动。由于国际企业的产品市场和原材料等生产资料市场不一定分布在同一个国家，因此东道国的通货膨胀对国际企业整体现金流的影响需要根据具体情况来确定。比如，使用大量进口原材料或零部件并在当地销售产品的子公司，在当地发生通货膨胀时，当地币值的现金流入量可能增加。如果当地的货币没有随着通货膨胀发生贬值，则从国际企业总体角度看，该子公司带来的现金流量可能增加；反之，如果子公司在东道国取得生产资料进行生产，将产品销往国外市场或其他子公司，则通货膨胀引起的成本上升将导致国际企业现金流量减少。但如果考虑到通货膨胀与汇率的影响之间可能存在相互抵消作用，东道国的通货膨胀将使国际企业的现金流量难以估计，企业的经营风险和决策风险都将增加。

2. 通货膨胀对财务状况的影响

东道国的通货膨胀可能造成在该国生产的子公司实物资产重置成本增加、货币性资产贬值、货币性负债获得收益，在该国销售的子公司收益虚增；另外，由于价格波动，国际企业难以确定不同国家子公司之间的转移定价，这些因素都给国际企业评价子公司的财务业绩造成困难。由于重置资产的需要以及因收益虚增带来的纳税增加，子公司的资金需要量上升，为了保持实物资产的规模和经营能力，对子公司的投资额需要不断增加，给国际企业的筹资带来压力。由于发生通货膨胀国家的资本成本相应上升，子公司在当地的融资受到制约，国际企业的筹资策略可能因此发生改变。

3. 通货膨胀通过汇率和利率对财务管理的综合影响

通货膨胀、汇率和利率三者之间的关系十分微妙。一般而言，一国的通货膨胀可能吸引国外商品大量进入当地市场，而当地商品在国际上的竞争力下降，从而导致当地贸易产生逆差，引起当地货币币值下降。在通货膨胀条件下，当地对投资的需要量增加，投资者对资金的预期收益提高，导致当地利率上升；当地利率的上升又会吸引国外的资本进入该国，引起该国货币币值上升；利率上升有可能导致经济停滞，使得通货膨胀率降低。但这种关系不是绝对的，有时在政府的干预下，即使存在通货膨胀，汇率或利率也不会发生明显的变动。汇率的变化将导致国际企业产生外汇风险，如企业的资产和负债产生的折算风险、未来的现金流量发生改变产生的经营风险、未来现金交易的价值发生波动产生的交易风险等，这些都可能给国际企业带来损失或收益。而利率的变化直接影响国际企业的资本成本和资本结构，国际企业可能需要考虑改变筹资的地点，或改变企业内部子公司之间的资金转移方式。可以说，由于通货膨胀与汇率、利率之间这种复杂的关系，当一国发生通货膨胀时，国际企业财务管理受到的影响很难用一种模式推测，国际企业财务决策的难度加大，财务活动面临的风险也会变大。

与通货膨胀一样，通货紧缩也会从反方向增大国际企业的风险，增加国际企业财务管理的难度。通货紧缩时整个国家的经济过剩，当地产品市场需求锐减，企业资产贬值，原有的债务负担加重，企业利润骤减，企业经营出现困难。但是通货紧缩也会使出口产品的竞争力增强、银行利率下降。对于国际企业而言，如果某个东道国发生通货紧缩，会导致在该国的子公司现金流量骤减，运营出现危机；如果这种通货紧缩发生在一个比较大的地区，涉及多个国家，那么国际企业面临的风险就更大。通货紧缩往往导致一国的经济严重衰退，与通货膨胀相比，通货紧缩给国际企业带来的风险可能更大。

2.4.2 经济状况

东道国的经济状况包括经济发展水平及发展速度，以及所处的经济周期，经济状况的好坏通常与市场条件和利润潜力相联系。衡量经济发展水平的指标很多，比如国民生产总值（GNP）或国内生产总值（GDP）、人均 GDP 或人均 GNP、对外贸易及国际收支状况、通货膨胀率、失业率等。按照经济发展水平，世界上的国家可以分为发达国家、发展中国家和经济落后国家。经济发展水平对产品市场的影响最为明显，经济发展水平高的国家或地区，市场细分程度高，产品需求具有多样性，人们的购买力相对较高。经济发展速度则表现为市场规模和投资规模扩大的快慢，经济发展快的国家，产品市场、投资需求迅速扩大，给国际企业提供的销售和投资机会也多，国际企业容易在这些国家扩大自己的经营活动。

经济周期是市场经济条件下常见的经济波动现象，并且不断循环往复。经济周期会对一国或一个地区甚至世界范围的产品需求规模和投资规模产生重要的影响。在经济周期的繁荣阶段，产品市场需求量扩大，企业的销售和投资需求旺盛，国际企业在该国的财务管理主要以扩大收入、扩大投资为中心；而在经济周期的衰退和萧条阶段，产品市场萎缩，企业销售减少，投资需求减少，现金流量急剧减少可能导致资金短缺，引起财务困难，国际企业在该国的财务管理活动以维持基本运营、避免财务危机为主。

案例 2-4

经济周期与航运企业

进入21世纪，航运业在经历长期动荡、萧条后终于迎来了几乎百年难遇的繁荣期。无论是哪个航运的细分市场，2005年之后运费基本上一路飙升。2008年5月，巴西至中国青岛的铁矿石运费甚至超过100美元/吨，高于铁矿石离岸贸易价格。航运业仿佛在一夜之间成为全球利润率最高的行业。

伴随突如其来的国际金融危机，航运业在2008年第四季度骤然转入衰退期。全球经济极度疲软，进出口贸易不断萎缩，集运、散运和油运市场的运力均出现大幅过剩，大批船舶闲置。之后的市场发展几乎没有给从业者喘息的机会，运费下挫、船价下跌、行业亏损，违约、破产充斥市场，2008年以来的航运危机直到2016年底才算见底，然后开始进入一个为期三年的小高峰，该周期在2017—2018年到达了顶点，之后又开始回落。①

2020年的新冠疫情让全球贸易遭遇“寒流”，但是供应链中断和运输能力不足导致海运价格暴涨。2021年全球经济回暖，需求激增，2021年全球海运业业绩大爆发。马士基全年营收增长55%，至618亿美元②，中远海控2021年公司实现的归母净利润总额为2020年的8倍，达到892亿元人民币③，长荣海运2021年业绩显示税后净利润同比暴增近9倍④。

随着疫情逐渐得到控制，海运价格呈现回落趋势。2023年以来，全球经济进入高通胀、低增长的新阶段。受此影响，集装箱航运市场面临需求收缩，叠加新船交付导致的供给上升，供需关系总体趋紧，运价水平总体延续了2022年下半年以来的下降趋势。2023年，中国出口集装箱运价综合指数（CCFI）均值同比下滑66.4%。⑤

“毕竟航运需求是全球经济贸易的派生需求，航运市场的发展与全球经济和贸易的发展息息相关。因此，航运周期与经济周期可谓密切相关，或者可以说，在全球航运发展史中，剔除一些不可预测的历史事件影响因素，航运周期实际是全球经济周期在航运市场上的反映。”⑥

---

① “航运大周期已至”OR“2008年噩梦重演”. 航运交易公报，2021（16），http://info.jctrans.com/newspd/hyxw/20214272613697.shtml.

② 240亿美元利润！马士基2021年业绩创纪录.（2022-02-09）. https://www.eworldship.com/html/2022/ShipOwner_0209/179274.html.

③ 中远海控2021年年度报告.（2022-03-31）. https://money.finance.sina.com.cn/corp/view/vCB_AllBulletinDetail.php?stockid=601919&id=7946371.

④ 台湾三大船公司2021年净利增长均超8倍. 中国航务周刊.（2022-03-16）. https://news.qq.com/rain/a/20220316A08PCV00.

⑤ 中远海运控股股份有限公司2023年年度报告.

⑥ 证券时报. 海运费连续上涨 全球海运公司进入超级景气周期.（2021-06-18）. http://finance.eastmoney.com/a/202106181965008657.html.

2.4.3　金融市场

国际企业在全球范围内进行资金的筹集和投放，某个国家金融市场的优势可以吸引国际企业进行筹资和投资运作，比如有丰富或特殊的金融工具可供国际企业选择，有足够大规模和高流动性的股票市场吸引国际企业在此筹集大额资金，投资者对收益率要求合理等。国际企业的财务管理人员可以根据不同国家金融市场的特点制定筹资和投资战略。

不同国家金融市场的特点会对该国国际企业的财务管理特征产生影响，比如在股票市场发达、中小投资者云集的国家，其国际企业资本结构中股权资本的比重相对较高；而在以银行为主要融资机构的国家，企业对银行资金的依赖更大，企业中债务资金的比重也就较高。在以机构投资者为主的市场中，尤其是在以银行为企业主要资金供应者的国家中，企业经营战略以长期目标为主，财务管理的目标更多地考虑股东利益以外的其他内容，如社会稳定、雇员利益等；而在以个人投资者为主的市场中，企业财务管理的目标更多是股东利益至上。

东道国金融市场的完善程度对国际企业在该国的经营也会产生影响，比如该国银行结算体系是否快速、有效，银行结算工具是否多样、便利等，都会对国际企业子公司在该国的资金周转产生影响，从而影响国际企业的资金收益。

2.4.4　税收制度

投资者最为关心的是税后收益。因此，每家企业对税收制度的内容和变化都非常敏感。研究各国的税收制度对国际企业而言更有意义，因为比起国内企业，国际企业的财务管理者可以在世界范围内利用不同的税收制度，有更多的途径和方式进行税务筹划，最大限度地减少纳税支出。

国际企业财务管理需要考虑的税收制度包括以下几方面。

1. 各国的税种和税率

世界各国对国际企业设置的税收种类名目繁多，最常见的有：公司所得税，即各国政府对税收管辖权内的企业取得的生产经营所得和其他所得征收的税赋；增值税，即各国政府对税收管辖权内的企业在商品生产和流通环节的新增价值或商品附加值征收的税赋；预提税，即各国政府对税收管辖权内的企业向国外机构或个人支付股利、利息、租金以及特许权使用费等资金流出行为征收的税赋；资本利得税，即各国政府对税收管辖权内的企业出售资本性资产所得收益征收的税赋，但有的国家将其合并在企业的经营收入中，作为一般收入征收所得税；关税，即各国对过境的应税货物征收的税赋。

各国就同一税种执行不同的税率这是国际企业财务管理需要关注的一项内容。国际企业可以利用这种税率差异安排企业内部的资金流向，制定最优的资本结构和投资决策，运用诸如内部转移价格等手段将资金或收益转往低税率国家，减少企业的税收支付。各国在同一税种上的税率差异很大，如果再考虑有的国家为了吸引外国投资而给予的税收减免，或者国家之间对某些税种的征收协定，这种税率的差异就更明显了。表2-1列出了一些国家公司所得税以及与我国协定的针对企业向母国公司支付股利和利息的预提税税率，可以看出这种差异的幅度。近年来，作为海外投资主要投出国的美国、英国等发达国家，为了吸引其跨国企业的业务回流本国，提升本国的就业和经济，纷纷通过税制改革大幅降低对企业的税收。这种做法不仅使本国跨国企业回缩本国投资，同时也会吸引其他国家的资金流向这些国家进行投资。

表2-1 一些国家公司所得税和协议预提税税率（%）

国家	所得税税率	协定股利税率	协定利息税率
英国	19	10（持股10%以上）	10
芬兰	20	10（持股25%以上）	10
法国	32.02	10（持股10%以上）	10
日本	29.74	10（持股10%以上）	10
澳大利亚	30	15	10

资料来源：Elke Asen. Corporate Tax Rates around the World 2020. Tax Foundation，2020-09-12；国税函〔2008〕112号. 国家税务总局关于下发协定股息税率情况一览表的通知；际便函〔2008〕35号. 国家税务总局国际税务司关于补充及更正协定股息税率情况一览表的通知；国税函〔2006〕229号. 国家税务总局关于执行税收协定利息条款有关问题的通知.

案例2-5

美国税制改革对全球的影响

美国总统特朗普2017年12月22日在白宫签署了1.5万亿美元税改法案，自2018年起大幅降低企业税率，联邦企业所得税税率从35%降至21%，下调14个百分点，对海外企业留存利润实行一次性征税，其中，现金利润的税率为15.5%，固定资产的税率为8%，同时，规定美国企业的海外利润只须在生产国交税，无须再次向美国政府交税。

联合国贸易和发展组织2018年2月6日发布的《全球投资趋势监测报告》指出，美国税制改革的主要目标是增加对美国的投资并创造就业机会。为此，该法案包含了改善美国投资环境的措施（主要通过减税和简化税制），以及鼓励跨国公司将海外资金汇回国内并减少某些海外资产或经营活动的措施，将对全球国际投资的流动、存量及结构产生重要影响。税制改革不仅将影响流入美国的外国投资，还将影响美国跨国公司在海外的投资。考虑到外国公司在美外资存量以及美国公司在海外的投资存量占全球FDI存量的近一半，税制改革将对全球投资格局产生重大影响。

联合国《世界投资报告》主编、联合国贸易和发展组织投资和企业司司长詹晓宁分析指出，税改可能导致美国跨国公司海外分支机构的收益留存大幅下降，可能导致美国跨国公司近2万亿美元海外资金的很大一部分回流美国，近期内可能导致美国对外投资负增长；税改可能致使美国跨国企业海外投资模式及路径出现新的调整，尤其是技术密集型和先进制造业投资；降低税率以及资本支出全额计入成本等刺激投资的措施，会在一定程度上促进美国吸收外资，并可能导致部分制造业回归美国。但从长期看，国际投资格局还可能受到各国竞相减税的影响，美国税改的影响将在一定程度上被抵消。

资料来源：邓靖，李敬. 税收竞争视角下特朗普税改的基本特点及全球影响研究. 现代经济探讨，2018（7）；许娜. 美国税制改革对全球外国直接投资的影响. 国际经济合作，2018（3）.

2. 税收优惠政策和亏损弥补

一些国家为了吸引外国投资或鼓励外国企业在国内某些行业、地区进行投资，在某些税种的税率方面给予特定的优惠政策，比如中国对外资企业曾经实行的所得税三年免税、两年减税的政策，以及在某些经济开发区注册的外国企业可以得到类似的税收优惠政策，这些政策为中国吸引外国资金发挥了重要作用。除所得税外，为了鼓励出口，一些国家还可能对企业出口产品退还部分税收。国际企业利用这类税收优惠政策可以有效地减少子公司的所得税支付，而且可以利用转移价格等方式，将收益转移到这类国家，有效减少整个企业的税收支付。但是，这种税收优惠政策往往具有阶段性，国际企业的财务管理人员在进行最初的投资决策时必须十分谨慎，不仅要考虑税收优惠阶段项目的可行性，而且要考虑丧失税收优惠后整个项目的可行性，对项目的现金流量做出整体安排。

许多国家都允许境内的外国企业在亏损发生后的一定时间内利用所得税弥补亏损，即当纳税人发生亏损时，可以用下一年或延续几年的所得税弥补；个别国家甚至允许利用以前年度的所得税抵补发生的亏损。这种所得税弥补亏损的政策对国际企业的意义在于，可以利用亏损年度的亏损减少盈利年度的所得税支付。

3. 国家间避免双重征税的协议

各国都根据税收管辖权对管辖权内的企业进行征税，由于对税收管辖权的理解不同，企业可能面临同一笔收入需要在不同国家分别纳税的情况。如果没有国家间避免双重征税的协议，将大大加重企业的税收负担。为了避免双重纳税造成的损失，国际企业的财务管理人员需要格外关注有关国家间是否签订避免双重征税的协议。

后面的有关章节将详细介绍国际企业财务管理人员如何利用税务筹划减轻企业的税收负担。

2.4.5　国际收支

国际收支是指一定时期内某一经济体（通常指一国或者地区）与世界上其他经济体之间的各项经济交易。经济交易作为流量，反映经济价值的创造、转移、交换、转让或减少，包括经常项目交易、资本与金融项目交易以及国际储备资产变动等。一国国际收支的情况反映了该国通货膨胀、利率、汇率、国民经济状况、国内经济政策、财政政策和经济结构、国际环境等诸多因素的作用结果，国际收支情况的变化信息有助于国际企业分析判断一国经济在这些方面的变化；这些因素本身也会受到国际收支情况的反作用。因此，国际企业需要了解国际收支情况对这些因素可能产生的影响，尤其是对汇率可能产生的影响，及时制定应对策略。

1. 国际收支和国际收支平衡表

一个经济体的国际收支情况是通过国际收支平衡表反映的。国际货币基金组织颁布的《国际收支和国际投资头寸手册》（第六版）① 提供了国际收支平衡表的账户分类标准，各国可以根据本国具体情况进行必要的调整，但总体的分类基本一致，包括以下内容。

（1）经常账户。经常账户是指实质资源的流动，包括进出口货物、输入输出的服务、对外应收及应付的收益，以及在无同等回报的情况下，与其他国家或地区之间发生的提供或接受经济价值的经常转移。

当企业出口货物或输出服务时，资金流入本国，在国际收支平衡表上将产生货物或服务贷方的增加；当企业进口货物或接受服务时，资金流出本国，在国际收支平衡表上将产生货物或服务借方的增加。货物和服务的出口和进口之间的差额，称为贸易差额。如果是出口大于进口，即贷方金额大于借方金额，称为贸易顺差；反之，如果是进口大于出口，即借方金额大于贷方金额，称为贸易逆差。我国国际收支平衡表涵盖的范围不包括港澳台地区。综观历年数据，我国 2016 年贸易顺差额为 2 557 亿美元，到 2019 年降至 1 318 亿美元，其中，货物进出口顺差为 3 930 亿美元，服务贸易逆差为 2 611 亿美元。② 然而，2020 年，由于新冠疫情的缘故，人员交流受阻，服务贸易逆差缩小到 1 525 亿美元，2022 年进一步降低到 874 亿美元。而我国的货物出口在此期间持续增长，2022 年顺差达到顶峰的 6 650 亿美元，导致 2022 年我国经常性账户顺差达历史高位 4 434 亿美元。2023 年，我国货物贸易出口 31 792 亿美元，较 2022 年下降 5%；进口 25 853 亿美元，下降 4%；货物贸易顺差 5 939 亿美元，为历年次高值；2023 年，我国居民赴境外旅游、留学支出规模恢复至疫情前 2019 年的近八成，使得服务贸易逆差增加到 2 078 亿美元，因此，2023 年我国整体贸易顺差有所降低，但仍达到 3 861 亿美元。

初次收入包括雇员报酬和投资收益两类。雇员报酬是指本国居民在境外工作（1 年以内）而从境外得到并汇回的收入（贷方）以及国内支付给外籍员工（1 年以内）的工资福利（借方）。投资收益包括直接投资项下的利润利息收支和再投资收益、证券投资收益（股利、利息等）和其他投资收益（利息）。当我国投资者因购买合格境内机构投资者（QDII）产品取得外国国债利息或其他金融产品收益时，形成了资金流入，投资收益贷方增加；当我国企业输出工人在国外取得工资和薪酬时，也会形成资金流入，雇员报酬贷方增加；反之，如果我国对外支付投资收益和员工薪酬，则导致借方增加。我国初次收入通常存在逆差。受到疫情对人员交流的影响，以及之后国际上逆全球化趋势的影响，2022 年和 2023 年我国初次收入项下收入和支出规模均呈现轻微的下降趋势，2023 年初次收入逆差 1 482 亿美元，其中，雇员报酬顺差 72 亿美元；投资收益逆差 1 590 亿美元。

二次收入主要包括侨汇、国家或经济体之间的无偿捐赠、援助、赔偿等项目。

---

① 《国际收支和国际投资头寸手册》（第六版）将上一版的“收益”改为“初次收入”，“经常性转移”改为“二次收入”，金融项目中的金融资产只列示净获得，金融负债只列示净产出。

② 2017 年中国国际收支报告.（2018-03-29）. 国家外汇管理局网站.

2023 年，我国二次收入顺差为 152 亿美元。

（2）资本和金融账户。资本和金融账户包括资本账户和金融账户。

1）资本账户。资本账户显示的是资本转移、非生产/非金融资产交易。资本转移是指涉及固定资产所有权的变更及债权债务的减免等导致交易一方或双方资产存量发生变化的转移，主要包括固定资产转移、债务减免、移民转移和投资捐赠等。

非生产/非金融资产交易是指非生产性有形资产（土地和地下资产）和无形资产（专利、版权、商标和经销权等）的收买与放弃。我国出版企业向国外出版商购买图书版权时，资金流出，资本账户借方增加。我国政府减免非洲国家债务时，资本账户借方增加。

当前的国际收支平衡表上，经常账户和资本账户按全值列示交易，表上分别列示这些账户及其具体内容的借方发生额和贷方发生额，以及交易的净额。

2）金融账户。金融账户显示的是金融资产和负债的获得和处置净额。金融账户采用净额填列，反映特定期间内金融资产的净获得和负债的净产生，也就是一国或一个经济体对外投资和收回对外投资的活动，最终只反映其投资的净额；一国或一个经济体接受国外的投资，最终只反映被投资的净额。

金融账户分为非储备性质的金融账户和储备资产账户。

- 非储备性质的金融账户。非储备性质的金融账户反映一国或一个经济体的金融交易，具体包括直接投资、证券投资、金融衍生工具和其他投资账户。当境外企业通过并购或合资方式在我国进行直接投资时，直接投资负债账户的股权贷方增加，撤回投资时，直接投资负债账户的股权借方增加，其净额反映一国接受外国投资的股权负债净额。当我国企业通过并购或合资方式在海外直接投资时，直接投资资产账户的股权借方增加，当企业出售撤回海外直接投资时，直接投资资产账户的股权贷方增加，其净额反映一国海外投资的股权资产净额。证券投资、其他投资账户的填列原理也是如此。

非储备性质的金融账户顺差意味着投资的净流入，即一国接受国外投资多于对外投资；金融账户逆差意味着投资的净流出，即一国对外投资超过接受国外投资。传统上，我国一直是非储备性质的金融账户顺差国家，随着近年我国企业对外投资步伐加快，以及“沪港通”“债券通”等便利境内外居民证券投资的措施出台，从 2012 年起，我国非储备性质的金融账户每年的余额情况出现正常的波动，2014—2016 年，我国非储备性质的金融账户出现逆差，2020 年再次出现逆差 778 亿美元，其中直接投资顺差 1 026 亿美元，证券投资顺差 873 亿美元，其他投资逆差 2 562 亿美元。2020 年后再次出现持续逆差，2022 年逆差达到 3 538 亿美元的高峰，2023 年为 2 148 亿美元。非储备性质的金融账户余额变动主要受直接投资和证券投资的余额变动影响。从直接投资看，一方面，我国企业走出国门进行股权投资的规模基本稳定，2020 年对外股权投资净流出额为 1 347 亿美元，2023 年，对外股权投资净流出额为 1 109 亿美元；另一方面，来华股权投资净流入减少，从 2020 年的 2 208 亿美元，下降到 2023 年的 717 亿美元，这导致 2022 年和 2023 年直接投资项连续两年产生逆差，2023 年逆差达到 1 426 亿美元。从证券投资看，受高通胀影响，2022 年美国等主要发达经济体货币政策转向紧缩，美元汇率、利率上涨，

2022年我国对外债券投资骤然增加，产生1 326亿美元逆差，外资调整在我国证券市场持有的证券，产生1 474亿美元逆差，二者叠加，导致2022年我国证券投资产生2 891元巨额逆差。2023年，该情况有所缓和，证券投资逆差缩小到632亿元。

其他投资是指除直接投资、证券投资、金融衍生品以外的所有金融交易，分为贸易信贷、贷款、货币和存款、其他资产、负债。2022年后，面对复杂的外部环境，以及境内外融资成本差异等影响，境内外存贷款和贸易信贷发生较大调整，导致出现其他投资发生逆差。2022年和2023年我国其他投资项发生逆差，2022年净回流资金1 558亿美元，2023年净回流441亿美元。其中主要是存款净流入131亿美元，境外贷款到期净流入1 163亿美元，非居民机构在我国境内银行存款到期净流出分别达到528亿美元和178亿美元，我国境外贷款净偿还分别为178亿美元和292亿美元；因偿还进口应付货款，企业进口应付等贸易信贷负债净流出分别为313亿美元和236亿美元。

• 储备资产账户。储备资产由货币当局控制，可随时用来满足国际收支资金需求，干预汇兑市场影响货币汇率，以及用于其他相关目的，例如，维护人们对货币和经济的信心，作为向外国借款的对外资产①，包括货币黄金、外汇、特别提款权、在国际货币基金组织的储备头寸和其他储备资产。

经常账户、资本账户和非储备性质的金融账户反映一国在年度内累计实现的外汇收入和发生的外汇支出，是国际收支平衡表的核心；储备资产账户则反映该国在年度内由于外汇收支业务导致的外汇资产的变化。由于国际收支平衡表采用复式记账法编制，经常账户、资本账户、非储备性质的金融账户资金流出记录借方时，储备资产减少，应记入贷方；反之，经常账户、资本账户、非储备性质的金融账户资金流入记录贷方时，储备资产增加，应记入借方。表上体现的账户净额为贷方减借方的差额，因此，差额为正时表明储备减少，差额为负时表明储备增加。2022年和2023年，我国储备资产分别增加964亿美元和48亿美元，主要由外汇储备增加导致。

（3）净误差与遗漏项目。净误差和遗漏项目是基于会计上的需要，在国际收支平衡表中，当借贷双方出现不平衡时，设置的用以抵消统计偏差的项目。一般认为，当“净误差与遗漏”出现较大借方金额时，可能存在异常资本流出；当其出现较大贷方金额时，可能存在异常资本流入，如未通过官方登记的地下渠道投资和撤资。

经常账户差额与资本账户差额之和体现一国与世界其他地方之间的实体经济业务，金融账户体现一国与世界其他地方之间的金融业务。一国实体业务产生的净额需要通过金融业务进行投资或借款，因此从理论上讲，这两者的净额应该金额相等，借贷方向相反。理论上，经常账户与资本账户的净额应该等于一个国家与世界其他地方之间的净贷款（顺差）或净借款（逆差），也就是这两个账户的净额之和应该与金融账户的净额相等。但是实践中，这两部分之间通常不会恰好抵消。原因可能是数据来源不完备、报告质量不佳等导致的统计误差，也可能是一些统计口径

---

① 国际货币基金组织. https://www.imf.org/external/pubs/ft/bop/2007/bopman6.htm.

变化、估值基础变化导致某个项目的金额调整，因此，国际收支平衡表需要增加一项净误差与遗漏，从而维持这种平衡。考虑净误差与遗漏项目后，国际收支平衡表永远是平衡的，但这并不意味着该国的国际收支就是平衡的。我国净误差与遗漏项目 2022 年借方超过贷方 893 亿美元，2023 年借方超过贷方 35 亿美元，说明由于种种原因，有部分价值没有收回，或者流出未被记录。

我国 2018—2023 年国际收支平衡表如表 2 - 2 所示。

表 2 - 2　中国国际收支平衡表（年度表）　　单位：亿美元

项目	2018 年	2019 年	2020 年	2021 年	2022 年	2023 年
1. 经常账户	**241**	**1 029**	**2 488**	**3 529**	**4 434**	**2 530**
贷方	29 473	29 304	30 204	39 313	40 341	37 887
借方	−29 231	−28 275	−27 716	−35 785	−35 908	−35 357
1.1 货物和服务	**879**	**1 318**	**3 586**	**4 615**	**5 776**	**3 861**
贷方	26 510	26 310	27 389	35 552	37 193	35 112
借方	−25 631	−24 992	−23 803	−30 937	−31 417	−31 252
1.1.1 货物	**3 801**	**3 930**	**5 111**	**5 627**	**6 650**	**5 939**
贷方	24 174	23 866	25 100	32 158	33 468	31 792
借方	−20 374	−19 936	−19 989	−26 531	−26 818	−25 853
1.1.2 服务	**−2 922**	**−2 611**	**−1 525**	**−1 012**	**−874**	**−2 078**
贷方	2 336	2 444	2 289	3 394	3 725	3 321
借方	−5 257	−5 055	−3 814	−4 406	−4 599	−5 399
1.1.2.1 加工服务	172	154	127	135	135	120
贷方	174	157	132	142	143	130
借方	−3	−4	−5	−7	−8	−10
1.1.2.2 维护和维修服务	46	65	43	41	39	41
贷方	72	102	77	79	83	100
借方	−25	−37	−34	−38	−44	−59
1.1.2.3 运输	−669	−590	−380	−180	−219	−731
贷方	423	462	567	1 286	1 465	870
借方	−1 092	−1 052	−947	−1 467	−1 685	−1 601
1.1.2.4 旅行	−2 369	−2 188	−1 211	−981	−1 013	−1 717
贷方	404	358	100	113	135	248
借方	−2 773	−2 546	−1 311	−1 094	−1 148	−1 965
1.1.2.5 建设	49	51	45	57	65	79

续表

项目	2018年	2019年	2020年	2021年	2022年	2023年
贷方	136	144	126	154	142	158
借方	−86	−93	−81	−97	−76	−78
1.1.2.6保险和养老金服务	−66	−62	−94	−143	−144	−92
贷方	49	48	30	50	45	69
借方	−116	−110	−124	−193	−188	−162
1.1.2.7金融服务	12	15	8	2	7	7
贷方	33	39	48	46	47	44
借方	−21	−24	−40	−44	−39	−37
1.1.2.8知识产权使用费	−302	−278	−293	−351	−312	−317
贷方	56	66	86	118	133	110
借方	−358	−344	−379	−469	−445	−427
1.1.2.9电信、计算机和信息服务	65	80	64	107	180	193
贷方	300	349	390	507	559	581
借方	−235	−270	−326	−400	−379	−388
1.1.2.10其他商业服务	191	194	195	339	419	380
贷方	662	692	698	869	943	982
借方	−470	−498	−503	−530	−524	−602
1.1.2.11个人、文化和娱乐服务	−24	−31	−20	−18	−12	−26
贷方	10	10	10	14	14	14
借方	−34	−41	−30	−33	−26	−40
1.1.2.12别处未提及的政府货物和服务	−27	−21	−11	−18	−19	−15
贷方	18	16	25	16	17	15
借方	−45	−37	−36	−33	−36	−30
1.2初次收入	**−614**	**−392**	**−1 182**	**−1 245**	**−1 544**	**−1 482**
贷方	2 685	2 735	2 455	3 273	2 703	2 400
借方	−3 299	−3 127	−3 637	−4 518	−4 247	−3 882
1.2.1雇员报酬	82	31	2	−14	24	72
贷方	181	143	147	171	204	226
借方	−99	−112	−145	−185	−180	−154
1.2.2投资收益	−713	−434	−1 204	−1 258	−1 601	−1 590
贷方	2 483	2 575	2 279	3 068	2 457	2 128
借方	−3 196	−3 008	−3 483	−4 326	−4 058	−3 718

续表

项目	2018年	2019年	2020年	2021年	2022年	2023年
1.2.3 其他初次收入	18	11	20	27	33	35
贷方	21	18	28	34	42	45
借方	−3	−7	−8	−7	−9	−10
1.3 二次收入	**−24**	**103**	**85**	**159**	**201**	**152**
贷方	278	259	360	488	445	375
借方	−302	−157	−276	−329	−244	−223
1.3.1 个人转移	−4	1	4	9	15	17
贷方	62	40	42	54	57	65
借方	−66	−40	−38	−45	−42	−48
1.3.2 其他二次收入	−20	102	81	150	186	135
贷方	216	219	319	434	388	310
借方	−236	−117	−238	−285	−202	−175
2. 资本和金融账户	**1 532**	**263**	**−901**	**−2 184**	**−3 541**	**−2 151**
2.1 资本账户	**−6**	**−3**	**−1**	**1**	**−3**	**−3**
贷方	3	2	2	3	2	2
借方	−9	−5	−2	−2	−6	−5
2.2 金融账户	**1 538**	**266**	**−900**	**−2 185**	**−3 538**	**−2 148**
资产	−3 620	−2 605	−6 752	−8 949	−3 351	−2 282
负债	5 158	2 871	5 852	6 764	−186	134
2.2.1 非储备性质的金融账户	1 727	73	−611	−303	−2 573	−2 099
资产	−3 432	−2 798	−6 463	−7 067	−2 387	−2 234
负债	5 158	2 871	5 852	6 764	−186	134
2.2.1.1 直接投资	923	503	994	1 653	−198	−1 426
2.2.1.1.1 资产	−1 430	−1 369	−1 537	−1 788	−2 101	−1 853
2.2.1.1.1.1 股权	−1 129	−1 090	−1 347	−1 524	−1 415	−1 109
2.2.1.1.1.2 关联企业债务	−301	−279	−190	−264	−685	−744
2.2.1.1.1.a 金融部门	−208	−175	−237	−383	−333	−210
2.2.1.1.1.1.a 股权	−200	−191	−238	−338	−268	−191
2.2.1.1.1.2.a 关联企业债务	−8	16	1	−45	−65	−18
2.2.1.1.1.b 非金融部门	−1 223	−1 194	−1 300	−1 405	−1 768	−1 643
2.2.1.1.1.1.b 股权	−930	−898	−1 108	−1 186	−1 147	−917
2.2.1.1.1.2.b 关联企业债务	−293	−296	−192	−219	−621	−726

续表

项目	2018年	2019年	2020年	2021年	2022年	2023年
2.2.1.1.2 负债	2 354	1 872	2 531	3 441	1 902	427
2.2.1.1.2.1 股权	1 859	1 623	2 208	3 006	1 687	717
2.2.1.1.2.2 关联企业债务	495	249	323	435	215	−289
2.2.1.1.2.a 金融部门	176	184	171	248	168	17
2.2.1.1.2.1.a 股权	149	159	109	186	113	39
2.2.1.1.2.2.a 关联企业债务	26	25	62	62	55	−22
2.2.1.1.2.b 非金融部门	2 178	1 688	2 360	3 193	1 734	410
2.2.1.1.2.1.b 股权	1 710	1 463	2 099	2 820	1 574	678
2.2.1.1.2.2.b 关联企业债务	468	225	261	373	160	−267
2.2.1.2 证券投资	1 069	579	955	514	−2 891	−632
2.2.1.2.1 资产	−535	−894	−1 512	−1 253	−1 801	−773
2.2.1.2.1.1 股权	−177	−293	−1 314	−847	−475	−552
2.2.1.2.1.2 债券	−358	−601	−199	−405	−1 326	−221
2.2.1.2.2 负债	1 604	1 474	2 468	1 766	−1 090	141
2.2.1.2.2.1 股权	607	449	803	829	385	74
2.2.1.2.2.2 债券	997	1 025	1 664	937	−1 474	66
2.2.1.3 金融衍生工具	−62	−24	−108	102	−132	−75
2.2.1.3.1 资产	−48	14	−51	171	−43	−49
2.2.1.3.2 负债	−13	−37	−58	−68	−89	−27
2.2.1.4 其他投资	−204	−985	−2 452	−2 572	648	34
2.2.1.4.1 资产	−1 418	−549	−3 363	−4 197	1 558	441
2.2.1.4.1.1 其他股权	−15	−15	−5	−6	−2	−2
2.2.1.4.1.2 货币和存款	−150	−1 017	−1 463	−1 661	131	249
2.2.1.4.1.3 贷款	−818	260	−1 352	−1 398	1 163	373
2.2.1.4.1.4 保险和养老金	−6	−12	−32	−43	−40	−26
2.2.1.4.1.5 贸易信贷	−653	368	−371	−611	101	−106
2.2.1.4.1.6 其他	224	−132	−141	−478	205	−46
2.2.1.4.2 负债	1 214	−437	911	1 625	−910	−407
2.2.1.4.2.1 其他股权	0	0	0	0	0	0
2.2.1.4.2.2 货币和存款	514	−557	922	663	−499	−178
2.2.1.4.2.3 贷款	321	425	−183	96	−184	−292
2.2.1.4.2.4 保险和养老金	2	18	31	33	23	0

续表

项目	2018 年	2019 年	2020 年	2021 年	2022 年	2023 年
2.2.1.4.2.5 贸易信贷	408	−288	78	334	−313	−236
2.2.1.4.2.6 其他	−31	−35	62	84	63	299
2.2.1.4.2.7 特别提款权	0	0	0	416	0	0
2.2.2 储备资产	−189	193	−289	−1 882	−964	−48
2.2.2.1 货币黄金	0	0	0	0	0	0
2.2.2.2 特别提款权	0	−5	−4	−416	19	−24
2.2.2.3 在国际货币基金组织的储备头寸	−7	0	−23	1	−2	11
2.2.2.4 外汇储备	−182	198	−262	−1 467	−982	−35
2.2.2.5 其他储备资产	0	0	0	0	0	0
3. 净误差与遗漏	**−1 774**	**−1 292**	**−1 588**	**−1 345**	**−893**	**−379**

注：1. “贷方”按正值列示，“借方”按负值列示，差额等于“贷方”加上“借方”。本表除标注“贷方”和“借方”的项目外，其他项目均指差额。

2. 金融账户下，对外金融资产的净增加用负值列示，净减少用正值列示。对外负债的净增加用正值列示，净减少用负值列示。

2. 国际收支失衡及其原因

国际收支平衡表中的经常项目、长期资本项目和部分短期资本项目代表的是一国内各经济主体或居民出于自身特别目的进行的自主性交易活动，这类交易通常会使借贷双方出现差额；而政府或货币管理当局为了弥补自主性交易产生的差额，会出面进行交易，这类调节性交易反映在平衡账户和部分短期资本账户上。但是即便经过调节性交易，国际收支也可能不平衡。当两类交易产生的不平衡延续一段时间并达到一定程度后，就称为国际收支失衡。

从国际收支平衡表上看，国际收支失衡指经常项目和资本项目借贷方发生持久或巨额的借贷方余额。自主性交易和调节性交易都真正涉及外汇收支，只有它们才能引起国际收支失衡，净误差和遗漏不涉及真正的外汇收支，因此不予考虑。当某个项目的贷方金额大于借方金额时，称为出现“顺差”；当某个项目的借方金额大于贷方金额时，称为出现“逆差”。国际企业的财务管理者在分析一国的国际收支失衡时，一方面，应研究大的项目的平衡情况，同时注意各账户内部各项目的平衡情况，找出背后隐藏的经济关系及作用程度，为预测可能受到国际收支状况影响的因素的变化提供分析资料；另一方面，通过对影响国际收支平衡原因的了解，预知各因素变化对企业贸易及投资的影响方向和影响程度，在环境变化时及早采取应对措施。

一国国际收支出现失衡的原因有许多，这里只选取几类加以说明。

(1) 结构性失衡。一个国家内部的经济结构受到它的资源、环境、技术、制度等的限制，在国际分工和全球价值链中会形成特别的优势或劣势，由此形成特定的进出口贸易结构，这种结构在特定环境下可能导致进出口不平衡。或者过去平衡，但当国外的需求发生改变时，原有的结构不易调整，平衡被打破。如果这种改变是永久性的，就可能出现国际收支的结构性失衡。

案例2-6

我国国际收支基本平衡的历史状况和成因分析

在1999年至2011年这13年间，中国保持了经常账户与非储备性质金融账户双顺差的组合。这期间，持续的经常账户顺差既反映了中国出口竞争力强、加工贸易占主导等结构性因素，也反映了人民币汇率面临持续升值压力的事实。持续的非储备性质金融账户顺差则在很大程度上是地方政府大力吸引外商直接投资的结果。双顺差的格局导致外汇储备规模大幅上升。从国际收支表口径来看，这13年间中国国际储备累计增加了3.17万亿美元，年均增加2 441亿美元。

在2012年至2023年这12年间，有8年时间中国面临经常账户顺差与非储备性质金融账户逆差的“一顺一逆”组合，仅在2013年、2017年、2018年、2019年面临经常账户与非储备性质金融账户双顺差组合。从国际收支表口径来看，这12年间中国国际储备累计增加了2 829亿美元，年均增加236亿美元。

近年来净误差与遗漏项虽然依然呈现出持续逆差的状况，但逆差规模已经显著缩小。

尽管近年来中国国际收支结构更趋平衡，但中国国际收支结构中有两个问题在一段时间之后可能会影响到国际收支的基本平衡，值得关注和重视。

第一个问题是，近年来中国经常账户中初次收入逆差有所扩大。2015年至2023年中国初次收入项持续为负，且逆差从2020年起有所扩大。初次收入项由雇员报酬、投资收益与其他初次收入三项组成，这其中规模最大且变动最大的是投资收益这一项。2022年，中国初次收入项达到－1 936亿美元的历史性低点①，2020年至2022年，投资收益项逆差持续扩大，2023年投资收益项逆差有所收窄，为1 590亿美元。

投资收益项等于中国在海外投资收益减去外国在华投资收益。中国长期是海外净债权国，但在2009年至2022年期间，投资收益项却持续为负，这反映了中国海外资产收益率偏低且外国在华资产收益率偏高这一结构性事实。笔者认为，自2020年以来中国海外投资收益逆差的扩大，主要原因是中国投资者海外资产收益下降。中国投资者海外投资主体为债券，在2022年以来美联储不断加息缩表的背景下，债券市场价格会由于基准利率上升而下跌。

之所以投资收益项的持续逆差值得重视，是因为未来中国经常账户结构大概率会发生以下变化：其一，随着人口老龄化加剧以及国内储蓄率的下降，中国的货物贸易顺差将会出现趋势性下降；其二，随着新冠疫情的结束以及全球服务贸易的正常化，中国的服务贸易逆差将会显著回升。这就意味着，如果未来投资收益项持续出现较大逆差，可能会成为影响中国经常账户顺差规模的重要变量。

第二个问题是，在2023年中国非储备性质金融账户中，直接投资项继2016年以来历史上第二次出现逆差，且逆差规模高于2016年。事实上，2016年出现直接投资项逆

---

① 由于各年发布的国际收支表历史数据有调整，因此本文的数据与后来发布的数据有差异，2022年初次收入逆差最新数据为1 544亿美元。后面的历史数据均可能涉及这个差异问题。

差的原因是中国对外直接投资出现井喷，由 2015 年的 1 744 亿美元上升至 2 164 亿美元的历史性峰值，但 2016 年外商直接投资依然达到 1 747 亿美元。相比之下，2023 年出现直接投资项逆差的原因是外商直接投资规模的显著下滑，由 2022 年的 1 802 亿美元下滑至 427 亿美元。外商直接投资数据的下降，一方面与中美经贸摩擦之后部分发达国家政府对中国实施直接投资限制有关，另一方面与新冠疫情冲击下中国经济增长速度下行、外国投资者信心与预期较为低迷有关。

资料来源：张明. 如何更好地保持国际收支基本平衡. 中国外贸，2024（4）.

（2）周期性失衡。当世界经济或一国经济发生周期性波动时，企业的生产水平、原料和产品价格及需要量、投资意愿、个人收入水平和相应的消费能力也会随之发生周期性改变，对进出口和资本流动产生影响。例如，欧洲主权债务危机发生前，欧元区内部就存在经常账户失衡问题，但是这一时期，受利率趋同和欧元乐观前景的影响，大量私人资本从以德国为主的欧元区经常账户顺差国流向南欧经常账户逆差国，为这些国家的经常账户赤字融资，从而使得欧元区内国际收支基本保持平衡。危机爆发后，欧洲银行间市场借贷基本停滞，私人部门融资意愿下降，而且危机国出现了不同程度的资本外逃，德国的经常账户盈余不断上升，希腊、爱尔兰、葡萄牙和西班牙等国家的进口越来越多，经常账户赤字不断扩大。欧元区各国出现了严重的国际收支失衡。

（3）货币性失衡。当一国发生通货膨胀或通货紧缩时，国内物价与国外物价出现差异，会引起进口或出口价格和产品竞争力的改变，从而引起进出口数量和金额的变动。例如，通货膨胀国家的出口成本上升，削弱产品在国外的竞争力，抑制出口；同时进口商品价格下降，促进了进口，导致经常项目出现贸易逆差。或者一国的货币由于市场力量或政府干预而发生升值时，货币升值国家的进口商品出现价格优势，商品进口增加，同时出口商品的价格升高，出口受阻，该国可能出现经常账户逆差；反之，如果一国的货币发生贬值，则该国可能出现经常账户顺差。如果预期一国的货币会升值或正在升值，国外的资本就可能流入该国，购买该国的证券，希望以此取得货币升值的利益，导致该国资本账户顺差；如果预期一国的货币会贬值或正在贬值，则国外的资本就可能流出该国，导致该国资本账户逆差。

（4）政府的干预。一国政府出于种种原因可能对进出口、资本的国际流动实行政策性干预，比如出台一些限制或鼓励进出口的政策、限制或鼓励外国和本国资本流入或本国资本流出的政策措施等，这种干预通常会导致进出口或资本流动发生明显的变化，引起国际收支中经常账户或资本账户出现顺差或逆差。例如，我国长期以来的出口导向政策，以及居民的高储蓄意向，加之我国对外国资本投资的鼓励和对本国企业对外投资所需的外汇资金的管制，使我国的国际收支出现长期的双顺差格局。

案例 2－7

融入全球价值链成为影响我国国际收支的重要因素

改革开放以来，我国贸易逐步融入全球价值链并在其中发挥了越来越重要的作用。

当前，我国已经从中低端产品出口为主的初级制造业阶段向以技术密集型产品出口为主的先进制造业阶段发展，制造业服务化水平不断提高，不但促进了货物和服务贸易提质增量，而且推动外商直接投资规模不断扩大，对促进我国国际收支平衡和优化国际收支结构起到重要作用。

通过融入全球价值链推动我国出口制造深化发展

我国制造业越来越广泛地融入全球贸易体系，后向参与度（本国出口对其他国家/地区中间品的依赖度）经历了先升后降的过程，体现了我国外贸发展的两阶段特征。20世纪90年代到本世纪初，我国初步融入全球制造业分工体系，“两头在外”的加工贸易加速发展，从1995年至2005年贸易规模增长了20多倍。这不仅带动了我国出口的增加，也带动了相关中间品进口的快速增长，出口中包含的其他国家/地区中间品含量持续提升。21世纪初至今，随着融入全球价值链的深入，我国自身技术水平持续提升，大规模生产能力逐步形成，商品出口从国内获得的增加值不断提高，使得后向参与度开始下降。据经济合作与发展组织（OECD）相关数据显示，2018年，我国制造业后向参与度为19.3%，较2005年下降了7.1个百分点。

我国价值链地位提升对全球贸易发展的作用越来越重要。近20年来，我国贸易前向参与度（一国向全球贸易提供中间品的能力）总体稳步提高，意味着我国对贸易伙伴加工产品再出口的贡献提升。例如，电子产品和交通运输工具在全球贸易中的占比较高，价值链条较长并且技术含量较高，随着深度融入全球化，我国在这些领域为全球贸易提供了更多较高质量的中间品，而不再仅仅是终端组装生产，体现了我国在全球价值链地位的提升。2018年，我国制造业前向参与度为14.8%，较2005年上升2.5个百分点。

总体看，根据世界银行价值链阶段的分类，我国出口已经从劳动密集型为主的中低端产品逐步向技术密集型为主的中高端产品发展。我国制造业融入全球价值链是提升跨境服务水平、吸引外商直接投资的重要原因。当前我国出口商品中蕴含的销售、技术等服务价值越来越高，据OECD数据显示，2018年，我国制造业出口中拉动的国内批发零售、交通运输和金融保险服务业的增加值分别达到2 041亿、1 045亿和978亿美元，拉动的研发、专业咨询等其他商业服务业的增加值为960亿美元，均保持较快增长。国内服务业整体水平的提高，也推动了我国服务贸易国际竞争力的提升，2021年跨境生产性服务贸易规模较1995年增长17倍。此外，制造业融入全球价值链带动外资进入我国投资兴业。改革开放以来，我国产业链供应链逐步健全完备，经济保持稳步发展态势，国民财富较快积累提升了国内消费能力，吸引跨国公司在中国设厂办企。国际收支平衡表数据显示，外商来华直接投资资金净流入从1995年的358亿美元逐步上升到2021年的3 340亿美元，年均增长32%。

展望未来，我国制造业转型升级不断推进，在全球价值链中的作用继续提升，国际竞争力将进一步增强，对全球贸易的贡献更加突出。同时，我国贸易进出口提质增效，生产性服务贸易稳步发展，将为我国国际收支保持平衡和结构优化奠定坚实基础。

资料来源：2021中国国际收支报告.（2022-03-25）.国家外汇管理局网站.

3. 国际收支失衡的影响和调节措施

长期的国际收支失衡会给一国经济带来负面影响。长期的逆差可能耗尽一国的储备，过度增加政府为调节失衡而采取的对外短期融资，同时对外币需要量的持续增加会给本国货币带来贬值压力。长期的顺差则会导致外国对本国货币需要量的增加，给本国货币带来升值压力；还可能迫使本国政府增加货币供给量，引发通货膨胀。经常项目的长期逆差会使国内生产和就业形势变得严峻，经常项目的长期顺差则可能引起其他国家的不满，导致贸易摩擦。

理论上，在一个自由经济体中，政府不需要干预国际收支，国际收支失衡的状况也会自动调节。当通货膨胀引起国际收支出现逆差时，进口商品的增加将引发本国货币贬值，本国货币贬值又会反过来抑制进口增加，带动出口增加，最后使国际收支的逆差消失。但在现实中，由于各国政府都希望采取措施使本国的国际收支朝有利于自己的方向发展，因此这种自动调节往往无法实现；另外，这种自动调节本身还有一个时滞，在这个过程中，其他因素的改变又可能妨碍这种调节的实现。为此，各国政府对本国国际收支失衡一般不会袖手旁观，而会采取以下调节措施。

（1）动用储备。这只是临时性改善逆差的措施，由于储备是有限的，如果逆差很大或持续时间很长，有可能耗尽储备。

（2）调整汇率。调整汇率最直接的影响对象是进出口额。本币贬值可以直接刺激出口，抑制进口，消除经常账户的逆差。

（3）调整利率。调整利率一方面可以直接影响资本的国际流动，另一方面可以改变进出口状况。比如，当利率提高时，国际资本进入本国，国际收支逆差减少；当中央银行提高利率时，商业银行的利率随之提高，国内投资需求减少，物价下跌，通货膨胀得到抑制，商品出口增加，进口减少，国际收支逆差状况也会得到改善。反之，利率降低时作用相反。

2.4 即测即评

（4）管制。对商品进出口或资本的流入流出实施政府管制，比如采用提高关税、减少配额、增加出口补贴或出口退税、外汇管制等措施，限制国外商品进口，增加本国商品出口，限制资金流出本国，可以有效地缩小国际收支逆差，但有时会遭到其他国家报复。

国际收支状况的改变所引起的各国利率、汇率、政府管制的改变，都会影响国际企业的进出口、投资效益以及风险程度等，因此国际企业的财务管理人员需要特别关注有关国家的国际收支情况并及时采取应对措施。

本章小结

跨国公司面对的复杂多变的国际环境对其国际财务管理活动带来挑战。东道国政治环境、法律环境和经济环境的多样化及其改变直接影响国际企业的投资机会、资本成本、现金流量的稳定性。相关国家的国际收支状况改变与通货膨胀、汇率变化、利率变化、经济的结构性变化和政府干预存在密切的互动关系。我国企业近年来走出国门的机遇增加、实力增强，但也遇到重重阻力。世界经济环境的波动以及我国外汇政策的变化，引发我国经济环境以及资金跨国流动的大幅波动，不仅对国际企业的经营和融资环境产生重大影响，也影响我国国内的非国际企业。企业须时刻关注这些改变。

名词术语

国际收支　　国际收支平衡表　　国际收支失衡

练习题

一、思考题

1. 是否越稳定的政府对国际企业经营越有利？

2. 调查我国政府对本国国际企业的政策态度和支持措施，分析我国企业在走出国门时面临的因本国政府政策引发的机会和困难。

3. 东道国发生通货膨胀对国际企业现金流量的稳定性有什么影响？

4. 哪些经济因素影响国际收支平衡表上的经常项目？

5. 哪些因素影响国际收支平衡表上的资本项目？

6. 导致一国国际收支失衡的原因是什么？如何进行调节？

7. 根据我国过去5年的国际收支平衡表，分析我国的国际收支平衡状况，寻找背后的国际和国内影响因素。

8. 美国经济复苏和利率上升对我国的国际收支平衡表可能产生哪些影响？

二、课后上网练习

1. 登录国家统计局网站（http://www.stat.gov.cn），获取中国企业近期的进口和出口趋势数据，指出过去一年中12个月的贸易余额是如何变化的。

2. 说明贸易余额变化的可能原因。

3. 获取过去24个月美国和中国的贸易余额的月度数据。建立一个电子数据表，第一列为月份，第二列为贸易余额，在第三列计算出贸易余额变化的百分比。然后，在有关银行网站上查找每月月初人民币与美元的汇率，插入第四列。

4. 在第五列，计算本月对上月货币价值的变动百分比。

5. 进行回归分析，其中贸易余额变化百分比是因变量，汇率变化百分比是自变量。这两个变量之间的关系是否显著？两者的关系是否符合预期？

三、小企业的困境

影响小强体育用品出口公司国外需求的因素

小强创办了一家体育用品出口公司，决定先进入美国市场，因为相对于国外其他地方，美国人更喜欢乒乓球，而且没有其他公司在美国投资生产和出售乒乓球。

小强已经与一家体育用品分销商联系，该分销商同意每月购买乒乓球并分销至美国各地的体育用品商店。分销商对乒乓球的需求最终受到光顾体育用品商店的美国人对乒乓球需求的影响。当小强体育用品出口公司把产品销售给分销商时，会收到美元并将其兑换为人民币。小强意识到从中国出口到美国的商品会受到各种因素的影响。

确定影响中国与美国之间经常项目余额的因素，解释每一个因素将怎样影响美国人对小强体育用品出口公司乒乓球的需求。

四、真实案例在线文章

在网上查找一篇近期的文章。文章内容（最好与某一特定国际企业有关）能够诠释本章所阐述的一个或多个概念。可以使用的搜索关键词包括跨国经营与东道国政府的态度、跨国经营与政治风险、贸易余额、各国税收制度、国际收支、国际资本流动等。

五、推荐书目/视频/网站

1. 宋鸿兵. 货币战争. 北京：中信出版社，2007.
2. 皮耶鲁齐. 美国陷阱. 北京：中信出版社，2019.
3. 贸易战争. 中央电视台5集纪录片，2010.
4. 中国工厂. 视频和思考. 3集纪录片，2017.
5. 美国工厂. Netfix原创纪录片，2019.
6. 国家统计局网站.
7. 美国联邦统计局网站.
8. 世界银行网站.
9. 世界贸易组织网站.

第3章　外汇市场与汇率预测

知识要点

外汇和汇率的定义
外汇交易的几种主要形式
影响汇率的因素
购买力平价理论
国际费雪效应理论
利率平价理论
远期汇率为未来即期汇率的无偏估计理论
汇率预测理论间的关系

思维导图
视频讲解

章前预习与思考

3.1　外汇市场

与国内财务管理明显不同的是，国际财务管理不仅使用本国货币，而且需要使用其他国家的货币，外汇市场上各国货币汇率的变化导致国际企业现金流量变动的风险，而外汇市场的外汇交易也为国际企业提供了规避风险甚至获益的渠道。为此，本节主要介绍与外汇和外汇市场有关的概念、常识。

3.1.1　外汇和外汇市场

1. 外汇的定义

目前世界上多数国家使用的是不能在其他国家直接流通的货币，因此不同国家的居民在进行国际结算时需要考虑使用哪种货币，其中一方需要接受或使用以别国货币表示的支付手段或资产，对于他们而言，这种以外国货币表示的支付手段或资产就是外汇（foreign exchange）。国际货币基金组织对外汇的定义是："外汇是货币行政当局（中央银行、货币管理机构、外汇平准基金及财政部）以银行存款、财政部国库券、长短期政府债券等形式所保有的在国际收支逆差时可以使用的债权。"

《中华人民共和国外汇管理条例》第三条规定，外汇是指下列以外币表示的可以用作国际清偿的支付手段和资产：(1) 外币现钞，包括纸币、铸币；(2) 外币支付凭证或者支付工具，包括票据、银行存款凭证、银行卡等；(3) 外币有价证券，包括债券、股票等；(4) 特别提款权；(5) 其他外汇资产。

2. 外汇市场的定义

外汇市场就是进行外汇买卖、兑换的市场，是由外汇需求者、外汇供给者、买卖中介机构构成的外汇买卖活动场所。

外汇市场按照是否有形可以分为有形外汇市场和无形外汇市场两类。有形外汇市场是指外汇指定银行、经纪人、客户等参加外汇交易的各方在固定时间进行集中交易的封闭式固定交易场所；无形外汇市场是指没有固定交易场所，交易各方通过现代通信方式沟通买卖意向、完成交易的开放式市场。目前除少数国家外，大部分外汇市场都是无固定交易场所的无形外汇市场，如伦敦外汇市场、纽约外汇市场、东京外汇市场和香港外汇市场等世界几大主要外汇交易市场。

外汇市场按照参与者的不同可以分为客户市场和银行同业市场。客户市场由银行和客户之间的交易构成；银行同业市场则由银行之间的交易构成。银行在向客户购买或出售外汇后，可能会出现某种外汇的溢余或短缺，为了避免汇率变动带来的风险，这些银行往往需要与其他银行进行外汇买卖、调剂余缺，由此构成银行间的交易。

外汇市场按照交易方式可以分为四类：即期外汇市场、远期外汇市场、外汇期货市场和外汇期权市场。有关的交易将在后面的部分详细说明。

3. 外汇市场的参与者

(1) 外汇银行和非银行外汇经营机构。它们是联系外汇供求双方的主要中介人，主要通过提供中介服务取得外汇买卖差价。在许多国家，只有中央银行指定或授权的银行或机构才能经营外汇业务。外汇银行主要包括以经营外汇交易为主要业务的外汇专业银行、兼营外汇业务的商业银行、境内的外国银行分行或代理行。非银行外汇经营机构主要包括可以经营外国票据贴现业务的贴现公司和以买卖外国汇票为主的汇票交易商。外汇银行和非银行外汇经营机构是外汇市场上最主要的参与者，有些大的外汇银行还是外汇市场的培育者，在买卖双方不相抵时，自己介入作为交易的一方。

（2）外汇经纪人。在国外，很多经营外汇业务的银行之间买卖外汇都通过外汇经纪人完成，一方面是因为外汇经纪人与大量的外汇供求者保持紧密的联系；另一方面，许多大的交易者希望匿名交易。外汇经纪人就是在银行间或者银行与客户之间代洽外汇买卖业务的中间人，他们的主要任务是促成交易。外汇经纪人分为两类：一类是一般经纪人，他们持有一定资产，从事外汇买卖并自负盈亏；另一类是以收取佣金为目的、代客户洽谈外汇买卖、自身不承担风险的经纪人，也称为“跑街掮客”。

（3）外汇最终的需求者和供给者。也就是各国际企业、进出口商、国际证券投资者、旅游者、移民等，他们是外汇市场上的最终客户。他们为了转移购买力、获得贸易信用或规避外汇风险等，通过外汇银行或非银行外汇经营机构、外汇经纪人等中介进行外汇买卖。

（4）投机者和套汇者。投机者和套汇者进行外汇交易的目的既不同于外汇银行等中介，也不同于外汇最终的需求者和供给者，它们的目的是通过外汇汇率变动或不同市场同一时点的价格差异获取利润。实际上，外汇银行大多参与外汇的投机和套汇。投机者和套汇者是外汇市场的润滑剂，由于它们的投机和套汇活动，外汇价格在各个市场趋于一致，也趋于合理。

（5）中央银行。各国的中央银行一般不直接参与外汇市场活动，而是通过经纪人与外汇银行进行外汇交易。中央银行的交易不以营利为目的，而是通过干预外汇市场保护本国利益，比如稳定汇率。因此，中央银行对外汇市场实际上具有一定的操纵作用。

3.1.2 汇率及汇率的分类

1. 外汇标价

外汇的买卖必须有一个兑换比率，即汇率，它表现为一个国家的货币折算成另一个国家货币的价格。

当银行对外挂牌公布各种货币之间的汇率时，先要确定以哪个国家的货币作为标准，是以外币表示本币的价格，还是以本币表示外币的价格，这就是外汇标价问题。根据标准的不同，外汇标价方法分为直接标价法和间接标价法。

直接标价法（direct quotation）又称应付标价法（giving quotation），是以一定单位的外国货币为基准来计算应付多少本国货币的标价方法。按照直接标价法，外币的数额保持不变，汇率的涨跌均以本币数额的相对变化来表示。如果一定单位的外币折算的本国货币增加，说明外汇汇率上涨，外币升值，本币贬值；反之，如果一定单位的外币折算的本国货币减少，说明外汇汇率下跌，外币贬值，本币升值。例如，我国采用的是直接标价法，若美元汇率由1美元＝6.79元人民币变为1美元＝6.77元人民币，则说明美元汇率下跌，人民币升值，美元贬值。目前，世界上除美国和英国之外，绝大多数国家都采用直接标价法。

间接标价法（indirect quotation）又称应收标价法（receiving quotation），是以

一定单位的本币为基准来计算应收多少外币的标价方法。按照间接标价法，本国货币的数额固定不变，汇率涨跌都以相对的外国货币数额的变化来表示。如果一定单位的本国货币折算的外币数量增多，说明本国货币汇率上涨，即本币升值，外币贬值；反之，如果一定单位本国货币折算的外币数量减少，说明本国货币汇率下跌，即本币贬值，外币升值。英国一向使用间接标价法，例如1英镑＝1.468 3美元，若1英镑＝1.468 5美元，则英镑汇率上涨0.002美元，英镑升值，美元贬值。从1978年9月1日开始，在纽约国际金融市场上，美元除对英镑用直接标价法外，对其他外国货币均用间接标价法。

2. 汇率的分类

（1）即期汇率（spot rate）和远期汇率（forward rate）。按时间划分，汇率分为即期汇率和远期汇率。即期汇率指目前的汇率，用于外汇的现货买卖。它是外汇买卖双方成交当天或两天以内进行交割时使用的汇率，也叫现汇汇率。远期汇率是在未来一定时期进行交割，而事先由买卖双方签订合同、达成协议的汇率。到了交割日期，由协议双方按约定的汇率、金额进行交割。即期汇率和远期汇率之间有一定的差额，称为远期差价。这种差额用升水、贴水和平价来表示。升水表示远期汇率比即期汇率高，贴水则表示远期汇率比即期汇率低，平价表示两者相等。表3-1是2021年8月31日中国银行远期外汇开盘价，大多数外币的远期汇率均出现贴水。

表3-1 中国银行人民币即期和远期外汇牌价（部分）

2021年8月31日

交易期限		英镑	港元	美元	日元	加元	欧元
即期汇率	现汇买入价	885.19	82.87	644.59	5.85	509.68	759.54
	现汇卖出价	891.71	83.20	647.32	5.89	513.44	765.14
1周	买入价	886.50	82.72	645.22	5.85	510.86	760.12
	卖出价	895.42	83.49	648.34	5.92	516.22	768.57
1个月	买入价	888.67	82.94	646.90	5.87	512.06	762.53
	卖出价	897.94	83.74	650.19	5.94	517.82	771.28
3个月	买入价	891.45	83.25	649.24	5.89	513.79	766.08
	卖出价	900.82	84.05	652.58	5.96	519.76	774.92
6个月	买入价	896.85	83.80	653.48	5.94	517.27	772.74
	卖出价	906.32	84.60	656.82	6.01	523.06	781.68
9个月	买入价	901.40	84.28	657.17	5.98	520.07	778.68
	卖出价	911.14	85.12	660.71	6.05	526.04	787.91
1年	买入价	905.18	84.77	660.97	6.02	522.60	784.56
	卖出价	915.17	85.62	664.61	6.09	528.72	793.96

注：表中为每100外币兑换的人民币金额。

资料来源：中国银行网站.

（2）银行买入汇率（bid rate）、银行卖出汇率（offer rate）、中间汇率（mid rate）。银行买入汇率又叫作银行买入价，是外汇银行向客户买进外汇时使用的价格。银行卖出汇率又叫作银行卖出价，是外汇银行向客户卖出外汇时使用的价格。

买入价、卖出价是根据外汇交易中银行所处的买方或卖方地位而定的。买卖价之间的差额一般为1%～5%，这是外汇银行的手续费收益。中间汇率（中间价）是买入价与卖出价的平均数。报刊报道汇率消息时常用中间汇率。表3-2是中国银行2021年8月31日的部分外汇牌价，从中可以看出买入价与卖出价之间的差异。

表3-2 中国银行外汇牌价

2021年8月31日

货币名称	现汇买入价	现钞买入价	现汇卖出价	现钞卖出价
英镑	885.19	857.68	891.71	895.65
港元	82.87	82.21	83.20	83.20
美元	644.59	639.34	647.32	647.32
日元	5.85	5.67	5.89	5.90
加元	509.68	493.59	513.44	515.71
欧元	759.54	735.94	765.14	767.60
澳元	470.47	455.85	473.93	476.03

注：表中为每100外币兑换的人民币金额。

资料来源：中国银行网站.

外币现钞是外币现金（包括纸币和铸币）或者存入银行的外币现金；外币现汇是从国外汇入的、没有取出就直接存入银行的外币，它包括从境外银行直接汇入的外币，居民委托银行代其将外国政府公债、国库券、公司债券、金融债券、外国银行存款凭证、商业汇票、银行汇票、外币私人支票等托收和贴现后所收到的外币。

外币现钞在境内不能作为支付手段，只有在境外才能成为流通货币，而且银行收到或储备的外币现钞需要支付包装、运输、保险等费用。外币现汇是账面上的外汇，没有实物形式，转移只需进行账上划拨，可以节省银行相关的保管、调运费用，因此现汇的价格比现钞要低。在后面的交易业务中，为了举例方便，如果没有特别指出，将不考虑买入价和卖出价之间的差异，也不考虑现钞和现汇的区别。

1）购买外汇。从银行购买外汇需要支付的本币金额的计算公式如下：

购买外汇现金需支付的本币金额＝外币金额×直接标价法下的现钞卖出价

购买外汇现汇需支付的本币金额＝外币金额×直接标价法下的现汇卖出价

如果外汇牌价为100单位外币的价格，则计算时要注意将其换算成每1单位外币的价格（后面的交易同理）。即

每1单位外币价格＝外汇牌价/100

例3-1

因出国留学，某学生甲考虑购买500澳元现钞带出境，计算其花费的人民币金额（外汇牌价参见表3-2）。

本例中，该学生购买的是现钞，所以需要使用现钞卖出价换算：

应花费的人民币金额＝500×(476.03÷100)＝2 380.15(元)

2）出售外汇。向银行出售外币能够收回的本币金额的计算公式如下：

出售外汇现钞能够收到的本币金额＝外币金额×直接标价法下的现钞买入价

出售外汇现汇能够收到的本币金额＝外币金额×直接标价法下的现汇买入价

例3-2

在例3-1中，学生甲购买澳元的同时，另外有一老者正在把女儿从国外汇来的500澳元现汇卖回银行以换取他需要的人民币。计算该老者能够得到的人民币金额。

本例中，该老者出售的是现汇，所以需要使用现汇买入价换算：

可得到的人民币金额＝500×(470.47÷100)＝2 352.35(元)

3.1.3 汇率制度

汇率制度是指一国货币当局对本国汇率变动的基本方式所做的一系列安排或规定，如规定本国货币对外价值、规定汇率的波动幅度、规定本国货币与其他货币的汇率关系、规定影响和干预汇率变动的方式等。传统上，汇率制度分为固定汇率制和浮动汇率制两种。

1944—1971年，根据布雷顿森林会议达成的协议，各国主要实行的是固定汇率制。固定汇率制下，各国货币按照所代表含金量的比率确定一个相对固定的汇率，称为黄金平价。当某国货币汇率与平价之差达到一定幅度时（国际货币基金组织曾将会员汇率的浮动范围规定为±1%），该国货币当局必须采取措施使其回到浮动范围之内。

1973年，固定汇率制崩溃后，各国使用多种形式的浮动汇率制度。此后，大部分国家的政府都不再规定本国货币的黄金平价，也不再试图维持其汇率在浮动范围内波动，而是随外汇市场的供求情况自行决定本币对外币的汇率，各国货币当局是否干预本国货币的汇率由各国政府自行决定。此后的汇率制度称为浮动汇率制度。

浮动汇率制度从不同的角度区分，可分为以下几类。

1. 自由浮动汇率制度和管理浮动汇率制度

自由浮动汇率制度是指政府货币当局对本币汇率的浮动不进行任何干预，汇率完全由市场决定。由于汇率对本国经济利益的影响，目前没有哪国政府能够真正采用自由浮动汇率制度，都会或多或少地进行干预。

管理浮动汇率制度下，汇率随市场供求波动，但是政府货币当局通过各种手段干预外汇市场，影响外汇市场的供求，达到操纵本币汇率的目的。这种管理浮动汇率制度是目前一些国家政府采用的汇率制度。自1994年1月1日汇率并轨以来，我国开始实行以市场供求为基础的、单一的、有管理的浮动汇率制度。这一汇率制度以银行结售汇制度为基础，机构和个人卖出或购买外汇通过外汇指定银行进行。外汇指定银行又根据结售汇周转头寸管理的规定，进入银行间外汇市场，卖出多余或补充不足的外汇头寸，进而生成人民币汇率。2005年起，我国对人民币汇率形成机制进行改革。人民币汇率不再钉住单一美元，而是选择若干种主要货币组成一个货币篮子，同时参考一篮子货币计算人民币多边汇率指数的变化；实行以市场供求为基础、参考一篮子货币进行调节、有管理的浮动汇率制度，人民币汇率波动区间增大。

2. 单独浮动汇率制度、钉住浮动汇率制度和弹性浮动汇率制度

单独浮动汇率制度是指一国货币不与其他国家货币发生固定的联系，汇率根据外汇市场供求关系浮动。英国、美国、瑞士、瑞典、新西兰等国家采用的是单独浮动汇率制度。

钉住浮动汇率制度是指一国货币与某种外币、某一记账单位保持固定比例关系，随着该种外币或记账单位的浮动而浮动。被钉住的一般都是与本国经济联系紧密的国家。也有国家为了避免本国货币受到一国货币的支配，采用与多种外国货币挂钩的制度，称为钉住一篮子货币。典型的采用钉住浮动汇率制度的国家是实行统一欧元之前的欧洲货币体系的各个成员国，它们钉住的是一种记账单位——欧洲货币单位。其他的如我国之前采用钉住美元的汇率制度。

3.1 即测即评

弹性浮动汇率制度是指为了避免实行钉住浮动汇率制度的呆板性和对本国的束缚，在本国货币与其他货币挂钩的基础上，根据自身需求对所钉住货币在一定弹性幅度内上下浮动。实行弹性浮动汇率制度的国家有与美元挂钩的巴林、沙特阿拉伯等。

案例 3-1

人民币汇率形成机制改革

2015年8月11日，央行宣布进一步实施人民币汇率形成机制的市场化改革（以下简称“8·11汇改”）。这次改革的核心内容是完善人民币对美元汇率中间价（看盘价）报价机制，由做市商在银行间市场开盘前参考上日收盘价，综合考虑外汇供求情况以及国际主要货币汇率变化报价形成。这次汇改被认为是人民币汇率市场化改革的重要一步。

由于从2014年第二季度起至2015年“8·11汇改”之前，市场上已经存在人民币兑美元汇率的贬值预期与贬值压力，为了防止人民币兑美元过快贬值引发国内外金融市场动荡，央行采取了三项应对措施。

一是通过出售外汇储备来干预外汇市场。二是央行显著加强了对各种类型资本流出的真实性审核，审核范围从跨境借贷（即国际收支表中的其他投资项）逐渐扩展至证券投资、直接投资、地下钱庄，从外币计价的资本流出扩展至人民币计价的资本流出。三是央行连续三次推进人民币兑美元汇率中间价定价机制改革。从2016年初起，央行宣布人民币兑美元汇率中间价的制定将会同时参考两个目标，即前一个交易日收盘价以及维持人民币兑一篮子货币汇率基本稳定。在2016年末，央行宣布对“收盘价+一篮子汇率”定价机制进行两项调整。调整之一是将中国外汇交易中心（CFETS）货币篮子的货币种类由13种扩充为24种，扩充后，美元在CFETS货币篮子中的占比由26.4%降低为22.4%；

调整之二是将维持人民币兑CFETS篮子货币汇率基本不变的参考时间由过去24小时缩减为过去15小时，避免对全球外汇市场影响的重复计算。2017年5月26日，央行宣布在人民币兑美元中间价报价模型中引入逆周期因子，从而将“收盘价＋一篮子汇率”的双因素中间价定价模式，进一步扩展为“收盘价＋一篮子汇率＋逆周期因子”的三因素中间价定价模式。

资料来源：张明，杨杨. 人民币汇率形成机制改革进展. 中国金融，2017（24）.

3.2 外汇交易

外汇交易就是外汇买卖。国际企业的产品出口、原材料进口、跨国投资、跨国筹资、跨国资金转移等都需要通过外汇交易。利用不同的外汇交易形式，国际企业不仅可以满足贸易、投资、经营的需要，而且可以规避汇率风险甚至投机取利。常见的外汇交易方式主要包括即期外汇交易、远期外汇交易、套汇交易、掉期交易、套利交易、外汇期货交易和外汇期权交易。本节将逐一介绍这些交易方式。

3.2.1 即期外汇交易

即期外汇交易（spot exchange transaction）也称现汇交易或现汇买卖，是指交易双方成交后，于当日或两个营业日之内按照成交时的汇率进行交割的交易方式。由于交割时间很短，一般风险较小。

即期外汇交易的汇率是银行当天挂牌的汇率，一天之内各银行可能会根据市场动态和自身的头寸状况调整买入和卖出汇率。另外，对不同的客户，银行的报价可能略有不同，这需要考虑客户与银行的关系以及交易金额的大小。表3-3是招商银行2021年9月2日部分外汇即期汇率牌价，它根据客户买卖金额的多少提供不同的汇率。

表3-3 招商银行即期外汇汇率牌价（部分）

2021年9月2日

货币/兑换货币	基本买入价	基本卖出价	优惠买入价	优惠卖出价	大额买入价	大额卖出价	贵宾买入价	贵宾卖出价	至尊买入价	至尊卖出价
澳元/美元	0.737 6	0.739 6	0.737 7	0.739 5	0.737 8	0.739 4	0.737 9	0.739 3	0.738	0.739 2
美元/日元	109.9	110.1	109.91	110.09	109.92	110.08	109.93	110.07	109.94	110.06
欧元/日元	130.03	130.59	130.07	130.55	130.09	130.53	130.11	130.51	130.13	130.49
英镑/美元	1.377 5	1.379 9	1.377 8	1.379 6	1.377 9	1.379 5	1.378	1.379 4	1.378 1	1.379 3
英镑/欧元	1.161 3	1.166 3	1.161 6	1.166	1.161 8	1.165 8	1.162	1.165 6	1.162 2	1.165 4
英镑/日元	151.36	151.96	151.41	151.91	151.46	151.86	151.51	151.81	151.51	151.81

资料来源：招商银行网站.

3.2.2 远期外汇交易

1. 远期外汇交易概述

远期外汇交易（forward transaction）也称期汇交易或期汇买卖，是指交易双方达成交易后，按合同约定的日期和汇率进行交割的外汇买卖交易。远期外汇交易的牌价示例参见表3-1。

例3-3

20×5年5月28日，某中国出口公司与中国银行签订一份用美元购买4亿日元的远期交易合同，远期汇率为1美元=79.94日元，当时市场即期汇率为1美元=80.85日元，交割日期为6月28日。6月28日，该公司将向中国银行支付5 003 752.8美元（400 000 000÷79.94），同时，中国银行将向该公司支付4亿日元。

远期外汇交易中双方签订的合同称为远期合约，合约中规定交易的币种、数额、使用的汇率以及合同的即期生效日和交割的时间、地点。远期合约中锁定将来交割时购买或出售某种外汇的汇率，该汇率称为远期汇率，它通常与即期汇率存在差价。如果远期汇率高于即期汇率，该差价称为升水；如果远期汇率低于即期汇率，该差价称为贴水；如果远期汇率与即期汇率持平，则称为平价。远期汇率升水或贴水主要取决于两国的利率水平差异，在后面的章节中将会涉及如何依据两国的利率水平确定远期汇率。

远期外汇交易的期限通常为1个月、3个月、6个月、1年以及不规则起息日（如10天、1个月零9天、2个月零15天等）。远期外汇交易的交割期最长可以达到1年，也有超过1年的交易，称为超远期外汇交易。

远期外汇交易是国际上最常用的规避汇率风险、固定外汇成本的方法。一般来说，国际企业在对外贸易结算、到国外投资、外汇借贷或还贷的过程中都会涉及外汇保值的问题。通过远期外汇交易，国际企业可事先将某一项目的外汇成本固定，或锁定远期外汇收付的换汇成本，从而达到保值的目的。

在我国，企业如果经常发生人民币与外汇的远期交易，与银行签订的合同称为远期结售汇合约，可以按照标准期限一周、1个月、2个月、3个月……1年等进行结算，或者选择非标准期限，根据自身需求选择时间与银行进行外币的结汇（向银行出售外币）或售汇（从银行购买外币）。在企业未来业务收取或支付外币的具体日期存在不确定性时，我国企业还可以选择择期交易，这类远期结售汇的期限由择期交易的起始日和到期日决定，择期交易的最远期限为3年。

例3-4

某企业在海外的项目预计5个月后完工，届时将收回工程款1 500万美元。但是工程完工时间并不是很确定，可能会提前，也可能延迟。由于担心美元贬值造成损失，企业与银行签订择期结汇协议。当时即期汇率1美元=6.201 5元人民币，4个月的远期汇率为1美元=6.199 0元人民币，7个月的远期汇率为1美元=

6.1970元人民币。银行于是按照1美元=6.1970元人民币的价格约定在未来4~7个月的时间里随时与企业结汇。尽管该汇率对企业不利，但是企业获得了选择结汇时间的权利，可以避免更大的损失。

2. 无本金交割远期外汇交易

无本金交割远期外汇交易（non deliverable forward，NDF），是一种新型的远期外汇交易，是国际企业针对有外汇管制的国家或地区，为规避汇率风险衍生出来的金融手段。交易时，客户与银行约定远期汇率及名义本金，合约到期只需看远期汇率与实际汇率的差额进行交割清算，结算的货币是自由兑换的货币，如美元。无本金交割远期外汇交易一般用于实行外汇管制国家的货币，例如人民币、印度尼西亚卢比、巴西雷亚尔等新兴市场货币。无本金交割远期外汇交易市场与交易对象的国内市场分离，不受国内外汇管制的影响，价格是市场化价格。因此，往往会出现海外NDF合约价格与国内远期外汇合约的价格存在差异的现象，企业和投资者可以利用NDF选择更好的汇率避险方式，甚至从中套汇获利。

例3-5

某跨国公司是以来料加工为主的外向型企业，每年进出口额达数十亿美元。某日，国内3个月远期美元买入价为1美元=6.4256元人民币，而海外人民币NDF合约3个月远期美元买入价为1美元=6.4535元人民币。该企业3个月后要收到3000万美元，该公司委托银行代理购买人民币NDF合约3000万美元，不论到期时即期美元汇率是多少，该公司都能获得比在国内采用远期合约避险更高的现金流。分别计算该企业采用远期合约避险和采用人民币NDF合约避险，其合约到期的金额。

该企业采用远期合约避险，则3个月后能够收到的人民币为：

3 000×6.425 6=19 276.8(万元)

如果该企业采用人民币NDF合约避险，其签订的合约到期金额为：

3 000×6.453 5=19 360.5(万元)

由于NDF不交割本金，因此需要比照到期时美元的即期汇率确定损益并以美元结算。但是，不论到期时即期美元汇率如何，只要海外对人民币升值的预期高于国内，或者该预期能够在人民币NDF市场上更好地得到自由体现，导致人民币NDF合约的美元汇率低于国内市场的美元汇率，则采用人民币NDF合约保值一定能比远期合约获得更多的保值收益，具体超出金额为：

19 360.5−19 276.8=83.7(万元)

3.2.3 套汇交易

套汇交易（arbitrage）是指交易者利用两个或两个以上外汇市场上某些货币的汇率差异，通过在这几个市场上同时低买高卖该种货币，从中获取汇率差价收益的交易行为。套汇交易按照出现汇率差异市场的多少，分为直接套汇（direct arbitrage）和间接套汇（indirect arbitrage）两种形式。

直接套汇又称两地套汇，是交易者利用两个不同地点外汇市场上某种货币出现的汇率差异，同时进行买卖获取汇率差价收益的交易行为。

例 3-6

某日伦敦市场上1英镑＝1.528 0美元，同时在纽约市场上1英镑＝1.528 2美元，很明显，伦敦市场上英镑的价格低于纽约市场上英镑的价格，交易者可以在伦敦市场买入英镑，同时在纽约市场上卖出英镑，每1英镑可以赚取0.000 2美元的收益。

间接套汇又称三地套汇或三角套汇，它是交易者利用三个或三个以上不同地点的外汇市场中三种或多种不同货币之间汇率的差异，同时进行买卖获取汇率差价收益的交易行为。

例 3-7

某日伦敦、法兰克福、香港三地外汇市场的行情如下：

伦敦市场：1英镑＝1.543 2欧元

法兰克福市场：1欧元＝7.337 2港元

香港市场：1英镑＝11.310 3港元

根据这三个市场上的汇率，如果先在伦敦市场上用1英镑买入1.543 2欧元，同时在法兰克福市场上卖出1.543 2欧元，获得11.322 8港元（即1.543 2×7.337 2），并在香港市场卖出11.322 8港元，获得1.001 1英镑（即11.322 8/11.310 3）。通过这一系列交易，每1英镑就可以获得0.001 1英镑的收益。

判断是否存在套汇机会，可以采用汇率套算的方法，它是通过几个市场的汇率套算和比较，判断出市场中是否存在差价的方法。如在例3-7中，可以根据伦敦市场和法兰克福市场的汇率套算出英镑与港元之间的汇率，得到1英镑＝11.322 8港元，就可以发现与香港市场上英镑与港元之间的汇率存在差异，因此可以套汇。

当今世界，通信技术发展迅速，各大外汇市场已经由国际卫星通信网络紧密地联系起来，加上电脑和互联网的广泛应用，外汇市场信息传递异常迅速，货币在不同市场上出现汇率差异的幅度非常小，即使出现差异，存在的时间也非常短暂，所以通过套汇行为取得差价收益的机会已大大减少。但是，在一些新兴市场中，由于外汇管制造成国内外对该国汇率走势判断不一致时，这种获利机会也可能产生并存在一段时间。

例 3-8

某日，人民币NDF合约1年期人民币对美元合约的价格为1美元＝6.211 5元人民币。同日，四大国有商业银行公布的1年期远期汇率为1美元＝6.220 7元人民币。企业在NDF市场上以1美元＝6.211 5元人民币的价格签订一份1年后交割的金额为1 000万美元的人民币对美元的NDF买入合约，同时在远期外汇市场上签订相同金额、交割期限，但是汇率为1美元＝6.220 7元人民币的美元对人民币结汇卖出合约，到期日结算时，美元即期汇率如果为1美元＝6.180元人民币，计算企业在NDF市场的损失和企业在远期外汇市场的收益以及企业的净收益。

企业在NDF市场的损失为：

1 000×(6.211 5－6.180)＝31.5(万元)

企业在远期外汇市场的收益为：

1 000×(6.220 7－6.180)＝40.7(万元)

企业净收益为：

40.7－31.5＝9.2(万元)

实际上，无论结算日即期人民币币值如何变化，企业到期均可获利9.2万元[即1 000×(6.220 7－6.211 5)]。

3.2.4　掉期交易

掉期交易（swap transaction）又称时间套汇，是指交易者在买进或卖出即期外汇的同时，卖出或买进等额同种货币的远期合约的交易方式。与套汇交易的目的不同，掉期交易不是为了投机获利，而是通过交易规避汇率变动的风险，实现资金保值。

例3-9

某国际企业借入100 000美元用于投资，3个月以后归还。但是投资时需要把美元兑换成日元使用。当时，美元对日元的即期汇率为1美元＝124.22日元，3个月远期汇率为1美元＝124.99日元。该企业为了防止还款时美元升值带来较大损失，在将100 000美元兑换成日元的同时，与银行签订了用日元购买100 000美元的3个月远期合约。这样，该国际企业在归还美元时，不论市场上美元升值幅度如何，它都可以将12 499 000日元兑换成100 000美元。如果不考虑手续费，该国际企业承担的汇率差额损失只有77 000日元（12 499 000－12 422 000），这种损失以及手续费合称为掉期成本。

国际企业是否需要利用掉期交易进行保值还要看对未来汇率的预测，只有当预测的未来汇率变化给企业带来超过掉期交易成本的损失时，掉期交易才有意义。

3.2.5　套利交易

套利交易（interest arbitrage）也称利息套汇，是指交易者利用不同国家或地区短期利率的差异，将资金从利率较低的国家或地区调往利率较高的国家或地区进行投资，以获取利息差额收益的一种交易方式。

例3-10

纽约证券市场美国政府短期债券年利率为13%，伦敦证券市场英国政府短期债券年利率为10%，英国的投资者可以将英镑兑换成美元到纽约证券市场购买美国政府短期债券，得到比在英国高3%的投资收益。为了防止投资期间美元贬值带来的损失抵消投资收益，该投资者可以在购买美元进行投资的同时，与银行签订出售美元的远期合约，这种在套利交易的同时签订远期合约，卖出高利率国家货币的交易称为抛补套利，否则称为无抛补套利。如果当时的即期汇率为1英镑=1.4美元，远期汇率为1英镑=1.4美元，则投资者抛补套利的收益计算如下：

将1英镑用即期汇率兑换成1.4美元，然后将1.4美元投资于美国政府债券，1年后得到债券本息合计1.582美元［1.4×(1+13%)］。

根据远期合约将美元本息兑换成英镑，得到1.13英镑（即1.582÷1.4）。

这时不论市场上的即期汇率为多少，该投资者的收益率都可以保证为13%［即（1.13−1）÷1］。

如果该投资者套利时没有签订远期合约，也就是没有进行抛补套利，则当他1年后收回本息时，若市场上的美元贬值，即期汇率变为1英镑=1.438美元，该投资者的收益计算如下：

按照即期利率将美元本息兑换为1.10英镑（即1.582÷1.438）。

该投资者的收益率为10%［即（1.10−1）÷1］。

该投资的收益率与在国内投资的收益率相同，套利收益完全被汇率变化带来的损失抵消，没有从跨国套利投资中得到任何好处。如果美元贬值更严重，该投资者的收益还将减少。所以，在预期高利率国家货币会发生贬值时，投资者必须采用抛补套利的方式进行交易。

套利交易的一个重要前提是两个市场存在利率差异，另一个重要前提是外汇市场上的即期汇率和远期汇率之间的差异与该利率差异不一致，否则套利交易将无利可图。有关理论将在本章后面的利率平价理论部分详细介绍。与套汇交易一样，由于现代通信方式的运用，信息交流加快，交易更加便利，只要出现套利机会，就会有大量的套利者出现，资金的流动引发即期汇率和远期汇率的相应变化，最终使汇率差异与利率差异迅速达成一致，因此套利机会转瞬即逝。

3.2.6 外汇期货交易

1. 外汇期货交易的概念

外汇期货交易（forex future）是指在有形的期货交易市场上，交易双方通过公开喊价买进或卖出某种货币，并签订一份合约，在未来某一时间根据协议价格交割标准数量的货币。外汇期货交易与远期外汇交易的保值原理相同，但两者在实务操作上有很大的差别，表现为：

（1）市场不同。外汇期货交易具有高度规范化的交易场所，而远期外汇交易并没有固定交易场所。

（2）交易标价不同。在远期外汇交易中主要采用直接标价法标价，而在外汇期货交易中，除人民币以外，交易货币一般以每单位货币等于多少美元来标价。例如，在远期外汇交易中，标价方式为1美元=140日元，而在外汇期货交易中为1日元=0.007 142美元。

（3）合约个性化与否不同。远期外汇交易的交易金额、交易日期和交易期限、交易货币、交易地点都是个性化的，而外汇期货交易的这些方面是标准化的。

（4）交易完成的方式不同。远期外汇交易需要到期交割，清算时交付全部的货币，而外汇期货交易无需到期交割，只需通过反向的买卖操作（平仓）清算差额即可。

（5）保证金要求不同。远期外汇交易不要求保证金，但是银行可能要求客户账户中有一定的补偿性存款余额；而外汇期货交易实际上是一种买卖保证金的交易，客户无须按合约规定的面额全部付清，只需按一定比例交足保证金即可，保证金一般不到交易金额的 1%。最后结算时可以现货交易，但多数情况下采取根据汇率变化和盈余亏损计算差额、多退少补的方式。

（6）保值效果不一定相同。从保值的效果来看，远期外汇交易可以覆盖所有需要保值的金额，而外汇期货交易需要的保值金额与标准合约倍数之间可能存在差额，因此有可能出现不能保值的部分金额。

目前，香港交易所和芝加哥期货交易所都开设了美元/人民币期货品种。由于人民币不能自由兑换，因此交易虽然按照人民币计价，但是最终的损益还需要换算回美元。表 3－4 是芝加哥期货交易所上市的标准美元兑人民币①以及澳元兑美元期货合约概要。

表 3－4　芝加哥期货交易所上市的标准美元/人民币期货和澳元/美元期货合约概要

期货品种	标准美元/人民币期货	澳元/美元期货
合约规模	100 000 美元起（约合 648 300 元人民币）	100 000 澳元
月份	13 个连续日历月（1 月、2 月、3 月、4 月、5 月、6 月、7 月、8 月、9 月、10 月、11 月、12 月），另加 8 个季度月（即 3 月、6 月、9 月、12 月，期限范围为 3 年）	20 个季度合约（合约到期月份为 3 月、6 月、9 月、12 月）
最小变动波幅（tick）	对于直接交易，每份合约按单位美元 0.000 1 元人民币＝10 元人民币（约合 1.60 美元）报价；对于跨期差价，每份合约按单位美元 0.000 05 元人民币＝5 元人民币（约合 0.80 美元）报价	0.000 1 美元/澳元增幅（12.50 美元/份），0.000 05 美元/澳元增幅（6.25 美元/份）——适用于人工交易、电子盘交易以及 AON 系统交易执行欧元/美元期货内部利差者
计价和结算	每日付款和收款按人民币计算，但会参照中国人民银行每天的固定汇率换算为美元，并按美元存入银行	实物交割
最后交易日	交易停止时间：北京时间为合约月份第三个周三之前的第一个北京工作日的 9:00［即在芝加哥，冬令时周日 21:00（美中时间）和夏令时周日 22:00（美中时间）］	合约月份的第三个周三之前第二个营业日（通常是周一）
大宗交易最低门槛	50 份合约	100 份合约

资料来源：芝加哥期货交易所网站.

① 称其为标准美元/人民币期货，是为了区别于合约规模更小（1 万美元）的电子微型美元/人民币期货品种。

2. 外汇期货交易的套期保值功能

外汇期货交易的基本作用是套期保值（hedging），另外还可供投机者进行投机。本书主要介绍它的套期保值作用。套期保值就是在已经发生一笔即期外汇交易的基础上，为防止汇率变动发生损失，在外汇期货市场上安排相反方向的等量的外汇期货合约。套期保值交易有两种类型：一种是买进套期保值；另一种是卖出套期保值。为了简明扼要地说明套期交易的保值作用，这里忽略交易费或经纪人佣金的影响。

（1）买进套期保值（long hedge），也称多头套期保值，就是在预期未来某一时间会买入某种外币的情况下，在期货市场上预先买入同一外币的期货合约。

例 3-11

某家位于美国的国际企业1月份从澳大利亚进口商品，3月份需要支付150万澳元。当时澳元的即期汇率为1美元＝1.500 0澳元，期货市场上3月份到期的澳元兑美元期货合约的期货价格为1美元＝1.499 9澳元。为了防止支付澳元时澳元升值给企业带来损失，该国际企业的财务管理人员可以通过买进套期交易进行保值。具体做法如下：

进口货物发生应付账款的同时，买入150万澳元的3月份到期的澳元兑美元期货，由于期货市场上澳元兑美元期货的交易单位为10万澳元/张，故需要购买15张合约，折合100.006 7万美元（150÷1.499 9）。3月份企业在即期市场购入澳元支付澳元货款的同时，对之前购买的15张合约进行平仓，卖出这些合约。如果澳元升值，平仓当时澳元的即期汇率为1美元＝1.400 0澳元，同时该期货价格为1美元＝1.398 8澳元。该企业在即期市场上用1美元＝1.400 0澳元的汇率购买150万澳元支付货款，共需要支付107.142 9万美元；同时在期货市场上用1美元＝1.398 8澳元的价格卖出原购买的澳元期货合约15张，共150万澳元，折合107.234 8万美元，得到合约买卖差额7.228 1万美元。该企业通过套期保值减少的损失计算过程如下：

$$\text{即期市场上由于澳元升值带来的损失}=\frac{150}{1.400\,0}-\frac{150}{1.500\,0}=7.142\,9(\text{万美元})$$

$$\text{期货市场上由于澳元升值带来的收益}=\frac{150}{1.398\,8}-\frac{150}{1.499\,9}=7.228\,1(\text{万美元})$$

$$\text{套期保值后企业的净损失}=7.142\,9-7.228\,1=-0.085\,2(\text{万美元})$$

该企业利用套期保值，使得即期市场上的损失被期货市场上的收益抵消，甚至还略有收益。如果企业未采取保值措施，将损失7.142 9万美元，通过期货保值，获利0.085 2万美元。如果80天后澳元没有升值，而是贬值了，则企业在即期市场上会取得收益，但这些收益会被期货市场上的损失抵消。读者可自行计算有关的结果。

（2）卖出套期（short hedge）保值，也称空头套期保值，就是在预期未来某一时间会卖出某种外币的情况下，在期货市场上预先卖出同一外币的期货合约。

例 3-12

某美国企业 3 月份向澳大利亚出口商品，预计 6 月份会收到 150 万澳元，当时澳元的即期汇率为 1 美元＝1.500 澳元，期货市场上 6 月份到期的澳元兑美元期货合约价格为 1 美元＝1.501 0 澳元，为防止澳元贬值给企业带来损失，该企业可以通过卖出套期交易进行保值，具体做法如下：

企业出口货物取得应收账款的同时，在外汇期货市场卖出 15 张 6 月份到期的澳元兑美元期货合约（150 万澳元），折合 99.933 38 万美元。3 个月后澳元果然贬值，该企业 6 月份收到澳元货款并在即期外汇市场出售，澳元的即期汇率为 1 美元＝1.560 0 澳元，得到 96.153 8 万美元，同时在外汇期货市场上平仓，平仓时合约价格为 1 美元＝1.560 0 澳元，买入原卖出的澳元期货合约 15 张，折合 96.153 8 万美元。该企业通过卖出套期减少的损失计算过程如下：

$$\text{即期市场上由于澳元贬值带来的损失}=\frac{150}{1.500\,0}-\frac{150}{1.560\,0}=3.846\,2(\text{万美元})$$

$$\text{期货市场上由于澳元贬值带来的收益}=\frac{150}{1.501\,0}-\frac{150}{1.560\,0}=3.779\,6(\text{万美元})$$

$$\text{套期保值后企业的净损失}=3.846\,2-3.779\,6=0.066\,6(\text{万美元})$$

该企业通过卖出套期，大大减少了澳元贬值带来的损失。如果企业未采取保值措施，将损失 3.846 2 万美元；通过期货保值，损失仅为 0.066 6 万美元。当然，如果澳元价格没有像预期的那样下降，而是上升了，则企业在即期市场上的收益也会被期货市场上的损失抵消。

可以看出，不论是买入套期还是卖出套期，都可以使企业减少汇率变动的影响，降低现金流的风险。

3.2.7 外汇期权交易

1. 外汇期权交易的概念

外汇期权交易（forex option）是指根据合约条件，期权（权利）买方有权在未来的一定时间内按约定的汇率即执行价格，向期权（权利）卖方（如银行）买进或卖出约定数额的外币，同时期权（权利）买方也有权不执行上述买卖合约，即期权（权利）买方有执行或不执行合约的选择权利。

外汇期权分为买入期权（call option）和卖出期权（put option）两种。买入期权的买方有权在未来一定时间内按约定的汇率向期权卖方买进约定数额的某种外汇；卖出期权的买方有权在未来一定时间内按约定的汇率向期权卖方卖出约定数额的某种外汇。

2. 外汇期权交易的分类

外汇期权交易按照期权的行使方式分为美式期权（American option）和欧式期权（European option）。美式期权是指期权买方可以在合约到期日之前的任何一天行使选择是否履约的权利。欧式期权是指期权买方只能在合约到期日行使选择是否履约的权利。我国目前的外汇期权都是欧式期权。

外汇期权交易按照合约标的不同分为外汇现货期权交易（options on spot exchange）和外汇期货期权交易（options on foreign currency futures）。外汇现货期权交易是指期权的买方向卖方购买按约定价格购入或售出一定数量的某种外汇现货的权利。外汇期货期权交易是指期权的买方向卖方购买按约定的价格购入或售出一定数量的某种外汇期货的权利。

外汇期权交易按照交易方向可分为买入期权（看跌期权）和卖出期权（看跌期权）。买入期权是从期权买方角度看，当某种货币的未来汇率预期将上涨时，买入这类期权可从汇率上涨中获利，万一失误，则放弃权利，只损失一笔期权费；卖出期权也是从期权买方角度看，当某种货币的未来汇率预期将下跌时，买入这类期权可从汇率下跌中获利，万一失误，则放弃权利，只损失一笔期权费。

3. 外汇期权的价格

为取得上述买或卖的权利，期权（权利）买方必须向期权（权利）卖方支付一定的费用，称为期权费（premium）或保险费。因为期权（权利）买方获得了今后是否执行买卖的决定权，期权（权利）卖方则承担了今后汇率波动可能带来的风险，收取期权费或保险费就是为了补偿汇率风险可能造成的损失，它就是期权的价格。

期权价格的计算不是本书的内容，这里只简单介绍影响期权价格的三个主要因素。

（1）期权期限的长短。期权到期的时间越长，外汇汇率就越有可能向执行价格靠近，期权买方越有可能使用该权利，因此期权价格越高。

（2）市场即期汇率与期权合约中约定的执行价格之间的差别。如果相对于执行价格，即期汇率越高，看涨期权（买入期权）越有价值，看涨期权（买入期权）的价格越高，反之则越低。如果相对于执行价格，即期汇率越低，看跌期权（卖出期权）越有价值，看跌期权（卖出期权）的价格越高，反之则越低。所以，买入期权和卖出期权价格对市场即期汇率与执行价格之间的差别反映正好相反。

（3）汇率预期波动的程度。汇率变动的可能性越大，即期汇率接近执行价格的可能性也就越大，期权的价格就会越高。币值相对稳定的货币买入和卖出期权的价格则较低。

4. 外汇期权的作用

外汇期权是20世纪80年代以来兴起的一种交易方式，是对原有的几种外汇保值方式的发展和补充。与外汇期货交易相比，期权交易具有较大的灵活性，它既为国际企业提供了外汇保值的方法，又为国际企业提供了从汇率变动中获利的机会。

尽管买入期权和卖出期权均可以买卖，但是，从保值的角度来看，企业通常采用的是根据需要购买而非出售这两类期权。投机者则可能通过出售买入期权或卖出期权获取期权费收益，或者通过购买和出售期权的联合操作获取投机收益。以下介绍企业购买买入期权和卖出期权，以进行套期保值。

当企业因未来持有外币而担心其贬值时，可以购买相应外币的卖出期权；反之，当企业因未来需要外币而担心其升值时，可以购买相应外币的买入期权。

例 3－13

某进出口贸易企业一个月以后收回出口货款500万美元，当时的即期汇率为1美元＝6.840 5元人民币。由于近期人民币汇率双向波动剧烈，市场方向不明，企业为防止未来人民币大幅升值造成的美元贬值损失，从银行购买了下月到期、总金额500万美元、执行价格为1美元＝6.839 9元人民币的美元兑人民币看跌期权，并支付期权费45万元。一个月后，如果人民币升值，即期汇率为1美元＝6.704 5元人民币，美元价格低于期权的执行价格，企业行使期权，按照执行价格出售美元取得人民币3 419.95万元（6.839 9×500），扣除期权费45万元，企业实际收到3 374.95万元。如果一个月后人民币贬值，即期汇率为1美元＝6.850 0元人民币，则企业放弃期权，直接在即期市场上结汇，取得人民币3 425万元（6.850 0×500），扣除原来支付的期权费45万元，企业应收账款实际兑换人民币3 380万元。

在一定情况下，与外汇期货交易或远期外汇交易相比，外汇期权业务的优点在于买方选择的灵活性。另外，外汇期权交易对于那些合同尚未最后确定的进出口业务和投标活动具有很好的保值作用和灵活性。例如，某国际企业参与国外某工程的投标。如果投标成功，则需要用该国货币进行投资；如果投标不成功，则不需要。此时，国际企业最好的选择就是购买外汇的买入期权，当投标成功时，如果外汇升值超过执行价格，则行使期权购得外汇；如果外汇即期汇率没有超过执行价格，则可放弃该权利，在即期市场上取得所需外汇。如果投标不成功，在外汇升值超过执行价格时，企业可以行使权利购得外汇并在即期市场上卖出获利；在外汇即期汇率没有超过执行价格时，放弃该权利，只损失期权费。但是，与外汇期货合约一样，外汇期权合约通常是标准化合约，币种、规模、到期日等条件相对固定，不一定与企业需要保值的业务完全匹配。与外汇期货合约不同的是，有些外汇期权合约是场外交易，比如美元兑人民币期权需要与银行签订合约和询价。

3.2 即测即评

3.3　汇率理论

3.3.1　汇率预测的作用

涉及外汇是国际企业经营业务的一大特征，对外汇汇率进行科学的预测对国际企业的财务经营决策具有十分重要的意义。通过预测汇率变化，可以帮助国际企业做出相对正确的决策；对于已经实施的项目，有机会提前安排必要措施，规避或减少汇率变化给企业经营带来的损失。具体而言，汇率预测可以在国际企业经营决策中发挥以下几方面的作用。

（1）在国际企业的筹资决策中，正确预测汇率变化可以帮助国际企业选择成本最低的筹资方案。国际企业筹资的成本不仅取决于筹资对象要求的报酬率高低以及前期筹资成本的多少，而且受归还本息或支付红利时货币币值高低的影响，选择筹集在归还本息时可能贬值的货币能够减少国际企业的支出，降低筹资成本。

（2）在国际企业的投资决策中，正确预测汇率变化可以提高国际企业预测项目现金流量的准确程度，这不仅体现在对投资资金的估算上，而且体现在对未来流回本国的项目收益的估算上。同时，项目的收入和成本也可能因所使用的货币币值变化而改变，如果能够较准确地预测这种币值变化，就可以提高项目期间现金流量估计的准确性。

（3）在国际企业项目营运过程中，出口产品或进口原材料、筹集短期资金等活动是否需要进行套期保值，是否可以利用汇率的变动投机获利，都取决于对汇率变化的准确预测。

为了能够比较准确地预测汇率变化，国际企业财务管理人员需要了解导致汇率变化的各种可能因素和它们的作用方式、有关汇率变化与这些因素间的确切联系以及可用于汇率预测的具体方法等。

3.3.2 汇率的影响因素

汇率是一个国家的货币折算成另一个国家货币的价格，换言之，即用一个国家货币表现的另一个国家货币的价格。如果我们把货币看作特殊的商品，其价格的决定就与商品价格的决定相同，一国货币价格的高低取决于该货币的供求关系。在供求曲线上，对应于货币的每个可能价格，都有相应的货币供给量和需求量，当市场上形成某一货币价格时，供给量应该正好等于需求量，此时的价格就是均衡价格，对于货币，可称为均衡汇率。货币供求曲线如图 3－1 所示。

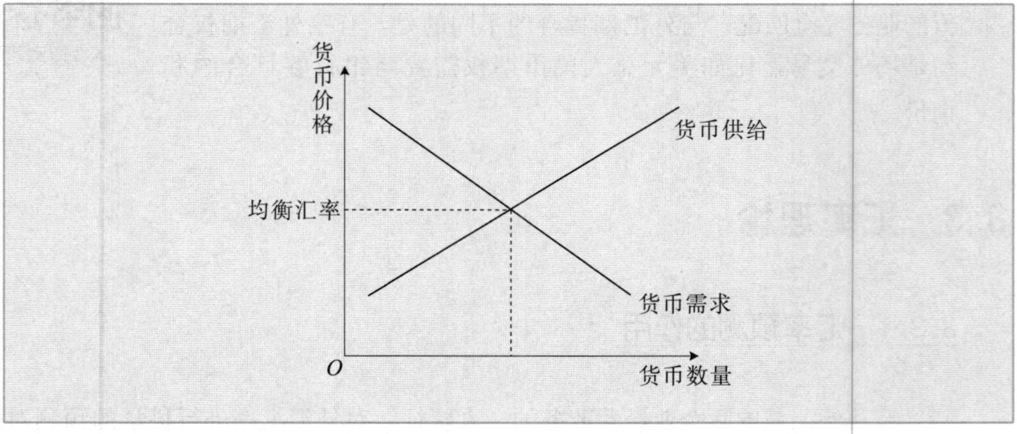

图 3－1 货币供求曲线与均衡汇率

当影响供给量或需求量的因素发生变化时，供求曲线也会改变。在原有的均衡汇率下，当该货币的供给量增加时，供给曲线右移，或该货币的需求量减少时，需求曲线左移。为了达到新的均衡，该货币的价格下跌，形成新的较低的均衡汇率。在原有的均衡汇率下，当该货币的供给量减少时，供给曲线左移，或该货币的需求量增加时，需求曲线右移。为了达到新的均衡，该货币的价格上涨，形成新的较高的均衡汇率。供给量和需求量改变导致均衡汇率的变化如图3－2和图3－3所示。

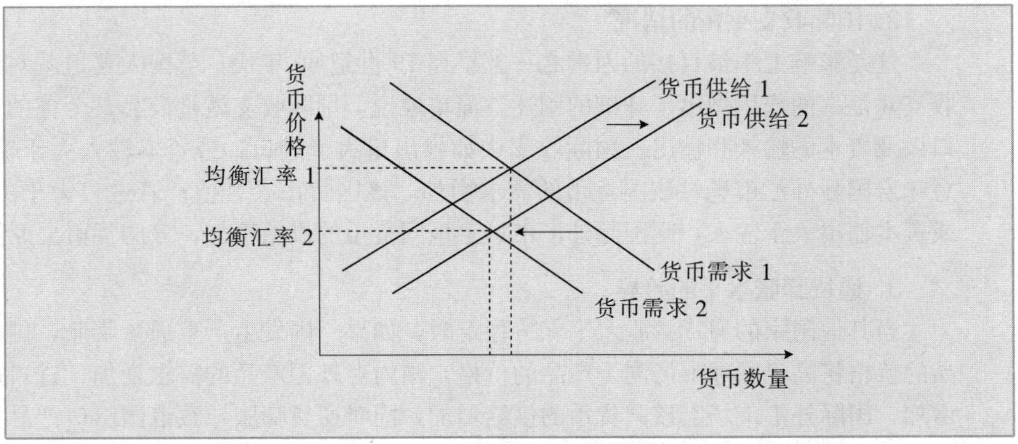

图3－2 供给量增加或需求量减少时均衡汇率的改变

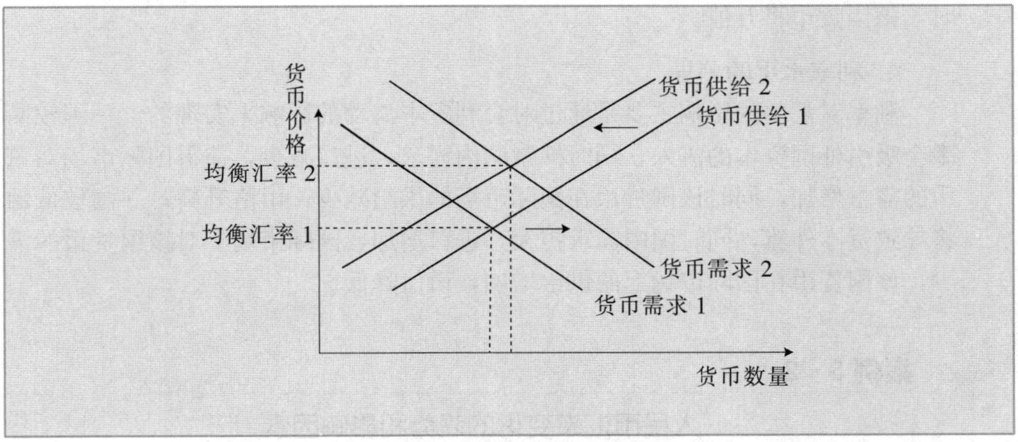

图3－3 供给量减少或需求量增加时均衡汇率的改变

供求关系的变化是导致汇率发生变化的直接原因，但是，引起供求关系变化的因素才是影响汇率的深层原因，相关因素很多，这里只说明几种对一国货币汇率产生影响的主要因素。

1. 一国的经济增长速度

这是影响汇率波动的最基本因素。经济增长对汇率的影响是复杂的。根据凯恩斯学派的宏观经济理论，国民生产总值的增长会引起国民收入和支出的增长。收入增加会导致进口产品的需求增长，在国际外汇市场上则表现为该国货币供给的增加，该国货币的供给曲线右移，币值下降。而支出的增长意味着社会投资和消费的增加，有利于促进生产，提高产品的国际竞争力，刺激出口，导致国际市场对该国货币的需求增加，该国货币的需求曲线右移，币值上升。可见经济增长既有增加该国货币供给的作用，又有增加该国货币需求的作用，到底哪方面的影响更大较难确定。但如果考虑到货币保值的作用，汇兑心理学有另一种解释，即货币的价值取决于外汇供需双方对货币所作的主观评价，这种主观评价的表现就是汇率。一国经济发展态势良好，则主观评价相对就高，该国货币坚挺，从长远看会升值。

2. 国际收支平衡的情况

这是影响汇率最直接的因素之一。早在19世纪60年代，英国人葛逊就对国际收支对汇率的作用做出了详细的阐述。简单地说，国际收支就是商品、劳务的进出口以及资本的输入和输出。国际收支中如果出口大于进口，或资本输入大于输出，意味着国际外汇市场对该国货币的需求增加，该国货币会升值；若进口大于出口，或资本输出大于输入，则国际外汇市场上该国货币的供给增加，该国货币会贬值。

3. 通货膨胀水平的差异

当其他国家的通货膨胀水平保持稳定时，如果一国发生严重通货膨胀，国内产品的价格将高于国际市场同类产品的价格，国内对外国产品的需求增加，进口产品增加，国际外汇市场上该国货币的供给增加，同时通货膨胀导致该国出口产品价格偏高，竞争力降低，出口减少，国际市场对该国货币的需求减少，供应的增加和需求的减少导致该货币贬值；当一国的通货膨胀水平低于其他国家的通货膨胀水平时，该国货币将升值。

4. 利率水平的差异

利率对汇率的影响主要是通过对套利资本流动的影响来实现的。一国较高的利率会吸引外国资本的流入，同时抑制国内需求，进口减少，使得国际市场对该国货币的需求增加，同时该国货币在国际市场的供给减少，币值升高；一国较低的利率将导致资本外流，同时国内需求扩大，进口增加，国际市场上对该国货币的需求减少，该国货币在国际市场上的供给增加，币值降低。

案例3-2

人民币汇率变化的趋势和影响因素

人民币汇率有两方面的重要因素和判断。一是在几个基本面因素的支撑下，人民币具有趋势性升值的内生动力；二是升值过程中仍会受到扰动因素影响形成明显波动。

推动人民币长期升值的内生力量

第一，中国经济长期维持较高增速有利于本币升值。国际货币基金组织（IMF）2020年的秋季预测显示，到2025年中国的GDP将达到23.03万亿美元，是美国2025年GDP（25.783万亿美元）的89.32%，年均GDP相对增速为4.5%。中国的经济增长在未来的5年要显著高于美国，长期较高增速有利于本币升值。IMF的预测其实暗含了一个假定，即人民币对美元将保持年均1.5%左右的汇率实际升值。

第二，可贸易部门生产率追赶带来升值效应。经济增长快的国家比经济增长缓慢的国家更容易经历实际的汇率升值。2020年人民币升值非常强劲，有很多特殊的原因，如中国的疫情防控有效与经济恢复较早，使得中国出口强劲增长，同时也可能有前几年可贸易部门生产率追赶累计作用的释放因素。

第三，跨境资本流入增长也会助推人民币汇率升值。近年来，中国进行的一系列改革使得国内资产外部吸引力上升，扩大开放也降低了外资进入的交易成本，加上A股和中国债市被纳入国际主流股债指数，推动跨境资本流入较快增长，对人民币汇率产生显著影响。

从国际比较看，外资配置人民币资产相对规模仍较小。无论是股市还是债市，或人民币作为储备资产的比例都有提升的潜力。

人民币汇率的不确定因素和抑制升值的因素

首先，抑制人民币升值的最大因素是中国经济快速发展转型期的资本流出需求与冲动。这方面的需求难以准确估计，其中既包括各类企业全球化布局与国际化投资，以及个人财富增长后进行境外配置等合乎规律的资本流出需求，还包括特定阶段国内居民对未来预期变化而派生的短期资本流出大幅增长的需求。

其次，国内资产价格异动，特别是房地产市场的结构性问题派生大城市房价过快上涨，进一步助推资本流出需求与冲动。另外，美元指数的周期性变化也会派生人民币对美元汇率贬值的压力。

资料来源：截取自北大国发院金光讲席教授卢锋在北大国发院举办的“中国经济观察”第56期报告会上的主旨演讲。林毅夫等七位教授联袂解读两会之后的政策与经济.（2021-03-22）. 北大国发院网站.

除此之外，影响汇率波动的因素还包括政府的货币和汇率政策、突发事件、国际投机的冲击、经济数据的公布，甚至政府要员的言论、人们的心理预期等。这些因素也会相互加强或相互抵消，改变一国货币在国际市场上的供给和需求，引起汇率的变化。

以上是一些因素与汇率变化的定性联系。为了能够较为准确地预测汇率变化，学者们提出了多种汇率理论，试图用定量的方法发现汇率变化与定量因素之间的联系，于是产生了一系列有助于我们预测汇率变化及变化幅度的汇率理论，其中影响较大的有购买力平价理论、国际费雪效应理论以及利率平价理论。

3.3.3 购买力平价理论

购买力平价理论（purchasing power parity）试图解释各国通货膨胀差异与汇率变动之间的关系。该理论的创始者和代表人物是瑞典经济学家古斯塔夫·卡塞尔，他在1922年发表的《1914年以后的货币与外汇》一文中对该理论的论述最为详尽。

1. 一价定律

购买力平价理论的前提是“一价定律”（law of one price），即如果采用相同的货币计量，同样商品和劳务的价格在两个不同国家的市场上应该是一样的。如果不一样，就会有人到价格低的国家购买，再到价格高的国家出售，从中获利。这种商品套利行为使得价格低的市场上商品需求增加，价格上升；价格高的市场上商品供给增加，价格下降，最终导致两个市场商品价格相等。一价定律用公式表示为：

$$p_A = p_B \times S \tag{3.1}$$

式中，p_A 为某商品用A国货币表示的在A国的价格；p_B 为该商品用B国货币表示的在B国的价格；S 为即期汇率，在这里标价为单位B国货币相当于A国货币的价格。

2. 绝对购买力平价与相对购买力平价

购买力平价理论认为，每种货币在本国都有购买商品和劳务的能力，不同货币购买力的比率就构成了相互间汇率的基础。由于货币购买力和价格水平呈负相关关系，因而汇率水平可以由两个国家的价格水平描述，价格水平的变化也会导致汇率的变化。购买力平价有两种形式：一种是绝对购买力平价，用两国价格水平的比例表示两国货币的汇率水平；另一种是相对购买力平价，即用价格指数的比例表示两国汇率的变化。绝对购买力平价用公式表示为：

$$S=\frac{P_A}{P_B} \tag{3.2}$$

式中，S 为两国货币的汇率，表示单位B国货币相当于A国货币的价格；P_A 和 P_B 分别为A国和B国的绝对价格水平。该公式类似于一价定律公式的变形，区别在于一价定律是对于一种商品而言的，其中 p_A 和 p_B 分别表示某种商品在A国和B国的价格。

由于绝对价格水平很难衡量，因此取而代之的是较容易衡量的表示价格水平动态变化的价格指数，这就是相对购买力平价。其公式与式（3.2）类似，只是 P_A 和 P_B 分别表示A国和B国的价格指数。当汇率均衡时，两国的汇率应该等于两国价格指数之比。

3. 汇率变化与预期通货膨胀率的关系

利用相对购买力平价，就可以推导出汇率变化与通货膨胀率之间的关系。

假定在基期，A国和B国的价格指数分别为 P_{A0} 和 P_{B0}，则两国货币基期汇率 S_0 可表示为：

$$S_0=\frac{P_{A0}}{P_{B0}} \tag{3.3}$$

在 t 期，两国的通货膨胀率预期分别为 I_A 和 I_B。t 期两国货币汇率变化的百分比为 ΔS，则两国在 t 期的预期汇率就应该为：

$$S_0\times(1+\Delta S)=\frac{P_{A0}\times(1+I_A)}{P_{B0}\times(1+I_B)} \tag{3.4}$$

将式（3.3）代入式（3.4）并化简，得到

$$1+\Delta S=\frac{1+I_A}{1+I_B} \tag{3.5}$$

因此，两国 t 期汇率变化的百分比 ΔS 可以用通货膨胀率表示为：

$$\Delta S=\frac{1+I_A}{1+I_B}-1 \tag{3.6}$$

根据式（3.6），如果 A 国的预期通货膨胀率 I_A 高于 B 国的预期通货膨胀率 I_B，则汇率变化百分比 ΔS 为正，在这里表现为用 A 国货币表示的单位 B 国货币价格上升，即 B 国货币升值，A 国货币贬值；反之，如果 A 国的预期通货膨胀率 I_A 小于 B 国的预期通货膨胀率 I_B，则汇率变化百分比 ΔS 为负，在这里表现为用 A 国货币表示的单位 B 国货币价格下降，即 B 国货币贬值，A 国货币升值。

如果 B 国的预期通货膨胀率很低，或者 A、B 两国的预期通货膨胀率差异很小，则式（3.6）可以近似改写为：

$$\Delta S \approx I_A - I_B \tag{3.7}$$

也就是说，两国货币汇率变化百分比近似等于两国通货膨胀率的差额。

例 3－14

如果 A 国的预期通货膨胀率为 9%，B 国的预期通货膨胀率为 4%，根据式（3.6），两国货币汇率的预期变化应为：

$$\Delta S = \frac{1+9\%}{1+4\%} - 1 = 0.048 = 4.8\%$$

即如果当时 A、B 两国货币的汇率为 1 B 国货币＝3 A 国货币，则在 A 国的预期通货膨胀率比 B 国的预期通货膨胀率高 5 个百分点时，B 国的货币会升值，升值幅度为 4.8%，预期汇率应达到 1 B 国货币＝3.144 A 国货币［即 3×(1＋4.8%)］。由于汇率的变化，两国实际的价格指数将变得相同，购买力平价得以维持。

用近似公式计算两国货币汇率的变化为：

$$\Delta S \approx 9\% - 4\% = 5\%$$

4. 购买力平价理论的局限性

购买力平价理论揭示了通货膨胀率与汇率变化之间的关系，为汇率预测提供了一个理论基础，即预期的汇率变化应该近似等于预期通货膨胀率的差异。学者们为检验购买力平价理论是否有效进行了大量研究，其中既有购买力平价不存在的证据，也有在长期内汇率变化趋向购买力平价的证据。

购买力平价理论不能很好地预测汇率变动的原因在于：

（1）汇率变动不仅受通货膨胀差异的影响，还受到其他许多因素的影响，比如前面述及的经济发展状况、利率、国际收支状况、政府政策、心理预期等。

（2）运输成本、交易成本、贸易壁垒和非贸易壁垒等引起的国际市场的分割，导致形成购买力平价的前提“一价定律”在现实中很难完全成立，汇率在短期内更多地受到价格之外各种因素的影响，因此经常背离购买力平价。

（3）购买力平价检验需要选择一个汇率处于均衡水平的时期作为基期，因为随后的时期要与它比较评判，而在现实中，这种均衡水平的基期很难找到，因此购买力平价的检验方法本身也存在问题。

尽管从总体来看，汇率变动幅度比购买力平价理论预期的要大得多，但经验表明，购买力平价理论在长期以及通货膨胀率很高的经济环境中还是能够成立的，在确定货币的均衡汇率和预测长期汇率的变动趋势方面有一定作用。

3.3.4 国际费雪效应理论

国际费雪效应理论（international Fisher effect）结合费雪效应理论和购买力平价理论，用利率来解释汇率变化。所以，在解释国际费雪效应理论之前必须先了解费雪效应理论。

1. 费雪效应理论概述

费雪效应理论和国际费雪效应理论都是用美国经济学家费雪（Irving Fisher）的姓氏命名的。费雪效应（Fisher effect）理论阐述的是利率与通货膨胀率之间的关系。该理论认为，实际利率是买卖双方都没有受通货膨胀预期影响时的利率，市场利率则是名义利率，包括实际利率和对通货膨胀上涨的预期两个部分。当人们预期通货膨胀上涨时，市场利率会因为包括通货膨胀预期而高于实际利率。在资本可以在国家间自由流动的条件下，两国名义利率的差异就体现了两国通货膨胀预期的差异。

例如，某个国家在基期的实际利率 r 为 10%，这意味着如果投资者进行投资，一年后的收益为（1+10%）。如果在第 t 期，该国的预期通货膨胀率 I 为 6%，则该投资者在第 t 期以名义利率 i 获得的投资收益除了时间价值外，还需要弥补由通货膨胀引起的本金和实际收益的购买力下降的损失。即

$$1+i=(1+r)\times(1+I) \tag{3.8}$$

整理该公式得到

$$i=r+I+r\times I \quad 或 \quad r=\frac{1+i}{1+I}-1 \tag{3.9}$$

该投资者在第 t 期要求的投资收益率，即名义利率为 16.6%（10%+6%+10%×6%）。

如果通货膨胀率和实际利率都很低，式（3.9）中的交叉项 $r\times I$ 可以忽略，得到

$$i\approx r+I \quad 或 \quad r\approx i-I \tag{3.10}$$

式（3.9）和式（3.10）是费雪效应理论前半部分利率分解公式的不同形式，名义利率包含实际利率与预期通货膨胀率两个部分；实际利率需要根据预期通货膨胀率调整名义利率得到。从近似的角度看，名义利率等于实际利率加上预期的通货膨胀率，实际利率则是名义利率减去预期的通货膨胀率。

如果资本可以在国家间无阻碍、无成本地自由流动，那么各国实际利率存在的任何差异都将因投资者的套利活动而消失。因此，当分别考虑多个国家的投资者时，各国投资者能够得到的实际投资收益率（对应实际利率）应该是相同的。根据这个前提，可以得出费雪效应在国家间的应用。为简化起见，两个国家 A 和 B 间的费雪效应推导如下：

根据 $r_A=r_B$ 和式（3.9），得到

$$\frac{1+i_A}{1+I_A}-1=\frac{1+i_B}{1+I_B}-1 \tag{3.11}$$

变形得到

$$i_A-i_B=I_A-I_B+I_Ai_B-I_Bi_A \tag{3.12}$$

当 i_A，I_A，i_B 和 I_B 均比较小时，I_Ai_B 和 I_Bi_A 两项可以忽略，得到

$$i_A-i_B\approx I_A-I_B \tag{3.13}$$

式（3.12）和式（3.13）就是费雪效应理论的后半部分，即两国名义利率的差异主要是两国预期通货膨胀率的差异。

2. 国际费雪效应理论概述

根据费雪效应理论，两国名义利率的差异反映了两国预期通货膨胀率的差异。如果联系购买力平价理论，两国即期汇率的预期变动等于两国预期通货膨胀率的差异。将这两者结合起来就可以得到国际费雪效应理论，即两个国家货币即期汇率的预期变动应该近似等于两国间名义利率的差异。其公式推导如下：

式（3.11）变形得到

$$\frac{1+I_A}{1+I_B}=\frac{1+i_A}{1+i_B} \tag{3.14}$$

根据购买力平价理论的式（3.6）：

$$\Delta S=\frac{1+I_A}{1+I_B}-1$$

将式（3.6）、式（3.14）联系起来消去共同项，得到

$$\Delta S=\frac{1+i_A}{1+i_B}-1 \tag{3.15}$$

在B国的名义利率较低，或两国名义利率差异较小的情况下，式（3.15）可以近似表示为：

$$S\approx i_A-i_B \tag{3.16}$$

式（3.15）和式（3.16）就是国际费雪效应理论的公式。

例3-15

假设A国的名义利率为9%，B国的名义利率为6%，如果两国的投资者都要求3%的实际报酬率，这就意味着A国的预期通货膨胀率为6%，而B国的预期通货膨胀率为3%。根据购买力平价理论，A国货币将贬值，B国货币将升值。如果当时的即期汇率为1B国货币=3A国货币，则即期汇率预期变动大约等于预期通货膨胀率差异，即3%，即期汇率预期为1B国货币=3.09A国货币［即(1−3%)］。由于两国货币汇率的变动，B国投资者到A国投资取得的收益在汇回B国后，并不会比在B国投资的收益更具购买力。从另一个角度看，尽管B国的投资者

在A国投资得到的收益率为9%，但在汇回B国时，由于A国货币贬值，得到的以B国货币计价的收益率仍然为6%，与在B国投资的收益率一样。

3. 国际费雪效应理论的局限性

实证研究发现，尽管国际费雪效应理论在一定时期内成立，但并不是持续成立。国际费雪效应理论不能持续成立的一个重要原因是：它的构建基础是购买力平价理论，购买力平价理论的局限性在很大程度上限制了国际费雪效应理论的有效性。除通货膨胀之外的其他因素，有可能部分甚至全部抵消通货膨胀带来的汇率下降趋势。所以，在一定时期内，投资者在国外投资有可能得到比在国内更高的收益，但他们要承担外汇汇率变动的风险。

3.3.5 利率平价理论

购买力平价理论和国际费雪效应理论都是有关即期汇率预期变动幅度与相关因素之间联系的理论，利率平价理论（interest rate parity）则是有关远期升水率或贴水率与利率之间关系的理论。该理论认为，两国风险与期限相同的证券的利率差异在扣除交易成本之后应等于外币的远期升水率或贴水率，这时的市场是均衡的，这种均衡状态称为利率平价。如果利率差异与远期升水率或贴水率之间还未形成利率平价，则投资者可以采用抛补套利交易取得超过在国内投资的额外收益，资本的转移最终会导致市场汇率发生调整，使抛补套利不再可行。

例如，在前面有关套利交易的例子中，已知纽约证券市场美国政府短期债券年利率为13%，伦敦证券市场英国政府短期债券年利率为10%。当即期汇率与远期汇率相等时，假设均为1英镑=1.4美元，英国的投资者可以通过抛补套利得到比在英国高3%的投资收益。但是，当出现这种套利机会时，如果没有其他因素的干扰，以下几方面的改变将导致汇率和利率发生调整：英国的投资者纷纷将资金兑换成美元，引起即期市场上美元升值；英国投资者出售远期美元，导致远期市场上美元贬值，远期汇率与即期汇率的差异变大，美元汇率出现远期贴水；资金大量流出英国，英国的资金减少，利率上升；资金大量流入美国，美国利率下降，两国利率的差异减小。如果英国和美国市场的利率没有发生应有的改变，则所有的压力将体现在即期汇率和远期汇率的调整上。由于美元远期汇率贴水，英国投资者在美国得到的高投资收益将因为即期市场上美元买价的提高和远期市场上美元卖价的降低而抵消，这种调整将一直持续到市场均衡时，也就是英国投资者只能得到与在本国投资一样的收益，因此不再进行抛补套利。

可见，由于存在投资者抛补套利交易，货币即期汇率与远期汇率之间差异同两国利率差异发生了密切联系，远期升水或贴水的程度必须达到使抛补套利无法得到高于本国投资收益率的收益时，市场调整才会停止，即实现利率平价。根据这一关系，用公式可以推导出利率平价出现时远期升水率或贴水率与利率差异之间的关系。

假定A国的名义利率 i_A 低于B国的名义利率 i_B，A国投资者在即期市场上购买B国货币，到B国进行投资，同时在远期市场上卖出B国货币。汇率的标价采用直接标价法，即单位B国货币相当于A国货币的价值，即期汇率为S，远期汇率为F，远期升水率为K，则$F=S\times(1+K)$。当市场均衡时，A国投资者的投资收益率为R，并且$R=i_{\mathrm{A}}$。根据这些设定，推导远期升水率K与i_{A}和i_{B}之间的关系如下。

A国投资者在即期市场上将1单位的本国货币兑换成B国货币，得到$1/S$数目的B国货币。

A国投资者将$1/S$数目的B国货币在B国投资，投资结束时得到的本利和为：

$$\frac{1}{S}\times(1+i_{\mathrm{B}})$$

A国投资者根据远期合约约定的远期汇率将投资的本利和兑换回A国货币：

$$\frac{1}{S}\times(1+i_{\mathrm{B}})\times F$$

A国投资者的投资收益率为：

$$R=\left[\frac{1}{S}\times(1+i_{\mathrm{B}})\times F-1\right]\div 1=\frac{F}{S}\times(1+i_{\mathrm{B}})-1$$

由于市场均衡时$R=i_{\mathrm{A}}$，因此

$$\frac{F}{S}\times(1+i_{\mathrm{B}})-1=i_{\mathrm{A}} \tag{3.17}$$

由于$F=S\times(1+K)$，代入式（3.17），得到

$$(1+K)\times(1+i_{\mathrm{B}})-1=i_{\mathrm{A}}$$

整理得到

$$K=\frac{1+i_{\mathrm{A}}}{1+i_{\mathrm{B}}}-1 \tag{3.18}$$

式（3.18）就是利率平价理论的公式。当市场均衡时，货币的远期升水（贴水）率的高低取决于两国的利率差异。式（3.18）可以近似改写为：

$$K\approx i_{\mathrm{A}}-i_{\mathrm{B}}$$

即市场均衡时，货币的远期升水（贴水）率近似等于两国利率的差异。

根据利率平价理论的公式，可以计算出上述例子中英国投资者停止抛补套利时美元的远期升水率（贴水率）。

例3-16

已知英国和美国的利率差异为$i_{\mathrm{A}}-i_{\mathrm{B}}=-3\%$，美元的即期汇率$S$为：

1美元$=1\div1.4=0.7143$英镑

根据式（3.18），当美元远期升水时，有

$$K=\frac{1+10\%}{1+13\%}-1=-2.655\%$$

也就是说，当美元远期贴水率为 2.655%，美元远期汇率为 1 美元＝0.695 3 英镑时，英国投资者抛补套利得到的投资收益率与国内一致。

如果采用间接标价法，则远期汇率应为 1 英镑＝1.438 2 美元。读者可以自行计算并比较所得数值与例 3－10 中套利交易的结果。

尽管利率平价理论的实证研究发现，远期升水率或贴水率与利率差异有时会脱离利率平价理论计算的结果，但许多数据还是支持远期升水率或贴水率与利率差异之间存在的关系，证实了利率平价理论在现实中的可行性。利率平价理论在实践中存在一定局限性的原因在于：该理论只考虑了套利者的交易，但忽略了进出口商、投资者以及投机者的行为，这些人进行交易的动机并不是获得利率差异收益，从而给远期外汇交易增加了新的因素，因此远期汇率并不完全由利率差异决定。

3.3.6 汇率理论的关系

购买力平价理论、国际费雪效应理论以及利率平价理论都是有关汇率影响因素与汇率变化之间数量关系的理论，它们为汇率预测提供了理论基础。有关汇率预测的理论除了以上三个外还有许多，其中一个常用的理论就是认为远期汇率可以作为未来即期汇率的无偏估计理论（forward rate as unbiased predictor of future spot rate）。该理论认为，货币的远期升水率或贴水率实质上是同一时期该货币的预期升值率或贬值率，如果外汇市场是有效的，则远期汇率应该是未来即期汇率的一个无偏估计。换言之，从统计的角度看，未来实际即期汇率与用远期汇率预测的未来即期汇率之间不存在系统误差，尽管未来实际即期汇率与利用远期汇率预测的未来即期汇率之间存在差异，但这些差异的均值为零。这四个理论之间的关系如图 3－4 所示。

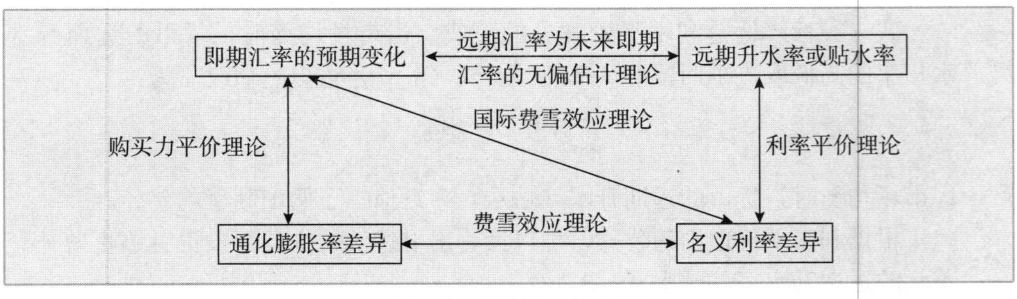

图 3－4 汇率理论联系图

购买力平价理论和国际费雪效应理论都是有关即期汇率预期变化的理论，尽管购买力平价理论研究的是通货膨胀率差异对汇率的影响，国际费雪效应理论研究的是名义利率差异对汇率的影响，但两者之间由于名义利率与通货膨胀率存在密切联系而相互关联。利率平价理论和国际费雪效应理论都研究名义利率差异对汇率的影响，但是国际费雪效应理论关心的是即期汇率的预期变化，而利率平价理论关心的是远期汇率与即期汇率间的差额如何决定。

在所有这些理论中，国家间利率差异和远期汇率是成本最低、最容易得到的变量，利用它们预测即期汇率的变化被认为是误差最小的办法。尽管如此，单独使用一个变量预测汇率变化在实践中还是比较少见的，通常需要同时考虑其他因素的作用，尤其是一些无法定量的因素，如政府的货币政策和经济政策、资金管制、政治因素等，它们对汇率变化的影响也不容忽视。

3.3 即测即评

案例 3-3

2022 年全球央行"加息潮"背景、进展及影响

2020 年全球主要发达经济体应对新冠疫情推出财政货币协同宽松政策。2020 年新冠疫情爆发后，主要发达经济体迅速推出力度空前的财政货币协同宽松政策，包括对居民发放大量现金和补贴、对企业提供无需偿付的贷款、重启量化宽松、推出定向融资工具等。例如，2020 年至 2021 年美国多轮财政刺激规模累计高达其国内生产总值（GDP）的 15%，美联储资产负债表规模由疫情前的 4.1 万亿美元翻番至 8.7 万亿美元。财政货币刺激推动主要发达经济体需求在 2021 年急速复苏，美国、欧元区 2021 年实际 GDP 分别增长 6.0%、5.3%，远高于潜在增速，美国 2021 年经济总量更是超过了疫情前。相比需求急速扩张，发达经济体供给侧持续面临疫情扰动供应链、降低劳动者工作意愿等拖累，供需失衡推动通胀压力自 2021 年起迅速上升。

2021 年主要央行对持续的通胀压力估计不足。2021 年 3 月至 8 月，美国核心消费价格指数（核心 CPI）连续突破 3%、4%关口，美联储认为通胀上升主要是商品价格上涨的局部失衡，属于"暂时性"现象，直到 2021 年 11 月核心 CPI 突破 5%大关，美联储才放弃"暂时性"表述，但仍在量化宽松购债。2022 年初，主要发达经济体防疫政策持续放松提振需求，2022 年 1 月美国核心 CPI 突破 6%大关。2 月俄乌冲突爆发，冲击全球供应链和能源、粮食供给，进一步加剧通胀压力。

2022 年全球央行大踏步加息追赶通胀，"加息潮"引发国际金融市场剧烈震荡。2022 年美联储加息 7 次，将政策目标利率提升 425 个基点至 4.5%，紧缩速度为 1983 年以来 10 七轮加息周期之最；欧洲央行、英国央行分别加息 250 个和 325 个基点，日本央行虽然没有加息，但也在年末扩大 10 年期国债收益率目标区间，释放"鹰"派信号。新兴经济体央行普遍跟随大幅加息，2022 年末印度、印度尼西亚、巴西、南非等 25 国央行的加权平均政策利率自低点上升超过 4.5 个百分点至 7%。除了大幅加息，主要央行还表达了控通胀的坚决态度，抬升市场对货币政策较长时期收紧的预期。"加息潮"引发国际金融市场剧烈震荡，2022 年全球债券、股票指数明显下跌，分别为 1990 年和 2008 年以来最差表现；美债收益率上升，美元指数大幅上涨，欧元对美元汇率一度跌破平价，日元、英镑对美元汇率分别跌至 1990 年、1985 年以来最低。

资料来源：2022 中国国际收支报告.（2023-03-31）. 国家外汇管理局网站.

3.4 汇率预测

上节中涉及的是汇率预测的一些基本理论，本节介绍汇率预测的两种基本方法：基础分析法和技术分析法。这两种方法与证券的分析预测方法十分类似。基础分析法就是依据一定的汇率理论，或根据经验观察，对决定汇率变化的因素进行分析，判断它们对汇率的影响程度，得出汇率或汇率变化的预测值。技术分析法则是基于汇率在时间序列上存在的变化规律，根据汇率的历史数据预测未来汇率或汇率变化的方法。

3.4.1 基础分析法

基础分析法通过对影响汇率因素的分析预测汇率变化。前面已经探讨了影响汇率的主要因素，实际中影响汇率的因素更多，有的因素可以定量，如利率差异、通货膨胀率差异、国民收入等；有的因素则很难定量，如政府的货币政策、税收政策、心理预期等。对于不同因素影响程度的分析需要采用不同的方法，因此，基础分析法还可以分为定性分析和定量分析。对不可定量的因素需要采取定性分析的方法，预测人员根据经验和主观判断得到预测结果。对于可定量的因素可以采用定性分析的方法，但是随着汇率理论的发展和统计技术的进步，对可定量的因素可以采用定量分析的方法，通过对这些因素历史影响程度的分析，构建并检验它们与汇率变化之间的数量模型，代入有关因素的数值后得到汇率或汇率变化的具体预测数值。

1. 定性分析

定性分析的方法有很多，比如德尔菲法，它是最常用的定性预测方法之一，由兰德公司的研究小组首创。该方法试图通过“小组意见的一致性”来进行预测。在应用中，专家小组的所有成员被自然分开，而且彼此互不相识，他们被要求回答一系列调查问题。协调人对第一轮问题的答复进行统计分析，据以准备第二轮的调查问题，第二轮的问题中包括整个小组的信息和意见，因此根据已给出的小组信息和意见，小组成员上一轮的每个答复都有可能需要重新考虑和修正。这种过程不断持续，直到协调人感到专家小组成员的意见达到某种程度的一致性为止。这种方法不是产生了单一的答案，而是形成了考虑大多数专家意见的一个范围不大的综合答案。

定性分析的另一种常用方法是专家判断法，它是根据每个专家的判断或一个专家小组的一致意见进行定性预测。预测时，让每个专家独立考虑他们认为会影响预测对象的信息，然后将这些结论汇总，得到预测结果。

利用定性分析方法预测汇率的优势在于考虑的因素很全面，既包括可定量因素，也包括不可定量因素；既可以包括已经十分了解的具有充分历史资料的因素，也可以包括缺乏历史资料的新出现因素，因而定性分析适应环境变化的能力非常强。定性分析法的最大缺陷是判断结果有较大的主观随意性。

2. 定量分析

定量分析依赖于统计技术，关键是利用理论或经验构建恰当的预测模型。定量分析可以概括为以下步骤：

第一步，分析者根据汇率理论或经验，判断影响汇率或汇率变化的可定量因素，初步构建这些因素与汇率之间关系的分析模型。例如，分析者根据理论和经验观察，认为通货膨胀率差异、利率差异、国民生产总值增长率差异三个因素对某外币汇率变化有重要影响，于是设定分析模型中的自变量分别为：本国与他国通货膨胀率差异 I，本国与他国利率差异 i，本国与他国国民生产总值增长率差异 N。汇率标价采用直接标价法。模型中的因变量为该外币的汇率变化率 s。该分析者构建的线性回归方程为：

$$s=a+b_1I+b_2i+b_3N+\mu$$

式中，a 为常数；b_1，b_2 和 b_3 分别为三个自变量的系数，衡量各个自变量对汇率变化率的影响程度；μ 为误差项，表示预测值与实际值之间的差异。

第二步，分析者取得该外币历史上连续的同一时间长度各期间的汇率变化数据并代入该线性回归方程，运用统计技术求出方程中的常数数值和各个系数的数值，得到预测模型。例如，该分析者选取历史上连续 24 个季度的汇率变化以及相应季度的通货膨胀率差异、利率差异和国民生产总值增长率差异数据，代入回归方程求出 a，b_1，b_2 和 b_3 的数值，得到预测模型为：

$$s=0.001+0.6I+0.8i-0.01N$$

该模型表示外汇汇率变化与通货膨胀率差异和利率差异呈正相关关系。本国的通货膨胀率和利率越高，外汇汇率越高，本币贬值幅度越大；外汇汇率与国民生产总值增长率差异呈负相关关系，当本国国民生产总值增长较快时，外汇汇率降低，本币升值幅度较大。

该模型的系数还需要进行统计上的显著性检验，以证实这些系数的确有效。同时还需要了解预测值可能的变化范围，也就是方差的大小，分析者得到的预测结果不是一个数值，而是一个可能的范围。最后还要检验预测模型的预测效果，只有效果较好的模型才有实际意义。

第三步，分析者将未来一个季度预期的通货膨胀率差异、利率差异和国民生产总值增长率差异代入该模型，就可以得到下个季度即期汇率的变化幅度。例如，该分析者预期下个季度通货膨胀率差异为 2%，利率差异为 3%，国民生产总值增长率差异为 20%，则预测下个季度即期汇率变化率为：

$$s=0.001+0.6\times2\%+0.8\times3\%-0.01\times20\%=0.035=3.5\%$$

下个季度即期汇率变化预期为 3.5%左右，外汇汇率提高 3.5 个百分点，本币贬值。

当然，定量分析模型还有很多形式和不同的构成内容，各预测者都试图开发出与众不同的预测模型。根据有效市场的定义，如果一个预测模型被市场知道，市场就会根据该模型在瞬间调整汇率，以至于预测者没有时间从预测结果中得到任何好处。因此，各预测者都试图对自己开发的有效预测模型保密，并进一步研究比别人的模型更为有效的预测模型，以期在汇率变化之前进行保值或投机获利。

定量分析的最大优点是预测结果数量化，因此可以为分析者提供汇率变化的具体预测数值，便于分析者使用。定量分析的最大缺陷是只考虑定量因素对汇率的影响，而且这些定量因素在实际中对汇率的影响可能并不是同期的，比如通货膨胀率差异对外汇汇率的影响可能发生时滞，时滞到底有多长则较难确定。因此定量分析的结果并不能作为唯一准确的预测结果马上加以应用，还需要结合定性方法分析在定量模型中没有考虑的其他因素可能的影响程度，调整定量预测的结果。另外，定量分析模型的构建是建立在历史资料的基础之上的，因此，在缺乏历史资料的情况下无法采用该方法。同时，定量分析所得到的因素对汇率的影响程度都是历史上存在的，未来这些因素的影响程度可能会发生变化，导致预测的准确性逐渐下降，因而分析人员必须密切注意模型有效性的改变情况，在应用中要经常调整模型。

3.4.2 技术分析法

用技术分析法分析汇率的具体理论和方法与用技术分析法分析股票、期货等是相似的，其主要前提假设是未来价格（如汇率）的变化与过去价格的变化相关。换言之，技术分析法相信过去价格的变化趋势会延续到未来，因此分析者可以通过发现汇率过去的变化趋势，将这一趋势外推至未来得到未来汇率的变化。技术分析法有许多具体的理论和方法，如指标类、切线类、形态类、K 线类以及波浪类等。有关这些方法的具体内容和使用可以参考有关技术分析的专门书籍，在此不做进一步论述。

财务管理上常用的技术分析法有时间序列分析法，时间序列分析法的模型大致分为以下几种。

1. 稳定型

它假定未来汇率的变化比较稳定，基本围绕某个中间值随机涨落，通过消除历史数据中的极端值，就可以得到未来的预测值。稳定型时间序列模型的具体预测方法包括简单算术平均法、加权平均法、移动加权平均法以及在此基础上变形的指数平滑法。

2. 趋势型

它假定未来汇率的变化与时间有关，即未来汇率是时间的函数。比如最简单的趋势模型为：

$$y_t = a + bt + \mu_t$$

如果用通用公式，这类趋势型函数关系可以表示为：

$$y_t = a + F(t) + \mu_t$$

式中，y_t 为第 t 期的汇率或汇率变化；a 为常数；b 为系数；t 为期数；μ_t 为误差项；F 为函数关系。

3. 自回归型

它假定未来汇率的变化与过去汇率的某个函数存在函数关系。简单的自回归模型为：

$$y_t = a + b y_{t-1} + \mu_t$$

也可以是复杂一些的周期性函数关系：

$$y_t = y_{t-1} + F(y_{t-1} - y_{t-n}) + \mu_t$$

式中，字母的含义与上面相同。

通过统计的方法，利用汇率的历史资料，得到时间序列模型的具体形式，经过统计检验，如果模型预测的准确性可为分析者所接受，该模型就可应用于未来汇率的预测。

用技术分析法预测汇率被外汇投机者广泛采用，但是对于国际企业的财务管理人员而言，这种方法存在一定的局限性，其中最主要的就是预测值以短期汇率变动为主，对于长期的汇率变动，技术分析法很难做出准确的估计，对财务管理人员进行长期决策缺少帮助。

本章小结

外汇是以外国货币表示的支付手段和资产，进行外汇买卖的交易场所是外汇市场，其参与者包括外汇银行和非银行经营机构、外汇经纪人、外汇最终的需求者和供给者、投机者和套汇者以及中央银行。一个国家的货币折算成另一个国家的货币的价格就是汇率，有直接标价法和间接标价法两种标价方式。汇率可分为即期汇率和远期汇率，银行买入汇率、银行卖出汇率和中间汇率。外汇交易包括即期外汇交易和远期外汇交易，套汇交易、掉期交易和套利交易，外汇期货交易和外汇期权交易。任何套汇或套利交易都是利用信息传递滞后的市场不完善性获利，当信息在各市场间的传递迅速时，这种获利的可能性大大减小。但是，其他种类的外汇交易为企业稳定现金流量提供了保值手段。

影响汇率的因素包括一国的经济增长速度、国际收支平衡情况、通货膨胀水平差异、利率水平差异等，它们会导致货币供求状况的改变，进而影响均衡汇率。

购买力平价理论认为，汇率的预期变化等于两国预期通货膨胀率的差异，预期通货膨胀率高的国家货币未来会贬值，贬值幅度大约等于预期的通货膨胀率差异，反之亦然。该理论的前提是商品和劳务的一价定律。国际费雪效应理论基于购买力平价理论，认为利率差异是两国预期通货膨胀率差异导致的，因此高利率国家的货币未来会贬值，贬值幅度大约等于两国的利率差异。利率平价理论认为，在资本自由流动的情况下，由于存在抛补套利，外汇远期升水率（贴水率）应等于两个国家货币的利率差异，从而达到利率平价。无偏估计理论认为，在外汇市场有效的情况下，远期汇率应该是未来即期汇率的无偏估计。

名词术语与公式

一、名词术语

外汇　汇率　直接标价法　间接标价法

即期汇率　远期汇率　即期外汇交易　远期外汇交易

套汇交易　掉期交易　套利交易　外汇期货交易

外汇期权交易

二、公式

1. 购买力平价理论下汇率变化与预期通货膨胀率差异的关系及简化公式。

$$\Delta S=\frac{1+I_{\mathrm{A}}}{1+I_{\mathrm{B}}}-1$$

$$\Delta S\approx I_{\mathrm{A}}-I_{\mathrm{B}}$$

2. 费雪效应理论下名义利率与实际利率、预期通货膨胀率的关系及简化公式。

$$i=r+I+r\times I \quad 或 \quad r=\frac{1+i}{1+I}-1$$

$$i\approx r+I \quad 或 \quad r\approx i-I$$

3. 费雪效应理论下两国名义利率与预期通货膨胀率的关系及简化公式。

$$i_{\mathrm{A}}-i_{\mathrm{B}}=I_{\mathrm{A}}-I_{\mathrm{B}}+I_{A}i_{\mathrm{B}}-I_{\mathrm{B}}i_{\mathrm{A}}$$

$$i_{\mathrm{A}}-i_{\mathrm{B}}\approx I_{\mathrm{A}}-I_{\mathrm{B}}$$

4. 国际费雪效应理论下两国汇率变化与名义利率的关系及简化公式。

$$\Delta S=\frac{1+i_{\mathrm{A}}}{1+i_{\mathrm{B}}}-1$$

$$\Delta S\approx i_{\mathrm{A}}-i_{\mathrm{B}}$$

5. 利率平价理论下货币的远期升水率（贴水率）与两国名义利率的关系及简化公式。

$$K=\frac{1+i_{\mathrm{A}}}{1+i_{\mathrm{B}}}-1$$

$$K\approx i_{\mathrm{A}}-i_{\mathrm{B}}$$

练习题

一、思考题

1. 个人手中持有的存放在我国国内银行的外币存款是不是外汇？企业用外币标价的应收账款是不是外汇？

2. 外汇市场由哪些参与者构成?

3. 外币贬值在直接标价法和间接标价法下分别如何体现?

4. 影响汇率的因素有哪些? 请简要说明。

5. A、B两国最近利率差异发生变化。A国利率上升,而B国利率下降。说明A国货币币值相对于B国货币币值将如何变化? 为什么?

6. 套汇交易获利的前提是什么? 套汇行为对金融市场有什么作用或影响?

7. 套利交易获利的前提有哪些? 套利行为对金融市场有什么作用或影响?

8. 远期外汇交易与外汇期货交易有何异同点?

9. 什么情况下外汇买入期权的买方应该执行期权并能够获利? 什么情况下外汇买入期权的买方应放弃期权并发生损失? 是否会出现外汇买入期权的买方即使有损失也应执行期权的情况?

10. 什么情况下外汇卖出期权的买方应该执行期权并能够获利? 什么情况下外汇卖出期权的买方应放弃期权并发生损失? 是否会出现外汇卖出期权的买方即使有损失也应执行期权的情况?

11. 解释公司预测汇率的动机。

12. 某日美元即期汇率为1美元=6.79元人民币,1年期美元远期汇率为1美元=6.41元人民币。美元远期汇率是升水还是贴水? 当前美元远期汇率的升水或贴水反映了市场对未来人民币与美元之间价格的何种预期?

13. 2024年我国国际收支平衡表的经常项目和资本项目的收支状况对我国人民币汇率会产生什么影响? 为什么?

14. (1) 国际费雪效应理论的前提是什么?

(2) 根据国际费雪效应理论,当美元利率低于人民币利率时,人民币汇率应该发生何种变化?

(3) 哪些因素妨碍了国际费雪效应理论在现实中的存在?

二、计算题

1. 20×4年某日,两家银行的港元交易价格(人民币/100港元)如下表所示。

银行	港元买入价	港元卖出价
甲	75.96	76.279
乙	75.45	75.860

要求:根据上述资料,回答下列问题:

(1) 投资者目前有100万元人民币,如果不存在交易费用,该投资者如何获利? 收益是多少?

(2) 这种获利机会是否能够长期存在? 有哪些因素妨碍这种获利行为? 市场力量如何消除这种获利的可能性?

2. 20×4年3月29日,即期市场上1美元=6.28元人民币,国际市场美元1年期存款利率为1.3%,而同期人民币1年期存款利率为1.98%。

要求:根据上述资料,回答下列问题:

(1) 在什么条件下海外投资者进行抛补套利存在获利机会? 如果能获利,最多获利多少？

（2）如果人民币能够自由兑换，中国的投资者是否有获利机会？如果有，获利多少？

（3）投资者如果进行了非抛补套利交易，面临的风险是什么？应该如何抵御？

（4）如果利率平价存在，此时美元远期汇率是升水还是贴水？幅度是多少？当处于利率平价时投资者能否取得抛补套利收益？

（5）如果目前刚好存在利率平价，投资者是否采取抛补套利取决于哪些因素？

（6）如果目前不存在利率平价，投资者是否一定要抛补套利？

3. 20×1年世界银行公布的部分国家购买力平价水平（以美国物价为基准）及兑换1美元的汇率如下表所示。

	日本	英国	加拿大	俄罗斯	中国
购买力平价水平	157.6	0.7	1.28	8.80	1.88
汇率	121.5	0.69	1.55	29.17	8.28

资料来源：张政道．从购买力平价理论看人民币汇率的决定．世界经济与政治论坛，2005（2）．

要求：根据上述资料，回答下列问题：

（1）如果一价定律成立，那么各国处于均衡水平的货币汇率应该为多少？

（2）按照一价定律，哪些货币被高估？哪些货币被低估？

（3）一价定律的前提是什么？为什么汇率与购买力水平发生偏离？

（4）如果中国预期发生通货膨胀，按照购买力平价理论，人民币的汇率将发生什么变化？

（5）阻碍购买力平价理论在现实中实现的原因有哪些？

4. 某日，港元对人民币的即期汇率为100港元＝73.33元人民币，远期牌价显示，期限为9个月的远期汇率为100港元＝71.21元人民币。某公司预计9个月后将有5 000万港元收入，由于近期人民币升值预期强烈，该公司便与中国银行签订9个月的港元远期结汇合同。9个月后，港元对人民币的即期汇率为100港元＝71.11元人民币。

要求：该公司到期能收回多少人民币？

5. 某小家电企业是国外大品牌代加工厂，某日收到货款50万美元，但是两周后又要对外支付相应金额购买原材料。该企业在收到境外汇款的当天按即期汇率卖出美元，汇率为1美元＝6.79元人民币，同时与开户银行签订了期限两周、金额50万美元的远期买入美元合同，汇率为1美元＝6.780元人民币。两周后，即期汇率为1美元＝6.782元人民币。如果企业当时未进行掉期交易，而是把美元存入银行，活期存款年利率为0.4%。

要求：与美元存款相比，企业进行掉期交易划算吗？

6. 根据表3-4，以美元/人民币期货合约设计一道合约题目。

7. 中国银行对泰铢的挂牌即期汇率为1泰铢＝0.190元人民币；90天的远期汇率为1泰铢＝0.188元人民币。计算泰铢每年的远期升水或贴水幅度。

8. 现有港元买入期权，行权价为1港元＝0.60元人民币，期权费为1港元＝

0.06 元人民币。假定每份合约可以购买 62 500 港元。如果在实施该期权时，港元的即期汇率为 1 港元＝0.65 元人民币。

要求：期权买入者应该行权吗？如果行权，每单位的净利润是多少？一份合约的净利润是多少？使期权买入者在实施该期权时实现盈亏平衡的即期汇率应为多少？

9. 假定港元的即期汇率为 1 港元＝0.85 元人民币，中国香港和中国内地的通货膨胀率是相同的。预计香港将经历 4%的通货膨胀，中国内地将经历 3%的通货膨胀。

要求：根据购买力平价理论，港元的币值将如何变动？变化幅度是多少？

10. 假定俄罗斯卢布的即期汇率是 1 卢布＝0.09 元人民币，而俄罗斯与中国 1 年期的利率开始为 6%，俄罗斯 1 年期的利率上涨到 11%，而中国 1 年期的利率维持不变。

要求：

（1）根据国际费雪效应理论，预测 1 年后的即期汇率。

（2）根据利率平价理论，预测 1 年后的即期汇率。

三、课堂案例

瑞新公司是中国的一家国际化经营企业。近期，该公司积极地在东欧寻找业务。东欧的某个国家允许其货币比值由市场决定，货币的即期汇率为 0.40 元人民币，而且这个国家开始允许外国投资者进行投资，作为吸引资金促进经济建设的一种方式。该国政府发行的 1 年期国库券的利率为 14%，大大高于中国目前 1 年期国库券 9%的利率。当地银行开始为当地货币创造远期市场。这家银行最近私有化了，而且设法使自己闻名于国际业务。银行标明的 1 年期远期汇率为 0.39 元人民币。作为公司国际货币市场部的雇员，公司要求你估计把资金投资于这个国家的可能性。你负责下一年价值 10 000 000 元人民币的投资。你的目标是在保持安全性的同时得到最高的收益。由于汇率由市场决定，一个很大的可能性就是这个国家的货币在寻找均衡价值时，在几年内币值会非常不稳定，1 年后的实际价值可能高于或低于预期价值的 40%。

要求：

（1）在没有抛补套利的情况下，你愿意投资于这个国家吗？为什么？

（2）怎样进行抛补套利？预期收益是多少？

（3）抛补套利涉及的主要风险是什么？

（4）如果你必须选择投资于利率为 9%的中国 1 年期国库券或进行抛补套利活动，你的选择是什么？

四、课后上网练习

1. 登录相关银行官网，查找如下信息：

（1）在中国人民银行网站上，查找登录日人民币与主要外币的基准汇率。

（2）在中国银行网站上，查找同一日人民币与上述主要外币的相关汇率，并将这些汇率与基准汇率做比较。说明是否有不同，如何不同。

（3）在中国银行、中国工商银行、中信银行、民生银行网站上，查找各银行的主要外汇交易业务（与教材中的业务相对应）。

（4）根据上述信息，对我国外汇市场做简要评价。

2. 根据你在第1章课后上网练习中选取的中国国际化企业最近一年的年报，上网收集信息并回答下列问题：

（1）你选取的中国公司在最近一年主要用什么货币从事国际化经营？这些货币在最近一年是如何变动的？

（2）找出该公司所用主要外币的利率。将这些外币利率与同期银行公布的人民币利率进行对比。根据这一信息，计算该公司主要外币1年期的远期汇率。

（3）将你预测的远期汇率与同期银行公布的远期汇率对比，是否有差异？为何存在差异？

3. 登录国家外汇管理局或者中国人民银行网站。

（1）收集最近3个月各种主要货币（美元、欧元、英镑、日元、港元、卢布）与人民币汇率的变动情况。总的来看，在最近3个月里，大部分货币对人民币是升值还是贬值？

（2）提出一个或多个原因解释美元近期相对于人民币的币值波动。

（3）其他国家货币对人民币的波动是否与美元同方向？可能的原因是什么？

（4）获得最近12个月每月月初美元对人民币的汇率。在电子表格里把这个信息填入一列中。重复上述过程，获得欧元对人民币的汇率。计算美元和欧元的币值变动百分比。计算美元和欧元币值波动（变动百分比）的标准差。对比美元波动和欧元波动的标准差。哪种货币的不稳定性更大？

五、小企业的困境

小强体育用品出口公司对汇率的估计

每个月，小强体育用品出口公司都会收到美国体育用品分销商的一份乒乓球订单。美国分销商要求以美元计价，每月月底结算。小强体育用品出口公司每月月底必须将收到的美元兑换为人民币。它需要密切关注美元币值在未来的变化。小强预计未来中国通货膨胀率将大幅上升，而美国的通货膨胀率依然保持不变。他预计两国利率的上升幅度相同。

1. 根据小强的预期，美元对人民币未来将升值还是贬值？为什么？

2. 根据小强的预期，美元币值未来变动对小强体育用品出口公司的影响将是有利的还是不利的？

3. 小强看到一篇文章，中国人民银行很可能在市场上抛售人民币来直接干预人民币币值。基于以上信息，美元会升值还是贬值？小强体育用品出口公司的业绩将如何受中国人民银行在外汇市场抛售人民币的影响（假设公司不对汇率风险进行套期保值）？

4. 小强考虑利用远期合约对下个月美元应收账款进行套期保值。中国工商银行标明的即期汇率为1美元＝6.65元人民币，而1个月的远期汇率为1美元＝6.643 5元人民币。小强决定签订1个月的远期合约出售美元以套期保值。当时，人民币1个月国债的收益率为1%，而美国1个月国债的收益率为1.4%。你认为即期汇率为1美元＝6.65元人民币时，1个月远期汇率1美元＝6.643 5元人民币是合理的吗？为什么？

六、真实案例在线文章

在网上查找一篇近期文章。文章内容（最好与某一特定国际企业有关）能够诠释本章所阐述的一个或多个概念。可以使用的搜索关键词包括外汇市场、远期外汇交易、外汇期权交易、外汇期货交易、汇率变动、通货膨胀与汇率、利率与汇率、中国政府管制与汇率、均衡汇率等。

七、推荐书目/网站

1. 管涛. 汇率的本质. 北京：中信出版社，2016.

2. 管涛，等. 汇率的博弈. 北京：中信出版社，2018.

3. 任聪. 最昂贵的博弈：汇率战争与大国布局. 北京：中国人民大学出版社，2017.

4. 国家外汇管理局网站.

5. 中国人民银行网站.

6. 美国联邦储备委员会网站.

第 4 章　外汇风险管理

知识要点

交易风险、交易风险的交易管理方法
交易风险的非交易管理方法
经济风险、经济风险的管理
折算风险、折算风险的管理

思维导图
视频讲解

章前预习与思考

外汇风险（foreign exchange risk）也称汇率风险（exchange rate risk），是指汇率变动对企业业绩的潜在影响。这种影响表现在两方面：一方面，汇率的有利变动可能导致企业现金流量增加；另一方面，汇率的不利变动可能导致企业现金流量减少。汇率未来可能的变化会导致企业预期的现金流量发生波动，汇率可能的变化越大，现金流量可能的波动越大，企业面临的风险也越高。不以投机获利为目的的国际企业更需要控制这种风险，降低未来现金流量波动的幅度，这就是本章介绍的外汇风险管理的目的。

外汇风险有三种类型：交易风险（transaction exposure）、经济风险（economic exposure）和折算风险（translation exposure）。

交易风险是指汇率变动对企业已经发生但尚未结算的外币债权、债务的价值产生影响，从而导致企业未来收入或支出的现金价值发生改变的风险。

经济风险是指汇率变动对企业的产销量、价格、成本、费用等产生影响，从而导致企业未来现金流量发生改变的风险。

折算风险又称会计风险，是指国际企业在合并财务报表时，将不同货币计价的财务报表折算成同一货币计价的财务报表的过程中企业报表所反映价值发生改变的风险。

在这三类风险中，经济风险是汇率变动对企业未来交易可能产生的影响，交易风险和折算风险则是汇率变动对企业已经发生的经济业务产生的影响。相对而言，经济风险对企业的影响是持续的、长远的，管理起来比较困难；交易风险和折算风险对企业的影响是短期的、一次性的，管理起来相对容易。下面分别介绍这三类风险及其管理。

4.1　交易风险及管理

4.1.1　交易风险的种类

交易风险产生于企业已经发生的、将用外币结算的交易中，在结算时，外币币值的变动导致交易的本币价值增加或者减少。只要存在未结清的外币债权或债务，企业就可能面临交易风险。国际企业中可能产生交易风险的交易主要包括以信用方式进行的国际贸易及外汇借款和投资。

1. 国际贸易中的交易风险

国际企业在进行国家间商品或劳务买卖时如果采用的是商业信用交易方式，就可能存在暴露于外汇风险之下的余额，如果结算时外汇汇率改变，这些余额的本币价值就会增加或减少。对于国际企业而言，其减少带来的损失更值得关注。

（1）出口业务信用交易中的交易风险。该交易风险可能给企业带来的损失为所收到外汇的贬值损失。

例 4-1

我国某进出口公司向美国出口一批标价为 100 万美元的产品，将在 3 个月后收到美元货款。当时预期 3 个月后的即期汇率为 1 美元＝6.65 元人民币，这些商品折合人民币价值 665 万元（100×6.65）。但是，当该公司 3 个月后收到 100 万美元货款时，美元突然发生贬值，即期汇率为 1 美元＝6.33 元人民币，则该公司得到货款的人民币价值只有 633 万元（100×6.33），汇率变化造成的交易损失为 32 万元人民币（665—633）。

（2）进口业务信用交易中的交易风险。该交易风险可能给企业带来的损失为所支付外汇的升值损失。

例 4-2

我国某进出口公司从美国进口一批标价为 100 万美元的产品，将在 3 个月后支付美元货款。当时预期 3 个月后的即期汇率为 1 美元＝6.65 元人民币，这些商品折合人民币价值 665 万元（100×6.65）。但是，当该公司 3 个月后支付 100 万美元货款时，美元发生升值，即期汇率为 1 美元＝6.70 元，则该公司支付货款的人民币价值变为 670 万元（100×6.70），汇率变化造成的交易损失为 5 万元人民币（670—665）。

2. 外汇借款和投资中的交易风险

当国际企业借入外汇或利用外汇进行投资时，如果借入日或投出日的汇率与偿还日或投资收回日的汇率有差异，企业支付或收回的本息的本币价值就有可能高于或低于最初的预算。国际企业一般更关心交易风险给企业带来损失的可能性。

（1）外汇借款中的交易风险。国际企业借入外币后，如果外币升值，将增加未来支付本息的本币价值，导致企业发生损失。

例4-3

我国某跨国公司从中国银行借入1 000万欧元贷款，期限1年，固定利率为6%，到期一次偿还本金，本息合计1 060万欧元［1 000×(1+6%)］。由于该跨国公司没有欧元收入，因此到期时需要用人民币购买欧元。借款时预计1年后欧元的即期汇率为1欧元=7.83元人民币，该跨国公司预计需要归还本息的人民币金额为8 299.8万元人民币（1 060×7.83）。一年后还款时，欧元意外升值，即期汇率变为1欧元=8.00元人民币，则该跨国公司需要用8 480万元人民币（1 060×8.00）才能兑换1 060万欧元归还借款本息。欧元升值给该跨国公司带来的损失为180.2万元人民币（8 480−8 299.8）。

（2）外汇投资中的交易风险。国际企业利用外币对外投资后，如果发生外币贬值，企业将来收到的外币本息的本币价值将低于预期，企业实际发生损失。

例4-4

我国某跨国公司将暂时闲置的1 000万欧元作为定期储蓄存入中国银行，期限为1个月，年利率为6%，预计将获得本息1 005万欧元［1 000×(1+6%/12)］，投资时预计1个月后欧元的即期汇率为1欧元=7.83元人民币，预计本息折合7 869.15万元人民币。当该公司到期收回投资本息时，欧元意外贬值，即期汇率变为1欧元=7.60元人民币，该公司收回本息只相当于7 638万元人民币。由于汇率的意外变化，该公司该项投资损失了231.15万元人民币（7 869.15−7 638）。

4.1.2 单个企业的交易风险

对于单个企业而言，它所承担的交易风险并不是所有业务产生交易风险的总和，因为企业的交易既有导致外币债权的，也有导致外币债务的，所以这些外币债权、债务的交易风险有可能相互抵消，使企业实际承担的交易风险变小甚至没有交易风险。例如，如果一家企业因产品出口产生一笔应收美元货款，随后因原材料进口形成一笔在相同日期同等金额的应付美元货款，则不论到期时美元是升值还是贬值，该企业都不会多支付或少收回人民币金额，尽管存在形成交易风险的债权和债务，但企业本身的交易风险为零。因此，在分析单个企业的交易风险时，应该将它所承担的外币债权、债务抵消，得到真正承担交易风险的债权或债务净额，这部分净额才是企业需要考虑的交易风险。

能够相互抵消的外币债权、债务必须具备以下特征：（1）时间上的同时性，即同时到期；（2）币种上的一致性；（3）数量上的等额性。如果企业所有的外币债权、债务都具备这些特征，该企业就不必承担交易风险。只要其中一条没有满足，企业就可能产生交易风险。产生交易风险的是没有满足以上特征而无法抵消的外币债权和债务，这部分债权和债务通常为外汇敞口（exchange exposure）或受险部分。对这部分外汇敞口的交易风险是否需要采取套期保值等管理措施，还要看交易风险的程度，在下一部分——跨国公司交易风险的测量中将会论及。

案例 4-1

人民币“破7”！上市公司整体汇兑收益超过损失，外向型公司受益

2022 年 9 月 15 日，离岸人民币对美元汇率跌破 7.0 整数关口，日内最低贬值至 7.018 3，据同花顺 iFinD 数据显示，离岸人民币对美元自 2020 年 7 月以来首次跌破“7”整数关口，人民币汇率创两年来新低。

汇率的影响传导至 A 股。半年报清晰反映出，对于海外融资头寸较大、美元负债较多的行业，人民币波动堪称利润“刺客”。尤其是 ST 海航、中国国航 、南方航空和中国东航四大航司，2022 年上半年合计汇兑损失近 100 亿元。

但从全部 A 股数据来看，更多出口型企业竞争力增强。与上年人民币升值的趋势不同，2022 年较多出口型企业在汇兑损益指标上实现逆转，损失变收益。Wind 数据显示，2022 上半年，2 763 家 A 股公司出现汇兑收益，占比近六成。而上年半年报产生汇兑收入的 A 股公司数仅有 912 家。

总体来看，2022 年上半年 A 股汇兑收入整体超过汇兑损失，出现汇兑收益公司数量亦占全部 A 股公司的近六成，出口型企业竞争力整体增强。

作为河南出口大户，瑞贝卡在业绩说明会上表示，人民币贬值对公司具有积极影响。瑞贝卡整体收入中，出口收入占 80%左右，公司出口业务结算币种主要是美元，人民币对美元的大幅贬值不仅有利于公司产品出口，且可能产生汇兑收益，减少财务成本，提升公司盈利水平。2022 年上半年，公司产生汇兑收益 3 749.41 万元。除美元外，英镑、欧元及境外货币也会对公司整体利润情况产生一定的影响。

新瀚新材称，人民币汇率贬值对公司经营业绩的影响主要体现在：一方面人民币处于贬值趋势时，公司产品在境外市场竞争力将上升；另一方面公司账面美元存款及应收账款，会因人民币汇率贬值而产生汇兑收益。

不过，就人民币贬值对出口企业的利好程度，商务部研究院国际市场研究所有关人员表示，人民币汇率贬值是一把双刃剑。出口企业靠人民币汇率贬值增加了收入，但如果使用过多的进口原材料、零部件，很可能也会因为人民币汇率贬值而增加支出。“人民币汇率贬值所带来的收益增量也有个再分配问题。上游原材料、零部件厂家会不会让直接出口企业涨价？海外客户会不会借机让企业优惠？出口企业当然不希望给上游涨价，也不希望为客户降价，问题是出口企业的定价话语权到底有多大，而这种话语权更多体现出企业的核心竞争力。”

资料来源：https://news.qq.com/rain/a/20220915A0AUVK00.

案例 4-2

出口型企业受益于人民币贬值，上市公司强调“风险中性”原则

2023 年 4 月以来人民币呈贬值趋势。一般而言，人民币贬值有利于出口型企业业绩表现，部分企业也在业绩预告、互动平台上确认这一规律的应验。不过，随着汇率风险中性原则逐步深入人心，越来越多的企业不再片面追逐汇率波动带来的收益，而是主动通过衍生品交易、出口订单条款协商等方式，规避汇率波动风险。

从历史数据来看，出口类企业盈利能力与美元对人民币汇率呈正相关有充分支撑。据德邦证券统计，2022 年美元对人民币平均汇率为 6.72，相比 2021 年提升 0.27，当年 22 家轻工板块出口链公司毛利率、净利率分别为 26.0%、8.4%，分别同比提升 1.73 个百分点、0.56 个百分点。

不过，汇率波动是柄双刃剑，人民币贬值时的利好因素，在人民币升值时就会变成利空。随着“不要赌汇率波动”观念的深入人心，越来越多的企业不再单方面强调人民币贬值带来的拉动作用，而是更多强调风险中性的原则，寻求规避外汇市场风险。

沪电股份 2022 年度外销收入占比超过 70%，对美元对人民币汇率相对敏感。公司虽然确认美元升值对公司汇兑收益有正向影响，不过仍强调“整体上公司依然主要采用合理安排外币结构和数量、平衡外币收支的方法来控制汇率风险，并根据汇率市场走势安排外币存贷款的期限结构，适当开展外汇衍生品交易，以锁定成本、规避和防范汇率或利率风险”。

豪鹏科技在确认受益人民币贬值的同时，也强调稳健经营，公司坚持汇率“风险中性”原则，“通过加强对汇率变动的分析与研究，采取包括外汇套期保值等多种方式来平衡汇率波动给公司业绩表现带来影响”。

柏星龙、冠盛股份则在与客户洽谈合同时提前考虑汇率波动情况。柏星龙表示，公司在向客户报价时会考虑汇率波动因素，增加一定利润空间并与银行合作锁定即期汇率，防范人民币汇率波动对公司境外收入带来的风险。冠盛股份的海外业务占比高达 90%以上，公司在合同条款约定上将汇率波动进行超额累计，当汇率波动达到一定量级会进行调价。冠盛股份强调，“面对汇率波动，公司一直秉持风险中性原则”。

此外，当下出口型企业普遍在海外设厂，也从客观上进一步模糊了企业盈利能力提升与汇率变化的正相关关系。

聚胶股份 2022 年在波兰投资的工厂竣工投产，公司从单一工厂增加至两个工厂。聚胶股份表示，新厂落地后，一方面，增加了人工成本、折旧、管理与制造成本等综合成本；另一方面，原材料采购成本也出现上涨。目前聚胶股份在其他方面的成本提升，抵消掉了美元升值带来的收益和海运费大幅下降带来的成本节省。

鞋履生产龙头华利集团的情况则更为复杂，公司各项业务分布全球，使用不同的货币结算。公司主要贸易子公司在中国香港，销售收款以及主要原材料、设备采购用美元结算；管理总部、开发中心开支部分用人民币支付。而在越南、印度尼西亚、缅甸、多米尼加共和国等地的子公司，报表本位币是当地货币。整体来看，华利集团 2022 年度

汇兑收益为8 200万元，2023年一季度汇兑损失为3 500万元，实际上在当期净利润中的占比都比较小。

资料来源：张一帆. 出口型企业受益人民币贬值，上市公司强调“风险中性”原则. 证券时报，2023-07-07.

4.1.3 跨国公司交易风险的测量

跨国公司由诸多子公司构成，每家子公司都可能存在外汇敞口。但是，如果由每家子公司分别对其外汇敞口的交易风险进行管理，可能导致巨大的管理成本，因为从跨国公司整体的角度看，这些子公司的外汇敞口可能相互抵消，只要关心那些无法相互抵消的部分即可。跨国公司总体的交易风险由所有子公司无法抵消的外币敞口合并构成，其风险程度还受到各种外币预期汇率变动幅度的大小以及各外汇汇率变动相关性的影响。测量跨国公司交易风险程度包括以下具体步骤。

（1）测算所有子公司的外汇敞口并加以合并，得到公司范围内的预期外币净流量。跨国公司关注的是所有子公司合并后的预期外币净流量情况。如果一家子公司存在美元债务敞口，在美元升值时可能给该子公司带来损失，但是如果同时有另一家子公司存在到期日相同的同等金额美元债权，则美元升值将给该子公司带来收益，前一家子公司受到的损失刚好可以由后一家子公司得到的收益弥补，从跨国公司的角度看，美元升值不会给公司带来任何交易风险。但是，如果这两家子公司的美元债权和美元债务由于金额不等无法完全抵消，不能抵消的外币净流入或净流出就会给跨国公司带来交易风险。跨国公司根据所有子公司的外币币种、到期日、金额，将所有子公司能够抵消的外币债权、债务抵消后，就可以求出合并后的预期外汇净流量情况。

例4-5

我国某跨国公司甲合并下属所有子公司的外汇敞口，得到外币净流入和净流出的情况，如表4-1所示。

表4-1 甲跨国公司合并后的外币净流量

币种 (1)	总流入量（万元） (2)	总流出量（万元） (3)	净流量（万元） (4)=(2)-(3)	预期汇率（万元） (5)	人民币净流量（万元） (6)=(4)×(5)
美元	6 000	4 000	2 000	6.36	12 720
加拿大元	4 000	1 000	3 000	6.34	19 020
欧元	5 500	10 000	−4 500	8.84	−39 780
瑞士法郎	3 500	1 080	2 420	7.20	17 424

（2）估计预期汇率变动幅度内外币净流量的本币价值变化范围。交易风险的大小不仅取决于外币净流量的多少，而且取决于外币本身的变动幅度，汇率变动幅度越大，企业未来本币净流量变化的幅度就越大，给企业带来的风险也就越大。跨国

公司估计预期汇率的变动幅度时，一种较为简单的方法是参考历史上该货币汇率的标准差，标准差越大，说明在同样的估计范围内，估计准确的把握性越小，或在同等把握性下需要更大的估计范围，因此估计的准确率越低。

例4-6

例4-5中，甲跨国公司根据历史上各外汇汇率的标准差情况，以95%的准确率估计各汇率变化幅度内外币净流量的本币价值变化范围，如表4-2所示。在估计的汇率变化范围内，最大的损失金额是根据汇率的不利变化导致的本币多支付或少收入的最大金额与预期人民币支付或收入的金额差异计算出来的。

表4-2 甲跨国公司估计外币净流量的本币价值变化范围

币种 (1)	净流量（万元） (2)	人民币净流量（万元） (3)	预期汇率变动幅度（万元） (4)	人民币净流量变化范围（万元） (5)=(2)×(4)	可能的最大损失金额（万元） (6)
美元	2 000	12 720	6.30～6.42	12 600～12 840	120
加拿大元	3 000	19 020	6.33～6.35	18 990～19 050	30
欧元	−4 500	−39 780	8.75～8.93	−40 185～39 375	405
瑞士法郎	2 420	17 424	7.05～7.35	17 061～17 787	363

从表4-2可以看到，甲跨国公司估计的汇率变化幅度最大的币种是瑞士法郎，变化幅度最小的币种是加拿大元。显然，尽管加拿大元的净流量大于瑞士法郎，折算的人民币价值也较大，但是加拿大元的波动幅度很小，损失金额很小。因此，该跨国公司对加拿大元交易风险的关注可以少于对其他货币交易风险的关注。

（3）分析汇率变动的相关性，进一步确定交易风险。交易风险的大小还取决于各种外币汇率变动的相关性。从长期看，各种货币汇率的变动存在一定程度的正相关性。不同币种币率变动的相关性能在一定程度上降低国际企业的交易风险。如果国际企业拥有的两种外币净流量是方向相反的，即一种外币的净流量为正，另一种外币的净流量为负，那么，这两种正相关的外币，其汇率变动可以大大降低交易风险。因为一种货币汇率上升（下降）导致的外币净流入发生的收益（损失）能够被另一种货币汇率同时上升（下降）导致的外币净流出发生的损失（收益）抵消，这种正相关性越强，抵消的程度越大。即使国际企业拥有的各种外币的净流量是方向相同的，同证券投资组合的风险分散原理一样，只要它们的汇率变动不是完全正相关的，就可以部分抵消交易风险。当然，如果国际企业拥有的外币净流量方向相同，汇率间的正相关关系越弱，可以抵消的交易风险就越多。各种货币汇率变化间的相关程度可以根据历史上的汇率变化统计出来。

例如，在例4-6中，甲跨国公司根据历史上各货币汇率变动相关性的统计资料判断得知，美元和加拿大元的汇率变化比较独立，但是欧元与瑞士法郎的汇率变化存在较显著的正相关关系，即当欧元升值时，瑞士法郎也很可能升值；当欧元贬值时，瑞士法郎也很可能贬值。这就意味着，如果欧元升值，企业欧元净流出量的人民币价值将会增加，给企业带来损失；但同时，由于瑞士法郎也很可能升值，企业瑞士法郎净流入量的人民币价值也会增加，给企业带来收益。前者的损失可以被后者的收益弥补，企业遭受损失的可能性和金额都将减少；反之，如果欧元贬值，瑞士法郎也很可能贬值，对企业欧元净流出量和瑞士法郎净流入量的影响刚好相反。由于欧元和瑞士法郎汇率变动的相关性，企业欧元净流出量和瑞士法郎净流入量给企业带来的人民币币值的波动减小，企业交易风险降低。

（4）综合分析公司的总体交易风险。在考虑了公司总体的外币净流量、汇率变化幅度和外币汇率变化的相关性以后，跨国公司就可以综合分析公司的总体交易风险。

例如，例 4－6 中的甲跨国公司分析得出，有三种外币净流入——美元外币流入、加拿大元外币流入和瑞士法郎外币流入；一种外币净流出——欧元外币净流出。其中，欧元外币净流出的人民币金额最大，欧元的汇率变动幅度和可能给企业带来的损失也较大；而瑞士法郎的汇率变动幅度最大，可能给企业带来的收益也最大。由于欧元与瑞士法郎的净流量方向相反，它们的汇率变化又存在较显著的正相关关系，因此一种货币给企业带来的损失很可能被另一种货币带来的收益抵消，企业实际承担的交易风险并不大。在这种情况下，企业只需要考虑其他两种货币的交易风险。该跨国公司从表 4－2 的分析中可以得知，加拿大元的汇率变化幅度非常小，其人民币价值的波动性很小，因此加拿大元汇率变化给企业带来的交易风险也将非常小。所以影响该公司交易风险的主要是美元净流入，美元汇率变化引起的交易风险是该跨国公司应该格外关注的。

4.1.4 交易风险的交易管理方法

国际企业通过对交易风险的测量可以判断出它所承担的交易风险的内容和程度。对于相同程度的交易风险，是否采取保值措施降低交易风险，取决于管理者对风险的态度。例如，当国际企业发现其面临的交易风险比较小，或预期汇率可能朝着对自身有利的方向变化时，敢于冒风险的管理者可能不采取保值措施，比较保守的管理者则可能愿意花费一定的成本或宁愿减少一些额外的收益也要保证未来现金流量的稳定性。如果国际企业决定采取措施降低交易风险，可选择以下多种交易方法。

1. 利用远期外汇交易保值

远期外汇交易的金额一般比较大，是大型国际企业普遍采用的保值方法。由于远期外汇交易在签订合约时就已经规定了未来买卖货币的汇率，因此企业可以肯定地预知将来收到或支付的货币价值，从而消除未来现金流量不稳定的风险。当企业拥有外币债权时，可以通过出售远期外汇保证将来的本币流入金额；反之，当企业拥有外币债务时，则可以通过购买远期外汇锁定支付的本币。但是，企业为此可能要承担远期外汇交易本身带来的交易风险。

例 4－7

某国际企业预计 3 个月后有 2 000 万美元的外币应收账款到期收回，为了固定这些收入的人民币价值，该国际企业与银行签订了3个月期远期外币合约，3个月后以1美元＝6.541 9元人民币的汇率卖出2 000万美元。这样，不论3个月后即期汇率如何变化，该企业都可以肯定地收到13 083.80万元人民币（2 000×6.541 9）的现金。但是，如果3个月后美元升值，即期汇率为1美元＝6.55元人民币，则该企业由于使用远期外汇交易，比不采取保值措施而直接在即期市场上出售美元少收益16.2万元人民币［2 000×(6.55－6.541 9)］。

同样，如果该国际企业预计3个月后有2 000万美元的外币应付账款需要支付，也可以采取签订远期外汇合约的方法锁定未来现金流出的人民币价值。如果它与银行签订了3个月后以1美元＝6.541 9元人民币的汇率买进2 000万美元的合约，那么，3个月后不论即期汇率如何变化，该企业都可以用13 083.80万元人民币（2 000×6.541 9）购买到所需的美元。但是，如果3个月后美元贬值了，即期汇率为1美元＝6.54元人民币，则该企业由于使用远期外汇交易，比不采取保值措施而直接在即期市场上购买美元多花费3.8万元人民币［2 000×(6.541 9－6.54)］。

由此可见，利用远期外汇交易保值可以锁定企业未来的现金流量的本币价值，但是，如果汇率朝着与企业预计相反的方向改变，企业有可能多花费成本或减少收入。因此，是否采用远期外汇交易进行保值还取决于企业对汇率变化的估计。如果汇率朝着对远期外汇交易有利的方向变化的概率较大，则选择远期外汇交易保值比较合适；反之，如果汇率朝着对远期外汇交易不利的方向变化的概率较大，则企业可能会采用其他保值方法或者不进行保值。

例4-8

例4-7中的国际企业正在考虑是否签订远期外汇合约对2 000万美元的外币净流入进行保值。该企业对未来美元即期汇率的判断以及各种汇率状况下签订远期外汇合约和不进行任何保值可能收到的人民币金额进行估计比较，如表4-3所示。

表4-3 各种可能汇率下进行远期外汇交易和不进行保值的收入比较

3个月后可能的即期汇率 (1)	出现的概率（%） (2)	进行远期外汇交易的人民币收入（万元） (3)＝2 000×6.541 9	不进行保值的人民币收入（万元） (4)＝2 000×(1)	进行远期外汇交易取得的利益（万元） (5)
6.51	5	13 083.8	13 020	63.8
6.52	5	13 083.8	13 040	43.8
6.53	10	13 083.8	13 060	23.8
6.54	20	13 083.8	13 080	3.8
6.55	30	13 083.8	13 100	－16.2
6.56	20	13 083.8	13 120	－36.2
6.57	10	13 083.8	13 140	－56.2

该企业如果进行远期外汇交易，则其结果有60%（即30%＋20%＋10%）的概率不如不进行保值，在这种情况下，企业是否进行远期外汇交易取决于管理人员对待风险的态度。如果该企业的管理者厌恶风险，希望能够控制未来的现金流量，

则应该签订远期合约；如果该企业的管理者认为即使签订了远期合约，能够给企业带来好处的概率也只有40%（即5%+5%+10%+20%），而如果不保值，获得利益的可能性更大，则可以选择不进行保值。

2. 利用外汇期货交易保值

外汇期货交易保值的原理与远期外汇交易一样，只是外汇期货的金额比较小，适用于较小金额的外汇保值。另外，由于期货合约都有固定金额，有时可能与企业保值要求的金额不相匹配，企业只能选取最接近保值金额的合约数量，因此企业有可能无法对所有金额进行保值，或者只能超过保值金额进行保值，从而无法全部回避未来本币金额的变动。当企业拥有外币债权时，为了避免外币贬值造成未来本币现金流入的减少，企业可以选择出售外汇期货；当企业拥有外币债务时，为了避免外币升值造成未来本币现金流出的增加，企业可以选择购买外汇期货。通过外汇期货的买卖，企业可以锁定未来本币现金金额。但是，同远期外汇交易一样，如果汇率朝着与企业预计相反的方向改变，企业有可能多花费成本或少获得收益，这时外汇期货交易可能给企业带来交易风险。企业判断是否采用外汇期货交易保值的方法和原则可以参照远期外汇交易。

3. 利用借款与投资方式保值

交易风险产生的原因是存在外币敞口，即没有结清的外币债权、债务，如果企业能够对应地制造相反的债权和债务，就可能消除外币敞口，规避交易风险，这就是采用借款与投资方式减少交易风险的原理。

（1）对外币债务的保值。当企业存在外币债务时，企业可以借入本币购买外币并进行投资，这相当于创造了一笔外币债权；当外币债务到期时，用投资获得的外币支付外汇债务，并归还本币借款本息。由于本币借款本息是已知的，因此企业就固定了其偿还外币债务需要支出的本币价值。

例4-9

某国际企业3个月后有2 000万美元的外币应付账款到期，当时即期市场汇率为1美元=6.560 9元人民币，为了锁定将来债务支出的人民币金额，该国际企业拟从银行借入人民币并将其兑换成美元，然后将美元存入银行用于将来的支付。人民币借款年利率为6.1%，折合3个月期利率为1.525%（即6.1%÷4）；美元存款年利率为2.2%，折合3个月期利率为0.55%（即2.2%÷4）。该企业如果要使美元3个月的存款本息和等于2 000万美元，需要兑换的美元本金为1 989.06万美元[2 000÷(1+0.55%)]，折合人民币13 050.02万元（1 989.06×6.560 9）。这样，当3个月到期时，企业支出美元本息2 000万美元，同时归还人民币本息和13 249.03万元[13 050.02×(1+1.525%)]。即企业在借款的时候就可以将未来人民币现金流出额锁定为13 249.03万元。该企业的操作步骤如下：

第一步，从银行借入人民币13 050.02万元，借款期为3个月，年利率为6.1%。

第二步，在即期市场上将13 050.02万元人民币兑换成1 989.06万美元。

第三步，将1 989.06万美元存入银行，存期为3个月，年利率为2.2%。

第四步，3个月到期时，得到美元定期存款本息2 000万美元，用其支付外汇债务。

第五步，归还人民币本息合计13 249.03万元。

（2）对外币债权的保值。当企业存在外币债权时，也可以采用借款和投资的方式锁定未来收到现金流的本币价值。具体做法是：借入外币，将其兑换成本币进行投资，这相当于创造了一项外币债务；到期时，企业用收回的外币债权归还外币借款，其本币投资的本息和则是锁定的外币债权的本币价值。

例4-10

某国际企业3个月后有2 000万美元的外币应收账款，当时即期市场汇率为1美元=6.560 9元人民币。为了固定将来收回债权的人民币金额，该国际企业拟从银行借入美元并将其兑换成人民币存入银行，等美元债权到期时用收回的美元应收账款归还从银行借入的美元借款。已知美元借款年利率为5.52%，折合3个月期利率为1.38%（5.52%/4）；人民币存款年利率为3.10%，折合3个月期利率为0.775%（3.10%/4）。该企业如果用到期的2 000万美元债权归还美元借款本息，则现在需要借入的美元本金为1 972.78万美元［2 000÷(1+1.38%)］，兑换成人民币折合12 943.18万元（1 972.78×6.560 9）。这样，当3个月到期时，企业用收回的美元应收账款归还美元借款本息2 000万美元，同时得到人民币本息和为13 043.49万元［12 943.18×(1+0.775%)］。该企业的操作步骤如下：

第一步，从银行借入1 972.78万美元，借款期为3个月，年利率为5.52%。

第二步，在即期外汇市场上将1 972.78万美元兑换成12 943.18万元人民币。

第三步，将12 943.18万元人民币存入银行，存款期为3个月，年利率为3.1%。

第四步，3个月到期时，收回美元应收账款2 000万美元，用其支付美元借款本息和2 000万美元。

经过以上操作，该企业在银行中有人民币本息合计13 043.49万元，即企业通过借款和投资，将2 000万美元外币应收账款的人民币价值锁定为13 043.49万元。

利用借款和投资方式对外汇债权、债务保值的方式与远期外汇合约或外汇期货一样，都可以将企业已有外汇债权、债务现金流的本币金额固定，抵消已有交易的外汇风险，但它们存在同样的问题，就是当汇率走势与企业预期相反时，采取这些方式保值也抵消了汇率变化可能给企业带来的好处。企业可以参考判断是否采用远期外汇交易保值方式的方法，判断是否需要采用借款和投资方式进行保值。如果企业决定进行保值，具体采用哪些方式还要看它们的成本或收益情况，这部分内容将在本节后面涉及。

4. 利用外汇期权保值

采用前面介绍的各种保值方法，企业都将面临当汇率朝与企业预期相反的方向变化，即外币债权货币升值或外币债务货币贬值时，采取的保值措施会抵消汇率变化带来好处的问题。如果企业估计未来外币债权货币升值或外币债务货币贬值的可能性比较大，很希望得到这种好处，但又不愿意承担交易风险对企业未来现金流量产生的不利影响，则可采用外汇期权的保值方式。

（1）买入期权保值。外汇买入期权给予企业在未来用固定价格购入外汇的权利，企业因此锁定了购买外币支付债务所需本币的最高价值。当企业外币债务货币发生升值，即期汇率高于期权的执行价格时，企业可以使用买入期权，以执行价格购买外币支付债务；当企业外汇债务货币发生贬值，即期汇率低于期权的执行价格时，企业可以放弃买入期权，直接从即期外汇市场上用低于执行价格的即期汇率购得所需的外汇，从而减少本币的支付。

例 4-11

某国际企业预计 3 个月后有 2 000 万美元的外汇应付账款到期。市场上美元/人民币期权产品的标的为 500 万美元 1 份，该企业购买了 4 份美元买入期权，执行价格为 1 美元＝6.56 元人民币，美元/人民币的即期汇率为 1 美元＝6.560 9 元人民币，期权产品的期权费为购买时标的总额的 1.004 6%，当时支付，即 1 美元＝0.065 9 元人民币（6.560 9×1.004 6%）。3 个月到期时，如果美元贬值，即期汇率为 1 美元＝6.50 元人民币，低于期权的执行价格，则该企业应该放弃该期权，在即期外汇市场上购买所需美元，支付人民币价值为 13 131.80 万元（2 000×6.50＋2 000×0.065 9）。如果 3 个月后美元升值，即期汇率为 1 美元＝6.70 元人民币，则该企业应该行使该期权，按执行价格购买美元，支付的人民币为 13 251.80 万元（2 000×6.56＋2 000×0.065 9）。

（2）卖出期权保值。外汇卖出期权给予企业在未来用固定价格卖出外汇的权利，企业因此锁定了所收回外汇债权的最低本币价值。当企业外汇债权货币发生贬值，即期汇率低于期权的执行价格时，企业可以使用卖出期权，以执行价格卖出收回的外汇债权；当企业外汇债权货币发生升值，即期汇率高于期权的执行价格时，企业可以放弃卖出期权，直接在即期外汇市场上以高于执行价格的即期汇率卖出收回的外汇，从而增加本币的收入。

例 4-12

某国际企业预计 3 个月后有 2 000 万美元的外汇应收账款到期。市场上美元/人民币期权产品的标的为 500 万美元 1 份，该企业购买了 4 份美元卖出期权，执行价格为 1 美元＝6.56 元人民币，即期汇率为 1 美元＝6.560 9 元人民币，期权产品的期权费为购买时标的总额的 0.769 4%，当时支付，即 1 美元＝0.050 5 元人民币（6.560 9×0.769 4%）。3 个月到期时，如果美元贬值，即期汇率为 1 美元＝6.50 元人民币，低于期权的执行价格，则该企业应该执行该期权，出售美元得到人民币价值为 13 019 万元（2 000×6.56－2 000×0.050 5）。如果 3 个月后美元升值，即期汇率为 1 美元＝6.70 元人民币，则该企业应该放弃该期权，直接在即期市场上出售美元得到人民币价值为13 299万元（2 000×6.70－2 000×0.050 5）。

外汇期权交易使企业既可以摆脱汇率的不利影响，又能够获得汇率有利变化带来的好处，该交易方式带给企业的这种灵活性是其他保值方式所不具备的，但是，企业也要为这种灵活性付出一定代价，那就是不论企业是否行使期权都要支付期权费。另外，外汇期权交易的一个重大缺陷是期权的种类有限，往往无法提供企业需要的全部期权品种。

5. 不同保值方法的选择

以上这些保值方法都能够给国际企业提供降低交易风险的途径。如果国际企业决定采用保值的方法降低或消除外汇债权、债务交易风险对企业的不利影响，应该如何考虑采用哪种保值方法更好呢？企业是否可以考虑采取不保值措施呢？下面举例说明这种选择的过程。

例 4－13

以前面例题中国际企业外汇债权的保值为例，该国际企业预计 3 个月后收到 2 000 万美元的外汇应收账款，当时即期汇率为 1 美元＝6.560 9 元人民币，企业分析 3 个月后美元可能的汇率变化及其概率如表 4－4 所示。

表 4－4　3 个月后美元可能的即期汇率及其概率

3 个月后美元可能的即期汇率	概率（%）
1 美元＝6.50 元人民币	30
1 美元＝6.60 元人民币	50
1 美元＝6.70 元人民币	20

根据例 4－7 远期外汇交易保值、例 4－10 借款和投资方式保值和例 4－12 外汇卖出期权保值的计算结果，可以得出各种保值方式下该国际企业可能收到的美元净流入的人民币价值情况，同时计算不进行保值情况下企业可能的人民币现金流量如表 4－5 所示。

表 4－5　不同方式下企业可能收到的美元应收账款的人民币价值比较

3 个月后美元可能的即期汇率	概率（%）	企业可能收到的美元应收账款的人民币价值（万元）			
		远期外汇交易保值	借款和投资保值	外汇期权保值	不进行保值
1 美元＝6.50 元人民币	30	13 083.8	13 043.49	13 019	13 000
1 美元＝6.60 元人民币	50	13 083.8	13 043.49	13 099	13 200
1 美元＝6.70 元人民币	20	13 083.8	13 043.49	13 299	13 400

通过表 4－5 的分析，该企业看到在三种保值方式中，借款和投资方式的现金流始终不是最优，不是一种好的保值方式；外汇期权保值有 70%（50%＋20%）的可能性优于远期外汇交易保值。与进行保值相比，企业采取不进行保值的策略有 70%（50%＋20%）的可能性优于外汇期权保值方式。

由此可见，国际企业判断采取哪种保值措施，关键是看未来汇率变化方向及其概率，如果未来汇率很可能朝对原有交易不利的方向变化，如本例中美元贬值，则远期外汇交易保值方式更可取；反之，外汇期权保值方式更可取。企业甚至还可以采用不进行保值的方式，在本例中，不进行保值可能是一种较好的方案。但是，不进行保值并不意味着无须保值，企业需要不断跟踪分析外汇变化的趋势，不断重复前述分析过程，在必要时采取保值措施。对两种均可行的保值方式做出选择，关键是看它们给企业带来的收入或支出的金额哪个对企业更有利。

4.1.5 交易风险的非交易管理方法

如果企业发现以上所介绍的各种可供保值的交易方式费用太高，或市场上不存在这些可供保值的交易，就需要采用一些非交易的管理方法。尽管它们可能无法完全消除交易风险，但是可能在一定程度上减少风险。可供企业减少交易风险的非交易管理方法应该在交易发生前就采用，因此也称事前的管理方法。

1. 提前与延迟结算

持有外汇债务的企业都希望在外汇债务货币升值前偿债或在外汇债务货币贬值之后偿债。提前支付就是在判断外汇债务货币很可能要升值但还未升值时，尽管债务并没有到期，但提前偿还。延迟支付就是在判断外汇债务货币很可能要贬值但尚未贬值时，尽量推迟偿债时间。如果判断准确，这两种方法都可以在一定程度上为企业节约偿债所需的本币资金，降低交易风险。国际企业内部的子公司之间采用提前与延迟支付措施一般比较容易，但是独立企业之间如果等到合约已经签订，支付日期被确定之后再进行操作则非常困难。因此，对于进口商而言，需要在签订合约之前就对汇率走势有一个判断，当判断外汇债务货币可能升值时，提前购买，或采取预付货款的形式，避免将来外汇升值时支出较多的本币。但是采用该措施应该考虑提前购买导致的仓储成本增加以及预付货款本身的机会成本，只有在这两项成本的增加不超过汇率升值可能带来的损失时，采取该措施才是合适的。

持有外汇债权的企业都希望在外汇债权货币贬值之前收回债权或在外汇债权货币升值之后收回债权，如果能在外汇货币贬值之前提前收回债权或将回收债务的时间推迟到外汇债权货币升值之后，就可以为企业增加债权的本币价值。同样，在国际企业内部进行这种操作比较容易，如果是独立的企业，则需要提早做准备，尤其是要求对方提前偿债时。比如，出口商可以在签订出口合同时将交货期和收款时间提前，或者在合同中规定提前支付时给予进口商一定的优惠条件。同样，采用提前或延迟收款措施时，债权方必须考虑优惠条件的成本或延迟收款的时间价值损失，只有当这两项成本或损失之和少于规避交易风险的好处时，采取该措施才是合适的。

2. 设置再开票中心

该措施是跨国公司管理和控制整个企业外汇交易风险的一个有效措施，再开票中心专门管理由跨国公司内部贸易产生的交易风险。它统一负责各子公司外汇收支的发票和结算，而不负责商品的流通。具体做法是：当发生内部贸易时，出口方先将商品出售给再开票中心，但这种出售只是账面上的，出口方用其本币向再开票中心开出发票，再开票中心同时以进口方本币向进口方开出发票，将商品销售给进口方；商品从出口方直接运往进口方，并不经过再开票中心。这样一来，出口方和进口方子公司完全没有外汇交易风险，交易风险则集中到再开票中心，再开票中心可以通过提前或延迟付款的措施，或者采用其他交易保值措施对交易风险进行集中管理，使交易风险管理的效率大大提高。

3. 其他降低交易风险的措施

国际企业还可以采用其他一些方法和措施降低交易风险，比如调整进口或出口所使用的计价货币，使进口和出口尽量使用同一种外汇，外汇债权和外汇债务能够最大限度地相互抵消；交易中尽量选用对自己有利的货币；调整商品的价格，使之能够部分弥补由于汇率可能的不利变化而导致的损失等。但这些方法并不一定绝对有效，因为交易是双方的事情，只有互利互惠才可能达成。所以采用这些方法时，企业可能会产生其他的成本或损失，比如选用对自己有利的货币时，对方可能会在价格上要求让步；而调整价格弥补损失时，可能会丧失价格优势，降低自身的竞争力。因此，企业在选取降低交易风险的措施时，必须随时关注这些措施可能给企业带来哪些成本或损失，综合权衡利弊。

4.1 即测即评

4.2 经济风险及管理

4.2.1 经济风险的产生机理

经济风险是由汇率变动引起的企业经营现金流量发生的波动，从广义的角度来看，只要一个国家的金融和商品市场是开放型的，不论是不是国际企业，其经营都可能受到汇率波动的影响，都要承受外汇的经济风险。对于国际企业来说，由于经营的某些环节或者子公司分布在不同国家，经营现金流量受到各国汇率变化影响的可能性更大。下面以一个存在进出口业务的国际企业为例，说明外币升值对该国际企业现金流量可能产生的影响。

该国际企业的现金流量主要由投资、经营现金流量和投资回收构成，其中，经营现金流量主要包括销售收入带来的现金流入以及销售成本、付现的期间费用带来的现金流出。为了便于说明核心内容，这里忽略汇率变化可能带来的对子公司投资和投资回收的影响，也不考虑所得税的影响，只分析当外币币值变化时公司经营现金流量几个构成部分可能受到的影响。

1. 销售收入受到的影响

如果一家企业只在当地销售产品，所在国货币的升值（外币的贬值）可能导致其他国家出口到该国的商品相对便宜，更具有竞争力，企业的销售收入很可能因此下降。同样，如果企业的产品对外出口，由于该国货币的升值，出口产品在国际上的竞争力也会下降，如果企业降低价格保持原有的销售量，企业的销售收入仍会减少。企业销售收入减少的幅度取决于市场上外国商品的竞争程度以及该产品的价格弹性，如果进口产品较少，或产品价格弹性较小，销售收入受到汇率变化的影响就可能小一些。

2. 销售成本受到的影响

如果企业使用的原材料均在所在国取得，则销售成本受汇率变化的影响较小。但是，如果企业有部分甚至全部原材料需要从国外进口，当所在国货币升值（外币贬值）时，这些原材料的进口价格可能降低，销售成本下降。企业销售成本下降的幅度与对国外原材料的依赖程度有直接关系，依赖程度越大，受汇率变动的影响可能越大。

3. 付现的期间费用受到的影响

如果企业的期间费用主要用所在国货币支付，则所在国货币升值（外币贬值）对期间费用的影响不大。但是，如果企业的期间费用有一部分使用外币支付，或者需支付国外借款的利息，则所在国货币升值可导致期间费用减少。

对于拥有国际业务的企业，当所在国货币升值（外币贬值）时，企业的经营现金流入量和流出量都可能减少，其最终结果并不是确定的，既可能是净流入量增加，也可能是净流出量增加，要看其销售收入受汇率变化的影响大还是成本和费用受汇率变化的影响大。同样，如果企业所在国的货币贬值，企业的经营现金流入量和流出量会受到相反方向的影响。在判断汇率变化对销售收入、销售成本和期间费用产生影响的程度时，不仅需要财务管理人员的参与，还需要市场营销、供应和生产等人员的配合。

对于国际企业而言，汇率变化不仅导致子公司用当地货币计价的经营现金流量改变，而且在将这些经营现金流量换算成本国货币的过程中，用本国货币表示的国际企业的经营现金流量也会发生改变，不过这种风险究竟属于交易风险还是折算风险，要视该现金是否需要兑换为本币而定。

4.2.2　经济风险的计量

为了衡量汇率变化对国际企业经营现金流量产生影响的程度，财务人员需要使用现金流量表逐一分析各个项目受汇率变化影响的具体情况。

例 4-14

我国某跨国公司 A 公司在我国的生产基地从美国公司进口关键材料，产品除在我国销售外，还有部分通过自己位于美国的贸易公司出口美国，以美元结算。该跨国公司对其下一年经营活动的预测如表 4-6 所示。

表 4-6　A 公司税前经营现金流量预测

项目	人民币业务金额（百万元人民币）	美元业务金额（百万美元）
销售收入		
中国	360	
美国		3
购买原材料		

续表

项目	人民币业务金额（百万元人民币）	美元业务金额（百万美元）
中国	30	
美国		40
付现的期间费用		
中国	60	
美国		1
税前现金流量		
中国	270	
美国		—38

由于人民币双向波动的幅度越来越明显，A公司现在希望通过分析确定其经营活动本身如何受可能的汇率变化的影响。该跨国公司计算了三种汇率情况下的经营现金流量，其计算结果如表4－7所示。

表4－7 汇率变动对A公司税前经营现金流量可能的影响

汇率情形	1美元＝6.30元人民币			1美元＝6.20元人民币			1美元＝6.10元人民币		
项目	人民币业务金额（百万元人民币）	美元业务金额（百万美元）	折合人民币合计（百万元人民币）	人民币业务金额（百万元人民币）	美元业务金额（百万美元）	折合人民币合计（百万元人民币）	人民币业务金额（百万元人民币）	美元业务金额（百万美元）	折合人民币合计（百万元人民币）
销售收入			378.9			378.6			378.3
中国	360		360	360		360	360		360
美国		3	18.9		3	18.6		3	18.3
购买原材料			282			278			274
中国	30		30	30		30	30		30
美国		40	252		40	248		40	244
付现的期间费用			66.3			66.2			66.1
中国	60		60	60		60	60		60
美国		1	6.3		1	6.2		1	6.1
税前现金流量			30.6			34.4			38.2
中国	270		270	270		270	270		270
美国		—38	—239.4		—38	—235.6		—38	—231.8

从分析中可以看出，美元贬值对该跨国公司经营活动的影响是利大于弊，美元贬值导致的销售收入的减少小于原材料成本的降低；美元升值对该跨国公司经营活动的影响是弊大于利，美元升值导致的销售收入的增加少于原材料成本的增加。该跨国公司通过类似的计算，可以随时了解美元汇率变动对其经营活动的影响。如果该公司认为现金流量对美元汇率变化的敏感程度超过其承受能力，则该

跨国公司应该重视这种业务结构引起的汇率风险，尤其是当美元可能出现升值的时候，有可能给该跨国公司带来重大损失。

例4-14中的跨国公司只计算了三种美元汇率对企业利润和经营现金流量的影响，但实际上美元汇率可能在一个区间内变化，而且不同的汇率出现的概率不同，企业可以凭此估计不同利润和经营现金流量出现的概率，得出经济风险的全面印象。

4.2.3 经济风险的管理

汇率变化对国际企业未来的利润和经营现金流量具有长期持续的影响，当汇率发生对国际企业不利的变化时，国际企业的整个经营活动都可能受到影响。当汇率变化造成成本和费用的增加大大超过销售收入的增加时，国际企业的经营甚至可能出现亏损。经济风险涉及企业的供、产、销各个环节，仅靠财务人员是无法控制的，控制经济风险需要企业高层管理者全面参与。

经济风险的管理主要有事前的多元化经营安排和事中的企业经营重构。

根据风险分散的原理，企业从事的业务种类越多，经营的范围越广，分散风险的能力就越强。多元化经营安排正是对这个原理的应用。多元化经营安排不仅是指在不同的业务领域经营，比如在不同行业生产和销售多种产品，更重要的是指在全球范围内分散原材料来源、生产和销售地点。当国际企业在全球范围内分散经营时，某个国家的汇率变化对该国子公司的不利影响可能被在其他国家子公司受到汇率变化的有利影响抵消，整个企业的经济风险就可以相对减小。

企业经营重构是指对受到汇率变化严重影响的子公司的业务流程进行重构，平衡业务流程中各项目对汇率变化的敏感性，从而降低整个业务的经济风险。企业对经济风险的计算结果进行分析，可以发现各个项目对汇率变化的不同敏感度。如在例4-14中，A公司的原材料采购就比期间费用、销售收入对美元汇率的变化更加敏感。根据各项目敏感度的差异，企业可以采取不同的措施调整这些项目的敏感度，使之达到相对平衡，避免经营现金流量的剧烈波动。措施包括：

(1) 对于经营所在国货币汇率的变化，如果销售收入比销售成本、费用更加敏感，则减少对其他国家的销售，增加在经营所在地的销售；或者增加从其他国家进口原材料，减少从经营所在地取得原材料；更多地使用其他国家的债务资金以增加利息支付的敏感性。

(2) 对于经营所在国货币汇率的变化，如果销售成本、费用比销售收入更加敏感，则增加对其他国家的销售，减少在经营所在地的销售；或者减少从其他国家进口原材料，增加从经营所在地取得原材料；减少使用其他国家的债务资金以降低利息支付的敏感性。

这些措施的原理虽然简单，在实际操作中却有相当大的难度，国际企业必须分析在经营所在国或其他国家增加销售收入的可能性，这与其他竞争者的竞争力以及市场的竞争程度有很大关系，并不是国际企业可以任意左右的。另外，销售成本的改变还取决于是否有合适的当地或其他国家供应商可以提供适当价格和种类的原材料，如果很难找到合适的供应商，改变原材料采购地点的策略就较难实施。国际企

4.2 即测即评

业需要重新估计改变后的经营结构对汇率变化的反应，估计的结果是国际企业是否采用这些措施的重要依据。但是，这种估计的准确性可能大大低于在原先结构下估计的准确性，因为国际企业没有可比的历史资料可供借鉴，按照这种估计做出改变要冒一定风险。这些改变措施本身具有长期的影响，一旦改变，再进行修正的成本将会很高。因此，国际企业在进行经营重构时要格外慎重。

例 4－15

通过对例 4－14 中的资料进行分析，该跨国公司考虑调整经营业务结构，希望通过在美国加大销售推广力度，扩张美国销售渠道，扩大在美国的销售规模。同时考虑在国内寻找部分替代性的原材料供应，增加本土供应商的采购。经过这一系列安排，A 公司对新经营结构下的经营现金流量预测以及现金流量对美元汇率变化的反应如表 4－8 所示。

表 4－8　经营重构后汇率变动对 A 公司经营现金流量可能的影响

汇率情形	1 美元＝6.30 元人民币			1 美元＝6.20 元人民币			1 美元＝6.10 元人民币		
项目	人民币业务金额（百万元人民币）	美元业务金额（百万美元）	折合人民币合计（百万元人民币）	人民币业务金额（百万元人民币）	美元业务金额（百万美元）	折合人民币合计（百万元人民币）	人民币业务金额（百万元人民币）	美元业务金额（百万美元）	折合人民币合计（百万元人民币）
销售收入			410.4			409.6			408.8
中国	360		360	360		360	360		360
美国		8	50.4		8	49.6		8	48.8
购买原材料			293			290			287
中国	104		104	104		104	104		104
美国		30	189		30	186		30	183
付现的期间费用			85.2			84.8			84.4
中国	60		60	60		60	60		60
美国		4	25.2		4	24.8		4	24.4
税前现金流量			32.2			34.8			37.4
中国	196		196	196		196	196		196
美国		−26	−163.8		−26	−161.2		−26	−158.6

经过经营重构，A 公司的经营现金流量受美元汇率波动的影响比原来平稳得多。该跨国公司的经济风险经过经营重构降低了。

案例 4－3

人民币连续升值　进出口上市公司价值重估见“机”行事

2021 年开年以后，人民币表现相当红火。1 月 6 日，人民币中间价升至 6.460 4，这是 2018 年 6 月 20 日以来的最高水平。当时招商证券预计，2021 年四个季度人民币对美元汇率将分别为 6.65、6.45、6.30、6.05。考虑到未来美元仍有望维持疲软走势，预计人民币对美元汇率会继续走强。不过，人民币持续升值对进出口部门和实体经济产生了一定影响，对相关企业的“钱袋子”会有实质影响。

“2020 年 10 月以来接了大量订单的出口企业，在原材料价格大幅上涨、人民币升值以及物流成本上升的背景下，订单利润被大幅度蚕食。但对进口企业来讲，由于新冠疫情对大宗商品的进口阻断，一定程度上并没有发挥出人民币升值的价值。”东北证券首席经济学家付鹏如是表示。

专家称供应链错配，“天平”不平加速升值

谈及当前人民币升值的原因，付鹏对《证券日报》记者表示，在疫情防控期间，中国是唯一做到全民防疫的国家。同时，我国的生产与经营活动恢复得最快、最好，这就导致了全球供应链的转移，加大了人民币升值压力。

“自 2020 年 10 月以来的人民币升值与全球供应链错配密切相关，大规模订单向中国转移，与此同时出现了我国的出口顺差，推动整个资金流入，也让我们看到了货物等集装箱、等船期的现象。”付鹏进一步说，“人民币承受了巨大的升值压力，这个‘天平’实际上是不平的。资本流入加上经常项下巨额的顺差，这种全球供应链的错配加速了人民币的升值。”

对于部分出口占比较大的企业来说，人民币升值带来的压力相对明显。

一方面，2020 年疫情冲击下外部需求已放缓，叠加人民币升值，导致出口产品成本提高，进而影响出口企业产品的国际市场竞争力；另一方面，人民币升值后，在出口销售价格不变的情况下，如果出口收汇不采取措施管理汇率风险，会造成出口收汇的人民币减少，通过汇兑损益、外币报表折算差额影响企业盈利水平。

值得注意的是，在国际市场上，我国产品的出口价格往往低于别国同类产品，尤其是比重较大的农、矿及加工贸易等劳动密集型产品，技术含量低，附加值较低。一旦人民币大幅升值，我国出口产品的国际市场价格将大幅上升，产品将失去一定竞争力。

不过，据《证券日报》记者了解，不少出口企业都通过将汇率变化纳入产品报价、采用多币种结算货币、使用金融工具锁定汇率、贸易双方共担汇率风险、外汇套期保值等方式应对人民币升值压力。

值得一提的是，在一些国际市场已相对完善的产品方面，维持产品在国际市场上的竞争优势也是应对汇率变动的有效措施之一。

“公司主导产品中，大尺寸一体化电容式触摸屏产品处于全球充分竞争的市场环境，公司具有一定的议价能力，产品报价是按照客户主导的招标等市场竞争机制形成。”从事平板显示材料及触控器件研发生产的莱宝高科曾回复投资者称，“基于全球充分的竞争环境、客户全球市场销售和全球化的供应商体系，近几年来外销产品价格均没有与美元对人民币汇率的变化挂钩调整。”

进口企业迎利好，价值或重估

在人民币升值的背景下，多个研究观点认为，原料进口型上市公司及存在海外负债的企业或将获益。

中信证券研究认为，从资产负债表的角度来看，由于国内企业外债主要以美元标价，对于海外负债较多的行业而言，人民币上涨会引发企业价值重估，降低负债压力；从成本收益端来看，海外进口产品、原料占比越高，成品出口占比越低的行业，受益于人民币升值的弹性越大。

众所周知，国内航空公司购买飞机以进口为主，且存在大量外币债务。中金公司在研报中指出，根据各航司披露数据，截至2020年6月30日，中国国航和东方航空的美元带息负债折合人民币分别为581亿元、442亿元。据中金公司测算，人民币对美元每升值1%，将增厚中国国航、东方航空净利润分别约4.4亿元、3.3亿元。

此外，人民币升值还给国内航司带来汇兑收益，使得公司财务费用大幅下降。据2020年三季报数据，人民币升值后，中国国航、东方航空、南方航空前三季度财务费用分别下降58.06%、47.2%、45.90%。

在原料进口型企业层面，以造纸业为代表，其进口原材料的成本有望降低。从事食品包装纸生产的五洲特纸曾在互动平台表示："近一段时间以来人民币大幅升值，公司生产所需木浆以进口为主，且基本以美元结算，在木浆采购单价相对稳定的情况下，人民币升值有利于降低公司以美元结算的原材料采购成本。"

作为国内生活用纸龙头企业，中顺洁柔也曾回复投资者提问称，人民币升值有利于公司原材料采购，会使公司原材料采购成本大幅下降。此外，在港股上市的箱板原纸生产商玖龙纸业由于外汇采购量较大，且美元借款占比较高，亦有望明显受益于人民币升值。据浙商证券测算，人民币汇率升值1%，对应玖龙纸业提升净利润5 895万元，参考2020财年净利润，对应净利润将提升1.4%。

但也有专家提示称，外界应该更谨慎地看待人民币升值带来的相关影响。2021年1月6日，中国外汇投资研究院经济学家谭雅玲撰文指出，我国人民币目前依然是本币形式，可兑换或国际货币资质尚未实现。此外，贸易竞争汇率是焦点，我国的全球化供给方位置已经无法替代，此时人民币升值保住的是规模，损失的是利润。

资料来源：赵学毅，林娉莹. 人民币连续升值 进出口上市公司价值重估见"机"行事. 证券日报，2021-01-08.

4.3 折算风险及管理

国际企业在国外的子公司通常使用所在国货币记账和编制财务报表。而国际企业为了反映其作为一个整体的财务状况、经营成果以及现金流量等情况，需要将各个子公司的财务报表合并，编制企业整体的合并财务报表。该合并报表通常使用总部所在国的货币，这样就需要将以外币作为记账单位的子公司报表折算成以总部所在国本币为记账单位的财务报表。在这个折算过程中，如果不采用历史汇率，则子公司报表折算出来的价值会因折算汇率的变化而发生变动，这种由于汇率变动造成子公司报表本币价值的增加或减少就是折算风险。

折算风险不仅会使国际企业对外报告的资产和负债的价值出现波动，而且可能导致利润数额的增加或减少。虽然折算风险只是账面价值的波动，并不影响国际企业的现金流量，但是国际企业在资本市场上的形象可能因利润指标的变化而发生改变；另外，国际企业要对子公司进行业绩考评，被折算汇率扭曲的子公司业绩不利于国际企业对其做出正确评价。因此，国际企业的财务管理人员必须关注折算风险的存在和产生的机理，在必要时采取一定措施降低折算风险的影响。

4.3.1 折算方法与折算风险

折算风险是折算外币财务报表时采用的折算汇率发生变化产生的风险。它包括两项内容：一项是企业资产负债表因折算汇率变化而发生价值改变的风险，这种风险导致的折算损益可以看作企业未实现的折算损益；另一项是利润表中的税后利润因折算汇率发生变化而改变的风险，这类风险可以看作企业已实现的折算损益。

1. 资产负债表的折算风险

汇率变化幅度和受到折算汇率影响的资产和负债项目的内容和数额决定了折算风险的大小。与其他外汇风险一样，企业外汇资产和外汇负债受汇率变化影响的结果相反，因此其等额部分受到的影响可以互相抵消，真正承担风险的部分是外汇资产与外汇负债的差额，这部分差额称为净暴露资产。受折算汇率影响的资产和负债项目的内容取决于不同的折算方法，各种折算方法之间的差异则产生于折算汇率的选择和应用。折算外币报表时可供选择的折算汇率有三种：现行汇率，指子公司报表编制日的市场汇率；历史汇率，指报表项目确认入账时的汇率；报告期平均汇率，该汇率主要用于某些折算方法下利润表的折算，资产负债表的折算不使用该汇率。

国际上存在的折算方法主要有以下四种：

（1）现行汇率法。现行汇率法是以现行汇率为主要折算汇率的折算方法，在该方法下，资产负债表各资产和负债项目均按报表编制日的现行汇率进行折算，实收资本项目按投入资本时的当日汇率（历史汇率）折算。采用这一方法时，全部的资产项目和全部的负债项目都会受到汇率变化的影响，净暴露资产等于全部资产与全部负债的差额。

（2）流动与非流动法。流动与非流动法将资产与负债项目区分为流动性项目与非流动性项目两大类，将流动资产和流动负债按现行汇率折算，非流动资产、非流动负债、实收资本项目按历史汇率折算。采用这一方法时，只有流动资产和流动负债项目会受到汇率变化的影响，净暴露资产等于流动资产与流动负债的差额。

（3）货币与非货币法。货币与非货币法将资产与负债项目分为货币性项目与非货币性项目。货币性项目包括货币性资产（如现金和有价证券、各种应收账款等）和货币性负债（绝大多数的负债，如应付账款和长期借款等），按现行汇率折算。非货币性项目包括非货币性资产（如存货、固定资产、长期股权投资等）和非货币性负债（如预收账款等），按历史汇率折算。实收资本项目也按历史汇率折算。在这种方法下，只有货币性资产和货币性负债承受折算汇率变化的风险，净暴露资产等于货币性资产与货币性负债的差额。

（4）时态法。时态法是一种以资产、负债项目的计量基础作为选择折算汇率依据的外币报表折算方法，它将资产负债表上按市价计价的现金、应收项目、存货、长期股权投资和应付项目以及其他负债项目按现行汇率折算，资产负债表上按历史成本计价的各项资产如固定资产、无形资产等按取得时的历史汇率折算。实收资本项目仍按历史汇率折算。在时态法下，承担折算风险的是按现行市价计价的资产和负债，净暴露资产等于按现行市价计价的资产与负债的差额。

表4-9总结了在各种折算方法下折算汇率的使用，其中使用现行汇率折算的资产和负债项目承担折算风险。

表4-9 四种折算方法的比较

折算汇率	现行汇率法	流动与非流动法	货币与非货币法	时态法
现行汇率	全部资产、全部负债	流动资产、流动负债	货币性资产、货币性负债	以市价计价的资产和负债
历史汇率	实收资本	非流动资产、非流动负债、实收资本	非货币性资产、非货币性负债、实收资本	以历史成本计价的资产、负债、实收资本

下面举例说明不同折算方法带来的折算风险的差异。

例4-16

某国际企业在美国有一子公司B，它以美元编制的资产负债表如表4-10所示。为了便于说明问题，假设该子公司所有项目的历史汇率均为1美元=6.6元人民币，报表编制日现行汇率为1美元=6.4元人民币，并且该子公司尚未实现利润，因此没有利润表和留存收益。该国际企业使用不同折算方法的折算结果如表4-11所示。

表4-10 B公司资产负债表

项目	金额（万美元）
资产	
现金	600
应收账款	1 200
存货（市价）	2 400
固定资产	5 200
资产合计	9 400
负债和股东权益	
应付账款	1 600
短期借款	1 400
长期借款	2 000
实收资本	4 400
负债和股东权益合计	9 400

表4-11　不同折算方法下折算损益的比较

项目	美元金额（万美元）	相应的人民币金额									
		历史汇率		现行汇率法		流动与非流动法		货币与非货币法		时态法	
		人民币/美元	金额（万元人民币）	人民币/美元	金额（万元人民币）	人民币/美元	金额（万元人民币）	人民币/美元	金额（万元人民币）	人民币/美元	金额（万元人民币）
现金	600	6.6	3 960	6.4	3 840	6.4	3 840	6.4	3 840	6.4	3 840
应收账款	1 200	6.6	7 920	6.4	7 680	6.4	7 680	6.4	7 680	6.4	7 680
存货	2 400	6.6	15 840	6.4	15 360	6.4	15 360	6.6	15 840	6.6	15 840
固定资产	5 200	6.6	34 320	6.4	33 280	6.6	34 320	6.6	34 320	6.6	34 320
资产合计	9 400		62 040		60 160		61 200		61 680		61 680
应付账款	1 600	6.6	10 560	6.4	10 240	6.4	10 240	6.4	10 240	6.4	10 240
短期借款	1 400	6.6	9 240	6.4	8 960	6.4	8 960	6.4	8 960	6.4	8 960
长期借款	2 000	6.6	13 200	6.4	12 800	6.6	13 200	6.4	12 800	6.4	12 800
实收资本	4 400	6.6	29 040	6.6	29 040	6.6	29 040	6.6	29 040	6.6	29 040
折算损益					−880		−240		640		640
负债和股东权益合计	9 400		62 040		60 160		61 200		61 680		61 680

根据净暴露资产的多少也可以直接计算出折算损益，折算损益的计算公式为：

$$\text{折算损益}=\text{净暴露资产金额}\times\text{美元升值幅度}$$
$$=\left(\begin{matrix}\text{需用现行汇率}\\\text{折算的资产}\end{matrix}-\begin{matrix}\text{需用现行汇率}\\\text{折算的负债}\end{matrix}\right)\times\text{美元升值幅度}$$

此处美元升值的幅度为−0.2（即6.4−6.6），实际为美元贬值。

本例中各种折算方法下受折算汇率影响的资产、负债项目及净暴露资产的金额和折算损益的计算如表4-12所示。

表4-12　根据净暴露资产计算的折算损益

受折算汇率影响的项目	现行汇率法	流动与非流动法	货币与非货币法	时态法
资产	现金、应收账款、存货、固定资产	现金、应收账款、存货	现金、应收账款	现金、应收账款
负债	应付账款、短期借款、长期借款	应付账款、短期借款	应付账款、短期借款、长期借款	存货、应付账款、短期借款、长期借款
净暴露资产金额	4 400万美元	1 200万美元	−3 200万美元	−3 200万美元
折算损益	−880万元人民币	−240万元人民币	640万元人民币	640万元人民币

同一企业相同的资产负债表用不同的折算方法会出现不同的折算风险，在例4-16中，该国际企业用现行汇率法折算净暴露资产最多，如果美元贬值，出现

的折算损失最大；用货币与非货币法折算，净暴露资产为负数，也就是受到汇率影响的负债多于资产，在美元贬值的情况下，出现的是折算收益，并且金额较大。但是，这并不意味着该企业采用货币与非货币法最好，因为当美元升值时，这两种方法导致的折算损益刚好方向相反。

2. 利润表的折算风险

在不同的折算方法下，利润表的折算结果也不相同。在现行汇率法下，利润表的各个项目按现行汇率或平均汇率折算；在流动与非流动法下，利润表的折旧费用、摊销费用按历史汇率折算，其他项目按照平均汇率折算；在货币与非货币法下，折旧费用、摊销费用和销售成本按历史汇率折算，其他项目按照平均汇率折算；在时态法下，利润表上的折旧费用和摊销费用按历史汇率折算，其他项目按照现行汇率折算。不论采用哪种方法，利润表中总有项目需要按照现行汇率或报告期平均汇率折算，因此，现行汇率或报告期平均汇率超过预期的变化都可能导致利润表中利润的折算金额发生改变。

例 4-17

某国际企业采用现行汇率法折算子公司 C 的财务报表，该国际企业的利润表及其在不同汇率下的折算结果如表 4-13 所示。

表 4-13

项目	美元金额（万美元）	相应的人民币金额（万元）	
		现行汇率 1 1 美元=6.4 元人民币	现行汇率 2 1 美元=6.5 元人民币
营业收入	1 000	6 400	6 500
营业成本	600	3 840	3 900
折旧费用	50	320	325
其他期间费用	60	384	390
税前利润	290	1 856	1 885
所得税（20%）	58	371.2	377
税后利润	232	1 484.8	1 508

表 4-13 显示，子公司 C 的美元利润在折算成总部的本币时，其本币计量的利润会随着美元汇率的不同而出现明显的差异。子公司利润因折算出现的增加或减少最终会在国际企业编制合并财务报表时影响到国际企业总体的利润。

4.3.2 折算风险的管理

当国际企业确定了折算方式后，就可以依据该折算方式下资产负债中的净暴露资产的风险程度进行保值，具体的保值方式与交易风险的保值方式相同，其原理也是通过进行另一笔正好抵消净暴露资产的交易使得企业没有资产或负债暴露在外汇风险之下。

利润表折算风险的管理也可以通过对汇率变化方向的预测采取各种保值方式，比如如果担心折算利润因外币贬值而减少，可以进行一笔远期外汇交易，卖出与利润相当的外币，保证利润的本币价值尽可能稳定。

由于折算风险只导致报表折算时出现账面损益，并不影响国际企业的现金流量，因此一些人主张不对折算风险进行管理。另外，折算风险本身不影响企业现金流量，但是折算风险的保值措施会影响企业的现金流量，尤其是当汇率朝与企业预期相反的方向变化时，保值措施带来的损失会造成企业真正的现金流出，对企业并无好处。同时，由于事先采取的保值措施只能根据净暴露资产和利润的估计数进行保值，保值的效果会受到估计准确性的影响，很难做到完全保值。因此，国际企业是否对折算风险进行保值，关键还要看企业的股东和其他财务信息使用者是否注重折算风险引起的利润变化。如果国际企业能够向其清楚地阐述利润变化仅仅是由于折算汇率引起的，与企业经营无关，在财务信息的使用者能够理解的情况下，不采取保值措施也许是正确的。

4.3 即测即评

本章小结

汇率变动对企业业绩的潜在影响构成外汇风险，如果这种风险会带来未来企业现金流量的变化，则需要根据企业的风险偏好进行有效管理。外汇风险分为三种，即经济风险、交易风险和折算风险。经济风险是汇率变动对企业尚未发生业务的潜在影响；交易风险是汇率变动对已发生但尚未结算业务的潜在影响；折算风险是汇率变动对已发生业务在财务报表上所反映价值的潜在影响。

经济风险对企业未来现金流量的影响是长期的、持续的，需要通过多元化经营安排或经营重构以此平衡外汇现金流入和外汇现金流出对汇率的敏感度进行控制。

衡量企业交易风险要看其在同一时点同种货币债权和债务相抵后的净值数额以及净值如何对企业产生影响；衡量跨国公司交易风险则要测算所有子公司的外汇敞口并加以合并，只有不能合并抵消的外汇敞口才会带来交易风险。不同外汇汇率的变动存在不同程度的相关性，正相关的汇率变化可以抵消方向相反的外汇现金净流量的交易风险，不显著相关或负相关的汇率变化可以抵消方向相同的外汇现金净流量的交易风险。交易风险的管理方法分为交易管理方法和非交易管理方法，交易管理方法主要是通过进行与外汇净流量方向相反的交易进行保值。是否对交易风险进行保值或保值程度的大小取决于企业对未来汇率走向的判断和对待风险的态度。

对子公司未来利润进行事先保值可以在一定程度上管理利润表的折算风险，但是对于不汇回国内的子公司利润采用这种管理方法可能导致实际的现金流损失，因此并非一定要进行折算风险的管理。

名词术语

外汇风险　经济风险　交易风险　折算风险
多元化经营安排　经营重构　外汇敞口

练习题

一、思考题

1. 国内企业是否也会面临外汇风险中的交易风险、经济风险、折算风险？为什么？

2. 国际企业面临经济风险的程度受到哪些因素的影响？

3. 哪些交易风险可以相互抵消？哪些不能相互抵消？

4. 不同外币债权债务之间的交易风险为什么也有可能相互抵消？

5. 对不能抵消的交易风险是否一定要套期保值？不套期保值的前提条件是什么？

6. 折算风险是怎么产生的？它对企业有什么影响？

7. 何时需要对折算风险进行保值管理？这样做有哪些利弊？

8. 我国某制鞋厂的投资、原材料和人工都来自国内，其中原材料和人工成本占产品价格的30%，产品主要对美国出口，以美元计价，并且产品在国外面临其他国家类似产品的竞争。如果人民币升值2%，该企业将面临何种外汇风险？应该怎样降低这种风险？

9. 我国某家电生产商在东南亚、拉丁美洲、非洲等地区开设了工厂，使用当地的人工和原材料进行生产，产品在当地市场销售。相比在国内生产、产品出口的生产销售方式，这样做是否可以降低外汇风险中的经济风险？有什么利弊？

10. 我国某电子有限公司主要向欧美出口带杀菌消毒功能的节能灯，在面临汇率风险时，其经理在与对方签订的合同里附加了如下条款：如果人民币升值超过5%，我们有权利修订合同价格。这种方式规避的是哪类外汇风险？这样做的前提和利弊是什么？

二、计算题

1. 2022年下半年，我国某大型汽车制造商因生产需要，每个月从欧盟进口价值1亿欧元的汽车零配件，由于欧元不断上涨，该公司损失巨大，每个月要多付数千万元人民币换汇。为了不使汇率损失加剧，在银行的建议下，该公司向银行买入3份远期外汇合约。公司分别在2023年2月20日、3月20日和4月20日以1欧元=8.05元人民币的价格各买入2 000万欧元。之后，欧元依然保持涨势，达到1欧元=8.08元人民币。

要求：根据上述资料，回答下列问题：

(1) 该公司签订远期外汇合约时希望应对哪类外汇风险？

(2) 当即期汇率为1欧元=8.08元人民币时，该公司的3份合约预计节约多少人民币？当时欧元对人民币价格始终稳定在1欧元=8.20元人民币左右，该公司预计节约多少人民币？

(3) 签订该合约未来是否会给公司带来损失？如何看待这种损失？

2. 我国某针织服装公司出口产品到英国，约在一个月后收到10 000英镑，目前有两种可能的预期：(1) 下月英镑会贬值3%；(2) 下月英镑会升值2%。第一种预期发生的概率为70%，第二种预期发生的概率为30%。假设英镑的即期汇率为1英镑=8.65元人民币，目前公司拥有以下信息：

(1) 1个月远期汇率为1英镑=8.60元人民币。

(2) 英镑1个月的存款利率为0.7%，贷款利率为0.8%；人民币1个月的存款利率为0.2%，贷款利率为0.3%。

(3) 1个月期英镑卖出期权的执行价格为1英镑=8.64元人民币，期权费1英镑=0.01元人民币，英镑与人民币的汇率基本稳定在1英镑=8.02元人民币。

要求：该公司应如何选择保值方式？

3. 我国某大型外贸企业主要以进口业务为主，当期企业有一笔1 000万美元的货款需要支付，即期汇率为1美元=6.56元人民币。企业预计人民币将会持续升值，而人民币1年期存款利率为3.6%，美元1年期贷款利率为2.5%，于是该企业将与1 000万美元等额的人民币存入银行，以此为质押向银行申请1 000万美元的贷款用于当期付汇，同时又与银行签订一份1年期的远期外汇合约，约定1年后以1美元=6.33元人民币购买美元偿还贷款和贷款利息。

要求：根据上述资料，回答下列问题：

(1) 企业的这种行为是在规避外汇风险吗？

(2) 企业这样做的目的是什么？

(3) 与直接购汇支付相比，该企业的获利或者损失为多少？

4. 一家中国国际企业在中国和新加坡从事经营。为了评估经济风险，它汇编了下列资料：

(1) 在中国的销售收入一定程度上受新加坡元的影响，因为来自新加坡出口的竞争非常激烈。它依据下表所示的汇率预测在中国的销售收入。

汇率	来自中国的收入(百万元人民币)
1新加坡元=0.48元人民币	100
1新加坡元=0.50元人民币	105
1新加坡元=0.54元人民币	110

(2) 在新加坡的销售以新加坡元计价。预计收入为6亿新加坡元。

(3) 预计来自中国采购原材料的销售成本为2亿元人民币，来自新加坡的为1亿新加坡元。

(4) 估计固定经营与管理费用为3 000万元人民币(不包括利息费用)。

（5）估计可变经营与管理费用为销售收入总额（包括新加坡销售收入折算为人民币）的20%。

（6）估计人民币贷款的利息费用为2 000万元人民币；公司没有新加坡元贷款。

要求：

（1）依据三种可能的汇率，编制该公司的预测利润表，并判断公司经济风险的大小。

（2）如果不减少公司在新加坡的业务量，如何通过经营重构降低利润对汇率的敏感度，从而降低公司的经济风险？

三、课堂案例

1. 李特体育用品出口公司是一家中国公司，它利用中国原材料和人工制造体育用品并对英国出口，目前它接受英方进口商对商品按月以英镑付款。该公司所有者想计算公司的汇率风险。

要求：

（1）你认为该公司的汇率风险是交易风险、经济风险还是折算风险？

（2）公司考虑改变计价政策，由于主要的费用以人民币计价，公司要求进口商必须支付人民币，这样，公司就不必担心英镑币值的变动了。如果实施该政策，会消除公司的交易风险吗？会消除公司的经济风险吗？请说明理由。

（3）若实施该政策，英镑升值会对公司产生什么样的影响？英镑贬值呢？

（4）如果沿用原有以英镑计价的政策，对该公司的影响是什么？

2. 长城开发公司15日发布业绩预告称，预计第一季度亏损1.1亿～1.2亿元，而上年第一季度公司盈利3 253万元。公司称，报告期内，因人民币贬值，公司未到期的金融衍生品期末公允价值较上年末大幅减少，产生较大的公允价值变动损失。

兔宝宝近日公布，预计第一季度亏损130万～170万元。公司称，由于第一季度以来人民币对美元汇率一改单边升值趋势，出现持续下滑，浮动汇率区间也由1%扩大至2%，对公司的远期外汇结算业务产生较大影响。根据3月27日最新的远期外汇汇率结算，公司已签订但尚未交割的远期外汇合约已带来255万元人民币的汇兑损失。

伊立浦近日公布，预计第一季度亏损202.24万～303.36万元。公司称，为规避汇率风险，公司与银行签订远期结售汇协议，但近期人民币一反常态，贬值较快，远期合约形成的交易性金融资产按即期汇率与签约汇率计算的公允价值变动将会产生公允价值变动损失。①

要求：

（1）人民币贬值对哪些企业的业绩可能产生正向影响？对哪些企业的业绩可能产生负向影响？

（2）长城开发公司未到期金融衍生品（包括外汇期权、外汇期货等）期末公允

① 人民币贬值效应显现，上市公司苦乐不均. 中国证券报，2014-04-15.

价值（市价）产生损失的原因是什么？该公司当初购买这些金融衍生品的目的是什么？

（3）兔宝宝和伊立浦签订远期外汇合约是否合适？未来人民币汇率双向波动成为常态后，应如何降低交易风险？

3. 王伟是一家中国出口公司的所有者，因出口产品在一个月后会收到10 000美元。王伟很关心外汇风险，他预期有两种可能性：（1）下月美元会贬值3%；（2）下月美元会升值2%。第一种可能性发生的概率为70%；第二种可能性发生的概率为30%。

王伟注意到当前美元的即期汇率为1美元＝6.65元人民币，1个月远期汇率为1美元＝6.645元人民币。同时，王伟可以在银行买入卖出期权，行权价为1美元＝6.645元人民币，期权费为1美元＝0.025元人民币，1个月后到期。

要求：

（1）如果公司对一个月后收到的应收账款不进行套期保值，计算两种汇率下收到的人民币金额。

（2）如果公司用卖出期权对一个月后收到的应收账款套期保值，计算两种汇率下收到的人民币金额。

（3）如果公司用远期合约对一个月后收到的应收账款套期保值，计算两种汇率下收到的人民币金额。

（4）总结该公司在不套期保值、用卖出期权或远期合约套期保值时获得的人民币收入。根据这些信息，王伟应该采取何种策略？为什么？

四、课后上网练习

1. 登录中国工商银行网站，获得过去7年每年初美元、欧元相对于人民币的汇率。

（1）假设过去7年，每年初某中国公司都会收到美国子公司上交的200万美元利润。将该数目乘以每年初的美元汇率，计算每年收到的人民币金额；计算每年收到的人民币金额的变动百分比；计算变动百分比的标准差，这反映了随时间变化美国子公司上交人民币现金变动的离散程度。

（2）假设每年初公司都收到德国子公司上交的500万欧元利润。重复上题所要求的计算过程，评价随时间变化德国子公司上交人民币现金变动的离散程度。美国子公司和德国子公司上交的人民币收入，哪个离散程度更大？

（3）按年合并美国子公司和德国子公司上交的人民币现金。重复上题所要求的计算过程，评价随时间变化两家子公司合并上交的人民币现金变动的离散程度。比较该结果与单独考虑美国子公司时的结果。将业务分散在两个国家带来的现金收入是否比单独在美国开展业务更加稳定？请解释原因。

（4）比较上题中两国子公司组合的结果与单独考虑德国子公司时的结果。将业务分散在两个国家带来的现金收入是否比单独在德国开展业务更加稳定？请解释原因。

2. 根据你在第1章课后上网练习中选择的中国公司，上网搜索该公司前一年的年度报告。查找报告中是否有关于该公司交易风险、经济风险或者折算风险的描述。根据报告中的内容汇总公司面临的外汇风险。

3. 根据你在第1章课后上网练习中选择的外国公司，上网搜索该公司前一年的年度报告。查找报告中是否有关于该公司交易风险、经济风险或者折算风险的描述。根据报告中的内容汇总公司面临的外汇风险。

五、小企业的困境

小强体育用品出口公司的套期保值决策

每个月，小强体育用品出口公司都会收到美国体育用品分销商的一份乒乓球订单。美国分销商要求以美元计价，每月月底结算。小强体育用品出口公司每月月底必须将收到的美元兑换为人民币。

1. 如果小强体育用品出口公司在每月月底收到美元后利用即期外汇市场进行货币兑换，是否存在汇率风险？属于何种类型的汇率风险？

2. 小强体育用品出口公司可以利用远期外汇市场对汇率风险进行套期保值吗？如何操作？

3. 小强体育用品出口公司可以利用外汇期权市场对汇率风险进行套期保值吗？如何操作？

4. 小强体育用品出口公司担心美元在下个月会大幅贬值，但也相信在某些情况下美元可能大幅升值。公司应该利用外汇远期市场还是外汇期权市场对汇率风险进行套期保值？为什么？选择这种套期保值方法有无缺点？

六、真实案例在线文章

在网上查找一篇近期的文章。文章内容（最好与某一特定国际企业有关）能够诠释本章所阐述的一个或多个概念。可以使用的搜索关键词包括外汇风险、跨国公司与交易风险、跨国公司与经济风险、折算风险、外汇风险套期保值等。

七、推荐书目

刘晓宏. 外汇风险管理战略. 上海：复旦大学出版社，2009.

第 5 章 国际融资方式

知识要点

国际融资的概念及特点
国际信贷融资与国际债券融资
国际股权融资及其优缺点
国际贸易融资的种类
国际租赁融资的含义及利弊

思维导图
视频讲解

章前预习与思考

5.1 国际融资概述

5.1.1 国际融资的概念

融资就是融通资金，即资金在供给者和需求者之间融通，以调剂资金余缺。融资方式多种多样，包括货币资金供给者和需求者之间的融通；也包括实物资金、货币资金供给者与需求者之间的融通；甚至包括实物资金供给者与需求者之间的融通。其中，货币资金供给者和需求者之间的资金融通是最主要的融资形式。

在经济全球化的大背景下，国际企业的资金既可以在本国筹集，也可以到其他国家筹集。如果企业资金的融通是在本国境内进行的，资金主要由本国资金供给者提供，不涉及其他国家的资金提供者，就是国内融资。如果资金的融通涉及其他国家的资金供给者，涉及其他国家的货币，资金的流动超越了国境，则是国际融资。

因此，国际融资是指资金需求者通过一定的渠道和方式，从国外的资金供给者那里获得资金，并给资金供给者适当回报的经济活动。对国际融资这一基本概念，可以从以下三个方面来加深理解。

1. 国际融资是在国际金融市场上进行的，涉及其他国家的货币

国际金融市场是国际借贷关系产生和国际借贷资金移动的渠道和中介，为国际资金移动提供服务。在国际金融市场上，资金供给者和资金需求者通过金融机构或直接自行接触，从事借贷交易或证券发行买卖活动，以实现国际资金的融通。国际融资通常会涉及其他国家的货币。

2. 国际融资的当事人跨越国界

国际融资的当事人主要有资金供给者、资金需求者和金融中介。一般来说，国际融资主要发生在一国政府与别国政府之间，一国政府与别国银行之间，国际金融组织与一国政府、企业或银行之间，以及一国企业、银行与别国企业、银行之间等。上述组织都是国际融资的当事人。因此，与国内融资不同，国际融资的当事人跨越国界。

3. 国际融资主要采取货币资金形态

国际融资主要采取货币资金形态，即当资金供给者提供贷款，或筹资者偿还贷款本金和利息时，均采取货币资金形态。但也有某些融资方式采取的是实物资金形态，如国际租赁融资。

5.1.2 国际融资的特点

国际融资除具有国内融资的一般特性之外，还有以下特点。

1. 国际融资主客体较复杂

融资主体是指融资涉及的当事人，即资金供给者和需求者。资金的供给者称为资金的贷款人、供款人，资金的需求方称为资金的借款人、筹资人。国际融资当事人的居住地和构成比较复杂，有多种情况，可分为居民和非居民两类。其中，居民的居住地在本国，非居民的居住地不在本国。居民和非居民又可分别细分为金融机构和非金融机构两类。

国际融资主体主要包括：（1）居民金融机构，包括本国银行和非银行金融机构，如保险公司、投资公司等；（2）居民非金融机构，包括本国政府、政府机构、工商企业和个人等；（3）非居民金融机构，即外国银行、外国非银行金融机构以及国际金融组织等；（4）非居民非金融机构，即外国政府、外国政府机构、外国企业和个人等。

国际融资的借贷双方至少有一方的居住地不在本国，也就是其中一方应属非居民金融机构或非居民非金融机构。

国际融资的客体指国际融资所使用的货币，它可以是资金需求者所在国货币、资金供给者所在国货币或第三国货币，但必须是可兑换货币。国际融资通常选用一些关键货币，如美元、英镑、欧元、日元等。融资当事人使用何种货币是一个很复杂的问题，必须根据各种货币汇率变化和发展趋势，结合融资条件等因素综合考虑做出决策。

2. 国际融资风险较大

与国内融资相比，国际融资风险较大。国际融资除存在一般信贷交易中的信用风险（债务人经营管理不善、出现亏损，到期无力偿付贷款或延期偿付，也就是偿债能力风险）外，还面临特有风险，包括国家风险、外汇风险。

（1）国家风险。国家风险是指由于某一主权国家或某一特定国家拥有主权的借款人（如财政部、中央银行或其他政府机构）或其他借款人，不能或不愿对外国贷款人履行债务责任的可能性。国家风险通常是由于借款人所属国本身的原因造成的，主要是借款国政府不履行责任及所实施的政策法令引起的。例如发生政变、实行资金冻结、外汇管制、宣布限制或推迟偿还债务等。对贷款人来说，这种风险往往是一种难以规避的风险。

（2）外汇风险。外汇风险也称外国货币风险。在国际经济、贸易和金融活动中，以外汇计价的收付款项、资产与负债业务会因汇率变动而蒙受损失或获得收益。国际融资经常以外国货币融资并以外国货币偿还，如果融资货币在融资期内发生贬值或升值，这种汇率波动既可能影响借款人的偿债负担和能力，又可能影响贷款人的贷款能否按期收回及债权收益。

总之，这两种风险都会通过融资契约影响借款人的利益。

3. 国际融资面临管制

国际融资通常涉及分属不同国家的资金供给者和需求者之间跨国境的资金融通和转移，是国际资本流动的组成部分。国际融资当事人所在国的政府，从本国政治利益、经济利益出发，为了平衡本国的国际收支，贯彻本国的货币政策，审慎管理本国金融机构尤其是银行金融机构，都会对本国居民包括金融机构和非金融机构从事国际融资的行为施加种种干预，实施不同程度的管制。这是国际融资的又一个特点。

主权国家对国际融资的管制一般是授权本国中央银行进行的。主权国家可以对国际融资的主体、客体和融资信贷条件，实行各种法律的、行政的限制措施。法律管制是指由国家立法机关制定并颁布相关法律所进行的管制。涉及国际融资的法律有外汇管理法、商业银行法、公司法、税法、民法以及金融当局颁布的有关国际信贷的条例、规定等。行政性管制是指一国金融当局不经过正式的立法程序，而是以行政手段对国际融资实施限制的措施，如发达国家实施的“汇率管制”“君子协定”等行政手段。

主权国家对国际融资管制的内容主要包括：

（1）对国际融资主体的管制。各国金融当局往往根据国际融资主体的不同，分别实施宽严不同的管制措施。通常，对居民非金融机构的管制要比对居民金融机构的管制更为严格。一国金融当局虽然不能直接对非居民金融机构和非居民非金融机构的国际融资活动实施管制，但仍然可以通过对居民金融机构和非金融机构的管制，间接影响它们向本国居民提供资金或从本国居民那里获得资金的行为。

（2）对国际融资客体的管制。各国金融监管当局根据货币种类不同，会实施宽严不同的管制措施。通常，对以本国货币形式承接的国际融资业务的管制较严，而对国际流动范围广、汇率坚挺、汇率风险小的外币管制较松。根据本国国际收支状况的不同，主权国家可以对外币国际融资的不同流向采取区别对待的方针。贸易逆差国家会采取限制本国融资主体对外融资，鼓励外国对本国贷款等措施。贸易顺差国家则会采取相反的措施。

（3）对国际融资信贷条件的管制。这类管制通常包括国际融资业务的授权或审批制度、融资金额管制、贷款利率管制、融资期限管制、筹资人的最低准备金要求以及银行头寸管制等。

5.1.3 国际金融市场

1. 国际金融市场的概念及分类

在市场经济条件下，国际企业的资金来源是多方面的，主要有公司集团内部资金、其他企业的资金、母公司或子公司所在国政府财政资金、国际金融市场上的资金等。其中，国际金融市场是最重要的资金来源。

国际金融市场是指由国际性的资金借贷、结算以及证券、黄金和外汇买卖活动形成的市场。国际金融市场可以有不同的分类。

（1）国际货币市场和国际资本市场。按资金融通期限的不同，国际金融市场可分为国际货币市场和国际资本市场。国际货币市场是指期限在 1 年或 1 年以下的资金交易市场；国际资本市场是指期限在 1 年以上的资金交易市场。

国际货币市场包括国际短期信贷市场、国际短期证券市场和国际贴现市场。

1）国际短期信贷市场。这是国际银行同业间的拆借或拆放，以及银行对工商企业提供短期信贷资金的场所，主要目的是解决临时性流动资金的需要。短期信贷市场的期限最短为日拆，一般还有 1 周、1 个月、3 个月及 6 个月等，最长不超过 1 年。银行对工商企业提供贷款时，关注企业的借款用途和财务状况，并要求按时偿还本金和利息。

2）国际短期证券市场。这是进行国际短期证券发行和交易的场所，证券期限不超过 1 年。国际企业可以在这个市场上发行的国际短期证券包括可转让的银行定期存单、商业票据、银行承兑汇票。可转让的银行定期存单即大额银行定期存单，期限最短为 1 个月，最长为 1 年以上。商业票据又称短期债券，是信用良好的企业为筹集短期资金而发行的无担保短期票据，期限一般在 4～6 个月。银行承兑汇票是经过银行承兑的商业票据。由于银行承兑票据有银行信用，因此易于融资和流通。

3）国际贴现市场。这是对未到期票据按贴现方式进行融资的交易场所。贴现是指将未到期的短期票据打一个折扣，按贴现利率扣除从贴现日至到期日之间的利息，向贴现银行获取资金的一种方式。贴现业务是短期资金市场融通资金的一种重要方式。

国际资本市场是指国际资金借贷期限在 1 年以上的交易市场，又称中长期资本市场。国际资本市场融通资金的方式主要有两种，即银行中长期贷款和发行证券。因此，国际资本市场具体可分为银行中长期信贷市场和证券市场。

1）银行中长期信贷市场。这是国际银行提供中长期信贷资金的场所。国际中长期资金的供求双方通过这一市场融通资金。这个市场的需求者主要是各国政府及企业。资金期限为 1～5 年的称为中期，5 年以上的称为长期。借款利率由多方面因素决定，一般包括货币政策、通货膨胀率、经济形势及资金供求量等。对大额借款多采用银团贷款形式。由于这个市场资金周转期长，风险比较大，因此，银行在考虑贷款时除审核申请贷款的用途外，还要着重分析借款人偿还债务的能力。

2）证券市场。证券市场是从事有价证券发行和交易的市场，是资本市场的重要组成部分，是公司长期资本的重要来源。对公司而言，证券市场发行和交易的有价证券主要有公司债券和公司股票。公司债券是公司对外举债并承诺在一定期限还本付息的承诺凭证。公司股票是公司为筹措资金而发行的一种股权凭证，它要按照本国公司法规定的内容格式制作，载明资本金总额、股份总数和每股金额，并向主管机构登记，经审查批准后才能发行。目前，世界主要的证券市场包括纽约证券交易所、美国纳斯达克市场、伦敦证券交易所、巴黎证券交易所、法兰克福证券交易所、澳大利亚证券交易所、东京证券交易所、新加坡证券交易所和香港交易所等。

（2）传统国际金融市场和离岸国际金融市场。按金融活动是否受所在国金融当局管制，国际金融市场可分为传统国际金融市场和离岸国际金融市场。传统国际金融市场是指在岸市场，该市场主要从事的是本国居民之间以及本国居民和非居民之间的金融活动，这些金融活动受本国金融当局控制；离岸国际金融市场从事“两头”在外的金融活动，主要是指那些吸收非居民的资金并服务非居民的金融活动，这些金融活动不受货币发行国金融当局控制。离岸国际金融市场是目前最主要的国际货币市场，其中，欧洲货币市场是全球最大、最重要的离岸国际金融市场。

各国的银行原来只用本国货币对本国的借款者发放贷款。随着国际经济贸易的发展，在 19 世纪，一些发达国家的银行开始用本国货币对外国借款者发放贷款，从而出现了传统的国际金融市场。到 20 世纪 50 年代末，在西欧各国形成了欧洲货币市场这种新的国际金融市场。欧洲货币市场包括欧洲信贷市场和欧洲债券市场。在欧洲信贷市场上，银行接受外币存款并用外币发放贷款，银行发放贷款所用的货币是银行所在国以外的货币。例如，英国、德国、法国的银行通过吸收美元存款向国外的借款者发放的美元贷款，称为欧洲美元贷款；德国、法国的银行通过吸收英镑存款向外国的借款者发放的英镑贷款，称为欧洲英镑贷款。此外，还有欧洲日元贷款、欧洲澳大利亚元贷款等。由上可知，欧洲货币市场中的“欧洲货币”并非指欧洲国家的货币，而是指在发行国境外的银行进行借贷的货币。

最初，离岸货币市场主要在伦敦，之后逐渐扩展到巴黎、卢森堡、苏黎世、法兰克福、阿姆斯特丹。后期，离岸货币市场扩展到新加坡、中国香港，形成亚洲货币市场。亚洲货币市场最初称为亚洲美元市场，因为市场上大部分借贷货币是美元。该市场是为了满足那些使用美元作为国际贸易交换媒介的公司的需要而出现的。因为距离远、处于不同地区的缘故，这些公司不能依靠欧洲银行获得美元等外币资金。亚洲货币市场以中国香港和新加坡为中心，这些地区的大型银行接受各种外币存款，发放各种外币贷款。近年来，离岸货币市场发展到巴拿马，形成拉丁美洲美元市场。

据国际货币基金组织统计，目前世界上离岸国际金融市场有30多个，分布在欧洲、亚洲（包括中东）和美洲等地区，其中，最重要的中心是伦敦，此外还有纽约、东京、香港、法兰克福等。在众多的交易货币中，欧洲美元所占比重最大，达60％以上，其他比重较大的还有欧洲欧元和欧洲日元等。

我国一直给予离岸金融大力的政策支持。1997年中国人民银行颁布《离岸银行业务管理办法》，1998年又颁布《离岸银行业务管理办法实施细则》。2013年9月，原中国银监会发布了《关于中国（上海）自由贸易试验区银行业监管有关问题的通知》，提到允许自贸试验区内有离岸银行牌照的银行开办离岸银行业务。2021年4月，中国人民银行等四部委发布《关于金融支持海南全面深化改革开放的意见》，正式开启了海南“自贸港＋离岸”的模式。同年7月，中共中央、国务院出台《关于支持浦东新区高水平改革开放打造社会主义现代化建设引领区的意见》，其中明确提出构建与上海国际金融中心相匹配的离岸金融体系。2023年2月，中国人民银行等四部委对于横琴和前海也发布指导意见，提出要在横琴和前海探索发展离岸金融服务体系。根据中国银行发布的离岸人民币指数（ORI），2014年的ORI为1.13％，2023年上半年达到1.67％。2022年末主要的离岸市场人民币存款余额超过1.5万亿人民币。2022年以来，美元融资成本快速攀升，离岸人民币市场的发行规模也出现较快速增长。目前，香港的点心债市场是离岸人民币市场的主要组成部分，上海自贸区明珠债的发行量也有提速。[①] 所谓点心债券，指的是在香港发行的人民币计价债券，属于离岸债券。发行点心债券的目的之一，是让多余的人民币在境外流通，并最终成为国际结算货币，提升人民币的国际地位。明珠债是在中国内地市场发行的以外币计价的债券，旨在吸引外国投资者到中国市场，也是中国开放国内资本市场的一种方式。

2. 国际金融市场的发展历程

国际金融市场是随着国际贸易发展、世界市场形成以及国际借贷关系不断扩大而产生和发展起来的。第一次世界大战之前，国际金融市场主要在伦敦。第一次世界大战结束后，伦敦作为国际金融市场的地位走向衰落。第二次世界大战后，国际金融市场的发展经历了剧烈的演变过程。

第一阶段，纽约、苏黎世与伦敦并列成为三大国际金融市场。第一次世界大战后，英国经济遭到严重破坏，美国纽约金融市场崛起，美元成为各国的储备货币和重要的国际结算工具。当时，美国是西方世界最大的资金供应者，控制着整个西方世界的经济。国际借贷与资本筹措都集中在纽约，纽约成为西方最大的长短期资金市场。西欧各国经济遭受战争破坏的情况与英国类似，只有瑞士能始终保持货币自由兑换，并发展了自由外汇市场和黄金市场。因此，在这一阶段，纽约、伦敦和苏黎世成为西方世界的三大国际金融市场。

第二阶段，欧洲货币市场建立。进入20世纪60年代，美国国际收支持续出现

---

① 周东洋. 我国发展离岸金融有巨大市场需求. 中国贸易报，2023-12-20.

巨额逆差，黄金流失，美元信用动摇，使大量美元流出美国，美国政府被迫采取一系列限制资本外流的措施，有些西欧国家为了防止因美元泛滥而引起外汇市场动摇，也采取了限制美元流入的措施。这些国家的银行为了逃避上述限制纷纷把美元转移到国外，从而形成了许多逃避管制的金融市场。欧洲美元、亚洲美元乃至欧洲其他货币市场相继建立并迅速发展。伦敦既是重要的国际金融市场，又是规模最大的欧洲美元市场，恢复了主要国际金融中心的地位。欧洲货币市场的出现，突出表现在信贷交易的国际化，打破了金融中心必须是国内资本供应者的传统，为国际金融中心的分散创造了有利且重要的条件。从此，国际金融中心不再局限于少数的传统中心，而是迅速分散到巴黎、法兰克福、布鲁塞尔、阿姆斯特丹、米兰、东京、蒙特利尔等市场，它们成为境外欧洲货币市场。原来一些并不重要的地区，如巴哈马、开曼群岛、卢森堡和新加坡，也成为重要的境外美元或其他国际货币市场。

第三阶段，发展中国家金融市场建立并逐步成为国际性的金融市场。20 世纪 70 年代以后，发展中国家的兴起对国际金融市场的发展产生了很大影响。发展中国家在摆脱殖民主义统治取得独立以后，逐渐脱离了金融垄断势力的控制，建立发展了自己的金融业，提高了在国际金融市场中的地位和作用。在亚洲，新加坡、中国、马来西亚、菲律宾、泰国、印度尼西亚等国家的金融市场都有较大发展。这些国家的金融市场正逐步成为国际性的金融市场。

5.1 即测即评

5.2 国际债务融资

国际企业可以通过不同方式筹集所需资金。国际融资方式主要包括国际债务融资、国际股权融资、国际贸易融资及国际租赁融资。国际债务融资主要包括国际信贷融资、国际债券融资等。

5.2.1 国际信贷融资

国际信贷融资是指国际企业向国际金融机构或其他国际经济组织借款的一种筹资形式。国际信贷融资主要包括国际金融机构贷款、国际商业银行贷款、国际银团贷款。

1. 国际金融机构贷款

国际金融机构是指由多个国家共同兴办，为达到某些共同目的而在国际上进行金融活动的机构。国际金融机构可分为世界性国际金融机构和地区性国际金融机构。前者主要有国际货币基金组织和世界银行，后者包括亚洲开发银行、泛美开发银行、非洲开发银行等。

（1）世界银行贷款。世界银行（World Bank）即国际复兴开发银行（International Bank for Reconstruction and Development）成立于 1945 年，从 1947 年起成为联合国机构，总部设在美国首都华盛顿。后来又成立了两个附属机构：国际金融公司（International Finance Corporation）和国际开发协会（International Development Association）。这三个机构统称为世界银行集团。

世界银行主要向发展中国家提供长期贷款。与一般商业银行贷款相比，世界银行贷款具有以下特点：

1）只向成员国政府或由成员国政府、中央银行担保的公私组织发放贷款。

2）贷款必须用于经世界银行审定批准的项目。

3）贷款不以营利为目的，而是为了协助成员国发展经济。

4）贷款期限较长，短则数年，最长可达 30 年。

5）贷款利率参照市场利率，但一般低于市场利率。在签订贷款协议后，从签约日起到贷款全部偿还为止，利率固定不变。贷款收取的费用很少，只收取 0.75%的承诺费。

6）贷款申请、审批手续严格，耗时较长，一般需要 1～2 年的时间。

7）世界银行提供的资金必须与特定的工程项目联系，用于基础设施建设和直接生产活动。近 20 年来，世界银行增加了对农业和农村发展方面的贷款及对教育、人口、保健、城市发展方面的贷款。

8）世界银行的贷款以美元计价，借款国必须以同样的货币还本付息，因此要承担汇率变动的风险。

由于世界银行贷款主要以成员国政府为主要对象，对私人企业贷款必须由政府担保，因而在一定程度上限制了世界银行的业务活动范围。为了扩大以私人企业为对象的国际贷款，世界银行于 1956 年设立了国际金融公司。国际金融公司的贷款对象主要是成员国的私人企业，不需要政府担保。有时，它也向公私合营企业及为私人企业提供资金的国有金融机构发放贷款。国际金融公司的贷款有如下特点：

1）贷款期限较长，一般为 7～15 年。如果需要，期限还可以延长。

2）从贷款到还本之前，有 1～4 年的宽限期。

3）在整个贷款期内，利率固定不变。

4）贷款利率一般高于世界银行的贷款利率。

5）对未提用部分的贷款，每年要收取 1%的承诺费。

6）还款时，需要以借入货币的币种偿还。

由于世界银行贷款条件严格，数量有限，不能帮助发展中国家摆脱贫困，因此，世界银行 1960 年 9 月 24 日又成立了另一个机构——国际开发协会，专门为较贫穷的发展中国家提供期限长的无息贷款。国际开发协会的贷款最主要的特点包括：

1）贷款是无息的，只收取 0.75%的手续费。

2）贷款期限最长可达 50 年。前 10 年为宽限期，不必还本，从第二个 10 年起每年还本 1%，其他 30 年每年还本 3%。

3）可以部分或全部用本国货币偿付。

（2）亚洲开发银行贷款。亚洲开发银行是一家区域性的政府间金融开发机构，致力于促进亚洲及太平洋地区发展中成员的社会和经济发展。该机构是根据联合国及远东经济委员会会议的协议，于 1966 年 11 月在召开第一次亚洲开发银行理事会时正式成立的，同年 12 月开始营业，总部设在菲律宾首都马尼拉。亚洲开发银行的宗旨是：通过发放贷款进行投资或提供技术援助，促进本地区经济的发展与合作。亚洲开发银行刚成立时有 34 个成员，截至 2024 年 11 月，有 69 个成员，包括十几个来自欧洲和北美洲的非本地区成员。中国于 1986 年 3 月 10 日加入亚洲开发银行。

亚洲开发银行（以下简称亚行）提供的贷款主要有以下几种形式：

1）项目贷款。项目贷款是亚行传统的贷款方式。亚行一开业就开展了项目贷款，并且在亚行章程中规定，亚行经营的原则主要是为具体项目提供资金。这里的项目可以是一个国家发展规划的一部分，也可以是一个地区发展规划的一部分。

2）规划贷款。规划贷款是对某个需要优先发展的部门或其所属部门提供资金，目的是使这些部门通过进口生产原料、设备和零部件，扩大现有生产规模，使结构更趋合理化、现代化。

3）开发金融机构贷款。这是一种通过成员的开发性金融机构进行间接贷款的形式，也称中间转贷款。其目的是支持亚太地区私营工业的发展，如 1987 年 4 月 9 日，亚行有一笔金额为 1 亿美元的开发金融机构贷款由中国投资银行承办，分配给中国的 40 个项目使用。

4）私营部门贷款。即对私营企业促进经济发展而且获利较多的项目提供资金等。

5）综合项目贷款。综合项目贷款是对较小的借款成员（如南太平洋的一些岛国）采取的一种灵活的贷款办法。这些成员接纳规模较小、借款规模不大的项目，并把一些小项目“捆”在一起作为一个综合项目办理贷款。

2. 国际商业银行贷款

国际商业银行主要包括跨国银行和多国银行。跨国银行是指超越本国国境、跨国经营业务的银行。例如，总行在一国境内，在国外设有分支机构的银行；或者总行和分支机构都设在国外，国内无分支机构的银行；或者总行设在海外，国内和海外另设立分支机构的银行。多国银行是指由国籍不同的若干家银行共同投资建立的银行，如由两家或两家以上股东建立的合资银行、国际财团银行或银行集团。除上述两种银行外，国际商业银行还包括那些只在本国设立，虽然在国外没有分支机构却经营国际银行业务的银行。

国际商业银行贷款是指一国借款人为了本国经济建设的需要、支持某一建设项目或用于其他一般用途，在国际金融市场上向国际商业银行借入的贷款。国际商业银行贷款按期限长短不同，可分为国际短期信贷、国际中期信贷、国际长期信贷。

（1）国际短期信贷。国际短期信贷是指借贷期限在 1 年以内的国际贷款。借款人大多将贷款用于短期周转，一般通过银行以电话、电传成交，事后书面确认。

（2）国际中期信贷。国际中期信贷是指一家境外银行向境内金融机构或企业提供的中期贷款。由于这种贷款期限长，金额大，有时贷款银行要求借款人所属的政府提供担保。这种贷款的优点是灵活方便，利率比短期贷款利率略高，而且由一家银行提供贷款可以减少管理费用，降低贷款成本。

（3）国际长期信贷。国际长期信贷是指由一家银行牵头，多家银行共同参与的国际贷款。国际长期信贷金额比较大，一般在1亿～5亿美元以上，期限在5年以上，故需多家银行组成银团。国际商业银行贷款的条件主要包括选择贷款者、利息和费用、贷款期限、借贷货币和贷款偿还等。

国际商业银行贷款有三个特点：

（1）非限制性贷款。借款人可自由支配所借资金，不存在专款专用问题，借款人在使用贷款方面更主动、更自由。

（2）贷款金额较大，手续较简便。国际商业银行贷款尤其是银行同业间贷款、银团贷款或项目贷款等，金额较大，属银行批发业务，手续不像国际金融机构贷款和政府贷款那样繁杂，比较简便。

（3）贷款成本较高。国际商业银行的贷款利率以国际金融市场的利率为基础，一般由伦敦银行间同业拆放利率（LIBOR）再加上加息率（spread）构成。与政府贷款、国际金融机构贷款的低息或无息相比，国际商业银行的贷款利率比较高。此外，借款人还要负担各种费用。

3. 国际银团贷款

国际银团贷款（consortium loan）又称辛迪加贷款（syndicated loan），是指5家以上的商业银行或其他金融机构按照商定的条件，联合向借款人提供的数额较大的一种国际贷款。它是国际商业银行贷款中最典型、最有代表性的贷款方式，包含了借贷关系中一切最基本的因素。国际银团贷款20世纪60年代后期开始在欧洲货币市场上出现，70年代迅速发展。2019年，国际银团贷款总额达4.4万亿美元，其中美国是国际银团贷款的主力，其次为欧非及中东市场、亚太市场。① 受融资成本和地缘政治风险上升影响，2023年，全球市场国际银团贷款规模为4.1万亿美元，同比下降17.91%。②

国际银团贷款是当前国际市场上筹措中长期资金的主要途径。国际银团贷款具有如下特点：

（1）金额较大，专款专用。国际银团贷款金额最多可达几亿、几十亿美元。款项用途预先确定，以确保专款专用。

（2）借款人多为各国政府或跨国公司。如在中国香港，借款人大多为地产商或大财团。外国银行也将银团贷款分为对政府机构贷款和对私人机构贷款两类，并在最高贷款额度、条件及收取费用等方面确定不同的标准。

（3）国际银团贷款期限短则2～3年，长则15年左右，一般期限为5～10年。

（4）国际银团贷款手续简便，没有发行债券那么复杂。

（5）国际银团贷款在宽限期内，借款人可以按工程进度编制季度用款计划，随用随支，符合大型工程项目的周转特点。

---

① 国际银团贷款市场的规则、实务与启示.（2020-07-30）.搜狐网.

② 张明生.跨境投融资市场规模有望保持增长.中国金融，2024（4）。

案例5-1

大唐集团成功获得国际银团贷款

2024年，东亚银行（中国）有限公司（以下简称“东亚中国”）成功牵头落地了中国大唐集团在印度尼西亚发电站的1.4亿美元五年期双段式银团再融资贷款项目。这一重大合作不仅进一步深化了两国在区域全面经济伙伴关系协定（RCEP）签署后的紧密合作，而且充分展示了金融与实业在“一带一路”框架下的多方合作共赢模式。

随着中国企业“走出去”战略的深入实施，如何降低海外融资成本及简化海外融资手续成为企业面临的重要课题。此次银团贷款服务由东亚中国担任委任牵头安排行及簿记行，东亚中国北京分行担任业务主办行及代理行，中国民生银行及恒丰银行担任联合牵头行，印度尼西亚曼迪利银行担任当地资金监管行及担保代理行，金杜律师事务所担任两国法律总协调顾问。通过邀请最了解央企的国内银行作为贷款行，协调最了解当地环境的本地银行担任抵押代理行，并结合自身在国际银团中的丰富经验，东亚中国成功募集并落地本笔银团贷款。

这笔贷款不仅为中国大唐集团节约了财务成本，还大幅简化了国际融资环境下法律、税务等方面的烦琐手续，展现了国内银行在跨境融资方面的专业实力，是一次真正意义上的多方共赢合作。

资料来源：东亚中国与中国大唐集团开启银团合作新篇章.（2024-01-25）. 中国金融新闻网.

5.2.2 国际债券融资

国际债券是指国际金融机构、一国的金融机构及企业等组织，在国际市场上发行的以外国货币标明面值的债券。发行国际债券，借款人可以筹集到长期资金，同时由于发行国际债券对资信要求较高，企业发行国际债券也是信誉的一种象征。由于债券具有较强的流动性，自20世纪80年代以来，国际债券市场发展很快。

1982年1月，中国国际信托投资公司率先在日本东京市场发行了100亿日元的私募债券；1984年11月，中国银行在东京发行200亿日元公募债券。以上事件标志着中国企业正式进入国际债券市场。

2020年，中国以外币发行的债券达到2 200亿美元，主要以美元为主，还包括欧元和日元，较2019年增加10亿美元，创历史新高。① 2023年上半年，中资海外债发行提速，共发行1 026只，筹款规模达到3 538.68亿美元。②

1. 国际债券的种类

国际债券可分为外国债券（foreign bond）、欧洲债券（Euro bond）、全球债券、绿色债券等。

（1）外国债券。外国债券是指国际债券发行人通过外国金融市场所在地国家的

① 2020年中国发行人海外发债创历史新高. 企业观察报，2021-02-04.

② 上半年中资海外债发行提速，规模达3 538.68亿美元. 财联社，2024-07-03.

银行或其他金融机构，发行以该国货币为面值的债券，其特点是债券发行人属于一个国家，而债券的面值货币和发行市场属于另一个国家。例如，1982年中国国际信托投资公司在日本东京发行的100亿日元债券就是外国债券。

外国债券是一种传统的债券，早在19世纪就已经存在。当前，世界上主要的外国债券有以下几种。

1）美国纽约的扬基债券。外国借款人在美国发行的以美元计价，并主要由美国国内包销团经办的债券称为扬基债券（Yankee bond）。扬基债券需经美国证券交易委员会批准才可以出售给美国公众。债券期限以中期为主，通常是6～8年。借款人一般为国际机构、外国政府或其他机构以及一些公司借款人。

2）日本东京的武士债券。外国借款人在日本资本市场上发行的日元债券称为武士债券（samurai bond）。武士债券的期限一般为5～20年。借款人多为国际机构、信用等级较高的外国政府机构以及一些私人企业。武士债券的发行和招募要事先向日本财务省与金融厅申报，发行时需要以某家日本主要证券机构为牵头经理人。

3）英国伦敦的猛犬债券。英国是老牌的外国债券市场。在英国发行的外国债券称为猛犬债券（bulldog bond），期限为5～40年。外国政府与企业皆可发行。公募债券由伦敦市场的银行组织包销团。

4）瑞士外国债券。瑞士外国债券市场是目前世界上最大的外国债券市场。瑞士法郎外国债券业务的经营权限于瑞士本国的银行与金融公司，如果外国债券是公募发行，则一律由固定的包销团包销，且分配比例通常是固定的。发行公募债券需经瑞士银行批准，债券期限为8～15年。

5）德国外国债券。德国的外国债券市场主要在法兰克福，是仅次于瑞士和纽约的市场。该市场的特点是由德国6家主要银行组成外国债券小组委员会，以自我调节方式调整债券的发行。该委员会每月召开一次会议，决定和公布发行债券的时间安排和发行量等，债券期限一般为5～10年。

总之，一般外国债券以发行所在国的特征命名。例如，外国企业在中国发行的人民币债券称为熊猫债券。据中诚信国际发布的报告，2023年以来熊猫债券热度空前，发行规模屡创新高，2024年上半年发行规模已经超过2022年全年，达到1 100亿元，同比增长54%。熊猫债券市场的扩容主要得益于中美货币政策分化下的人民币融资成本优势，同时叠加政策对扩大募资用途的支持，以及人民币在国际货币体系中重要性的上升。①

目前，外国债券市场主要在美国、日本、德国、瑞士和卢森堡等国家，其中，美国是最大的外国债券市场。

（2）欧洲债券。欧洲债券是指借款人在外国债券市场上发行的，不是以该外国货币表示面值的债券。发行欧洲债券的计价货币很多，包括美元、欧元、英镑和日元等。例如，中国借款人在英国或德国的债券市场上发行的美元债券，称为欧洲美元债券；美国公司在美国境外发行面值货币是美元的债券，也叫欧洲美元债券；中

① 中诚信国际：上半年熊猫债发行规模达1 100亿元，同比增长54%.（2024-07-25）.金融界.

国借款人在英国以外的其他国家发行以英镑表示面值的债券，称为欧洲英镑债券；在英、德、法等国发行的以日元表示面值的债券，叫作欧洲日元债券。

欧洲债券的主要特点是：

1）借款人属于一个国家，债券发行市场在另一个国家，债券面值使用的货币可以是第三国的货币或综合货币单位（如特别提款权）。

2）欧洲债券的发行与其他债券不同，除需经借款人所在国政府批准外，不需要在发行地国家办理批准手续，也不受发行地国家的法律约束和金融当局的管理。因此，欧洲债券对发行债券的审批手续、资料提供、评级条件等的要求相对于外国债券更宽松。但在发行时要声明，如果以后发生有关债券方面的纠纷，应按哪国法律仲裁。

3）欧洲债券通常由国际银行辛迪加和证券公司包销，这种债券常常在债券票面货币以外的一些国家同时销售。

欧洲债券是20世纪60年代兴起的国际债券，其发行额逐年递增，在国际债券发行总额中早已超过外国债券而占据统治地位。

欧洲债券的优点如下：

1）自由灵活。由于各国对外国债券普遍实行严格的管制和苛刻的披露要求，外国债券市场在过去许多年中并未成长起来。但发行欧洲债券不需要经过发行地国家官方批准，不需要向证券监管机关登记注册，无利率管制和发行数额限制，对财务公开的要求也不高，便于筹资者筹集资金。

2）成本较低。一是由于欧洲债券市场不存在法规管制，因而发行债券的手续费和其他费用较低，大约是债券面值的2%～2.5%。欧洲美元债券的发行成本比在美国国内市场发行债券的成本低0.125%～0.25%。二是由于欧洲债券市场的二级市场发达，且投资者购买欧洲债券所得利息收入通常免缴所得税，投资者愿意接受较低的利率。因此，欧洲债券发行人进入欧洲市场的主要目的是以相对于国内更低的成本进行筹资。

3）货币选择性强。发行人可以根据利率、汇率和筹资用途，选择某种主要货币作为债券的面值货币。

4）市场容量大。发行欧洲债券筹资数额较大，期限也较长。

(3) 全球债券。全球债券（global bonds）是指在全世界主要证券市场（主要是美、日、欧）同时发行并在全球多个证交所上市，进行24小时交易的国际债券。早期，国际债券的发行局限于某个国家或地区。20世纪80年代末，在国际资本市场日益全球化的背景下出现了全球债券。1989年，世界银行发行了第一笔15亿美元的全球债券，标志着国际债券发行市场突破单一国家和地区的限制，实现了国际化。进入20世纪90年代以后，全球债券的发行人、发行规模、发行货币和期限等方面都出现了多样化趋势，全球债券市场趋于活跃。自1989年世界银行发行美元全球债券以来，全球债券市场先后出现了加元、澳元、日元、芬兰马克、瑞典克朗和欧元等货币。全球债券的发行金额范围也逐步扩展。在全球债券形成之初，一般发行金额介于10亿～30亿美元之间。2004年，中国国家开发银行首开先河，发行了10亿美元的全球债券。2020年受到新冠疫情影响，全球债券发行量再创新高，创下2014年以来最高纪录，超过8万亿美元。①

（4）绿色债券。绿色债券是指将所得资金专门用于资助符合规定条件的绿色项目或为这些项目进行再融资的债券工具。相比普通债券，绿色债券主要在四个方面具有特殊性：债券募集资金的用途、绿色项目的评估与选择程序、募集资金的跟踪管理以及要求出具相关年度报告等。近几年，随着碳达峰、碳中和目标的提出，以绿色低碳循环发展为主题的绿色债券越来越受到资本市场关注。全球绿色债券的融资金额从2012年的52亿美元增加到2023年的5 876亿美元，增长超过100倍。②2019年以来，越来越多的中资企业选择在海外市场发行绿色债券。2020年，中资企业在境外共发行19笔绿色债券，总规模约85亿美元；2021年上半年，中资企业在境外发行29笔绿色债券，募集资金约102亿美元。2023年，中国在境内及离岸市场共发行了总额约为1 312.5亿美元的绿色债券。中资企业赴境外发行绿色债券发行量提升与近来美债利率走低有关。此外，国外绿色债券市场发展较为成熟，对于绿色债券的接受度较高，因此绿色债券整体融资利率偏低。2021年1—5月，海外绿色债券的平均融资成本为6.59%，较同期其他海外债券低2.38个百分点。③目前，境外发行绿色债券呈现品种多样化的特点，除传统绿色债券外，又衍生出气候债券、可持续发展债券等创新品种。

2. 国际债券的发行

发行债券，必须首先确定债券面值、票面利率、发行价格、期限、偿还方式等，这些称为发行条件。与发行国内债券相比，发行国际债券需要关注以下一些特殊事项。

（1）债券币种。在当今世界的大多数借贷中，美元一直占据主导地位。但20世纪90年代后期美国金融危机爆发后，美元债券市场的大门对许多国家关闭，加上美元汇率波动幅度大，且美元利率比欧元利率高很多，因此，除美元外，欧元在债券市场上成为投资者和借款人的新宠。在国际债券市场上，欧元和美元成为发行人的首选货币。例如，龙债是在亚洲地区（日本除外）发行的一种以非亚洲国家货币计价的债券。多数龙债以美元标价，也有以欧元、加拿大元等西方其他国家货币标价的。我国企业发行国际债券始于1982年。1982年1月，中国国际信托投资公司在日本发行100亿日元债券。20世纪80年代后期，中国银行等先后在东京、法兰克福、新加坡、伦敦等地发行国际债券，发行币种包括日元、德国马克、美元等。

（2）票面利率。国际债券票面利率的确定可以选择多种方式，包括固定利率、浮动利率、混合利率等。固定利率的债券在偿还期内利率固定不变，当预计发行所用货币未来市场利率变化不大时，可以选择发行固定利率的债券。浮动利率的债券在还本期限内利率不固定，要随着短期存款利率的变化定期（一般为6个月）调整。调整利率的根据是伦敦银行间同业拆放利率，通常在这个利率的基础上加息

① 2020年全球债券市场发行现状与发展趋势分析.（2021-04-02）.搜狐网.

② 香港金管局：2023年香港绿色债券发行金额521亿美元，继续保持强劲增长.智通财经，2024-11-08.

③ 企业绿色债券境外发行步伐加快.金融时报，2021-07-28.

0.25%左右。发行浮动利率债券时，通常都规定最低利率。无论在什么情况下，这种债券的利率都不得低于原来规定的最低利率。如果预计发行所用货币未来市场利率变化较大，票面利率可以选择浮动利率或者零利率。混合利息的债券在发行时把付息期限分为两段，一段按固定利率计息，另一段按浮动利率计息。如果预计发行货币未来市场利率变化在某段时间内平稳，在另一段时间内波动较大，则可以采用混合利率。前面提到的龙债多为固定利率债券，有时也有浮动利率债券。

(3) 偿还期限。过去，外国发行人在美国债券市场发行的美元债券的偿还期限一般为5～25年。近年来，由于美国通货膨胀严重和债券行情下跌，期限在10年以上的债券购买者很少，因此债券期限缩短。欧洲债券的期限通常是15年，最长可达30年。

(4) 偿还方式。国际债券本金和利息的偿还可以选择多种形式。鸡尾酒债券的本金和利息由多种货币支付。双重货币债券的利息用一种货币支付，本金则用另一种货币支付。某些债券的发行人给债券购买者提供在利息或本金支付时选择支付货币的权利。一般情况下，只限在两种货币之间做选择，当然也有在多种货币中做选择的情形。

3. 我国有关国际债券发行的规定

为了加强境外发债的管理工作，中国人民银行于1987年9月正式发布《关于中国境内机构在境外发行债券的管理规定》。该文件明确规定，中国人民银行总行是境内机构在境外发行债券的审批机关，国家外汇管理局及其分局是境内机构在境外发行债券的管理机关，负责审查、协调和监督债券的发行及所筹资金的使用和偿还等工作。2015年9月14日，国家发展改革委发布《关于推进企业发行外债备案登记制管理改革的通知》，放松企业海外发债的条件，鼓励境内企业发行外币债券，取消发行外债的额度审批，实行备案登记制管理。2016年，中国人民银行发布《关于在全国范围内实施全口径跨境融资宏观审慎管理的通知》，统一了国内企业的本外币外债管理，所有的国内企业（房地产企业和政府融资平台除外）都可以通过"全口径"模式从境外融资。这标志着我国企业发行境外债券逐步走向法治化、制度化、规范化。随着不断开辟新的国际资本市场，国际债券可以为我国经济建设筹措更多成本更低的国际资金。

(1) 发行国际债券的申报、审批程序。中国境内机构如需在境外发行债券，要以书面形式向当地外汇管理部门申请，并提交以下文件资料：发行单位最近连续3年内的业务、财务及外汇收支情况的报告；发行债券的市场及对象、发行方式、发行条件计划草案，包括债券期限、总金额、币种、利率、费用、价格估算等情况；牵头经理人（主干事）和主受托银行的债券发行设想；所筹资金的管理，对汇率、利率风险的管理措施意见；债券发行单位偿还债券本息的意见和计划。

(2) 期中资料上报。境外发行债券如获批准，发行单位从批准后到债券上市期间要向管理部门提供期中资料报告，包括在发行债券当天将发行情况报告管理部门；在发行完成后20天内，发行单位要将发行的有关文件、资料及发行总结向外汇管理部门报告并备案；债券发行后若需在债券发行地以外的金融市场上市，要事先报管汇部门备案；上市后的情况如交易量、交易价格的变化等，要随时向管汇部门报告。

（3）国际债券的发行申请。中国企业申请发行国际债券，尤其是债券筹资用于项目投资的，需准备以下资料：投资项目的可行性分析报告；投资项目的配套人民币来源及物资保证的证明文件；投资项目纳入国家或地方固定资产投资计划的证明文件；发行债券所筹资金的使用计划。

（4）发行国际债券的评级申请。发行债券如需评级机构评级，必须先向国内管汇部门提出申请并附评级机构名单、用于评级的材料、评级程序等计划资料。在国内管汇部门批准申请后，向国外评级机构提出评级申请。评级后，发行单位要在3日内向管汇部门报告评级结果。中国人民银行总行根据评级结果，决定是否批准在国外发行债券。对需要再次评级的机构，若其评级结果与前次不同，要在3日内向管汇部门报告评级结果及原因。

5.2 即测即评

（5）资金运用与本息偿还。对资金用于自身建设或经营的发行债券机构，所筹资金按批准使用并负责偿还；对受地方政府委托发行国际债券的，筹集的资金用于地方政府计划的项目，由地方政府按外汇收支计划偿还本金和利息；对受国家委托发行国际债券的，筹集的资金由国家安排使用，本息偿还纳入国家外汇支出计划，由国家负责偿还。

案例 5-2

中国中铁境外美元债成功发行

2022年6月28日，中国中铁成功完成5亿美元境外债券的发行定价工作。此次发债是中国经历新冠疫情冲击并成功控制住疫情后首个央企发行境外债券，最终认购金额高达43亿美元，认购倍数将近9倍，票面利率为4%，较同期美国国债收益率上浮0.83%，利率低于二级市场交易价格0.20%。本次发行的债券成为当年截至当时同评级、同年期中资企业境外债投资者最多、订单量最大、超额认购倍数最大、利率最低的境外美元债券，最终利率大幅低于预期，相当于年节省财务费用100余万美元。

根据以往同评级企业发行溢价平均水平和公司存量境外债券二级市场流通价值，券商初步估计发行利率在4.2%～4.35%。公司对发行窗口和市场的把握堪称精准，充分抓住并利用了投资者面临资产荒和上半年考核的困境，积极开展线上路演，吸引了全球100多家投资者的积极参与，与广大投资者充分沟通，与重点投资人重点对接，在宣布定价前5分钟，就锁定大量高质量投资订单，为最终确定较低利率价格奠定基础。

公司于2022年4月8日正式启动境外发债工作。在此期间，公司克服疫情影响，仅用81天就完成了相关法律、财务、管理层等尽职调查，香港联交所申请文件、发行文件、路演材料等起草，国家发展改革委外债登记备案，国际评级等全部工作。此次发债准备时间之短、效率之高，在近年来央企境外债项目中实属罕见。

资料来源：中国中铁境外美元债成功发行.（2022-07-12）.中国中铁网站.

案例5－3

临港集团成功发行全球首笔离岸人民币社会责任债券

2024年6月18日，临港集团在境外市场成功发行8亿元离岸人民币社会责任债券。6月26日，该笔债券在香港联交所和卢森堡交易所两地挂牌上市，成为全球首单发行的非金融企业离岸人民币社会责任债券，以及在卢森堡交易所上市的首只来自中国的社会责任债券。临港集团本次社会责任债的成功发行，进一步拓宽了全球离岸人民币投资者的资产配置资源，为推动临港新片区实现更大程度的对外开放，促进人民币国际化发展注入新动能。

本次债券由摩根大通和汇丰担任联席全球协调人，期限为3年期，最终定价3.15%，较初始价格指引收窄30个基点，订单簿峰值达34.5亿元，峰值超额认购倍数达4.3倍，最终超额认购倍数达3.5倍，发行票息创近十年同期限同类型中资非金融企业债券的最低水平，吸引众多境内外投资者的踊跃认购，同时获得欧洲、新加坡、中国香港等地知名投资机构的订单。最终定价结构中，纯境外机构投资占比超33%，非银资管、基金等金融机构投资占比高达39%，远优于同期发行的其他债券。

临港集团本次发行首创同时引入两家境外权威ESG评审机构和顾问机制——穆迪和联合绿色发展，对集团可持续发展融资框架出具第二方意见，并由摩根大通担任独家可持续发展框架结构顾问，充分体现了临港集团可持续发展的综合实力与实践成果。

成立于2003年的临港集团，是以园区开发、企业服务和产业投资为主业的上海市属大型国有企业，也是临港新片区建设的主力军、上海全市重点区域转型的生力军。拥有主板上市公司“上海临港”以及公募基础设施证券投资基金“临港REIT”。临港园区企业达18 000余家，吸纳就业超过50万人。在绿色园区打造、绿色产业引领，以及绿色金融创新等方面，临港集团坚持公司发展ESG理念与企业治理CSR体系交互融合同频发展。2023年临港集团入选全国首批“国企社会责任·先锋100指数”第16位，旗下上市公司上海临港同时入选全国首批“国企上市公司ESG·先锋100指数”第7位。因此，本次面向全球发行社会责任债，不仅体现了临港集团的可持续发展能力，还彰显了所开发的产业园区、导入的产业集群以及上海经济的可持续发展趋势。

此次募集的8亿元资金，主要用于临港重装备产业区江山路宿舍型保障性租赁住房项目，项目于2022年10月底开工，总投资预算超27亿元。预计截至2024年底，计划交付面积超34万平方米，交付套数5 713套，包括10栋14～17层宿舍楼、2栋综合楼（包括邮政局、停车楼、公交首末站等设施）、4组配套服务及商业用房和地下车库。目前，临港集团构建了包括公租房、长租公寓、蓝领宿舍的住房保障体系，提供房源37 000余套。

临港集团首席财务官杨菁表示，未来将进一步依托新片区“先行先试、开放协同”的制度创新优势，全面推进ESG体系化建设，持续履行社会责任，以金融创新探索践行国际可持续发展的新模式、新路径，在实现自身“加快打造以园区为载体的创新生态集成服务商，打响世界一流高科技园区品牌”发展目标的同时，奋力助推上海国际金融中心建设。

资料来源：临港集团首笔离岸人民币社会责任债券挂牌上市.（2024－06－26）.第一财经.

5.3 国际股权融资

国际股权融资是指一个国家的企业在另一个国家发行股票筹集所需资金的融资形式。由于股票不可退股，只能转让，因此，国际股权融资筹集的是长期资本。随着20世纪80年代融资证券化趋势的出现，国际股权融资在国际融资中的地位逐渐上升。

5.3.1 国际股权融资的主要方式

以我国企业为例，国际股权融资有两种主要方式：一是企业直接在境内的证券交易所发行B股筹资；二是企业到境外筹资，包括境外直接上市筹资、境外间接上市筹资；三是发行存托凭证融资等。

1990年1月，中国国际信托投资公司借助其香港子公司在香港间接上市融资，开创了境内企业利用国际股票市场融资的先例。随后，越来越多的企业到境外上市融资。2020年，共计166家企业在中国香港、美国股票市场成功上市，其中34家在美国上市，132家在中国香港上市。2024年，中企在境外上市的数量和融资额均呈现显著增长。以港股和美股为例，2024年前三季度，共有58家中企在境外上市，总融资规模约合人民币481.08亿元，融资规模同比上升108.990。①

1. 发行B股筹资

B股是我国境内上市外资股的简称，是以人民币标明面值，以外币（目前为美元和港元）认购、买卖的股票，采取记名股票形式，在我国境内证券交易所上市交易。

B股的产生有其特定历史条件。自我国1978年改革开放以来，许多企业迫切需要外汇资金，当时我国外汇很少，因此，国家允许企业发行B股，利用国内股票市场筹集外汇资金。1991年底，上海真空电子器件股份公司发行第一只B股。经过多年发展，中国的B股市场已经由地方性市场发展成为由证监会统一管理的全国性市场。我国一些公司通过发行B股筹集外资，在改善财务结构、转换经营机制和促进经营国际化方面发挥了积极作用。后来，由于国家批准许多企业直接到香港、新加坡、伦敦、法兰克福等地发行股票并上市，B股的重要性变小，2005年至今未发新股。利用B股融资是我国企业筹集外资的一种过渡形式。

2. 境外上市筹资

（1）境外直接上市筹资。境外直接上市是指股份有限公司向境外投资人发行股票，并将该股票直接在境外公开的证券市场挂牌上市，这种股票称为境外上市外资股。

① 中企境外上市热潮涌动，2025年IPO市场蓄势待发.（2024-10-31）.财经聚焦.

世界主要的证券市场分布在美国、欧洲、澳大利亚和中国。美国证券市场主要包括纽约证券交易所、纳斯达克市场和美国证券交易所。纽约证券交易所（NYSE）成立于 1792 年，至今已有 200 多年的历史。纽约证券交易所接受外国公司挂牌上市的条件较美国国内公司更为严格。纳斯达克市场（Nasdaq）成立于 1971 年，属于场外交易市场，它通过计算机网络将股票经纪人、做市商、投资者和监管机构联系起来，是全球第一个电子化证券市场，也是目前世界上最大的证券交易市场。它服务的对象主要是高科技企业。美国证券交易所（AMEX）位于纽约华尔街，交易规模与 NYSE 相似，但主要服务于中小型企业，股票价格相对较低。

欧洲证券市场主要有伦敦证券交易所、巴黎证券交易所、法兰克福证券交易所等。伦敦证券交易所成立于 1773 年，是欧洲最大的证券交易所，也是世界上最大的国际证券交易中心之一。巴黎证券交易所成立于 1724 年，是法国最大的证券交易所。法兰克福证券交易所成立于 16 世纪，在欧洲仅次于伦敦证券交易所，被誉为世界第四大证券交易所。

澳大利亚证券市场包括澳大利亚证券交易所、亚太证券交易所。澳大利亚证券交易所是澳大利亚最大的交易所。2008 年宝泽金融集团收购澳洲太平洋交易所，改名为亚太证券交易所。

亚洲证券市场主要有东京证券交易所、新加坡的证券市场、香港交易所以及中国内地的证券市场。东京证券交易所建立于 1878 年，该所内部设第一部和第二部，后者的上市标准低于前者。新加坡的证券市场包括新加坡证券交易所和新加坡股票交易自动报价市场。新加坡证券交易所成立于 1973 年；新加坡股票交易自动报价市场于 1987 年成立，目的是让具有良好发展前景的中小企业筹集资金以支持其业务发展，对申请上市公司的税前盈利、上市市值、资本额都没有要求。香港交易所（HKEX）的前身可以追溯至 1891 年，后期经历多次变革和合并。现在的香港交易所由四家证券交易所于 1969 年合并而成，并于 1986 年 4 月正式运作。一些大型、基础性产业及有较好盈利记录的企业可以选择在香港交易所主板上市。香港创业板成立于 1999 年，是一个完全独立的新的股票市场，其宗旨是创造一个让从事工业、创新科技行业等高增长的小规模公司上市融资的市场。中国内地证券市场的发展也很迅猛。1990 年 12 月 19 日，上海证券交易所开业；1991 年 7 月 3 日，深圳证券交易所开业；2021 年 11 月 15 日，北京证券交易所正式挂牌开业，主要服务于创新型中小企业，特别是专精特新“小巨人”企业，致力于完善多层次资本市场体系，支持中小企业发展。30 多年来，中国证券市场从无到有，从小到大，如今已跻身全球第二大证券市场。

表 5 - 1 提供了 2023 年全球不同国家和地区证券交易所排名的相关信息。

表 5 - 1　全球证券交易所的排名情况（2023 年）

地区	交易所名称	市值（万亿美元）	上市公司数量（家）	排名
北美洲	纽约证券交易所	24.92	2 324	1
北美洲	纳斯达克市场	20.58	3 505	2

续表

地区	交易所名称	市值（万亿美元）	上市公司数量（家）	排名
亚太地区	上海证券交易所	6.6	2 249	3
亚太地区	东京证券交易所	5.75	3 419	4
亚太地区	深圳证券交易所	4.38	2 827	5
亚太地区	香港交易所	4.1	2 603	6
亚太地区	印度证券交易所	3.7	2 270	7
欧洲	伦敦证券交易所	3.29	1 881	8
欧洲-非洲-中东	沙特证券交易所	3.06	297	9
欧洲	加拿大证券交易所	2.81	3 498	10

资料来源：2023年底，全球10大证券交易所排行.（2024-01-08）.搜狐网.

我国企业的境外上市外资股采取记名股票形式，以人民币标明面值，以外币认购。目前，我国公司发行的境外上市外资股主要有H股、N股、S股。H股是一种以港元认购及买卖，在香港交易所上市的股票；N股以美元认购及买卖，投资者为美国及海外自然人、法人和其他组织，发行后在美国证券交易所公开上市、交易；S股则是中国企业在新加坡发行并上市交易的股票。总之，在国外发行上市的股票一般以发行上市地地名的首字母来代表。

前些年，我国大多数企业都将上市目的地选在我国香港、美国和新加坡。这是因为香港是世界十大证券市场之一，具有完备的市场体系和自由的投资环境，是亚太地区流动性最好的资本市场，也是内地企业进入国际市场的跳板。美国有世界上最发达的股票市场，具有规模大、技术先进、管理严密、资金富裕、市盈率高、稳定性好、行业齐全和知名度高等优势，也是我国企业境外筹资优先选择的主要市场。我国企业到新加坡市场发行股票和上市也有许多有利因素：新加坡是亚洲美元中心，股票市场发达；78%的新加坡人具有华人血统，能更好地理解我国企业的经营理念；在新加坡发行股票和上市的门槛较低，上市费用不高，上市所需时间较短。

（2）境外间接上市筹资。境外间接上市筹资是指我国内地企业以其在中国香港或外国注册的公司名义在境外发行上市。在间接上市方式下，国内企业股票不直接在境外上市，而是通过某个特定的“壳”，达到间接上市、获取国际资本市场资金的目的。这里所说的“壳”是指已在境外证券交易所上市或能够比较容易取得境外证券交易所上市资格的公司，我国企业可以借助这个“壳”取得间接上市资格。

国内企业境外间接上市可以分为买壳上市和造壳上市。买壳上市是指国内企业购买一家已在境外上市的公司部分或全部股权，以取得对该上市公司的控股地位，通过向上市公司注入国内企业资产的方式，不断扩展上市公司的规模，进而利用上市公司的优势在国际资本市场上筹集资金，以达到国内企业境外间接上市的目的。买壳上市手续简单，节约时间，但是要选择一家合适的壳公司并非易事。一般来说，所购买壳公司从事的行业应与购买者公司基本相同或相关，以便于重组和衔接；所购买壳公司的股权结构应该比较简单，以便于对其进行收购控股。

造壳上市是指我国企业在境外证券交易所所在地或其允许的国家或地区设立一家控股公司，然后以该控股公司申请境外上市，筹集的资金投资到国内企业，从而达到国内企业到境外间接上市筹资的目的。与直接发行股票上市方式相比，造壳上市是以一家境外未上市公司的名义申请发股上市，相对于国内企业直接申请到境外募股上市要容易一点。与买壳上市相比，造壳上市的成本与风险相对要低，因为造壳上市是有目的地设立公司，而买壳上市却要花费很大代价去购买壳公司，购买不当，很容易造成损失，风险较大。但造壳上市的最大缺点是从境外设立公司到最终发行股票历时较长，且国内企业必须先拿出一笔现汇或其他资产到境外注册设立壳公司。

3. 发行存托凭证融资

存托凭证（depository receipt，DR）又称存券收据或存股证，是指在一国证券市场上流通的代表外国公司有价证券的可转让凭证，属于公司融资业务范畴的金融衍生工具。

存托凭证根据上市地的不同，可以分为美国存托凭证（ADR）、欧洲存托凭证（EDR）、香港存托凭证（HKDR）、新加坡存托凭证（SDR）。如果发行范围不止一个国家，就称为全球存托凭证（GDR）。ADR是一种代表外国公司拥有股权的可转让证明，可在美国证券市场以美元报价、交易。20世纪90年代早期，非美国私有化企业发行美国存托凭证在美国上市融资，促进了ADR市场的发展。因此，ADR是世界上出现最早、运作最规范、流通量最大的存托凭证。根据美国证券法，ADR可被看作美国国内证券，任何外国公司想在美国融资或吸纳美国投资，均可发行。

存托凭证种类很多，按用途不同可分为不同的等级。以ADR为例，一级存托凭证是将公司现有已发行的股票通过一家存托银行，采用ADR方式在美国的场外交易市场交易。目前市场交易中的ADR大多数是一级ADR。一级ADR是一家公司进入美国资本市场的最简便方法之一，具有如下特点：不必遵循美国公认会计原则；不必完全符合美国证券交易委员会（SEC）的公开性要求；ADR所代表的股票不必在SEC注册登记，也不必遵从其报告要求；企业只需向SEC递交20-F登记表（年度报告表），获准之后便可自动升级为二级ADR，在纽约证券交易所和纳斯达克市场公开上市交易。二级ADR是挂牌上市的ADR，可以在美国的全国性交易所上市，但不能在美国证券市场公开发行。三级ADR是指可以在美国公开发行股票筹资，并在美国主要证券交易所或纳斯达克市场上市的存托凭证。

非美国公司运用ADR融资，既可以规避在美国发行股票的一些披露要求，又可以利用美国资本市场的资金。中国电信公司、芬兰的诺基亚公司等都曾在美国发行存托凭证。

5.3.2　国际股权融资的优缺点

随着企业国际化经营的发展，国家间的经济联系越来越密切，各国企业利用发行国际股票的形式在国际资本市场上吸引外资将成为必然趋势。

1. 国际股权融资的优点

（1）为企业提供一条源源不断的融资渠道。国际股票市场可以为处于成长发展阶段的公司提供重要资金来源。1992年10月，华晨汽车在美国上市，开创了中国公司赴美上市的先河，到目前为止，我国已有1 000多家公司在美国上市。除此之外，在世界其他主要资本市场，如香港、新加坡、法兰克福等，也有大量中国企业上市融资。公司上市后，可以通过向老股东配股、发行可转换债券和认股权证等与股权相关的形式，实现从国际资本市场多次筹资的目的。

（2）有利于上市公司在海外树立形象。境外上市为公司提供了许多宣传机会。如新股发行时的推介宣传、交易所的挂牌上市、每年发布的业绩报告、重大事项的披露等，境外交易所将公司的名字展现在境外投资者天天都要关注的股票行情显示屏上，这对企业是一种最有效、最持久的宣传和推介，可以使公司获得广泛影响，大大提高公司在海外市场的知名度。这对于公司在国际市场上的产品销售、原材料采购和寻找新的合作伙伴有很大的帮助。

（3）有利于改善公司的资产负债结构。境外上市可以使公司改善内部资本结构，降低负债率，这样，公司在利用银行贷款、发行债券等融资途径时，可以处于更有利的地位。

（4）便于收购国外公司。国际经济一体化为中国公司跨国并购提供了有利的机会。通过境外上市，中国公司可以利用所持有的境外股份来收购别的企业，无须花费大量现金。

2. 国际股权融资的缺点

（1）上市公司需要向公众公布很多信息。公司发行上市时公布的招股说明书，内容涉及公司历史背景、经营现状和发展前景等详细资料，公司上市后还要定期披露经营业绩、财务报告以及公司重大的收购和资产清理行为。

（2）筹备上市时需要投入大量的时间、人力并增加费用开支。公司境外上市手续复杂，公司管理层既要准备一系列文件，与有关的政府部门联系并取得后者的批准，又要回答中介服务机构提出的各种问题，这是一个既费时又费力的过程。同时，境外发行上市需支付一定的费用，主要支付给有关的中介服务机构（如承销商、会计师、律师等）及上市场所。公司上市后，每年的审计费用和律师费用将会增加，主要用来向股东提供年度财务报告、发布股东投票说明以及维持与股东之间的联系等。

（3）上市公司管理将受到一定限制。公司上市后，管理层要对广大股东负责，公司的重大事情须经股东大会投票决定，管理层的决策不像上市前那样方便。有时，公司管理层为了维持公司股票在二级市场上的形象和自身的利益，在一些投资项目上的决策会侧重短期利益，这会影响公司的长远发展。

5.3.3 我国有关境外上市的规定

为了规范我国公司境外上市行为，1996年6月17日，国务院证券委员会发布

《关于推荐境外上市预选企业的条件、程序及所需文件的通知》，要求境外上市的公司满足以下条件：

（1）符合国家产业政策，企业应属于国家允许外商投资的行业。

（2）企业有发展潜力，急需资金。

（3）企业具有一定规模和良好的经济效益。申请企业应有连续3年的盈利业绩，企业改组后投入上市公司部分的净资产规模一般不少于4亿元人民币，经评估或估算后的净资产税后净利润达到10%以上，税后净利润规模达到6 000万元以上，企业发行股票后国有股的比例应超过51%。

（4）对国务院确定的现代企业制度试点企业，试点取得明显进展的，同等条件下适当优先考虑。

（5）企业发行境外上市外资股筹资额预计达到4亿元人民币以上。

（6）企业有一定的创汇能力，创汇水平一般需达到税后净利润额的10%以上。

（7）企业有一定知名度和经营管理水平。

2012年，为更好适应境内企业特别是中小企业的融资需求，服务实体经济发展，中国证监会出台了新的股份公司境外发行股票监管指引，取消了对企业盈利能力、资产规模的限制，只要股份公司符合境外上市地的上市条件，就可以向中国证监会提出境外发行股票和上市申请。

5.3 即测即评

案例5-4

宁德时代提交港股上市申请

2024年2月11日，动力电池巨头宁德时代正式向香港联交所递交发行境外上市外资股（H股）并在香港联交所主板挂牌上市的申请。据宁德时代透露，此次港股上市募集的资金将重点用于海外产能扩张、国际业务拓展及境外营运资金补充，为公司长期国际化战略提供资金支持。

H股招股书显示，2024年1—9月，公司实现总收入达2 590亿元，归母净利润361亿元，同比增长15.7%。毛利率方面，受益于宁德时代的创新产品优势等原因，2024年1—9月宁德时代毛利率同比增加5.7%～25%，反映公司在成本控制与技术溢价能力方面的提升。截至2024年9月30日，宁德时代现金储备达2 818亿元（其中含220亿元理财产品及结构性存款），资产负债率长期保持相对稳定。

宁德时代是全球最大的锂电池生产商。招股书显示，宁德时代动力电池使用量自2017年以来连续8年全球市占率稳居第一，储能电池出货量自2021年以来连续3年全球市场市占率稳居第一。根据韩国市场调研机构SNE Research数据，2024年1—11月，宁德时代以28.6%的同比增速继续保持全球第一的位置。中国汽车动力电池产业创新联盟最新数据则显示，2024年宁德时代国内动力电池装车量达246.01 GWh，市占率为45.08%，较2023年高1.89%，稳居第一。

近年来，宁德时代不断加码海外业务布局，已在海外布局多个电池工厂。2024年12月，宁德时代宣布与全球知名汽车制造商Stellantis携手在西班牙设立合资公司，该工厂系宁德时代在欧洲的第三个重要电池生产基地。海外建厂及运营需大量欧元、美元等外汇储备。根据公开披露信息，截至2024年6月，宁德时代美元及欧元外币余额分别为67.35亿美元及38.58亿欧元，难以覆盖欧洲等地动辄数十亿欧元的投资及持续的海外战略布局需求。

此次H股上市，宁德时代认为可有效储备外汇资金，为海外项目提供充足“弹药”支撑，并能通过国际化的资本平台增强跨境资源整合能力，进一步配置全球资源，提升公司的运营效率和盈利能力。此外，借助国际资本的力量，宁德时代有望加强与全球产业链上下游企业的深度合作，加速推动业务拓展和技术革新。

资料来源：海外持续布局“弹药”受限，宁德时代提交港股上市申请.（2025-02-11）.澎湃新闻.

5.4 国际贸易融资

5.4.1 国际贸易融资的概念与分类

国际贸易融资是指与国际贸易有直接联系的融资，这是国际融资中最古老的一种融资方式。出口商在从制造产品、运输到销售的过程中，或者进口商在进货过程中，往往需要获得风险小、成本低的融通资金。

在国际贸易中，出口方对资金的需求表现在两个阶段：一是从出口方与进口方签订销售合同到组织货物出口阶段，在此阶段，出口方可能出现资金困难的情况，比如出口方利用自有资金购买货物，存放在仓库里，占用了资金；二是从货物运出至收到货款阶段，由于出口方交货与收到货款往往不同时发生，出口方有在途资金占用问题，而在赊账方式下，出口方还面临进口方延迟付款的资金占用问题。

进口方对资金的需求也表现在两个阶段：一是从进口方与出口方签订销售合同至收到货物之前，在此阶段，进口方可能向出口方预付货款或者开立信用证等，占用了资金；二是进口方收到货物至该货物效益实现之前。对处于商业流通领域的进口方而言，进口的目的是将货物转售出去以获得差价利润，那么在该货物转手之前存在资金占用问题，而在进口大型机械设备或大量工业材料进行生产和加工时，资金占用的时间更长。贸易双方在不同阶段对资金的需求各异，提供融资的对象可能因不同的贸易条件而有所不同，不同的国际贸易结算方式提供的融资方式也可能不一样。下面就国际贸易融资的主要形式进行简单的介绍。

1. 按融资期限分类

在各种国际贸易融资形式中，融资期限短则几十天，长则数年。融资期限在1年以下的短期贸易融资有打包放款、进出口押汇、贴现、国际保理业务、预付款、信用证（或商品）抵押放款、透支等。融资期限在1年以上的中长期贸易融资有出口信贷、福费廷业务等。

2. 按接受贸易融资的对象分类

国际贸易融资中，根据资金接受的对象可分为对出口方的融资和对进口方的融资。

对出口方的融资主要有：进口方提供的预付款；保理商提供的国际保理业务；包买商提供的福费廷业务；银行提供的打包放款、进出口押汇、贴现、信用证抵押放款、凭信托收据贷款等。

对进口方的融资主要有：出口方提供的赊账交易、托收结算方式下的承兑交单；银行提供的承兑信用、信用证开证额度、透支、商品抵押放款、凭信托收据贷款等。

3. 按与国际贸易结算的密切程度分类

国际贸易中使用的结算方式主要有四种：预付款、托收、信用证和赊账。国际贸易融资往往因国际贸易不同而有不同结算方式。

5.4.2　对出口商的信贷融资

1. 进口商对出口商的预付款

进口商在收到货物单据之前就付出全部或部分货款，这就是进口商对出口商提供了预付款。进口商对出口商提供预付款，就其性质而言可分为三种情况。

(1) 属于商业信用性质的预付款。如果交易双方信誉较好，交易往来密切，相互信赖，交往中很少或没有出现任何商业风险，除预付款外，甚至可以采取记账方式交易或采取定期付款方式。

(2) 属于正常、平等交易性质的预付款。这可分两种情况：一种是保证性质的预付款，即进口商支付给出口商的预付款。出口商往往担心在供货期内货价下跌，进口商单方拒绝执行合同，进口商的预付款就是为此做出的保证。其金额通常应当足以抵补货价可能下跌的额度或可能撕毁合同时出口方货物往返运输、转运、已缴纳保险费等费用开支。这些订金预付要求是合理的、平等的。另一种是出口商生产国际购货者需要的货物所需投资过大，或装船前所需仓储设备较多，出口商要求进口商给予较大比例的预付款。另外，进口商为了获取比较有利的货价或者急需出口商的货物、资本、设备、零配件而给予出口商较多的预付款。这也是平等互利、正常合理的。

(3) 属于不平等、欺压性的预付款。主要表现在发达国家对发展中国家的交易上。例如，发达国家在收购发展中国家的初级产品时条件苛刻，出口商因急需货款而被迫接受；发达国家出售先进设备时经常对发展中国家的进口商提出过分的预付款要求。

2. 银行对出口商的信贷融资

各国银行对出口商的信贷都采取积极支持、防范风险、有贷有还、及时清偿的方式，分阶段进行。

(1) 银行的无抵押品贷款。这是指为了支持出口，专门给出口商品的生产商提供的贷款。尤其是生产厂家取得出口商获得的国外订单的保证之后，银行即可办理无抵押品贷款。

（2）银行凭信托收据贷款。这是指国内生产商发货给出口商，由委托银行负责向出口商代收货款。这时出口商货未销出，无款可付，可以凭信托收据先提货装船，银行凭信托收据给出口商贷款融资。

（3）出口商品抵押贷款。这是指出口商有一定的出口商品储备，可以用这些商品作抵押获得银行贷款，其数额为商品价格的60%左右。若货价下跌，出口商要提供其他商品作保证。

（4）打包贷款融资。这是指在亚洲的一些发展中国家以打包待运的出口货物作为抵押品，通过银行得到的融通资金。银行根据出口商填写的打包贷款申请上规定的用途，给出口商另立户头，由出口商陆续支用，而不是一次提取。

（5）在途货物抵押贷款。这是指以货物提单为抵押品从银行得到的贷款。这种货物提单是指装船后的货物提单而不是待运提单。出口商以这项贷款来偿还国内出口货物抵押贷款，体现随借随还、有借有还的原则。

（6）异国存储贷款。这是指出口商的货物尚无购货订单就先行装运出口，将货物储存在进口国，以该批货物作为抵押品向进口国银行取得的贷款。

（7）福费廷（forfating）业务。福费廷业务又称包买业务，是指出口商把经过进口商承兑和进口商银行担保的期限在6个月至10年的远期汇票或本票，在无追索权的基础上出售给出口地银行或金融公司，提前取得现金的一种融资形式，福费廷业务中提供融资的银行或金融公司称为福费廷公司或包买商，通常是国际性大银行的附属机构。

福费廷融资具有以下特点：第一，福费廷融资中的债权凭证（如汇票、本票等）产生于合法的国际资本性贸易往来。第二，出口商把远期应收账款债权一次性卖给福费廷公司，同时也把进口商信用风险、担保风险、进口国国家风险、利率和汇率风险、应收账款账户管理和收款等事宜转移给福费廷公司。第三，福费廷公司对出口商的融资为无追索权融资，所以，福费廷公司会要求购买的债权凭证需由进口国一家信誉卓著的银行或金融机构担保。第四，福费廷融资是一种中长期融资，融资期限一般在半年以上，最长可达10年。

5.4.3 对进口商的信贷融资

对进口商的信贷融资分两种情况：一是出口商向进口商提供的信贷融资；二是银行向进口商提供的信贷融资。

1. 出口商向进口商提供的信贷融资

出口商向进口商提供融资，通常是为了增强对进口国的吸引力，提高其向提供贷款国订货的积极性。例如，规定进口商获得出口商的贷款必须用于出口商的商品购买，有的还具体规定商品的一半以上要由出口国制造，或规定由第三国制造的商品不能超过15%，等等。为了推动出口，有的国家还规定贷款利率低于国际金融市场的利率，利差由出口国政府补贴。某些国家还建立了由政府支持的专门办理出口信贷业务的担保机构，为出口商向进口商的信贷提供担保和保险。

2. 银行向进口商提供的信贷融资

（1）银行对进口商的直接融资。西方国家经常使用的方式是商品抵押贷款，即进口商向银行申请委托，并开立以出口商为受益方、凭货物单据支付现款的信用证，以取得现款融资。也可以采取透支融资的办法，即银行允许给关系密切的进口商企业提供透支信用，向银行签发超过其账户余额的支票以融通急需的资金。

（2）承兑汇票贴现。这是一种提供给进口商的短期融资方式。在出口商要求进口商用现金支付的情况下，进口商可以通过银行信用，与银行签订协议，向银行签发汇票，由银行承兑。进口商持银行承兑汇票在市场贴现，以贴现所得现款支付给出口商。承兑汇票贴现业务也称再融通业务。

（3）承兑信用。这是指进口商通过银行承兑汇票偿还出口商的货款，是银行为外贸企业融通资金的主要方式。承兑信用业务中，银行应进口商的申请，对出口商开出的远期汇票进行承兑，从而向进口商提供信用。承兑行并不负责垫付资金，它所贷出的是自己的信誉，以换取承兑手续费。银行承兑对各国进口业务有很大的促进作用，前提是进口商与银行必须商量妥当，请银行承兑出口商汇票。出口商为了防范风险，防止进口商无力支付，也要求汇票由银行承兑。这样，出口商直接向自己往来的银行提出汇票，连同货物单据，要求议付银行收回货款。议付银行将汇票及单据寄给其代理行并转交给进口商银行。进口商银行凭货物单据承兑汇票，这就支持了进口商，为进口商融通了资金。进口商必须在付款日前将货款支付给承兑银行，以便承兑银行能及时给出口商兑付签发的汇票。办理承兑的银行也可以是第三国银行，以替代进口商银行，其他手续相同。

（4）信用证融资。在国际贸易中，进口商通常不愿意预付货款，尤其是在对出口商信誉不熟悉且不能确认出口货物已发运的情况下，而信用证起到了对进口商的保证作用。银行在依照信用证中规定的条件办理承兑、议付和保兑信用证的过程中起到了融资作用。其融资过程是：进口商与出口商达成协议，同意以信用证方式支付货款；出口商向进口商银行（开证行）申请信用证；经开证行同意后，进口商取得与进口所需货款数额相同的信用证；在国外出口商货物装船之后，出口商通过出口商银行开出汇票，连同货物提单等单据交给开证行提示付款；开证行验证单据完全符合信用条件后，向出口商兑付汇票；进口商收到货物提单，再从货主处提货。

5.4 即测即评

案例 5-5

工银巴西向隆基绿能提供进口贸易融资

2024 年 4 月，随着中国工商银行（巴西）有限公司（以下简称“工银巴西”）向中国新能源设备供应商隆基绿能科技股份有限公司支付 1.6 亿元人民币设备合同进度款，中广核巴西能源控股有限公司（以下简称“中广核巴西公司”）首笔人民币进口贸易融资成功落地。此次人民币进口贸易融资是中广核巴西公司结合自身国际化业务所做出的创新性尝试，为推动人民币国际化进程提供了又一成功案例，同时也实现了在建工程项目造价的有效控制，具有良好的经济效益和示范效应。

作为中国广核集团扎根南美的平台，中广核巴西公司承担了发展南美业务的重要职责。2024年初，中广核巴西公司位于巴西东北部塞阿拉州的拉戈伊尼亚光伏项目工程启动。该项目总容量165兆瓦，采用中国国产光伏组件和逆变器。工银巴西与中广核巴西公司签署人民币进口贸易融资合同，为项目设备采购提供贷款。

该笔业务是工银巴西成为在巴西境内的人民币清算行后，推动跨境人民币业务的又一重要突破。近年来，中巴经贸往来日益密切，合作资金不断增加，本次人民币进口贸易融资成功落地有助于提升人民币在中巴贸易和投资中的占比，为中巴经贸往来与金融合作注入新活力。

资料来源：中广核巴西公司首笔人民币进口贸易融资成功落地.（2024-04-26）. 新华网.

5.5 国际租赁融资

5.5.1 国际租赁融资的概念

国际租赁是指跨越国境的租赁业务，即在一定时期内，一个国家的出租人把租赁物件租给另一个国家的承租人使用，承租人分期支付相当于租赁物件总价值（指价款、运输费、保险费等项合计）加利息、利润的租金。租赁期满后，租金支付完毕，租赁物件原则上归出租人所有，由其收回后继续向别的承租人出租，但也可以在承租人支付物件的象征性价格后，转归承租人所有。

与其他形式的租赁业务一样，国际租赁实质上也是以出租实物的形式代替向承租人直接发放贷款。不同之处在于，在国际租赁中，或者是承租人与出租人分别处于两个不同的国家或地区，或者是租赁物件涉及进出口问题。在形式上，租赁物件除有形物以外，与有形物相联系的无形资产如技术专利、诀窍也可以一并作为租赁对象参加交易。

5.5.2 国际租赁融资的利弊

1. 国际租赁融资的好处

国际租赁融资对承租人的有利之处主要包括：

（1）能充分利用外资。同出口信贷相比，利用租赁形式引进设备实际上是得到全额融资，可以用较少的资金达到利用更多外资的目的。

（2）有利于企业的技术改造。与企业自身购买设备相比，国际租赁融资的好处在于，除了可以少投入资金外，企业还可以经常更换租赁设备，保持技术的先进性，维持产品的市场竞争力。

（3）不受国际通货膨胀的影响。租赁合同经双方认可后，租赁金额就固定下来，在整个租赁期内不会变动，不会因国际通货膨胀或国际贷款利率的改变而改变。

（4）效率较高。与传统的信贷融资相比，国际租赁融资可以发挥银行和进出口贸易公司的双重作用，既可以解决资金借款，又可以直接向外国订货并办理出口手续，方便、快速、灵活，减少了中间环节。

（5）有利于适应暂时性和季节性需要。有些设备在生产中的使用次数不多，却又不可或缺，如探测仪器仪表等；有些设备受生产的季节性影响较大，使用的时间少，闲置的时间多，如农用设备等。如果购置备用，会造成积压浪费。采用租赁形式，既便利又节约，能节省保管和维修费用。

（6）能减少盲目引进带来的损失。企业购买引进设备，一旦发现所生产产品不符合国内外市场的形势和要求，要想将设备很快脱手相当困难。若压价出售，会使企业蒙受不必要的经济损失；暂时闲置不用，又会使企业背上沉重的包袱，占用资金；勉强维持生产，产品可能销售不出去，会造成更大的损失。采用租赁方式灵活方便，如果发现情况不好，可立即退租，使企业损失降到最低。

2. 国际租赁融资的不利之处

国际租赁融资对承租人的不利之处主要包括：

（1）租金高昂，比用现汇或外汇贷款购买的代价高，从而提高产品的生产成本。通常情况下，租金高出的幅度可达 12%～17%。

（2）在租赁期间，承租人只有使用权，设备的所有权仍属于出租者。因此，承租人不能将租赁物进行技术改造、抵押或者出售。

（3）租赁设备在租用期满后的残值仍属于出租人。采用经营租赁方式，如果承租人对设备使用期间的租金没有仔细调查，没有考虑租用设备的使用寿命及利用率，容易造成损失。

（4）如果设备利用不充分，长期按规定支付租金，会使生产成本增加。

5.5 即测即评

（5）租赁合同经双方签订认可后，一般不得随意终止。如果一方毁约或不履行有关条款，就要赔偿对方的损失，且罚款较重，因此应慎重考虑。

案例 5－6

上海吉祥航空融资租赁飞机首航成功

2024 年 6 月 19 日下午，上海吉祥航空一架空客 A320 客机由上海浦东机场起飞，平稳降落在大连周水子国际机场，标志着东北地区首架保税融资租赁飞机首航成功。

飞机融资租赁被全球称为“租赁业皇冠上的明珠”，具有技术含量高、附加值高、操作难度大等特点，是目前国际航空、航运租赁业的普遍做法。这架落地大连的空客 A320 飞机价值 6 400 万美元，是以上海吉祥航空股份有限公司为承租人，以中银金融租赁有限公司在大连自贸片区大窑湾综合保税区内设立的项目公司为出租人，通过保税融资租赁方式购入。此单飞机保税融资租赁业务的成功落地，实现了东北地区飞机融资租赁业务的“零突破”，为东北地区航空金融事业发展提供更多实践经验。

大连自贸片区协同海关、税务、外汇、金融机构开展跨区域、跨部门、跨领域协同集成创新，逐一破解飞机融资租赁业务落地过程中的堵点难点，为吉祥航空和中银金租等企业建立了“一点对接、全面响应”的营商服务体系。下一步，大连自贸片区将谋划航空发动机、机场地面设备等融资租赁业务，积极拓展海洋船舶、海工装备、机车、石化装备等融资租赁领域，打造金融服务实体经济的新模式。

资料来源：东北地区首架保税融资租赁飞机在大连首航.（2024-06-19）. 央视新闻.

名词术语

国际融资	国际信贷融资	国际债券融资	国际股权融资
存托凭证	扬基债券	武士债券	猛犬债券
欧洲债券	全球债券	国际租赁融资	国际贸易融资

练习题

一、思考题

1. 国际融资相对于国内融资有哪些特点？

2. 相对于国内融资来说，国际融资的风险较大，为什么国际企业还要积极进行国际融资？

3. 融资决策中应考虑的最重要因素是资本成本率，那么国际融资中资本成本率的计算有何特殊之处？

4. 国际融资有哪些方式？各有什么优缺点？

5. 我国的国际企业采用了哪些方式进行国际融资？试分别举例说明。

6. 国际信贷融资有哪些基本类型？

7. 在国际信贷融资中，国际金融机构贷款与国际商业银行贷款有何区别？

8. 国际金融机构贷款的基本特点是什么？

9. 我国国际企业进行国际股权融资主要有哪些方式？

10. 我国国际企业去海外发行股票通常选择的地点为中国香港、美国、新加坡等地，为什么会选择这些股票市场？在选择上市地点时应当考虑哪些因素？

三、课后上网练习

以你在第1章课后上网练习中选定的中国国际企业为主体，上网收集相关信息，回答以下问题：

（1）该公司是否进行过国际融资？主要采取了哪些融资方式？

（2）如果该公司曾经在国际资本市场中发行过股票或者债券，详细描述具体过程，包括发行时间、发行地点、发行价格、承销商、筹资金额等。

四、真实案例在线文章

在网上查找一篇近期的文章。文章内容（最好与某一特定国际企业有关）能够诠释本章所阐述的一个或多个概念，可以使用的搜索关键词包括国际金融市场、国际股权融资、境外上市、外国债券等。

五、推荐书目/视频/网站

1. 凯里，等. 资本之王：全球私募之王黑石集团成长史. 杭州：浙江人民出版社，2017.

2. 刘易斯. 说谎者的扑克牌：华尔街的投资游戏：第 3 版. 北京：中信出版社，2013.

3. 史蒂文斯. 华尔街之狼. 杭州：浙江大学出版社，2013.

4. 埃利斯. 高盛帝国：第 2 版. 北京：中信出版社，2015.

5. 彻诺. 摩根财团. 上海：文汇出版社，2017.

6. 上海证券交易所网站.

7. 深圳证券交易所网站.

8. 香港联合证券交易所网站.

9. 美国纽约证券交易所网站.

第6章　国际融资决策

知识要点

国际短期融资决策及风险规避
国际长期融资决策及风险规避
国际资本成本的含义及估算
国际资本结构及影响因素

思维导图
视频讲解

章前预习与思考

全球资本市场的融合使许多企业能够在本土资本市场外获得新的、更廉价的资本，这些企业也因此能接受更长期的项目并在资本扩张方面投下重金。本章介绍国际长短期融资决策、资本成本、资本结构等内容。

6.1　国际短期融资

6.1.1　国际短期融资方式

所有公司都要定期筹集短期资金。对国际企业而言，除了可以从本国金融市场获得经营活动所需短期资金外，还可以从国际金融市场筹集短期资金。一般来说，国际短期融资方式主要有以下几种：

1. 内部短期融资

国际企业的母公司或子公司在寻求外部融资前，首先应该核查其他子公司的现金流，以确定是否有可利用的内部资金来源。

国际企业的母公司或子公司还可以通过提高向其他子公司销售的产品价格来融资。这种方法比从子公司借款更为可行，因为可以避免政府管制或政府征税。有时，这种方法会受到子公司所在国政府的限制。

2. 短期债券

国际短期债券的种类很多。近年来，国际企业经常发行的一种短期债券是欧洲债券。这种债券的利率以欧洲银行间同业拆放利率为基础，是欧洲和其他国家银行之间内部贷款的利率。短期债券的期限一般为 1 个月、3 个月或 6 个月。一些国际企业将其连续滚动，成为中期融资的一种形式。

3. 短期贷款

如果不能获得其他形式的短期资金来源，国际企业可以通过向国际金融机构或国际银行直接贷款获得所需资金。大多数国际企业都与全球范围内多家银行保持着信贷关系。

4. 其他融资方式

其他融资方式包括国际贸易融资和经营性租赁。融资期限在 1 年以下的国际贸易融资有打包放款、进出口押汇、贴现、国际保理业务、预付款、信用证（或商品）抵押放款、透支等。这些贸易融资方式可以为国际企业提供短期资金。经营性租赁（operation lease）通常适用于一些需要专门技术进行保养以及技术更新较快的设备。这一租赁方式也是国际企业获得短期资金的重要方式。

6.1.2　国际企业为何注重短期外币融资

不论国际企业的母公司或子公司采取何种融资方式筹集短期资金，都必须进行的一项重要决策是借入何种货币。有时，即使国际企业的母公司或子公司需要本国货币，也可能愿意借入外币。主要原因如下：

1. 利用外币融资抵消外币应收账款

国际企业可以借入外币资金以抵消公司在该种外币上的应收账款头寸。例如，一家中国公司拥有以欧元计价的应收账款，如果公司需要短期资金，可以借入欧元并将其兑换为人民币，满足现在的资金需求。当以欧元计价的应收账款收回时，就可以用收回的欧元偿还贷款。国际企业利用外币融资，可以消除外币应收账款的汇率风险。如果外币融资的利率比本国低，这种外币融资方式就很有吸引力。

2. 利用外币融资降低资金成本

即使国际企业并不需要利用外部融资抵消外币应收账款头寸，如果外币的实际融资利率低于本国融资利率，也可以考虑借入外币融资。

图 6 - 1 比较了 2013—2023 年一些国家的 1 年期贷款利率。总体来看，由于每

个国家的经济发展状况和面临的通货膨胀率不同，贷款利率也不相同。

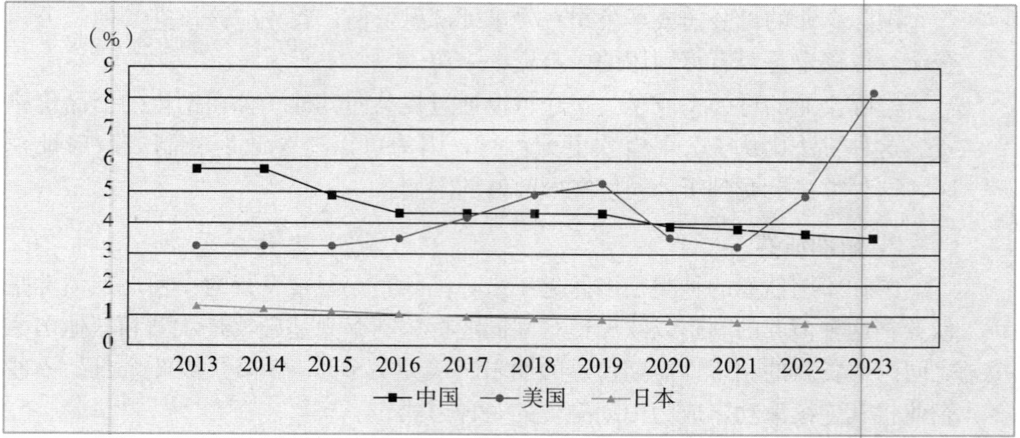

图6-1 各国贷款利率比较（1年期）

注：原始数据来源于Wind数据库，编者自行绘制。

国际企业即使需要本币，也可以考虑在国际金融市场上利用外币融资，以降低融资成本。假设一家中国国际企业在经营中需要人民币，人民币的融资年利率为12%，美元的融资年利率为8%。如果贷款期内美元与人民币的汇率保持不变，则中国国际企业可以先借入美元，按当时的汇率兑换成人民币使用，到期时再按相同的汇率将人民币兑换成美元，偿还美元借款。由于兑换时汇率没有发生变化，这家国际企业利用美元融资的实际年利率为8%，而人民币融资的实际年利率为12%。因此，这家国际企业以美元融资比较好，可以降低融资成本。当然，如果汇率预测值与未来的实际值发生偏差，美元融资的实际利率也会发生变化，这就是外币融资的汇率风险。

6.1.3 短期外币融资实际利率的确定

1. 直接利用外币融资时实际利率的确定

在现实中，国际企业所借外币的币值与借款人本国货币之间的汇率会不断变化。当汇率变动时，国际企业利用短期外币融资的实际利率也会发生变化。例6-1列示了利用短期外币融资时实际利率的计算过程。

例6-1

一家中国国际企业在经营中需要人民币。它按年利率8%取得了一笔期限为1年的贷款100万美元。国际企业收到这笔贷款后将其兑换为人民币，向供应商支付原材料款。当时的即期汇率是1美元=6.39元人民币，偿还借款时的即期汇率为1美元=6.44元人民币。计算该国际企业利用美元融资的实际年利率。

（1）该国际企业取得美元贷款，按当时的汇率可兑换的人民币为100×6.39=639万元人民币。

（2）到期时，该国际企业需要偿还100×(1+8%)=108万美元。

(3) 为了兑换108万美元以偿还贷款，该国际企业需要108×6.44＝695.52万元人民币。

(4) 在这笔外币贷款中，从本币的角度看，该国际企业相当于借入639万元人民币，连本带利偿还了695.52万元人民币。因此，这笔美元贷款的实际年利率为：

$$\frac{695.52-639}{639}=8.85\%$$

例6-2

例6-1中，如果借款时的即期汇率是1美元＝6.39元人民币，偿还借款时的即期汇率为1美元＝6.35元人民币。计算该国际企业利用美元融资的实际年利率。

(1) 该国际企业取得美元贷款，按当时的汇率可兑换100×6.39＝639万元人民币。

(2) 到期时，该国际企业需要偿还100×(1＋8%)＝108万美元。

(3) 为了兑换108万美元以偿还贷款，该国际企业需要108×6.35＝685.8万元人民币。

(4) 在这笔外币贷款中，从本币的角度看，该国际企业相当于借入639万元人民币，连本带利偿还了685.8万元人民币。因此，这笔美元贷款的实际年利率为：

$$\frac{685.8-639}{639}=7.32\%$$

从例6-1和例6-2可以看出，企业利用外币融资的实际利率取决于两个因素：(1) 贷款银行收取的贷款利率即企业的借款利率；(2) 所借外币的币值在借款期内相对于本币的波动幅度。如果外币币值在借款期内贬值，外币融资的实际利率低于借款利率；如果外币币值在借款期内升值，外币融资的实际利率高于借款利率。

直接利用外币融资的实际利率可以用式(6.1)来计算。

$$r_f=(1+i_f)\times\left(1+\frac{s_{t+1}-s_t}{s_t}\right)-1 \tag{6.1}$$

式中，r_f为外币融资的实际利率；i_f为外币的借款利率；s_t为借款时的即期汇率；s_{t+1}为偿还借款时的即期汇率。

式(6.1)的推导过程如下：假定某中国国际企业在经营中需要a元人民币。港元1年期借款利率为i_f，借款时的汇率为1港元＝s_t元人民币，偿还贷款时的即期汇率为1港元＝s_{t+1}元人民币，该国际企业想借入1年期的港元为企业经营融资，则该国际企业借入港元融资的实际年利率可计算如下：

(1) 该国际企业需要借入$\frac{a}{s_t}$港元；

(2) 1年后到期需偿还$\frac{a}{s_t}(1+i_f)$港元；

(3) 偿还 $\frac{a}{s_t}(1+i_f)$港元需要 $\frac{a}{s_t}(1+i_f)s_{t+1}$元人民币；

(4) 从本国角度看，国际企业相当于借入 a 元人民币，1 年后偿还 $\frac{a}{s_t}(1+i_f)s_{t+1}$ 元人民币，因此，用港元贷款的实际年利率为：

$$\frac{\frac{a}{s_t}(1+i_f)\times s_{t+1}-a}{a}=(1+i_f)\times\frac{s_{t+1}}{s_t}-1=(1+i_f)\times\left(1+\frac{s_{t+1}-s_t}{s_t}\right)-1$$

例 6-3

假设某中国公司需要筹措人民币资金 6 800 万元用于下一年度的经营。目前，1 年期人民币的借款利率为 5%，1 年期美元的借款利率为 2%。如果借款日美元对人民币的即期汇率为 1 美元=6.8 元人民币，预计 1 年后偿还借款时美元对人民币的即期汇率为 1 美元=6.6 元人民币。计算利用美元借款的实际年利率，并说明该公司应该采用何种方式借款。

利用式（6.1），美元借款的实际年利率为：

$$\begin{aligned}\text{实际年利率}&=(1+i_f)\times\left(1+\frac{s_{t+1}-s_t}{s_t}\right)-1\\&=(1+2\%)\times\left(1+\frac{6.6-6.8}{6.8}\right)-1\\&=-1.0\%\end{aligned}$$

因为公司人民币借款的实际年利率就是人民币的借款利率 10%，这也是银行挂牌的贷款年利率，因此该公司应该借入美元，以降低融资成本。

从例 6-3 可以看出，由于人民币升值，偿还美元借款利息和本金所需人民币资金相对减少，因此美元借款的实际年利率低于银行挂牌的贷款年利率。如果人民币贬值，相应地，美元借款的实际利率就会高于银行挂牌的贷款年利率。

在利用外币进行短期融资时，需要预测借款偿还日汇率的可能值。一般会选择远期汇率作为未来即期汇率的估计值。有时，为了进行更为精确的分析，公司可以预测在借款偿还日外币价值变动百分比的概率分布，来估计利用外币融资可能的实际利率的概率分布，帮助融资决策。例 6-4 说明了如何利用概率分布进行融资决策。

例 6-4

假设某中国公司需要人民币资金用于下一年度的经营。目前有两种筹资方式可供选择：一是从国内银行借入人民币，人民币的年利率为 6%；二是借入美元再兑换成人民币使用，美元的年利率为 3%。目前美元对人民币的即期汇率为 1 美元=6.8 元人民币，预期 1 年后美元对人民币的即期汇率可能是 1 美元=6.5 元人民币，也可能是 1 美元=6.8 元人民币，两种状况出现的概率各为 50%。该公司应当选择何种筹资方案？

这一决策需要分别计算借入人民币、美元的实际年利率，然后进行比较。

（1）借入人民币的实际年利率就是人民币的年利率6%。

（2）借入美元的实际年利率计算如下：

当1年后美元对人民币的即期汇率为1美元=6.5元人民币时：

$$\begin{aligned}美元借款的实际年利率&=(1+i_f)\times\left(1+\frac{s_{t+1}-s_t}{s_t}\right)-1\\&=(1+3\%)\times\left(1+\frac{6.5-6.6}{6.6}\right)-1\\&=1.44\%\end{aligned}$$

当1年后美元对人民币的即期汇率为1美元=6.8元人民币时：

$$\begin{aligned}美元借款的实际年利率&=(1+i_f)\times\left(1+\frac{s_{t+1}-s_t}{s_t}\right)-1\\&=(1+3\%)\times\left(1+\frac{6.8-6.6}{6.6}\right)-1\\&=6.12\%\end{aligned}$$

考虑两种汇率出现的概率分别是50%，可以计算美元融资实际年利率的期望值：

$$\begin{aligned}美元借款实际年利率的期望值&=1.44\%\times50\%+6.12\%\times50\%\\&=3.78\%\end{aligned}$$

（3）考虑汇率变动因素后，取得美元借款的实际年利率仅为3.78%，低于从国内银行取得人民币借款6%的年利率，因此应当借入美元。

2. 利用远期合约套期保值时外币融资利率的确定

在前面介绍的外币融资中，未来汇率不确定，因此外币融资的实际利率是不确定的，这说明外币融资存在一定的汇率风险。为了规避这种风险，国际企业可以利用远期合约套期保值。

利用远期合约套期保值可以这样操作：借入外币并将其兑换为本国货币使用；同时签订一份未来买入同种外币的远期合约，锁定偿还外币时需要的本币金额。这样，外币的实际融资利率不再随汇率的变化而波动，可以规避汇率风险。

例6-5

一家国际企业在经营中需要人民币。借款时银行公布的1年期美元的贷款利率为8%，即期汇率是1美元=6.39元人民币，1年期远期汇率为1美元=6.44元人民币。国际企业准备向银行借款100万美元。国际企业收到这笔款项后计划将其兑换为人民币，向供应商支付原材料款。如果该国际企业利用远期合约套期保值来规避风险，该国际企业利用美元融资的实际年利率为多少？

（1）该国际企业取得美元贷款，按当时的汇率兑换100×6.39=639万元人民币。同时，该国际企业和银行签订一份1年后买入美元的远期合约。

（2）到期时，该国际企业需要偿还100×(1+8%)=108万美元。

（3）为了兑换108万美元以偿还贷款，该国际企业需要108×6.44=695.52万元人民币。

(4) 在这笔外币贷款中，从本币的角度看，该国际企业相当于借入639万元人民币，连本带利偿还了695.52万元人民币。因此，这笔美元借款的实际年利率为 $\frac{695.52-639}{639}=8.85\%$。

例6-1中的外币借款由于偿还日即期汇率不确定，存在汇率风险。本例中的外币借款利用远期合约锁定了偿还外币借款所需本币和利息的金额，因此不存在汇率风险。

如果利用远期合约套期保值来规避风险，则外币融资的实际利率可以利用式(6.2)来计算。

$$r_f=(1+i_f)\times\left(1+\frac{k_{t+1}-s_t}{s_t}\right)-1 \tag{6.2}$$

式中，r_f 为外币融资的实际利率；i_f 为外币的借款利率；s_t 为借款时的即期汇率；k_{t+1} 为借款时的远期汇率。

式(6.2)表明，在外币融资中利用远期合约套期保值后，外币的实际融资利率受融资时即期汇率、远期汇率及外币的借款利率影响，不再随未来汇率变化而波动，因而可以完全规避外汇风险。

例6-6

一家国际企业在经营中需要人民币。当时1年期港元的借款利率为8%，当时的即期汇率为1港元=0.80元人民币，1年期远期汇率为1港元=0.76元人民币。国际企业准备向银行借款100万港元。国际企业收到这笔款项后计划将其兑换为人民币，向供应商支付原材料款。如果该国际企业利用远期合约套期保值来规避风险，该国际企业利用港元融资的实际年利率为多少？

利用式(6.2)，可得

$$\begin{aligned}r_f&=(1+i_f)\times\left(1+\frac{k_{t+1}-s_t}{s_t}\right)-1\\&=(1+8\%)\times\left(1+\frac{0.76-0.80}{0.80}\right)-1\\&=2.6\%\end{aligned}$$

6.1.4 短期外币融资应考虑的问题

国际企业在决定是否可以利用短期外币融资来降低公司资金成本时，必须考虑如下问题。

1. 存在利率平价

根据利率平价理论，如果本币和外币之间存在利率平价，则有

$$\frac{k_{t+1}-s_t}{s_t}=\frac{1+i_h}{1+i_f}-1$$

式中，s_t为借款时本币和外币之间的即期汇率；k_{t+1}为借款日本币和外币的远期汇率；i_h为本币的借款利率；i_f为外币的借款利率。

将上式代入式（6.2），则套期保值的外币融资的实际利率 r_{f2}计算如下：

$$r_{f2}=(1+i_f)\left(1+\frac{k_{t+1}-s_t}{s_t}\right)-1=(1+i_f)\left[1+\left(\frac{1+i_h}{1+i_f}-1\right)\right]-1=i_h$$

上式表明，在利率平价时，用外币融资并签订远期合约进行套期保值，其融资的实际利率与用本币融资相同。此时，相对于本币融资，套期保值的外币融资并不能获取利率上的好处。这种情形下，应该用本币融资。

2. 存在利率平价，且远期汇率是未来即期汇率的准确预测值

由前面可知，如果存在利率平价，则套期保值的外币融资的实际利率与本币融资的利率相同。

如果此时远期汇率是未来即期汇率的准确预测值，则由式（6.1）可知，用外币直接融资的实际利率r_{f1}为：

$$r_{f1}=(1+i_f)\left(1+\frac{s_{t+1}-s_t}{s_t}\right)-1$$

由式（6.2）可知，套期保值的外币融资的实际利率 r_{f2}为：

$$r_{f2}=(1+i_f)\left(1+\frac{k_{t+1}-s_t}{s_t}\right)-1$$

由于远期汇率是未来即期汇率的准确预测值，故 $k_{t+1}=s_{t+1}$，从而有 $r_{f1}=r_{f2}$。结合利率平价的结论可知，如果存在利率平价，且远期汇率是未来即期汇率的准确预测值，不管是否进行套期保值，用外币融资的实际利率和用本币融资相同。换言之，用外币融资并不能获得利率上的好处。这种情形下，应该用本币融资。

3. 存在利率平价，且远期汇率预计高于未来即期汇率

由前面可知，如果存在利率平价，则用远期合约套期保值的外币融资的实际利率与本币融资的利率相同。

如果此时远期汇率预计高于未来即期汇率，则由式（6.1）可知，用外币直接融资的实际利率r_{f1}为：

$$r_{f1}=(1+i_f)\left(1+\frac{s_{t+1}-s_t}{s_t}\right)-1$$

由式（6.2）可知，套期保值的外币融资的实际利率 r_{f2}为：

$$r_{f2}=(1+i_f)\left(1+\frac{k_{t+1}-s_t}{s_t}\right)-1$$

由于远期汇率高于未来即期汇率，故 $k_{t+1}>s_{t+1}$，从而有 $r_{f2}>r_{f1}$。因此，套期保值的外币融资的实际利率高于用外币直接融资时的实际利率。结合利率平价的结论可知，在这种情形下，不进行套期保值的外币融资的实际利率低于进行套期保值的外币融资的实际利率，也低于本币融资的利率。换言之，在这种情形下，选择非套期保值的外币融资可以获得利率上的好处，但存在汇率风险。

4. 存在利率平价，且远期汇率预计低于未来即期汇率

由前面可知，如果存在利率平价，则套期保值的外币融资的实际利率与本币融资的利率相同。

如果此时远期汇率预计低于未来即期汇率，则由式（6.1）可知，用外币直接融资的实际利率r_{f1}为：

$$r_{f1}=(1+i_f)\left(1+\frac{s_{t+1}-s_t}{s_t}\right)-1$$

由式（6.2）可知，套期保值的外币融资的实际利率r_{f2}为：

$$r_{f2}=(1+i_f)\left(1+\frac{k_{t+1}-s_t}{s_t}\right)-1$$

由于远期汇率低于未来即期汇率，故$k_{t+1}<s_{t+1}$，从而有$r_{f2}<r_{f1}$。因此，套期保值的外币融资的实际利率低于用外币直接融资时的实际利率。结合利率平价的结论可知，在这种情形下，用外币融资并进行套期保值的实际利率等于本币融资的利率；用外币直接融资的实际利率高于本币融资的利率。因此，在这种情形下，无论是否套期保值，用外币融资都不能获得利率上的好处。这时，应该用本币融资。

5. 不存在利率平价，且汇率远期升水大于（或贴水小于）两国利率的差价

如果不存在利率平价，则套期保值的外币融资的实际利率与本币融资的利率不相同。

假设汇率远期升水的幅度为5%，本币的借款利率为8%，外币的借款利率为6%，即本币借款利率和外币借款利率差价为2%。由式（6.2）可知，用外币融资并进行套期保值，其实际融资利率为：

$$r_{f2}=(1+i_f)\left(1+\frac{k_{t+1}-s_t}{s_t}\right)-1=(1+6\%)\times(1+5\%)-1=11.3\%$$

上述计算结果表明，套期保值的外币融资的实际利率高于用本币进行融资。因此，在这种情形下应该用本币融资。

同理，可以推导出，如果不存在利率平价，且汇率远期贴水小于两国利率的差价，套期保值的外币融资的实际利率高于用本币进行融资。因此，在这种情形下，也应该用本币融资。

6. 不存在利率平价，且汇率远期升水小于（或贴水大于）两国利率的差价

如果不存在利率平价，则套期保值的外币融资的实际利率与本币融资的利率不相同。

假设汇率远期升水的幅度为5%，本币的借款利率为12%，外币的借款利率为6%，即本币借款利率和外币借款利率差价为6%。由式（6.2）可知，套期保值的外币融资的实际利率为：

$$r_{f2}=(1+i_f)\left(1+\frac{k_{t+1}-s_t}{s_t}\right)-1=(1+6\%)(1+5\%)-1=11.3\%$$

上述计算结果表明，用外币融资并进行套期保值，其实际融资利率低于用本币进行融资。因此，在这种情形下，应该选择套期保值的外币融资。

同理，可以推导出，如果不存在利率平价，且汇率远期贴水大于两国利率的差价，用外币融资并进行套期保值，其实际融资利率低于用本币进行融资。因此，在这种情形下应该选择套期保值的外币融资。

表6-1概括了用外币筹集短期资金时，与利率平价相关的各种情况。该表说明，在不同情形下，国际企业应该如何筹集短期外币资金。

表6-1 利率平价对于短期外币融资的含义

情形	含义
(1) 存在利率平价	利用外币融资，同时在远期市场上套期保值，外币融资成本和本币相同。选择用本币融资。
(2) 存在利率平价，且远期汇率是未来即期汇率的准确预测值	利用外币融资，不管是否同时在远期市场上套期保值，外币融资成本和本币相同。选择用本币融资。
(3) 存在利率平价，且远期汇率高于未来即期汇率	利用外币融资，同时在远期市场上套期保值，外币融资成本和本币相同；利用外币融资，但不在远期市场上套期保值，外币融资成本低于本币。选择非套期保值的外币融资。
(4) 存在利率平价，且远期汇率低于未来即期汇率	利用外币融资，同时在远期市场上套期保值，外币融资成本和本币相同；利用外币融资，但不在远期市场上套期保值，外币融资成本高于本币。选择本币融资。
(5) 不存在利率平价，且汇率远期升水（贴水）大于（小于）外币和本币利率的差价	利用外币融资，同时在远期市场上套期保值，外币融资成本高于本币。选择本币融资。
(6) 不存在利率平价，且汇率远期升水（贴水）小于（大于）外币和本币利率的差价	利用外币融资，同时在远期市场上套期保值，外币融资成本低于本币。选择套期保值的外币融资。

6.1.5 多种货币组合融资

虽然外币融资可以给公司带来显著的成本节约，但如果不进行套期保值，其成本的波动也很大，存在汇率风险。除套期保值的外币融资外，国际企业还可以通过多种外币组合融资来实现比本币更低的融资成本，同时也不会带来过多的汇率风险。

例6-7

一家中国国际企业在经营中需要借入1年期的人民币100 000元。人民币1年期的借款利率为15%，1年期瑞士法郎的借款利率为8%，1年期日元的借款利率为9%。由于瑞士法郎和日元的借款利率相对较低，公司考虑以下三种借款方案：(1) 只借入瑞士法郎；(2) 只借入日元；(3) 组合借入瑞士法郎和日元，各占

50%。该企业预计从取得借款到偿还借款期间瑞士法郎和日元汇率的可能变化情况如表6-2所示，瑞士法郎和日元的汇率变动相对独立。计算三种借款方案实际融资利率的期望值，并说明采用何种方案融资好。

表6-2　瑞士法郎和日元汇率的可能变化情况

币种	贷款期内即期汇率的可能变化	即期汇率变化的概率
瑞士法郎	1%	30%
	3%	50%
	9%	20%
	合计	100%
日元	−1%	35%
	3%	40%
	7%	25%
	合计	100%

(1) 计算各种情况下外币的实际融资利率，见表6-3。

表6-3

币种	贷款期内即期汇率的可能变化	即期汇率变化的概率	实际融资利率
瑞士法郎	1%	30%	(1+8%)(1+1%)−1=9.08%
	3%	50%	11.24%
	9%	20%	17.72%
	合计	100%	
日元	−1%	35%	(1+9%)(1−1%)−1=7.91%
	3%	40%	12.27%
	7%	25%	16.63%
	合计	100%	

(2) 计算各种借款方案实际融资利率的期望值。

$$\begin{aligned}\text{瑞士法郎融资实际利率的期望值} &= 0.3\times 9.08\%+0.5\times 11.24\%+0.2\times 17.72\% \\ &= 11.888\%\end{aligned}$$

$$\begin{aligned}\text{日元融资实际利率的期望值} &= 0.35\times 7.91\%+0.4\times 12.27\%+0.25\times 16.63\% \\ &= 11.834\%\end{aligned}$$

$$\begin{aligned}\text{组合融资实际利率的期望值} &= 0.5\times 11.888\%+0.5\times 11.834\% \\ &= 11.861\%\end{aligned}$$

（3）计算各种情况下利用组合融资的实际融资利率的概率分布情况，见表 6－4。

表 6－4

可能的融资利率组合		综合概率	组合融资的实际融资利率
瑞士法郎	日元		
9.08%	7.91%	30%×35%＝10.5%	0.5×9.08%＋0.5×7.91%＝8.495%
9.08%	12.27%	30%×40%＝12.0%	10.675%
9.08%	16.63%	30%×25%＝7.5%	12.855%
11.24%	7.91%	50%×35%＝17.5%	9.575%
11.24%	12.27%	50%×40%＝20.0%	11.755%
11.24%	16.63%	50%×25%＝12.5%	13.935%
17.72%	7.91%	20%×35%＝7.0%	12.815%
17.72%	12.27%	20%×40%＝8.0%	14.995%
17.72%	16.63%	20%×25%＝5.0%	17.175%
		100%	

组合融资的实际融资利率的概率分布情况如图 6－2 所示。

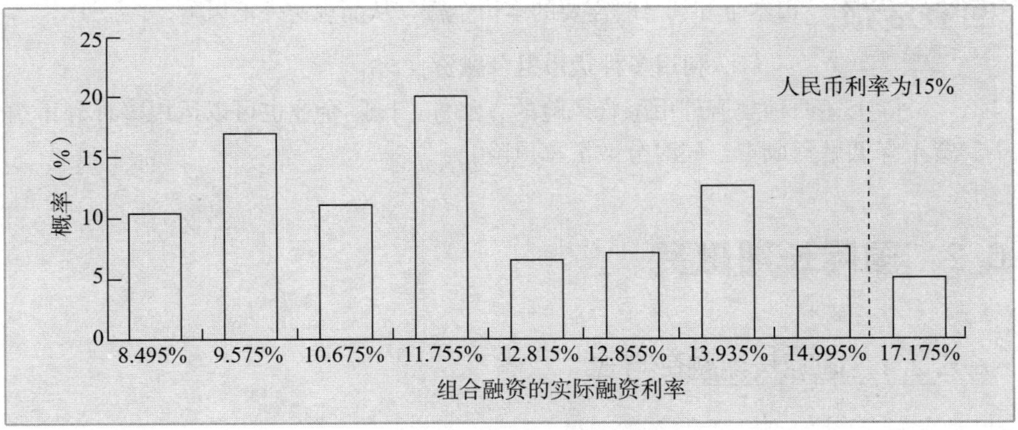

图 6－2 组合融资实际融资利率的概率分布情况

由图 6－2 可知，当借入两种外币时，这种组合的实际融资利率高于国内利率的唯一条件是：这两种货币都经历最大可能的升值，即瑞士法郎升值 9%，日元升值 7%。这两种货币同时升值的概率为 5%（即 20%×25%）。因此，利用两种外币组合融资的实际融资利率低于国内融资实际融资利率的概率为 95%。

从整体来比较，用瑞士法郎融资实际利率的期望值为 11.888%，日元为 11.834%，组合融资为 11.861%，因此，组合融资的实际融资利率与单独使用一种外币融资的实际利率非常接近，但在组合融资中，其实际利率高于国内实际利率的概率为 5%，远远低于瑞士法郎 20%和日元 25%的概率。

从上例可以看出，在一定情况下，利用外币组合融资不仅能以低于本国的实际利率借款，还能降低汇率风险。

6.1.6 短期外币融资的汇率风险及其规避

如前所述，当短期外币融资的实际利率低于本币融资时，国际企业可以通过外币融资来降低融资成本。但如果国际企业进行外币融资时，没有利用远期合约进行套期保值，则面临汇率风险，即利用外币融资时，外币融资的实际利率受未来汇率变动的影响。如果还款时汇率与借款时相比发生变化，外币融资的实际利率也会发生变化，因此利用外币融资存在汇率风险。

规避短期外币融资汇率风险的方法包括以下三种。

1. 利用外币应收账款头寸抵消外币借款的本息

如果国际企业未来有某种外币的应收账款，则国际企业可以利用外币进行融资，到期时用收回的外币应收账款偿还银行外币借款的本息。

6.1 即测即评

2. 利用远期合约规避风险

如果国际企业未来没有某种外币的应收账款，则国际企业利用外币融资存在汇率风险。此时，可以签订外币的远期合约，锁定将来偿还外币本金和利息时需要的本币金额，从而规避外汇风险。

3. 利用多种货币组合融资

除上述两种规避外币融资风险的方法外，国际企业也可以运用多种外币组合融资来降低融资成本，同时分散汇率风险。

6.2 国际长期融资

6.2.1 国际长期融资方式

国际企业通常用长期资金为长期项目融资。与筹集短期资金类似，国际企业既可以在本国用本币筹集长期资金，也可以在国际金融市场上用外币筹集长期资金。一般来说，国际企业的长期融资方式主要包括国际信贷融资、国际债券融资和国际股票融资。

1. 国际信贷融资

国际信贷融资是指国际企业向国际金融机构或其他国际经济组织借入长期资金的一种筹资形式。国际信贷融资的主要渠道有世界银行、亚洲开发银行及国际性商业银行等。

2. 国际债券融资

国际债券融资是指国际企业通过国际金融市场发行债券来筹集长期资金。

3. 国际股票融资

国际股票融资是指国际企业通过在国际金融市场上发行股票来筹集长期资金。

6.2.2 国际长期融资决策

1. 国际信贷融资时实际利率的确定

利用国际信贷融资时，融资的实际年利率由每年的借款利率、筹资费用率和汇率变化等因素决定。考虑货币的时间价值，国际信贷融资的实际年利率一般可用式(6.3)计算。

$$L_0(1-f)h_0=\sum_{t=1}^{n}\frac{I_t h_t}{(1+r_l)^t}+\frac{L_0 h_n}{(1+r_l)^n} \tag{6.3}$$

式中，L_0为借款本金（外币）；f 为筹资费用率；h_0为借款时的即期汇率；n 为借款年限；I_t为第 t 年的利息（外币）；h_t为第 t 年的即期汇率；h_n 为第 n 年的即期汇率；r_l为外币借款的实际年利率。

例 6-8

我国某公司拟借入 1 000 万美元。美元的借款年利率为 8%，筹资费用率为 2%，期限为 3 年。公司每年末支付利息，最后一年末偿还本金。借款时的即期汇率为 1 美元=6.8 元人民币；预计第一年末即期汇率为 1 美元=6.81 元人民币，第二年末即期汇率为 1 美元=6.82 元人民币，第三年末即期汇率为 1 美元=6.83 元人民币。计算公司美元借款的实际年融资利率（考虑货币的时间价值）。

公司各年支付的利息和本金如表 6-5 所示。

表 6-5

	年末的支付额		
	第 1 年	第 2 年	第 3 年
美元借款（年利率 8%）（万美元）	1 000×8%=80	1 000×8%=80	1 000(1+8%)=1 080
预计汇率（人民币/美元）	6.81	6.82	6.83
需要的人民币（万元）	544.8	545.6	7 376.4

设美元融资的实际年融资利率为 r_l，则

$$1\,000\times(1-2\%)\times 6.8=\frac{544.8}{(1+r_l)}+\frac{545.6}{(1+r_l)^2}+\frac{7\,376.4}{(1+r_l)^3}$$

解得 $r_l=9\%$。

2. 国际债券融资时实际利率的确定

就像不同币种的短期银行借款会有不同的利率一样，长期债券收益率在不同币种之间也不相同。对国际企业而言，长期债券的收益率就是企业发行债券所需承担的实际融资利率。图 6-3 列示了 2019—2023 年间不同国家的长期债券收益率（用

各国10年期国债收益率衡量）。

从图6-3中可以看出，在任何时点，不同币种的长期债券收益率都存在巨大差异。当然，图6-3所示的债券收益率并没有考虑汇率波动的影响。也就是说，图中所示的收益率反映了公司在本国发行以本币计价的债券所支付的融资利率。

总体来看，因为以外币标价的长期债券收益率有时比本国债券的收益率低，为了获取低成本的长期资本，国际企业常常会在债券收益率较低的国家发行以这些国家货币标价的债券。但国际企业发行以外币标价的债券，必须用外币来支付本金和利息，实际融资利率会受到融资期内汇率变动的影响，所以并不能保证外币标价的债券一定比本币标价的债券实际融资利率低。因此，国际企业在决定是否发行以外币标价的长期债券时，需要确定以外币计价发行债券的实际融资利率。为此，国际企业必须预测如下数据：(1) 所需筹集资金的数额和期限；(2) 债券的票面利率和发行价格；(3) 还款期内债券标价货币与本币之间汇率的变动情况。

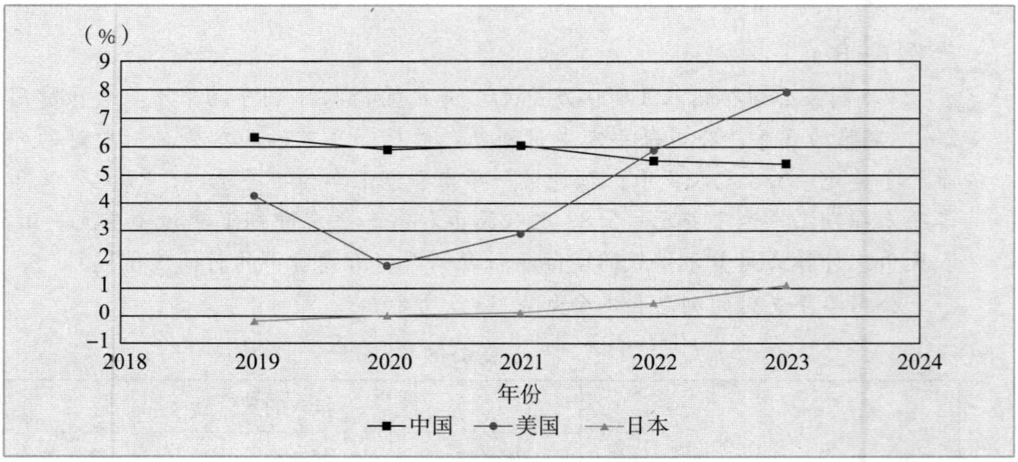

图6-3 各国长期债券收益率（10年期）

注：原始数据来源于Wind数据库，编者自行绘制。

利用国际债券融资时，融资的实际利率由发行价格、债券面值、债券的年利率、筹资费用率和汇率变化等因素决定。考虑货币的时间价值，国际债券融资的实际年利率一般可用式（6.4）计算。

$$P_t(1-f)h_0=\sum_{t=1}^{n}\frac{I_t h_t}{(1+r_b)^t}+\frac{P_0 h_n}{(1+r_b)^n} \tag{6.4}$$

式中，P_t为债券发行价格（外币）；f 为筹资费用率；h_0为借款时的即期汇率；n为债券期限；I_t为第t年的利息（外币）；h_t为第t年的即期汇率；h_n为第n年偿还本金和利息时的即期汇率；P_0为债券面值（外币）；r_b为国际债券融资的实际年利率。

例6-9

中国一家国际企业在经营中需要3年期1 000 000元人民币。该公司认为当票面利率为14%时，可以按面值出售以本币标价的债券。公司也可以选择用新加坡元为债券标价，并在国际资本市场出售，这种情况下它需要把借来的新加坡元兑换成人民币使用。然后，它需要用新加坡元支付利息和本金。该公司相信票面利率为10%时，可以按面值出售以新加坡元标价的债券。假定新加坡元目前的即期汇率为1新加坡元=0.5元人民币。不考虑筹资费用，计算以下三种情形下用新加坡元融资的实际年利率（考虑货币的时间价值）。(1) 借款期内汇率不变；(2) 汇率上升，第一年末即期汇率为1新加坡元=0.55元人民币，第二年末即期汇率为1新加坡元=0.6元人民币，第三年末即期汇率为1新加坡元=0.65元人民币；(3) 汇率下降，第一年末即期汇率为1新加坡元=0.48元人民币，第二年末即期汇率为1新加坡元=0.46元人民币，第三年末即期汇率为1新加坡元=0.4元人民币。

(1) 借款期内汇率不变。如果以新加坡元标价，需要发行的债券面值为2 000 000新加坡元（即1 000 000÷0.5）。每年末公司需要用本币兑换新加坡元以偿还债券的本金和利息，所需的人民币如表6-6所示。

表6-6

	年末的支付额		
	第1年	第2年	第3年
新加坡元标价的债券（票面利率10%）（新加坡元）	2 000 000×10%=200 000	2 000 000×10%=200 000	2 000 000×(1+10%)=2 200 000
预计汇率（人民币/新加坡元）	0.50	0.50	0.50
需要的人民币（元）	100 000	100 000	1 100 000

设新加坡元融资的实际年融资利率为 r_b，则

$$1\,000\,000=\frac{100\,000}{(1+r_b)}+\frac{100\,000}{(1+r_b)^2}+\frac{1\,100\,000}{(1+r_b)^3}$$

$$r_b=10\%$$

(2) 汇率上升。每年末公司需要用本币兑换新加坡元以偿还债券的本金和利息，所需的人民币如表6-7所示。

表6-7

	年末的支付额		
	第1年	第2年	第3年
新加坡元标价的债券（票面利率10%）（新加坡元）	2 000 000×10%=200 000	2 000 000×10%=200 000	2 000 000×(1+10%)=2 200 000
预计汇率（人民币/新加坡元）	0.55	0.60	0.65
需要的人民币（元）	110 000	120 000	1 430 000

设新加坡元融资的实际年融资利率为 r_b，则

$$1\,000\,000=\frac{110\,000}{(1+r_b)}+\frac{120\,000}{(1+r_b)^2}+\frac{1\,430\,000}{(1+r_b)^3}$$

$$r_b=20\%$$

（3）汇率下降。每年末公司需要用本币兑换新加坡元以偿还债券的本金和利息，所需的人民币如表 6-8 所示。

表 6-8

	年末的支付额		
	第 1 年	第 2 年	第 3 年
新加坡元标价的债券（票面利率 10%）（新加坡元）	2 000 000×10%=200 000	2 000 000×10%=200 000	2 000 000×(1+10%)=2 200 000
预计汇率（人民币/新加坡元）	0.48	0.46	0.40
需要的人民币（元）	96 000	92 000	880 000

设新加坡元融资的实际年融资利率为 r_b，则

$$1\,000\,000=\frac{96\,000}{(1+r_b)}+\frac{92\,000}{(1+r_b)^2}+\frac{880\,000}{(1+r_b)^3}$$

$$r_b=2\%$$

由上例可以看出，发行以外币标价的长期债券，实际融资利率受票面利率和还款期内外币汇率变化的影响。如果外币是疲软货币，实际融资利率低于票面利率；如果外币是强势货币，实际融资利率高于票面利率。

6.2.3 外币债务融资的汇率风险及其规避

不管国际企业利用外币银行借款筹集长期资金，还是发行外币标价的长期债券融资，由于还款期内外币汇率的不确定性，实际融资利率也具有不确定性，因而存在汇率风险。外币债务融资的汇率风险可以通过以下方式规避。

1. 抵消性现金流入

如果国际企业未来有某种外币收入，就可以用来抵消与外币债务融资相关的现金支出。这样就可以用外币融资，不仅可以支付较低的融资利率，而且不承受汇率风险。许多国际企业以其可以获得收入的外币作为发行债券或借入银行借款的货币，例如百事公司发行瑞士法郎债券，用对外经营中的同种货币收入来支付利息和本金。当然，一家国际企业不可能把以外币标价债务的外币流入和流出的时间和金额配合得十分完美，因此就会存在汇率波动的风险。

2. 远期合约

当以某种外币标价的债券比以该公司母国货币标价的利率低时，公司可能会发行以该种外币标价的债券，同时通过远期市场对汇率风险套期保值。因为远期市场

有时可以满足 5 年甚至更长时间的需求，这种方法就变得切实可行。该公司可以安排在需要偿还本金和利息时按远期合约兑换所需的外币。然而，在各种情况下远期汇率都有可能超过即期汇率。对这些未来的支出进行套期保值，可能使发行外币债券并不比发行本币债券所需要支付的金额少。这里暗含的关系类似于前面讨论的利率平价情况。

3. 用多种外币筹集长期资金

在某些情况下，对国际企业来说，最恰当的选择可能并不是发行单一货币的债券或借入一种外币，而是多种货币的组合。因为有时长期债券的存续期太长，国际企业无法确定外币未来汇率的变动情况，不能确定选择以哪一种货币发行债券是安全的，而多样化的货币组合会降低债券发行人的风险。为了说明，假设一家中国国际企业计划发行债券并考虑四种方案：（1）发行以人民币标价的债券；（2）发行以日元标价的债券；（3）发行以瑞士法郎标价的债券；（4）发行部分以日元标价的债券，部分以瑞士法郎标价的债券。假定该国际企业没有日元或瑞士法郎的未来净现金流入，也假定人民币标价债券的票面利率为 14%，而以日元和瑞士法郎标价债券的票面利率为 8%，并预计所有这些债券都以面值平价发行。在这一示例中，以人民币标价债券的票面利率和以外币标价债券的票面利率有巨大差异。如果还款期内瑞士法郎对人民币升值，发行以瑞士法郎标价债券的实际融资利率会比发行人民币债券的融资利率高；如果还款期内日元对人民币升值，发行以日元标价债券的实际融资利率也会比发行人民币债券的融资利率高。如果瑞士法郎和日元对人民币的汇率呈反方向变化，那么两种债券不会同时都比人民币标价债券的融资利率高。因此，采取第四种方案融资比第一种方案融资的实际融资利率低。尽管不能保证瑞士法郎和日元汇率一定会反方向变化，但只要两种外币汇率变动不是高度正相关，那么两种外币同时升值的幅度足以抵消低票面利率优势的可能性并不大。因此，在某些情况下，用多种外币标价的债券融资，可以使外币融资的实际利率低于只用本国货币融资的利率，并在一定程度上降低汇率风险。

4. 货币掉期

货币掉期可以使不同的债券发行公司定期交换货币。假定一家中国公司米勒希望发行以欧元标价的债券，因为该公司可以用它目前经营业务中创造的欧元收入来支付欧元债券的本息。想购买以欧元标价债券的投资者并不太了解该公司。再假定一家德国公司贝克希望发行以人民币标价的债券，因为它的大部分收入都是人民币。想购买人民币标价债券的投资者也不太了解该公司。如果米勒公司在人民币标价的债券市场上有一定的知名度，而贝克公司在欧洲标价的债券市场又为人所知，那么如下交易就是可行的，即米勒公司可以向贝克公司支付欧元，而贝克公司向米勒公司支付人民币来换取欧元。这种货币掉期可以使两家公司向它们各自的债券投资者支付外币本息而不需要考虑汇率风险。货币掉期如图 6－4 所示。

6.2 即测即评

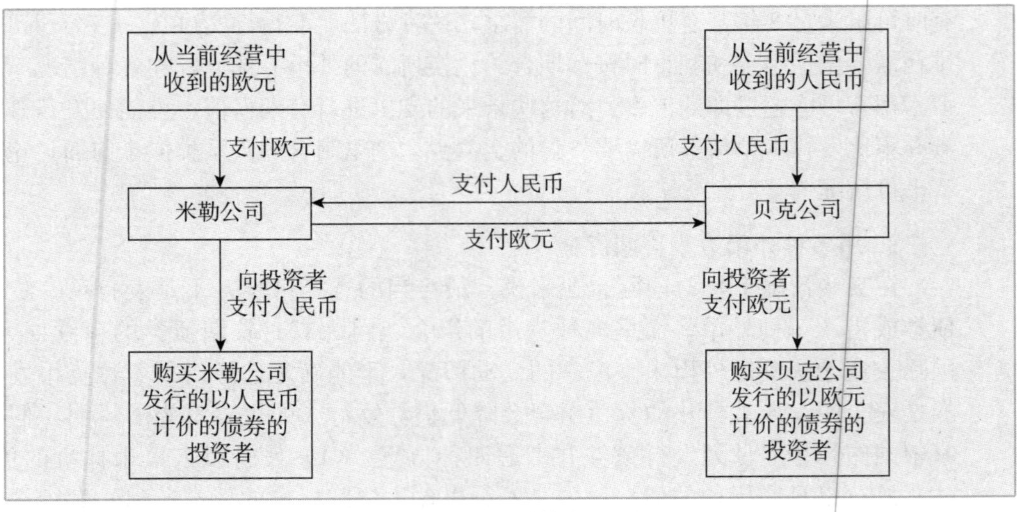

图6-4 货币掉期图示

6.3 国际资本成本

6.3.1 国际资本成本的估算

企业不论从何种渠道以何种方式筹集资金都要付出一定代价，国际资本成本就是国际企业取得和使用资金而支付的各种费用，包括筹资费用和用资费用。筹资费用是指在资金筹集过程中发生的各种费用，如委托金融机构发行股票、债券的注册费和代办费，向银行借款支付的手续费等。用资费用主要包括因使用投资者的资金而向投资者支付的报酬，如股利、利息等。投资风险越大，用资费用越高。

国际企业长期资金的来源渠道更为复杂，既可以用本币筹集资金，也可以用外币筹集资金。当国际企业的融资范围由一国扩大到国际范围时，资本成本的估算也更为复杂。为了便于对不同国际融资方式的资本成本进行比较，资本成本通常以相对数即资本成本率来表示。

1. 国际债务融资的资本成本率

企业利用国际债务融资时，资本成本率的高低受以下因素影响：

（1）借款利率高低。这是影响国际债务融资成本率高低的基本因素。

（2）费用率高低。我国银行外汇贷款中的现汇贷款一般只向企业收取利息，不另收费用。转贷贷款（如买方信贷、政府贷款、混合贷款、国际金融机构贷款等）和国际银团贷款等，按提供贷款的国外银行规定，除向企业收取利息以外，还收取管理费、承担费、保费、手续费等。费用项目越多，费用率越高，资本成本率越高。

（3）汇率变化。这是外币债务融资的特有影响因素，是指外币借款从借入到偿还的过程中，由于汇率变化使得折合为本币的本金及利息增多或减少。如果汇率上升，外币债务融资的资本成本率升高；相反，如果汇率降低，外币债务融资的资本成本率降低。

（4）所得税税率。债务利息在税前扣除，在同等情况下，所得税税率越高，债务融资的资本成本率越低。

由于债务融资的利息可以在缴纳公司所得税前抵扣，因此估算国际债务融资的资本成本率时应该考虑债务融资的抵税作用。国际债务融资资本成本率的计算公式如式（6.5）所示。

$$K_b = r_b(1-t) \tag{6.5}$$

式中，K_b 为国际债务融资的资本成本率；r_b 为国际债务融资的实际年融资利率；t 为国际企业的所得税税率。

例 6-10

假设某中国公司需要筹措资金用于下一年度的经营，拟向美国某商业银行借入为期3年的1 000万美元，名义年利率为8%，每年末支付利息，最后一年归还本金。假设借款取得时美元对人民币的即期汇率为1美元=6.8元人民币，1年后的即期汇率为1美元=6.85元人民币，2年后的即期汇率为1美元=6.87元人民币，3年后的即期汇率为1美元=6.89元人民币。假设该公司所得税税率为25%，计算该笔借款的实际年融资利率和资本成本率（考虑货币的时间价值）。

1 000万美元折合人民币的金额为6 800万元（1 000×6.8），相当于借入的本金金额为6 800万元人民币。

未来3年偿还借款本息需要的人民币如表6-9所示。

表 6-9

	年末的支付额		
	第1年	第2年	第3年
美元贷款（名义年利率8%）（万美元）	1 000×8%=80	1 000×8%=80	1 000×(1+8%)=1 080
预计汇率（人民币/美元）	6.85	6.87	6.89
需要的人民币（万元）	548	549.6	7 441.2

考虑货币的时间价值，则债券收益率 r_b 就是实际年融资利率。计算过程如下：

$$6\,800 = \frac{548}{(1+r_b)} + \frac{549.6}{(1+r_b)^2} + \frac{7\,441.2}{(1+r_b)^3}$$

$$r_b = 8\%$$

$$\begin{aligned} K_b &= r_b(1-t) \\ &= 8\% \times (1-25\%) \\ &= 6\% \end{aligned}$$

需要说明的是，上例是在还款后计算借款的实际利率和资本成本率，但在大部分融资决策中，未来即期汇率是无法实际确定的，只能进行预测，因而存在汇率风险。为了规避汇率风险，国际企业同样可以预先签订远期合约，锁定每年末归还的本息和利息的本币金额。

2. 国际权益融资的资本成本率

公司在境外发行股票的资本成本率的测算方法，与在境内发行本币股票基本相同，不同的是要将发行外币股票所收到的外币按发行时的汇率折算为本币。

（1）资本资产定价模型。估算国际权益融资的资本成本率，最常用的方法是资本资产定价模型。资本资产定价模型可以用式（6.6）来表示。

$$K_e=R_f+\beta(R_m-R_f) \tag{6.6}$$

式中，K_e为国际股权融资的资本成本率；R_f为股票发行国的无风险利率，可用发行国短期国债的票面利率来衡量；R_m为股票发行国证券市场的收益率；β为股票发行公司的市场风险。

例6-11

假定中国某公司拟在美国发行股票。该公司股票的贝塔系数为0.8，美国短期国债的票面利率为6%，美国证券市场的收益率为12%。计算该公司在美国发行股票的资本成本率。

$$K_e=R_f+\beta(R_m-R_f)=6\%+0.8\times(12\%-6\%)=10.8\%$$

（2）股利模型。国际权益融资的资本成本率也可以用股利模型测算。

1）如果预期每年股利固定，可按式（6.7）计算。

$$K_e=\frac{D}{P_0(1-f)h_0} \tag{6.7}$$

式中，K_e为国际股权融资的资本成本率；D为第1年发放的股利（本币）；P_0为股票发行价格（外币）；f为筹资费用率；h_0为股票发行时的即期汇率。

2）如果预期每年股利固定增长，增长率为g，可按式（6.8）计算。

$$K_e=\frac{D}{P_0(1-f)h_0}+g \tag{6.8}$$

式中，K_e为国际股权融资的资本成本率；D为第1年发放的股利（本币）；P_0为股票发行价格（外币）；f为筹资费用率；h_0为股票发行时的即期汇率；g为股利年增长率。

例6-12

中国某公司于20×7年6月在纽约股票市场发行普通股股票，每股发行价格为16美元，共发行500万股，总计金额为8 000万美元。发行和上市费用为480万美元，发行时即期汇率为1美元=6.8元人民币。公司预计第1年每股发放股利15.36元人民币，以后每年股利递增6%。计算公司国际股票融资的资本成本率。

$$K_e=\frac{D}{P_0(1-f)h_0}+g=\frac{15.36}{16\times(1-480\div8\,000)\times6.8}+6\%=21.02\%$$

3. 综合资本成本率

国际企业可以利用不同的融资方式筹集资金，在不同融资方式下，资本成本率各不相同。因此，进行正确的国际筹资和投资决策，就需要计算全部资金来源的综合资本成本率。某种资金来源的资本成本率对综合资本成本率的影响程度，取决于该种资金来源占全部资金来源的比重。因为计算时采用加权平均的方法，也称为加权平均的资本成本率。计算公式如式（6.9）所示。

$$K_w = \sum_{i=1}^{n} K_i W_i \tag{6.9}$$

式中，K_w为加权平均的资本成本率；K_i为第 i 种资金来源的资本成本率；W_i为第 i 种资金来源占全部资金来源的比重。

6.3.2　各国资本成本的比较

从理论上讲，不论是国际权益资本，还是国际债务资本，其国际资本成本都由两部分构成：一是无风险利率；二是投资者根据投资的风险状况收取的风险溢价。由于国际金融市场的不完全性，各个国家和地区的资本成本并不相同。能够理解各国资本成本为何不同非常重要，主要有三个原因。第一，它能解释为什么有些国家的跨国公司比其他国家的跨国公司更具有优势。就像各国之间存在技术、资源的差异一样，资本成本在各国也有差异。有些国家的跨国公司因为资本成本较低，会有更多的净现值为正的项目可投资，更容易增加其世界市场份额。跨国公司在资本成本高的国家经营，可能被迫放弃那些只有在低资本成本国家经营才可行的项目。第二，跨国公司可以调整其国际经营业务和资金筹措来源，利用各国资本成本的差异而获利。第三，理解债务资本和权益资本的成本差异，可以解释为什么一些国家的跨国公司比另一些国家的跨国公司更愿意采用高负债的资本结构。接下来先说明债务资本成本的国家差异，接着解释权益资本成本的国家差异，最后介绍国际企业特征对资本成本的影响。

1. 债务资本成本的国家差异

一个国家债务资本成本的高低，主要由债务资本提供国的无风险利率和本国债权人所要求的风险溢价决定。不同国家的无风险利率、债权人要求的风险溢价不同，因而每个国家的债务资本成本不同。具体来说，以下因素决定了债务资本成本的国家差异。

（1）无风险利率的国家差异。无风险利率主要由资金的供求关系决定，任何影响资金供求的因素都会影响无风险利率，这些因素包括税法、人口状况、货币政策和经济状况等。一些国家的税法比另一些国家的税法有更多鼓励储蓄的政策，这就直接影响储蓄资金的供给，因而影响利率。同样，一个国家的人口状况影响储蓄资金的供应及所需要的可贷资金数量。各个国家的人口状况不同，资金的供求状况就不同，相应地，无风险利率也会存在差异。每个国家都有各自的货币政策，甚至在不同的发展阶段会采用不同的货币政策，而货币政策出台的目的正是通过对资金供求的影响来调控宏观经济运行，因而会直接影响利率。一般来说，采取宽松货币政策的国家可能会有较低的利率，当然这需要排除该国通货膨胀的影响。与此相类似，经济状况也会影响利率，不同国家经济状况的差异会造成各国利率的不同，经济欠发达的国家比西方发达国家的债务资本成本要高得多，这主要是由于经济状况不同，高通货膨胀预期使得债权人要求有较高的无风险利率。

（2）风险溢价的国家差异。对债权人来说，其债权属于风险资产，资金一经借出，就要面临各种各样的风险，如违约风险、汇率风险等，因而债权人会在无风险利率的基础上附加额外的风险溢价，以弥补其所承担的风险。各国经济状况、公司与债权人的关系、政府干预及财务杠杆的利用程度不同，这种风险溢价也不尽相同。一个国家的经济状况越稳定，经济衰退的风险就越小，公司不能偿还债务的违约风险也就越小，相应地风险溢价也会低一些。由于各国发展方式的差别，各个国家的公司与债权人关系的密切程度也不相同。比如在日本，债权人通常会向陷入困境的公司继续发放贷款，这样就降低了公司的流动性风险，日本公司的破产风险也就较小。一些国家政府更愿意参与挽救濒临破产的企业，比如在我国，政府一方面是社会管理者，另一方面也是占国民经济主导地位的国有企业的所有者，因此政府挽救一些困难企业符合政府的最大利益。而在美国，政府对企业的挽救并不被公众接受，因为纳税人不愿意承担公司管理不当的成本，因此美国特定债务水平的风险溢价要比其他国家更高。一些国家的公司具有更强的借贷能力，这是因为该国债权人愿意承受更大的财务杠杆风险。例如，日本和德国公司的财务杠杆要比其他国家高得多，如果其他因素相同，高财务杠杆的公司不得不支付更高的风险溢价。

图6-5列示了中国、美国、日本三个国家2019—2023年税前债务成本（用国债收益率测度）的变动情况。从整体来看，债务成本呈逐年下降的趋势，同时，各个国家的债务资本成本表现出较大的差异，特别是银行在金融体系中占主导地位的日本，其债务资本成本明显低于其他国家。

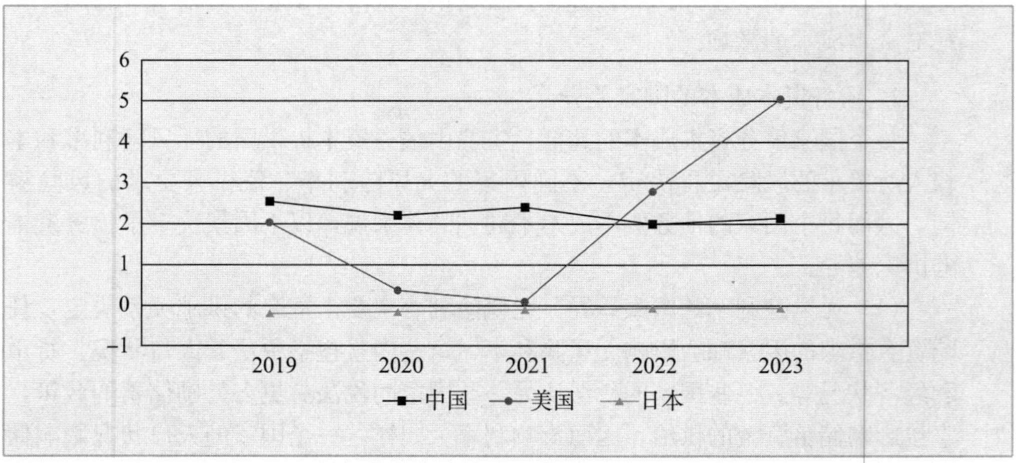

图6-5 债务资本成本的国家差异（1年期国债收益率）

注：原始数据来源于Wind数据库，编者自行绘制。

案例6-1

熊猫债成为跨国企业低息融资的新选择

中国人民银行发布的数据显示，2023年前8个月，境外主体在中国境内共发行1 060亿元人民币（约合150亿美元）熊猫债，同比增长58.2%。其中，上半年熊猫债的发行量达到720亿元人民币，创下同期历史新高。所谓熊猫债，主要是指注册地在境外的机构依法在中国境内发行的、约定在一定期限内还本付息的、以人民币计价的债券。截至8月底，境外主体在境内累计发行434只熊猫债，累计发行募资规模达到7 402.2亿元。

一位外资银行投行部人士向记者透露，目前多家跨国企业正在积极酝酿发行熊猫债。究其原因，是当前人民币融资成本远远低于美元，令熊猫债成为众多跨国企业低息融资的新选择。当前10年期美国国债收益率达到4.7%，相比同期中国国债收益率高2个百分点，加上市场认购热情、企业信用评级、汇率套保成本不同，目前跨国企业通过发行熊猫债募资的实际融资成本，要比美元融资低约2.2个百分点，这驱动越来越多跨国企业将熊猫债视为低息融资的重要路径。

熊猫债发行格外火热的另一个原因是，2022年底中国人民银行、国家外汇管理局联合发布的《中国人民银行国家外汇管理局关于境外机构境内发行债券资金管理有关事宜的通知》（以下简称《通知》）。《通知》一方面对熊猫债在两个市场发行制定了统一规范，有利于增加市场的透明性和可操作性，另一方面明确熊猫债募集资金既可留存境内使用，也可汇往境外使用，并鼓励境外机构境内发行债券募集资金以人民币形式跨境收付及使用，无形间大幅拓宽了熊猫债募资的使用范畴，激发了海外跨国企业以此低息融资的热情。

央行数据显示，2023年9月，人民币在全球贸易融资领域的占比达到5.8%。这背后，是相比美元融资成本高企，人民币的相对较低融资成本，加之升值空间较大，正令越来越多海外企业考虑使用人民币融资支付各类跨境贸易投资款项，令人民币国际化进程有序推进。

资料来源：突然火爆！人民币，大利好．21世纪经济报道，2023-11-28.

2. 权益资本成本的国家差异

从性质上说，权益资本成本实质上是一种机会成本，它反映投资者对投资回报的要求。如果投资者拥有很多投资机会，并且这些投资机会都有很高的投资收益率，公司要从这些投资者那里融资，其提供的投资回报率就不能低于投资者拥有的其他投资机会的投资回报率。也就是说，权益资本成本实质上是由投资者所掌握的投资机会决定的。此外，权益资本成本还受所在市场的发达程度以及对投资者的法律保护程度等多种因素的影响。

表6-10为不同国家（地区）1988—2012年平均权益资本成本（用股票收益率来衡量）的情况。从表中数据可以看出，日本的权益资本成本最低，而新兴市场国家的权益资本成本高达12.73%。各个国家（地区）的权益资本成本表现出较大的差异。

表 6-10　各国（地区）的平均权益资本成本（1988—2012 年）（%）

国家（地区）	平均的权益资本成本	国内市场风险	汇率风险	全部风险	相关系数
全球	7.23	17.48	4.79	18.17	87.50
欧澳远东国家及地区	5.49	20.00	9.62	22.61	65.27
美国	9.83	17.80	—	17.80	—
欧洲	8.83	20.73	10.75	22.13	76.06
日本	−0.14	28.08	12.52	33.29	35.19
新兴市场国家	12.73	68.77	17.87	35.89	52.37

资料来源：西格尔. 股市长线法宝：第 5 版. 北京：机械工业出版社，2015.

3. 国际企业特征对资本成本的影响

国际企业与国内企业具有不同的特征，资本成本也有所不同。

（1）企业规模大。国际企业一般具有较大的企业规模，可以从贷款方获得有优惠条款的贷款，从而降低资本成本。此外，国际企业的债券和股票发行量相对较大，可以降低发行费用。因此，国际化经营使国际企业比国内企业更容易筹集到优惠的贷款，降低资本成本。

（2）可进入国际资本市场。国际企业通常能够通过国际资本市场获得所需资金。由于不同市场之间的资本成本不同，因此国际企业进入国际资本市场可以筹集到低于国内企业筹集资金的成本。此外，如果东道国的利率较低，子公司还可以为母公司在当地筹集低成本的资金，降低国际企业的资本成本。

（3）国际多元化。公司的资本成本受破产发生概率的影响，如果公司的现金流入来源于世界各地，那么，由于各地经济并非显著正相关，这种现金流入比来自一个国家或地区的现金流入更稳定，因此，国际多元化经营或投资可以降低国际企业破产的风险，也降低了资本成本。

（4）汇率风险。如果受到高汇率风险的影响，一家国际企业的现金流量可能比国内同行业公司有更大的变化。如果国外子公司的收益汇回母公司，这些收益可能因为东道国货币贬值而兑换更少的本币，那么国际企业支付借款利息和本金的能力就会下降，破产风险也更高。另外，受汇率波动影响更大的公司，通常在未来各期有更大、更分散的现金流入变化，这会迫使股东和债权人要求更高的收益率，从而增加国际企业的资本成本。

（5）国家风险。拥有国外子公司的国际企业，可能会遇到东道国政府接管其子公司资产的风险。许多因素会导致这种事情发生，包括东道国政府的态度和该子公司所处的行业。如果子公司资产被征收且得不到公平补偿，该国际企业破产的概率就增加了。在其他因素不变的情况下，一家国际企业投资于国外的资产份额越高，东道国的国家风险越大，该国际企业破产的概率也就越高，从而会导致国际企业资本成本上升。

6.3 即测即评

6.4　国际资本结构

6.4.1　资本结构简要回顾

资本结构是指企业各种资本的构成及其比例关系。广义的资本结构是指全部资金的来源构成，不但包括长期资本，而且包括短期资本。狭义的资本结构是指长期资本（长期债务资本与权益资本）的构成及其比例关系，而将短期资本列入营运资本进行管理。本书采用狭义的资本结构概念。

债务资本与权益资本相比，其优点是利息费用可抵减税收。然而，负债越高，利息费用越多，公司无力偿债的可能性越大。因此，潜在的新股东或债权人所要求的收益率会相应提高，以补偿企业更大的破产风险。图 6-6 列示了负债优势（利息费用抵减税收）和劣势（增大破产风险）的权衡。

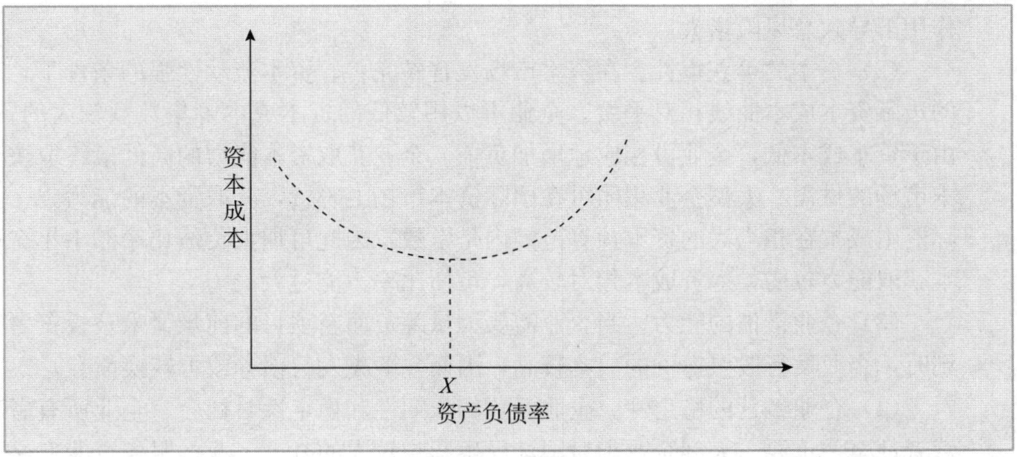

图 6-6　最佳资本结构

如图 6-6 所示，当资产负债率很低时，企业不用担心破产，因为企业可以偿还到期债务。此时，债务的利息抵税效应高于债务资本的缺点（潜在的破产风险）。然而越过某个临界点后，即当企业的资产负债率足够高时，债权人和股东非常担心企业的潜在破产风险。大量负债导致企业面临更高的还款额，增大了企业破产的可能性。在更高的债务水平上，更高的信用风险导致债务资本成本增加。另外，因更高的破产风险，股东要求的报酬率会提高，权益资本成本也会提高。当资产负债率超过横轴上的 X 点时，增加负债，资本成本也会增加。X 点的资本成本最小，可以从债务利息抵税中获利。但当负债水平过高时，利息抵税收益将小于企业破产风险带来的成本。

上述资本结构理论揭示了企业运用财务杠杆后，负债、资本成本和企业价值之间的关系，指出企业有一个最优资本结构。虽然我们无法精确测定企业的最优资本结构，但可以估计一个范围，在此范围内企业价值最大、资本成本最低，这称为最佳资本结构。最佳资本结构与影响企业筹资的多种因素有关，随筹资条件的变化而变化。企业一旦经过分析预测建立起最佳资本结构，企业的筹资决策就应该与此目标一致，使企业资本结构保持在此范围内。

6.4.2 影响国际企业资本结构的因素

国际企业资本结构是指母公司和所有子公司全部负债和全部权益的比例关系，即国际企业整体资本结构。国际企业资本结构受国际企业特征、东道国国家特征两个因素的影响。

1. 国际企业特征对资本结构的影响

国际企业本身的特征会影响资本结构的选择，主要表现为以下几个方面：

（1）财务风险和经营风险。财务风险会降低普通股的每股收益，严重的会导致企业破产。如果经营杠杆大的企业收入变化大，会进一步增加企业的总风险。因此，经营杠杆大且销售不稳定的国际企业要适当降低负债比例，以免在综合杠杆的作用下导致总风险增大。

（2）资本的可获得性。在资本市场发育较完善、资本流动性强的条件下，企业的边际资本成本曲线相对平缓。企业可以用较低的资本成本筹集数额较大的资本。由于资本成本低，企业可相应地增加负债。企业获取资本能力的高低最终取决于资本市场的供需。大型企业集团可在国际资本市场上筹资，获取资本的能力强，其边际资本成本在相当大的资本预算范围内是常数，因此可加大负债比率。中小企业资本获取能力较弱，筹资成本相对较高，负债比率不能过大。

（3）企业借债的能力。当企业需要大量筹资而新项目的前景又未被投资者意识到时，企业发行股票筹资的成本较高，因而一般先发行债券或可转换债券。

（4）企业经营的稳定性。企业经营的长期性和稳定性对社会、企业所有者和经营者都至关重要。大型企业和对国计民生影响较大的基础工业、服务行业有必要维持连续不断的供给和提供长期稳定的服务。因此，企业的负债应以不影响企业的长期稳定经营为前提，避免出现财务危机。

（5）企业增长速度。增长率较高的企业因发展速度快、资金需求量大，只用企业的留存收益进行再投资远远不能满足需要，而普通股的发行成本又高于债券的发行成本，因此高速增长的企业倾向于较多地使用债务融资方式。

（6）企业资产的性质。总资产中固定资产所占比重大，而且可用于抵押的资产较多的企业（如房地产企业、通用设备较多的企业），一般举债金额较大，愿意用债务融资。

（7）企业所得税税率。所得税税率高的企业，负债的减税效应显著，举债筹资能给企业带来较大的利益。因此，高税率促使国际企业借债。

2. 东道国国家特征对资本结构的影响

每个国家的经济、政治状况不同，会影响国际企业对债务和权益融资的选择，从而影响公司的资本结构。东道国国家特征对国际企业资本结构的影响如下：

（1）东道国对股票投资的限制。投资者在一些国家投资当地的股票会受到当地政府的限制，虽然一些国家允许投资者投资，但投资者可获得的上市公司的信息是不完全的，这就意味着存在跨国投资的障碍。此外，潜在的汇率风险和税收效应可能影响投资者进行海外股票投资，这使投资者只有较少的机会在世界范围内进行股票投资。因此，即使跨国公司在该国经营，也很难以相对较低的成本筹集到所需的权益资本。

（2）东道国的利率。由于汇率、税收和国家风险的不利影响，各国政府对资金流动都设置了不同的障碍，因此，贷款资金的价格（利率）在不同国家并不相同。跨国公司在一些国家可能会获得较低成本的贷款，而在另一些国家只能获得较高成本的贷款，所以跨国公司的资本结构与东道国的利率水平密切相关。

（3）东道国货币的坚挺程度。如果跨国公司子公司所在国的货币是软货币，则子公司可能用债务方式筹集大量的当地软货币，而不用母公司投资。这样，由于支付利息，子公司的利润就无需流向母公司，减少了跨国公司的汇率风险。

（4）东道国的国家风险。如果跨国公司面临较大的国家风险，则应使用更多的当地债务资金。比如，如果东道国冻结资金，跨国公司就可以将冻结的资金用于偿还当地债务，减少跨国公司的整体经营风险。

（5）东道国的税收。当国外子公司将其收益返回母公司时，会面临东道国收取预提税的问题。通过使用当地贷款而不依赖母公司融资，可以减少返回母公司的资金，从而降低预提税的支出。如果子公司所在国的公司税率较高，使用当地债务融资也可以获得税收上的好处。

6.4.3　国外子公司的资本结构

1. 国外子公司的资本来源

国际企业依靠资本投入进行扩张活动，其中最重要的方式就是成立国外子公司。国际企业国外子公司的资本来源包括：

（1）来自母公司的资本。母公司可以通过两种形式为国外子公司注入资本。一是权益资本。如果国际企业决定建立国外子公司，母公司必须向子公司投入权益资本，以控制子公司。子公司利用母公司投入的资金在东道国开展经营活动。经营一段时间后，子公司可以将利润作为母公司的权益投资收益汇回母公司，也可以将利润以留存收益的形式留在企业内部使用。留存收益相当于母公司的权益资本再投资。二是债务资本。国外子公司在经营中缺乏资金时，还可以向母公司借款筹集所需资金。母公司可以通过发行国内债券、国际债券、向金融机构贷款、发行国内股票、发行国际股票等方式，为国外子公司筹集资本。

（2）子公司自行筹集资本。一旦母公司通过权益资本投资，建立了国外子公司，子公司还可以通过以下方式自行筹集经营所需资本。一是公开发行股票。这种筹资方式必须经过母公司的同意。如果子公司将股票卖给东道国的投资者，则母公司不再是子公司的唯一投资者，经营决策权会受到一定制约。二是公开发行债券。子公司可以在东道国发行债券，也可以在世界范围内发行债券。三是金融机构贷款。子公司也可以从东道国国内或国外的金融机构获得贷款。

2. 国外子公司的资本结构决策

国际企业国外子公司的资本来源不同，既有权益资本，又有债务资本。因此，国际企业国外子公司的资本结构决策也是一个重要问题。

根据莱斯德和夏皮罗（Lessard and Shapiro，1984）的研究，有三种方式可以用于决定子公司的资本结构。（1）与母公司的标准保持一致。（2）与子公司经营所在地的当地标准保持一致。（3）审时度势，利用资本市场的各种不完全性，尽可能降低应交税金，减少融资成本和风险。①

第二种方式要求子公司采用当地的资本结构标准。通过这种入乡随俗的方式，企业可以减少被东道国单独挑出来接受审查的可能。只有在母公司对子公司的债务不承担责任，而且由于金融市场的分割，子公司只能依靠当地融资的情况下，这种方式才有意义。假设每家国外子公司都遵循能反映当地文化、经济和风俗的资本结构，那么，母公司的资本结构只能以与子公司匹配的方式来决定。以这种方式确定的整体资本结构不太可能是最优的，也就是说，不太可能实现国际企业整体资本成本的最小化。

第三种方式看起来最合理，并与国际企业整体资本最小化这一目标相一致。子公司应该尽量利用一切可以获得的低息贷款。在没有外国税收抵免的情况下，如果东道国的公司所得税高于母公司所在国，子公司应借入比母公司资本结构标准下更多的资金，来增加利息支出的抵税效应。

国外子公司的资本结构具体采取何种方式，很大程度上取决于如下因素：

（1）母公司是否对子公司债务承担责任，或承担何种程度的责任。当母公司对子公司的债务承担完全责任时，子公司独立的资本结构就无关紧要了，而母公司的资本结构会变得重要。这是因为当母公司对子公司的债务负有法律或道德的责任时，潜在的债权人就会检查母公司的整体财务状况，而不太关心子公司的资本结构。

然而，当母公司对子公司债务担保很难跨国执行时，子公司的资本结构就会变得重要。在这种情况下，潜在的债权人会仔细检查子公司的财务状况，以评估破产风险。因此，子公司应选择好自己的资本结构，降低破产风险和融资成本。从理论上讲，子公司应选择能使国际企业整体资本成本最小化的财务结构。

（2）子公司所在地的利率水平。第一种方式要求子公司复制母公司的财务结构，但这并不一定与国际企业整体资本成本最小化相一致。假设由于子公司所在地的东道国政府渴望吸引外资，子公司能够在当地借入低利率的借款。在这种情况下，子公司应该从当地借款，从而利用更低的利率，哪怕这会使子公司的负债超出母公司的标准。如果认为有必要，母公司只要降低自己的负债率就可以了。换句话说，母公司和子公司之间的债务分配可以调整到一个合适的程度，以便利用东道国的低息贷款。

---

① Lessard D.，Shapiro A. Guidelines for Global Financing Choices. Midland Corporate Journal，1984（3），pp. 68 - 80.

（3）政治风险。在选择子公司的资本结构时，除了税收因素，还应考虑政治风险因素。在存在政治风险的情况下，子公司在当地融资通常要优于母公司直接融资。当子公司的资产被没收时，母公司受到的影响会降低。而且，如果子公司的资金来自当地的债权人和股东，被没收的可能性会降低。当子公司在发展中国家经营时，从世界银行和国际金融公司这样的国际金融机构融资会降低政治风险。面对政治风险，当母公司既可为子公司提供外部债务资金，又可以提供权益融资时，前者更为有利，这是因为东道国政府更能容忍子公司将资金以利息的形式汇回母国。

6.4 即测即评

本章小结

本章介绍了国际长短期融资决策时应考虑的因素，以及国际企业资本成本的估算方法及影响资本结构决策的因素。

无论是国际短期融资还是长期融资，都需要计算融资的实际利率。不同币种的实际融资利率，不仅受不同国家名义利率的影响，也受汇率波动的影响。此外，外币融资存在汇率风险，这种风险可以通过远期套期保值、货币掉期等方式规避。

如果国际金融市场是一体化的，那么各国的融资成本相同，企业从国内或从国外融资就变得无关紧要。但国际金融市场相互分割，不同国家资本成本并不相同。因此，在进行国际融资决策时，除借鉴国内融资决策方法外，还需要考虑国际融资的特性，特别是考虑汇率变动对融资成本的影响。

国际企业的某些特征使其资本成本低于国内企业，这些特征包括企业规模大、可进入国际资本市场以及国际多元化等。然而，国际企业的另外一些特征，比如汇率风险、国家风险，会使国际企业的资本成本高于国内企业。

国际资本结构是国际企业融资需要考虑的另一个重要问题。国际企业需要有一个最佳的整体资本结构。国际企业的整体资本结构受国际企业特征、东道国国家特征的影响。国际企业确定整体资本结构时，需要考虑这些因素的综合影响。

在决定子公司资本结构时，要考虑子公司资本结构对国际企业整体资本结构的影响。然而，国际企业应该允许子公司利用可在东道国得到的有利融资机会，因为这与国际企业整体资本成本最小化的目标相一致。如果有必要，母公司可以根据子公司的资本结构，调整自己的资本结构，以实现整体资本结构最优。

名词术语与公式

一、名词术语

股权资本成本　　债务资本成本　　国际资本成本　　国际资本结构

二、公式

1. 直接利用外币融资时实际利率的计算公式。

$$r_f=(1+i_f)\times\left(1+\frac{s_{t+1}-s_t}{s_t}\right)-1$$

2. 利用远期合约套期保值时外币融资实际利率的计算公式。

$$r_f=(1+i_f)\times\left(1+\frac{k_{t+1}-s_t}{s_t}\right)-1$$

3. 国际信贷融资时实际年利率的计算公式（考虑货币的时间价值）。

$$L_0(1-f)h_0=\sum_{t=1}^{n}\frac{I_t h_t}{(1+r_l)^t}+\frac{L_0 h_n}{(1+r_l)^n}$$

4. 国际债券融资时实际年利率的计算公式（考虑货币的时间价值）。

$$P_t(1-f)h_0=\sum_{t=1}^{n}\frac{I_t h_t}{(1+r_b)^t}+\frac{P_0 h_n}{(1+r_b)^n}$$

5. 国际债务融资资本成本率的计算公式。

$$K_b=r_b(1-t)$$

6. 国际权益融资资本成本率的计算公式。

$$K_e=R_f+\beta(R_m-R_f)$$

$$K_e=\frac{D}{P_0(1-f)h_0}$$

$$K_e=\frac{D}{P_0(1-f)h_0}+g$$

7. 加权平均资本成本率的计算公式。

$$K_w=\sum_{i=1}^{n}K_i W_i$$

练习题

一、思考题

1. 一家中国国际企业在菲律宾有规模很大的子公司，该子公司由母公司进行权益融资。当听到菲律宾政府可能发生政权更迭的消息后，该子公司的反应是改变资本结构。它从当地银行借钱把母公司的部分权益投资转回母公司。解释该公司如此行为的动机。

2. 假定一家中国国际企业在阿根廷设立了一家大型子公司，阿根廷的利率很高，货币预计会贬值。假定该国际企业预计阿根廷的国家风险也很大，该子公司再融资时，是在当地负债融资，还是接受母公司的权益投资？为什么？

3. 一家中国国际企业正考虑一个项目，即在一个欠发达国家建立一家工厂生产销售消费品。假定东道国经济非常依赖石油价格，当地国家货币币值不稳，国家风险很高，并且假定该国经济状况与中国经济无关。该项目要求的收益率要比中国其他项目高还是低？

4. 如果所有的资本市场都是一体化的，具有同等预期收益率与风险的证券，在经过汇率风险和政治风险调整后的必要收益率是否应该相同？为什么？

二、计算题

1. 某中国内地公司可按照10%的年利率从中国香港某银行获得一笔1年期的贷款500万港元，用于补充流动资金的不足。此时该企业也可以从内地银行获得金额相同的贷款，但年利率为11%。假设借款时港元对人民币的即期汇率为1港元=0.85元人民币，预计1年后港元对人民币的即期汇率为1港元=0.83元人民币。

要求：

(1) 通过计算回答，该公司应当从中国香港银行还是内地银行获得贷款？

(2) 如果用港元借款是否存在汇率风险？如何规避？

2. 某中国公司以8%的年利率从英国某银行获得了一笔1年期的贷款150万英镑，获得贷款时的即期汇率为1英镑=13元人民币，本息到期一次偿还，公司所得税税率为25%。

要求：

(1) 计算1年后即期汇率分别为1英镑=12.5元人民币、1英镑=13.2元人民币、1英镑=13.8元人民币三种情况下，借款的实际年利率和资本成本率。

(2) 假设1年后即期汇率不确定，可能为1英镑=12.5元人民币、1英镑=13.2元人民币、1英镑=13.8元人民币，这三种情况出现的概率分别为30%、50%和20%，计算借款的实际年利率与资本成本率。

3. 某公司从某商业银行借款，若借入外国货币A，则年利率为12%，若借入货币B，则年利率为10%，借款时A货币与B货币的汇率为1A货币=2B货币，预计还款时汇率为1A货币=1.9 B货币。

要求：根据上述资料，回答下列问题：

(1) 应借入哪种货币？

(2) 若使得借入两种货币的实际年利率相同，还款时A货币对B货币的汇率应当是多少？

4. 某中国公司以10%的年利率从美国某银行获得了一笔2年期的贷款100万美元，获得贷款时的即期汇率为1美元=6.3元人民币，利息于每年末支付，预计1年后的即期汇率为1美元=6.25元人民币，2年后的即期汇率为1美元=6.2元人民币。公司所得税税率为20%。

要求：

(1) 计算该笔借款的实际年利率和资本成本率（考虑货币的时间价值）。

(2) 该借款是否存在汇率风险？如何规避？

5. 我国某公司在美国发行普通股股票，共发行100万股，每股市价15美元，发行费用总额为45万美元。发行时汇率为1美元=6.5元人民币。预计第一年股利为每股20元人民币，今后每年股利按3%递增。

要求：计算该股票的资本成本率。

6. 我国甲公司20×6年1月1日卖给美国乙公司一批商品，货款10万美元，乙公司将于当年12月31日付款。20×6年1月1日银行公布的汇率为：即期汇率为1美元=6元人民币，1年期远期汇率为1美元=6.85元人民币。甲公司预测12月31日的即期汇率为1美元=6.65元人民币。甲公司为了规避汇率波动带来的风险，可以选择以下两种方案：(1) 进行远期外汇交易，即在20×6年1月1日签订卖出美元的远期合约，期限为1年；(2) 利用借款和投资方法，即1月1日从银行借入10万美元，借款年利率为13%，然后将借入的美元按当日汇率兑换成人民币，存入银行1年，存款年利率为13%。

要求：通过计算说明公司应选择何种方案。

三、课堂案例

1. 最近几年，有几家中国公司打入了墨西哥市场，拓展公司也准备在墨西哥组建一家独资企业，最大难题就是为墨西哥公司融资时的资本成本和资本结构问题。墨西哥的利率比中国利率高得多，墨西哥政府不愿意降低利率，因为高利率可以吸引外国人投资于墨西哥证券。但国外资金的流入最终可能会导致墨西哥利率降低。因此，拟在墨西哥经营的拓展公司必须在墨西哥高利率环境中决定国际企业的资本结构。

要求：

(1) 拓展公司在墨西哥建立独资企业时，可以通过哪些方式筹集资本？不同的资本筹集方式将如何影响拓展公司的资本结构？

(2) 墨西哥政府使利率保持高位的政策，会对拓展公司在墨西哥建立的独资企业的经营产生不利影响吗？

(3) 在墨西哥建立独资企业后，独资企业可以采取哪些方式为自身经营发展融资？这些方法会怎样影响该子公司的资本结构？

(4) 如果拓展公司认为建立独资企业前公司的资本结构是最佳资本结构，当独资企业采用不同方式筹资时，拓展公司应该如何调整自身的资本结构，以维持整个国际企业的最佳资本结构？

(5) 除了投入权益资本外，拓展公司还可以采取哪些方式为独资企业融资，达到既为子公司业务投入资金又不导致子公司高利息费用的目的？对拓展公司而言，采取这些方式有无不利影响？

2. 蓝天服装出口公司是一家中国企业，主要生产成年人服装，并出口至英国。出口商品以英镑计价。公司的所有者张明计划开发儿童服装，并将所有的扩张业务集中在英国，试图在英国闯出名气。他与一家英国公司协商在当地成立合资公司。合资公司用英镑支付生产费用，产品直接发给英国的经销商，经销商用英镑支付货款。合资公司的业务扩张需要额外的资金，张明想利用短期借款的形式筹集资金，因为他有很高的信用等级及担保物，所以能获得短期融资。英镑年利率比人民币年利率高0.25个百分点。

要求：

（1）张明应该为他的合资公司借入人民币还是英镑？为什么？

（2）张明还能以低于人民币或英镑的年利率借入欧元。欧元和英镑对人民币的汇率呈同方向变动，但波动幅度不同。张明为英国的合资企业借入欧元会比借入英镑带来更多的汇率风险吗？和借入人民币相比呢？

四、课后上网练习

假定你所在的公司考虑向境外扩展业务，准备到美国、墨西哥和中国香港经营。你需要估计这些地方的年权益成本，也许你所在的公司也想在这些地方获得权益融资。

（1）通过网络查找相关数据，使用过去 10 年的股票市场平均年收益率（指数的百分比变化）作为你对上述每个国家权益成本的粗略估计。

（2）比较这三个地方权益成本的高低，分析导致这种差异的可能原因。

五、小企业的困境

小强体育用品出口公司的跨国资本结构决策

小强体育用品出口公司考虑了许多项目，但它的所有业务仍在美国。因为公司出口乒乓球并以美元计价，所以受到汇率风险的影响。从有利的方面讲，美国对乒乓球的需求逐月增长。自创立以来，公司的留存权益已经超过 100 万元人民币。此时，公司的资本结构主要是小强自己的权益投资和留存收益，几乎没有负债。小强一直想在美国建立一家小型子公司生产并销售乒乓球，这样他就不用从中国出口了。如果小强确实想在美国建立子公司，子公司的资本结构有以下几种选择：（1）将公司的留存收益全部投资于该子公司；（2）利用以美元计价的长期负债；（3）利用以人民币计价的长期负债，但美国长期负债的利率比中国长期负债的利率要高。

1. 利用权益融资支持该子公司的优点是什么？缺点是什么？

2. 如果小强决定用长期负债作为主要方式为子公司融资，那么应该借入以美元计价的债务还是以人民币计价的债务？为什么？

3. 在子公司建立之后，子公司资本结构中的权益比例如何才能不断增加？

六、真实案例在线文章

在网上查找一篇近期的文章。文章内容（最好与某一特定国际企业有关）能够诠释本章所阐述的一个或多个概念，可以使用的搜索关键词包括国际资本成本、国际资本结构等。

七、推荐书目/视频/网站

1. 陈雨露，等. 世界是部金融史. 南昌：江西教育出版社，2016.

2. 资本的故事. 中央电视台 20 集纪录片，2013.

第7章　国际直接投资

知识要点

国际直接投资的动机
国际直接投资的方式
国际资本预算的特点
国际资本预算的方法
国家风险的组成和管理
国际并购的原因和障碍

思维导图
视频讲解

章前预习与思考

7.1　国际直接投资概述

国际直接投资（foreign direct investments，FDI）是国际企业常见的投资方式。国际直接投资的方式包括：在国外投资设厂开展生产经营业务，收购现有的国外企业，以及与外国企业合资等。

国际直接投资反映了世界经济一体化的发展趋势。在经济全球化发展较快的时期，国际直接投资呈现出全球性扩张的趋势；而在经济逆全球化趋势凸显时，国际直接投资水平也相应表现出一定的回落。表7-1列示了2005年以来世界与中国的国际直接投资流量（指当年新增的国际直接投资存量）发展趋势。我们可以看到，2015年之前，随着经济全球化进程的加快，世界范围内的国际直接投资流入量（外商直接投资）和流出量（对外直接投资）总体上保持平稳地增长；2015年之后，国际直接投资水平开始下降。中国的国际直接投资发展趋势总体上与世界范围保持一致，但是发展速度更加迅猛。2015 年中国的对外投资水平是 2000 年的 162 倍，2019 年对外投资水平虽然有所回落，但仍然为 2000 年的 130 倍。

表 7-1 世界和中国的国际直接投资历年数据 单位：亿美元

项目	外国直接投资流入					外国直接投资流出				
	2005 年	2010 年	2015 年	2020 年	2023 年	2005 年	2010 年	2015 年	2020 年	2023 年
世界	9 477	13 962	20 417	16 220	13 000	11 637	8 331	13 960	18 820	15 510
中国	724	1 147	1 355	1 330	1 633	9	122	688	1 490	1 773

资料来源：联合国贸易和发展会议数据库.

全球经济的瞬息万变使得企业今天的竞争优势可能会迅速消失殆尽，企业要想保持持久的竞争力，必须认真设计全球投资战略。企业的国际直接投资战略是其全球投资战略的核心部分，国际直接投资战略成功与否将直接影响跨国公司的生存与发展。制定国际直接投资战略的步骤如下：

（1）寻找有利可图的投资项目。这也是制定国际直接投资战略首先应解决的问题。国际直接投资战略的重点应该是构建企业的竞争优势，这一点是毋庸置疑的。如果规模是重中之重，投资战略就应该致力于增加产量；如果品种是成功的关键要素，投资战略就应该致力于扩大产品种类。整个战略会涉及很多项目，单个来看，有的项目投资回报较低，甚至可能是亏损的。但是，这些项目结合在一起，却可以为企业降低投资风险，让企业能够从现有项目上获得丰厚回报。所以，必须对所有的项目投资进行综合分析，考察其能否为企业构建竞争优势。假设赢得竞争优势的关键在于高产量，则在考虑是否通过国际直接投资进入国外市场时，应该注重分析投资能否增加市场份额并带来收益机会。

在制定国外直接投资战略时，企业应该认真考虑单个投资之间的相互配合。比如，即使存在规模经济，在对大规模的生产设备进行投资前，也要看企业是否已经投资拓展了国外的销售渠道，提升了品牌影响力；反之，在对全球销售网络投资前，也要看企业能否生产大量产品（以及相应设备），并且可以利用这些销售网络。

（2）选择进入模式。进入模式是指进入国外市场时的战略设计，这种战略设计包括对投资方式的选择。企业应该结合母国因素、东道国因素以及自身的资源和特征等，对进入国外市场的各种模式进行系统分析并加以比较，选出最优的进入模式。例如，在面对政策风险较高的东道国时，为获得制度合法性，企业以合资的形式进入能更好地适应东道国的制度环境。但是，政策风险较高的东道国在制定和执行政策方面缺少的监督和平衡等也为企业提供了机会。因此，抗风险能力较强、国际化经验更丰富、学习能力更强的跨国企业，更倾向于选择独资模式进入东道国市场。①

（3）审查进入模式的有效性。市场是不断变化的，必须针对新情况对战略做出调整。国际企业初次进入国外市场所知有限，随着对国外市场了解加深，原先选择的进入模式可能不再是最优的。所以，要持续审查进入模式的有效性，及时做出调

① 杜晓君，齐朝顺，杨勃. 政策风险与中国跨国企业海外市场进入模式选择. 管理科学，2017（7）.

整。例如，在“一带一路”倡议下，中国科技型中小企业将目光转向国际市场的趋势愈发明显。但是，由于科技型中小企业自身资源有限，抗风险能力较弱，因此在进入国外市场初期，企业可以选择专有投资要求较低的技术联盟模式。然而，随着国际化经验的积累以及对国外市场了解的加强，企业可以在原有技术基础上投入更多的研发成本，针对国外市场需求进行二次创新，进一步开拓国际市场。

（4）运用恰当的评价方法。在实际中，各种战略投资间的相互关系非常复杂，评价各种建议也非常困难，需要采用精确的评价方法才能得出正确的投资决策。但是，很多公司还在靠拍脑袋、凭经验等方法来选择投资项目。这些方法虽然简便易行，但会因世易时移不再适用，盲目照搬会给企业带来巨大风险。企业应该运用净现值等投资决策指标对项目进行分析，这才是较为准确的评价方法。不过，虽然国际直接投资决策可以转化为传统的资本预算，但它比传统的资本预算要复杂得多，企业在分析时不仅要考虑各种因素对现金流量和风险的影响，而且要立足于全球战略。

（5）估计竞争优势的持续时间。如果国际企业的竞争优势很容易被模仿，那么国内与国外的竞争对手会很快在经营中应用相同的概念、工序或组织结构。竞争的结果是利润逐渐减少，甚至使国际直接投资丧失意义。所以，企业应不断维持和加强竞争优势，形成有效的行业或市场进入壁垒。若进入壁垒被打破，企业必须及时采取措施，建立新的壁垒。不过，任何壁垒都不是永远坚不可摧的，企业必须不断开发有利于海外直接投资且不易复制的新竞争优势。

7.1 即测即评

7.2 国际资本预算

跨国公司在进行国际直接投资时，要运用国际资本预算方法来评估投资项目。大多数国际直接投资耗资巨大且不易转让。所以，恰当运用国际资本预算，寻找有利可图的项目，是一项重要的工作。

资本预算中最常见的方法是折现现金流量分析法，即通过对未来现金净流量折现来计算投资决策指标。一般国际资本预算与国内资本预算类似。然而，国际项目所处的环境比较特别，复杂的环境会影响到对未来现金流量的计算和折现率的确定，所以国际资本预算更为复杂。

7.2.1 资本预算基础知识

国内资本预算中使用的指标可以分为两大类：非折现现金流量指标和折现现金流量指标。非折现现金流量指标是指没有考虑货币时间价值的指标，如投资回收期、平均报酬率等；折现现金流量指标是指考虑了货币时间价值的指标，如净现值、内含报酬率、获利指数等。在实践中，折现现金流量指标得到了广泛的应用，其中又以净现值最为重要。

净现值是指投资项目投入使用后的净现金流量，按资本成本率或企业要求达到的报酬率折算为现值，减去初始投资后的余额。净现值为正的项目应该被采纳。如果两个项目是互斥的，净现值较大的项目应该被采纳。净现值的计算公式为：

$$NPV=\left[\frac{NCF_1}{(1+k)}+\frac{NCF_2}{(1+k)^2}+\cdots+\frac{NCF_n}{(1+k)^n}\right]-C$$
$$=\sum_{t=1}^{n}\frac{NCF_t}{(1+k)^t}-C$$

式中，NPV 为净现值；NCF_t 为第 t 年的净现金流量；k 为折现率（资本成本率或企业要求的报酬率）；n 为项目预计使用年限；C 为初始投资额。

净现值还有另一种表述方法，即净现值是从投资开始至项目寿命终结时所有现金流量（包括现金流入和现金流出）的现值之和。其计算公式为：

$$NPV=\sum_{t=0}^{n}\frac{CFAT_t}{(1+k)^t}$$

式中，n 为开始投资至项目寿命终结时的年数；$CFAT_t$ 为第 t 年的现金流量；k 为折现率（资本成本率或企业要求的报酬率）。

净现值的计算过程如下：

第一步，计算每年的营业净现金流量。

第二步，计算未来报酬的总现值。这可按三步来进行：

（1）将每年的营业净现金流量折算成现值。如果每年的 NCF 相等，则按年金法折成现值；如果每年的 NCF 不相等，则先对每年的 NCF 进行折现，然后加总。

（2）将终结现金流量折算成现值。

（3）计算未来报酬的总现值。

第三步，计算净现值。

净现值＝未来报酬的总现值－初始投资

表 7-2 显示的是一个投资项目的现金流量及其现值的计算过程。

表 7-2　现金流量及现值计算　　单位：美元

年次	各年的 NCF (1)	现值系数（10%） (2)	现值 (3)＝(1)×(2)
1	1 200 000	0.909 1	1 091 000
2	2 700 000	0.826 4	2 231 000
3	2 700 000	0.751 3	2 029 000
未来报酬的总现值			5 351 000
减：初始投资			4 000 000
净现值（NPV）			1 351 000

假设资本成本率为 10%，则该项目是可以接受的。

净现值法的最大优点在于从股东的角度来评价投资项目。净现值法关注现金流量而非会计利润，强调投入资金的机会成本，所以它与股东财富最大化的财务目标是一致的。

7.2.2 国际资本预算的特殊问题

国内企业资本预算的基本原理也适用于国际企业，但国际企业的资本预算更复杂，有更多的问题需要考虑。

1. 国际资本预算的主体

国际资本预算中，首先面临的是评价主体问题：我们应该站在具体管理该项目的子公司立场，还是应该站在为该项目大量融资的母公司立场对项目进行评价？评价的主体不同，评价的结果就可能不一样。这是因为子公司的净现金流量可能与母公司的净现金流量有很大差异。这种差异主要是由下列因素造成的。

（1）税收因素。假定某国际企业正在考虑对国外子公司追加投资，子公司所在国的所得税税率较低，而母公司所在国对子公司汇回的收益设定了较高的税率，那么这个项目可能在子公司看来是可行的，而母公司却认为不可行。

（2）汇兑限制。如果子公司所在国对子公司税后利润汇回母公司有限制，规定必须将一定百分比的利润留在东道国，那么母公司可能对这一项目没有兴趣，而子公司却认为它很有吸引力。

（3）管理费用。母公司往往要向子公司收取许可证费、专利权使用费或者管理费等，这些费用对母公司与子公司有不同的含义，对于子公司是支出，对于母公司是收入。因此，项目评价的主体不同，得出的评价结论可能会不同。

（4）汇率变动。汇率也是造成子公司净现金流量与母公司净现金流量存在差异的因素之一。因为国外子公司的收益汇回母公司时，通常都要把子公司所在国货币兑换成母公司所在国货币，所以母公司的净现金流量会受到汇率的影响。如果从子公司的角度来评价项目的现金流量，则不需考虑汇率。

从理论上看，对于国际资本预算主体的确定有三种观点。第一种观点认为应该以母公司为主体。此观点认为，对国外投资的风险与报酬的考虑，归根结底是为了母公司股东的利益。这符合股东财富最大化的财务目标，因为母公司的现金流量最终是为支付股利以及实现母公司的其他目标奠定基础。第二种观点认为应该以子公司为主体。此观点认为，母公司的投资者越来越多地来自世界各地，投资目标就应该更多地反映世界性的观点。许多国际企业都制定了长期的而不是短期的财务目标，在国外创造的利润倾向于在国外再投资，而不是汇回母公司。基于这种考虑，从子公司的角度进行评价也是恰当的。第三种观点认为应该以子公司和母公司为主体分别进行评价。此观点认为，国际财务管理的目标是多元的、复杂的，这取决于构成公司投资集团及各非投资集团的不同意愿。在国外进行投资的情况下，东道国政府是其中的集团之一。为了保证国际企业投资者和东道国政府的目标和谐，应该分别从两个方面进行评价：一是以国外子公司为评价主体；二是以母公司为评价主体。

如果以国外子公司为主体进行国际资本预算，所用方法与国内一般的投资项目评价方法基本相同。如果以母公司为主体进行国际资本预算，则会涉及一些特殊问题。

2. 国家风险分析

国家风险可以分为政治风险和经济风险，如征用风险、汇率变动风险等。这些风险会给投资项目带来很多不确定性。在进行资本预算时，应当考虑这些风险因素并做相应调整。

常见的考虑国家风险情况下的投资决策方法有两种：调整折现率法和调整现金流量法。调整折现率法是指根据与项目有关的国家风险的大小，相应调高该项目要求达到的报酬率，构成按风险调整的折现率，并据以进行投资决策的方法。例如，如果预计会有外汇管制，则要求的报酬率将从 15%升至 20%。调整现金流量法是指先按风险调整现金流量，然后进行投资决策的方法。常用的调整现金流量法是确定当量法，根据这一方法，要把不确定的各年现金流量按照一定的系数（通常称为约当系数）折算为大约相当于确定的现金流量的数额，然后利用无风险折现率来评价国外项目。约当系数是指不肯定的 1 美元现金流量期望值相当于使投资者满意的肯定金额的系数，它可以把各年不确定的现金流量换算成确定的现金流量。约当系数在 0～1 之间，现金流量的风险越大，约当系数越小。一般来说，调整折现率要比恰当估计约当系数容易，所以实践中人们更倾向于使用调整折现率法。

7.2.3　国际资本预算实例

例 7－1

永辉公司是一家中国优质网球拍制造商，它最近考虑向瑞士出口网球拍。然而中国政府最近对一些瑞士出口产品施加了贸易限制，这使得该公司预计瑞士政府为进行报复，可能也会禁止该公司向瑞士出口网球拍。因此，该公司正考虑在瑞士设立一家子公司直接在当地销售网球拍。该公司内部各部门被要求为资本预算分析提供相关信息。另外，该公司一些高级管理人员会见了与拟议中的子公司相关的一些瑞士政府官员。所有相关信息如下。

1. 项目寿命期。该项目预计 4 年后终结。瑞士政府承诺向母公司付款购买该厂。

2. 初期投资情况如表 7－3 所示。

表 7－3　子公司的初期投资情况

汇率	投资额
1 瑞士法郎＝0.50 元人民币	2 000 万瑞士法郎/1 000 万元人民币

3. 价格与需求。对今后 4 年中的每一年所预计的价格和需求如表 7－4 所示。

表 7－4　子公司产品的价格和需求情况

年度	单价（瑞士法郎）	瑞士需求量（副）
1	350	60 000
2	350	60 000

续表

年度	单价（瑞士法郎）	瑞士需求量（副）
3	360	100 000
4	380	100 000

4. 付现变动成本。单位变动成本（直接材料、直接人工等）预计如表7-5所示。

表7-5　子公司产品的单位变动成本情况

年度	每副球拍的单位变动成本（瑞士法郎）
1	200
2	200
3	250
4	260

5. 付现固定成本。付现固定成本如表7-6所示。

表7-6　子公司产品的付现固定成本情况

年度	租赁办公室（瑞士法郎）	其他经营费用（瑞士法郎）
1	100万	100万
2	100万	100万
3	100万	100万
4	100万	100万

6. 非付现成本（折旧）。瑞士政府允许永辉的子公司对固定资产和设备以每年最多200万瑞士法郎的折旧额计提折旧。子公司以此最大值来对固定资产进行折旧。

7. 永辉子公司汇回母公司的现金流量。子公司计划在每年年底将所有经营现金流量汇回母公司。

8. 终值。瑞士政府将在4年后支付1 200万瑞士法郎给母公司，以获得该子公司的所有权。

9. 瑞士政府允许永辉公司设立子公司，对子公司所获收益课税情况如表7-7所示。

表7-7　子公司的课税情况

税种	税率
公司所得税	20%
资本利得税（出售资产）	0

续表

税种	税率
预提税	10%（对所有汇回母公司的经营现金流量征税，出售资产不征收）

10. 中国政府对永辉公司的子公司所获收益课税情况。中国政府不对汇回母公司的收益课税。

11. 汇率。预计未来各年底即期汇率情况如表7-8所示。

表7-8 汇率情况

年度	即期汇率
1	1瑞士法郎=0.50元人民币
2	1瑞士法郎=0.50元人民币
3	1瑞士法郎=0.50元人民币
4	1瑞士法郎=0.50元人民币

12. 收益率。永辉公司对该项目要求15%的收益率。

下面从母公司的角度分析项目是否可行。

（1）母公司收到的营业现金流量见表7-9。

表7-9 母公司收到的营业现金流量 单位：瑞士法郎

项目	年度			
	1	2	3	4
A. 销售量（副）	350	350	360	380
B. 单价	60 000	60 000	100 000	100 000
C. 销售收入	21 000 000	21 000 000	36 000 000	38 000 000
D. 单位变动成本	200	200	250	260
E. 变动成本总额	12 000 000	12 000 000	25 000 000	26 000 000
F. 租赁费用	1 000 000	1 000 000	1 000 000	1 000 000
G. 其他经营费用	1 000 000	1 000 000	1 000 000	1 000 000
H. 折旧	2 000 000	2 000 000	2 000 000	2 000 000
I. 固定成本总额（F+G）	4 000 000	4 000 000	4 000 000	4 000 000
J. 子公司税前利润（C−E−I）	5 000 000	5 000 000	7 000 000	8 000 000
K. 子公司所得税（20%×J）	1 000 000	1 000 000	1 400 000	1 600 000
L. 子公司净利润（J−K）	4 000 000	4 000 000	5 600 000	6 400 000
M. 子公司经营现金流量（H+L）	6 000 000	6 000 000	7 600 000	8 400 000
N. 预提税（10%×M）	600 000	600 000	760 000	840 000

续表

项目	年度			
	1	2	3	4
O. 子公司汇回的经营现金流量（M－N）	5 400 000	5 400 000	6 840 000	7 560 000
P. 汇率	0.5	0.5	0.5	0.5
Q. 母公司收到的经营现金流量（O×P，元人民币）	2 700 000	2 700 000	3 420 000	3 780 000

（2）母公司的各年现金流量（见表7-10）。

表7-10　母公司的现金流量　　单位：人民币元

项目	年度				
	0	1	2	3	4
初始现金流量	10 000 000				
经营现金流量		2 700 000	2 700 000	3 420 000	3 780 000
终结现金流量					6 000 000
合计	10 000 000	2 700 000	2 700 000	3 420 000	9 780 000

（3）母公司的净现值。

NPV＝122.298 7(万元人民币)

该项目可行。

例7-2

泰坦公司（以下简称TT-US）是一家总部设在美国的国际企业，该公司生产一种精密仪器，销往全球。现在TT-US正考虑是否在英国设立生产基地（以下简称TT-UK），以增加在欧洲的销售量。TT-US的管理层认为，在英国建立生产基地将有利于在英国及整个欧洲占领市场。

目前的汇率为1英镑＝2美元。TT-US管理层预计英国的通货膨胀率为5%，结合对美国通货膨胀率3%的预测，预计英镑对美元每年贬值2%。综合考虑各项因素，TT-US的管理层认为该项目的报酬率应达到10%。

TT-US的管理层准备做一个5年的资本预算，然后计算TT-UK 5年后的价值。如果该项目最初5年的净现值为正，就不需要预计未来的现金流量了，此项目一定可行。如果最初5年的净现值为负，就需要计算TT-UK 5年后的价值为多少才能使这个项目的净现值为正，再与预计的TT-UK 5年后的价值相比较，决定项目是否可行。

该项目的相关资料如下。

1. 项目投资

TT-US准备在曼彻斯特购买一家即将破产的工厂，并负责安置该工厂自动化生产线上的部分员工。为此，英国政府将为母公司TT-UK提供5年期的低息（年利率3%）贷款1 000万英镑（合2 000万美元），该贷款到期一次还本付息。

TT-US收购工厂、购买相关设备以及改装成本预计为1亿美元。厂房和设备按照直线法计提折旧，折旧年限为5年，残值为零。在1亿美元投资中，2 000万美元通过前述英国政府提供的年利率为3%的贷款1 000万英镑（合2 000万美元）来筹集，其他8 000万美元由母公司TT-US用自有资金提供。贷款在第5年末到期时，由TT-UK用经营现金流量替母公司偿还贷款本金和利息，作为分配给母公司股利的一部分。TT-US管理层估计在收购6个月后TT-UK能够全面投产。

TT-UK初始营运资金（包括现金、应收账款和存货）的需求量约为销售收入的30%，考虑到这些需求部分可由应付账款（约为销售收入的10%）解决，净营运资金的需求量约为销售收入的20%。莱德银行向母公司TT-US提供了2年期的300万英镑（合600万美元）贷款，作为TT-UK的初始营运资金。这笔贷款的年利率为8%，到期一次还本付息。第2年末，由TT-UK用经营现金流量替母公司偿还贷款本金和利息，作为分配给母公司股利的一部分。TT-UK未来的营运资金需求将通过该项目的内部现金流量解决。

表7-11列示了TT-UK的初始投资支出情况。

表7-11　TT-UK的初始投资支出（1英镑=2美元）

项目	英镑金额（万英镑）	美元金额（万美元）
收购工厂及改装成本	3 500	7 000
设备		
母公司提供资金购买	500	1 000
英国政府提供贷款购买	1 000	2 000
营运资金		
银行借款	300	600
初始投资总额	5 300	10 600

2. 项目收入预测

在第1年，TT-UK将产品销售单价定为250英镑（按照汇率折算为490美元）时利润最大。预计英国及欧洲市场对该产品的需求以每年10%的增长率递增，第1年的需求量为120 000件。

虽然第1年的需求量是120 000件，但是因为TT-UK的建设需要半年，所以TT-UK只能向市场提供60 000件产品。

3. 项目成本预测

TT-UK生产所需的原材料用美元从TT-US购买。TT-UK第1年的单位变动成本为140英镑，其中包括从TT-US采购材料的支出30.6英镑（合60美元）。预计英国的通货膨胀率为5%，所以TT-UK的单位变动成本以每年5%的增长率增长。

TT-UK将向TT-US支付专利权使用费，金额为销售收入的7%。

此外，TT-UK第1年全年的间接费用预计为220万英镑。由于年中才正式投产，因此，第1年预计间接费用为120万英镑。之后以8%的年增长率增长。

4. 项目终值

终值（终结现金流量）的计算比较复杂。至少有三种方法：一是清算价值法。假设项目在5年后清算，将有关资产变卖，那么可以按此来确定终值。二是收益现值法。采用这一方法时，应根据项目尚可使用的年限、每年产生的净现金流量和适当的折现率，把项目继续使用的收益转化成项目终了时的现值，作为项目的终值或终结现金流量。三是计算使母公司能够接受此项目时的项目终值，即盈亏平衡点的项目终值，然后将此作为基准，判断未来现金流量的现值超过该值的可能性。大多数公司在估计终值时都比较保守。TT-UK 假设项目的终值为第5年净现金流量（净收益＋折旧）的2.7倍。

5. TT－US 收入预测

如前所述，第2年、第5年 TT-UK 将代替母公司 TT-US 偿还贷款的本金和利息，这是母公司从项目获得的第一笔收入。母公司 TT-US 将向 TT-UK 收取专利权使用费，金额为销售收入的7%。此外，TT-UK 将扣除贷款本金和利息后的全部净现金流量作为股利支付给母公司。英国政府将对专利权使用费、股利征收10%的预提税。

6. 各年汇率的情况

美元和英镑的汇率情况如表7－12所示。

表7－12　英镑和美元的汇率

项目	年次					
	0	1	2	3	4	5
汇率（美元/英镑）	2.00	1.96	1.92	1.89	1.85	1.82

下面我们分别从项目角度和母公司角度来分析该项目的可行性。

（1）项目的现金流量。TT-UK 的初始投资包括购买厂房、设备的现金流量以及垫支的营运资金。经营现金流量中，现金流入主要是来自英国和欧洲的销售收入、折旧，现金流出主要包括变动成本、专利权使用费、间接费用以及缴纳的所得税等。终结现金流量包括这项投资的终值。

1）项目初始投资支出。根据表7－11，TT-UK 包括营运资金在内的初始投资金额为5 300万英镑，列示于表7－13中的N行。

2）项目收入数据。根据对需求量的预测，该产品的需求以每年10%的增长率递增，见表7－13的A行。英国的预计通货膨胀率为5%，因此，产品的销售单价以5%的年增长率上涨，见表7－13中的B行。由于需求量每年增长10%，单价每年上涨5%，所以预计 TT-UK 的英镑销售收入会以每年15.5%［即(1＋5%)(1＋10%)－1］的比率增长，如表7－13中的C行所示。

3）项目成本数据。TT-UK 的产品成本主要包括变动成本、专利权使用费、间接费用、折旧。根据前面的产品成本预测，TT-UK 的年度产品成本预计数据列示于表7－13中的D～I行。其中单位变动成本以每年5%的增长率增长，专利权使用费以每年15.5%的比率上涨（与销售收入的增长率相同），间接费用以每年8%的增长率增长，每年折旧费为1 000万英镑。

表 7-13 TT-UK 的现值：项目（子公司）角度

项目	年次						
	0	1	2	3	4	5	5+
A. 销售量（件）		60 000	132 000	145 200	159 720	175 692	
B. 单价（英镑）		250	263	276	289	304	
C. 销售收入（万英镑）		1 500	3 465	4 002	4 622	5 339	
D. 单位变动成本（英镑）		140	147	154	162	170	
E. 变动成本总额（万英镑）		840	1 940	2 241	2 589	2 990	
F. 专利权使用费（0.07×C，万英镑）		105	243	280	324	374	
G. 间接费用（万英镑）		120*	238	257	277	299	
H. 折旧（万英镑）		1 000	1 000	1 000	1 000	1 000	
利息（万英镑）							
I. 费用合计（E+F+G+H，万英镑）		2 065	3 421	3 778	4 190	4 663	
J. 税前利润（C−I，万英镑）		−565	44	224	432	676	
K. 英国公司所得税**（0.40×J，万英镑）		0	0	0	54	270	
L. 净利润（J−K，万英镑）		−565	44	224	378	406	
M. TT-UK 的终值［(第 5 年的 L+H)×2.7，万英镑］							3 795
N. 包括营运资金在内的初始投资（万英镑）	5 300						
O. 营运资金投资（0.2×C，万英镑）		300	693	800	924	1 068	
P. 追加营运资金［t 年的 O−(t−1) 年的 O，t=2，…，5，万英镑］		0	393	107	124	143	

续表

项目	年次						
	0	1	2	3	4	5	5+
Q. TT-UK 的现金流量（L＋H＋M－N－P，万英镑）	－5 300	435	651	1 117	1 254	1 263	3 795
R. 英镑兑美元的汇率（美元/英镑）	2	1.96	1.92	1.89	1.85	1.82	1.82
S. TT-UK 的现金流量（Q×R，万美元）	－10 600	853	1 250	2 111	2 320	2 299	6 907
T. 复利现值系数（折现率为 10%）	1	0.909 1	0.826 4	0.751 3	0.683	0.620 9	0.620 9
U. 现值（S×T，万美元）	－10 600	775	1 033	1 586	1 585	1 427	4 288
V. 累计现值（万美元）	－10 600	－9 825	－8 792	－7 206	－5 621	－4 194	94

* 表示不到 1 年的间接费用。

** 第 1 年 565 万英镑的亏损将在未来几年的税前利润中扣除，使得第 2、第 3 年没有所得税，第 4 年的所得税也减少了。

4）项目的净利润。表7-13的L行列示了第1～5年的净利润。TT-UK在英国的公司所得税税率为40%。第1年565万英镑的亏损将会抵减第2～4年的税前利润，减少这几年的所得税。

5）项目追加营运资金。TT-UK对营运资金的初始投资为300万英镑（合600万美元）。营运资金需求额约为销售收入的20%。所以，营运资金所需投资将按每年15.5%的比率增长，与销售收入的增长率相同。参见表7-13的O行和P行。

6）估计项目的现值。如表7-13的V行所示，从项目（子公司TT-UK）角度看，TT-UK 5年现金流量的现值为94万美元，项目可行。

（2）母公司的现金流量。上面的分析是从项目（TT-UK）角度来看的，从母公司的角度来看，还有其他的现金流量。额外的现金流出如支付给英国政府和美国政府的税金，额外的现金流入如每年收取的专利权使用费等。

1）收到偿还贷款的本金和利息。TT-UK将在第2年末代替母公司向银行支付莱德银行300万英镑的营运资金贷款本息，在第5年末代替母公司向银行偿还英国政府提供的1 000万英镑的低息贷款本息。若按美元计算，根据预测的汇率，应分别偿还672万美元（$3\ 000\ 000\times FVIF_{8\%,2}\times 1.92$）和2 109万美元（$10\ 000\ 000\times FVIF_{3\%,5}\times 1.82$）。这两笔贷款的偿还应作为母公司的现金流入。前面在计算TT-UK的初始投资时，已将这两笔贷款包括在内。我们可以这么理解，这两笔贷款相当于母公司TT-US借入，并投资给TT-UK。TT-UK用经营中的现金流量替母公司TT-US向银行还款，可以视为子公司对母公司的分红。

2）收到的专利权使用费和股利。TT-UK向母公司按销售收入的7%支付专利权使用费。此外，TT-UK将偿还贷款后的全部净现金流量作为股利支付给母公司。对于这些资金转移，英国政府将征收10%的预提税。这些现金流量如表7-14所示。如果TT-US有足够的国外税收贷项，它就不需要向美国国内税收署支付任何税金，否则TT-US要因其收到的股利和专利权使用费支付公司所得税。当然，支付的所得税是扣减已经支付的国外所得税和预提税后的余额。在本例中，假设TT-US不需要向美国国内税收署支付税金。

3）从母公司TT-US角度估计项目的现值，见表7-14。

表7-14 TT-US的现值：母公司角度 单位：万美元

项目	年次						
	0	1	2	3	4	5	5+
1. 项目现金流入							
A. TT-UK的现金流量（表7-5S行）		853	1 250	2 111	2 320	2 299	6 907
B. TT-UK偿还贷款			672			2 109	
C. TT-UK支付的股利（A－B）		853	578	2 111	2 320	190	6 907
D. 汇率	2.00	1.96	1.92	1.89	1.85	1.82	

续表

项目	年次						
	0	1	2	3	4	5	5+
E. 专利权使用费（表7－5 F行×D行）		206	467	529	599	681	6 395*
F. 现金流入合计（B+C+E）		1 059	1 717	2 640	2 919	2 980	13 302
现金流出							
G. 厂房和设备	10 000						
H. 营运资金	600						
I. 向英国政府支付的预提税(C+E)×10%		106	105	264	292	87	1 330
J. 现金流出合计	10 600	106	105	264	292	87	1 330
K. 净现金流量（F－J）	－10 600	953	1 612	2 376	2 627	2 893	11 972
L. 现值系数（折现率10%）	1	0.909 1	0.826 4	0.751 3	0.683	0.620 9	0.620 9
M. 现值（K×L）	－10 600	866	1 332	1 785	1 794	1 796	7 433
N. 累计现值	－10 600	－9 734	－8 402	－6 617	－4 823	－3 027	4 406

*估计的未来5年专利权使用费折现的现值。

7.2 即测即评

在表7－14中，我们从母公司的角度将各种现金流量汇总，它们的现值为4 406万美元。很显然，虽然TT-UK要向英国与美国政府缴纳税金，但是母公司拥有TT-UK可以获得更多的收益。这主要是因为母公司向TT-UK收取的股利以及专利权使用费带来的增量收益。从母公司的角度看，项目可行。

7.3 国家风险管理

在对国外的投资机会进行评价时，跨国公司必须考虑国家风险。国家风险代表了东道国的环境对跨国公司现金流量潜在的不利影响。

近年来，跨国公司在发展中国家和发达国家遇到的政治风险，不论是类型还是程度都显著增加。

7.3.1 国家风险的组成

国家风险可以分为政治风险和经济风险。

1. 政治风险

政治风险是指东道国发生的政治事件或东道国与其他国家的政治关系发生的变

化对跨国公司造成不利影响的风险。

通常一提到政治风险，人们就想到征用风险①，这是最极端的政治风险形式。除了征用风险以外，还有很多形式的政治风险，比如东道国对货币和贸易的控制，对跨国公司监管更加严格等。这些风险的共同点是政府参与到经济生活中，对企业的收益产生重大影响。

根据影响的范围，政治风险可分为宏观政治风险和微观政治风险。

（1）宏观政治风险。这是指影响所有外国公司的政治风险。宏观政治风险包括东道国消费者对跨国公司的态度、东道国政府政局的稳定性以及东道国与其他国家发生战争的可能性等。

东道国消费者对跨国公司的态度是一种温和的政治风险。东道国的消费者可能只喜欢购买本国的产品，如果跨国公司准备进入国外市场，必须分析消费者对本国制造商品的忠实度。如果消费者非常忠实于当地产品，那么跨国公司应该与当地企业合资，而不是采用出口策略。东道国的内战、骚乱、边境战争以及恐怖活动等政治事件，将会影响跨国公司员工的人身安全。饱受战火威胁的国家，其商业活动也很不稳定，跨国公司从该国所获的现金流量也有很大的不确定性。

（2）微观政治风险。这是指仅对国际业务的某个领域或特定的跨国公司有影响的政治风险。例如，2012 年，澳大利亚政府以国家安全为由，禁止华为竞标其国家宽带网络部署（NBN）的合同。2018 年，澳大利亚又以同样的理由禁止华为参加其国家 5G 建设。2018 年美国退出伊核协议后，要求相关企业逐步终止在伊朗的各项合同，否则将被禁止在美国从事经营，同时被禁止与包括金融机构在内的任何美国实体做生意。在美国政府的禁令下，道达尔、标致和西门子等跨国公司宣布将暂停与伊朗的业务往来。

根据跨国公司受影响的方式，政治风险又可分为转移风险、经营风险和控制风险。

转移风险是指由资本、利润和专有技术等生产要素跨国转移的不确定性所引起的政治风险。比如东道国对外汇的管制，这使得外国投资者无法将其资产和投资所得的利润等汇回母国或转移到其他国家。再如东道国可以采取大幅调整汇率的办法，人为地使本国货币非正常贬值，以达到减少外国投资者正当收益的目的。

经营风险是指由东道国对跨国公司在当地业务的政策不确定性引起的政治风险。比如环境保护政策的变化、对生产本地化的要求、最低工资法和限制跨国公司从本国信贷机构借款等。

控制风险是指由东道国对当地经营的控制或所有权方面的政策不确定性引起的政治风险。比如对外国投资者最高所有权的规定、要求在一定期限内将所有权转移给国内投资者，以及将跨国公司在当地的实体国有化。

---

① 在本章的讨论中，征用（expropriation）或国有化（nationalization）是指政府通过有偿或无偿的方式将国外产权收归国有。

案例7-1

特朗普威胁TikTok，不卖就加税

据新华社2025年1月20日报道，美国总统特朗普在就任第一天签署了行政令，要求短视频社交媒体平台TikTok“不卖就禁用”法律在未来75天内暂不执行。在TikTok陷入关停危机、大量用户成为“TikTok难民”涌入小红书后，特朗普签署的这项行政令，履行了他竞选时的承诺，为TikTok留出了两个多月的周转时间。特朗普的行政令的确为美国政府和TikTok平台都争取了75天的时间，各方可以继续摸索一个替代方案，来回应美国方面对TikTok提出的所谓“数据隐私问题”，而不至于采取彻底的禁令。

不过，特朗普也同时威胁称：如果中国方面不批准有关该应用程序的交易协议，他将对中国征收高额关税。特朗普表示：“我可能不会做这笔交易，我可能会做这笔交易……对于TikTok，我有权将其出售或关闭，我们将做出决定。”他还说，TikTok“一文不值”，如果自己不批准，就得关门。至于中国方面的立场和态度，他声称：“如果我们想与TikTok达成协议，而且这是一笔好交易，而中国不批准，那么我认为他们最终会批准，因为我们会对中国征收关税……如果中国还是说‘这事儿不行’，那这肯定是一种敌意了，我们就会征收25%、30%、40%、50%甚至100%的关税。”

TikTok的首席执行官周受资出席了特朗普就任美国总统的典礼仪式，与特朗普提名的国家情报总监候选人塔尔西·加巴德坐在一起。这被《华盛顿时报》《华尔街日报》等美国媒体认为是一个信号，凸显了本届美国政府与TikTok平台间的微妙关系。

2025年1月17日，美国联邦最高法院裁定拜登政府通过的有关TikTok“不卖就禁用”的法律并不违宪。该条法律要求字节跳动将TikTok出售给美国买家，否则就将封禁该平台。尽管拜登政府多次公开保证不会实际执行此条法律，将把决定权“留给特朗普政府”。但考虑到其将在2025年1月19日实际生效，而拜登政府的“保证”也并不具有可靠的法律效力，TikTok还是在18日关闭了其在美国范围内的服务，并通过弹窗信息向特朗普喊话，希望获得支持。对TikTok关闭的担忧也直接推动了“TikTok难民”涌向小红书等中国APP。

在特朗普于19日公开保证将发布行政命令延缓联邦政府对TikTok的禁令后，TikTok才在美国恢复了服务。据透露，字节跳动并未与美方达成任何协议，只是美方决定暂不执行法案，因此TikTok恢复运营。

特朗普在他的“真实社交”平台上发帖表示：“我希望美国在合资企业中拥有50%的所有权。通过这样做，我们可以拯救TikTok，将其交到可靠的人手中，并让它继续存在。没有美国的批准，就没有TikTok。有了我们的批准，它的价值将达到数千亿美元——甚至数万亿美元。”

更加戏剧性的是，尽管特朗普在竞选期间和上任后都做出了要“拯救TikTok”的姿态，也确实在上任后的第一时间签署了有利于TikTok的行政令，但从联邦政府层面封禁TikTok的想法正是特朗普在第一个任期内首先提出的。

资料来源：特朗普又威胁上了：给予TikTok“不卖就禁用”法律75天宽限期，中国不卖那就加税.（2025-01-21）.观察者网.

2. 经济风险

经济风险是指东道国的经济因素对跨国公司造成不利影响的风险。例如，20世纪90年代初欧洲经济衰退对福特汽车、耐克、迪士尼等美国著名跨国公司在欧洲的业务造成了严重影响。

根据影响范围，经济风险可分为宏观经济风险和微观经济风险。

（1）宏观经济风险。宏观经济风险包括东道国的整体经济状况、市场供求和价格状况、税收调整等因素带来的风险。

1）东道国的经济状况。东道国经济状况的好坏将对跨国公司的经营活动产生重要影响。利率、汇率和通货膨胀率是跨国公司应重点考虑的因素。较高的利率会抑制一国经济增长，减少对跨国公司产品的需求；较低的利率会刺激经济，增加对跨国公司产品的需求。汇率变动严重影响一国的进出口，最终影响生产和收入水平。通货膨胀会影响消费者的购买力水平，因此也会影响跨国公司产品的需求量。利率、汇率和通货膨胀率三者之间也是相互影响的，在分析时必须综合考虑。

2）市场供求和价格状况。同一产品在不同国家的市场供求和价格状况是不一样的。供过于求将使产品价格被迫下调，减少跨国公司的营业利润。因此，跨国公司应该密切关注东道国市场供求状况的变动，适时调整自己的产品策略。

3）税收调整。税收是影响跨国公司净利润的重要因素。各国应纳税所得额、所得税税率等的确定与计算差别较大，跨国公司必须了解各国的税收法规以及最新调整动态。另外，东道国与母国之间是否签订有税收减免条约、东道国是否有吸引外资的税收优惠政策等，也是跨国公司应当密切关注的。

（2）微观经济风险。微观经济风险是指仅对某个跨国公司的经营有影响的经济风险。如公司可能面临的行业风险、公司原材料供应情况发生变化等。

7.3.2　国家风险的评估

1. 评估中考虑的因素

虽然国家风险的评估是一项很艰难的工作，但跨国公司在进行国外项目投资前必须对国家风险进行评估。在评估国家风险时，需要考虑下列因素。

（1）东道国的政治和政府管理体制。东道国的政治和行政基础是跨国公司首先应考虑的因素，关键要看该国的政治和政府管理体制能否保证政策的有效制定与执行。如果一个国家有太多的政党，政府更迭频繁，政府政策就会不一致、不连续，国家风险也会比较大。如果一个国家腐败现象严重，国家风险也会比较大。

（2）东道国政党及其实力对比的历史记录。通过考察东道国政党的意识形态及其历史记录，可以了解它们是如何管理经济事务的。意识形态的差异可能导致东道国采取不同的利用外资政策。

（3）与世界系统的融合性。如果一国在政治与经济上是封闭的，没有融合到世界系统中，该国不遵守游戏规则的可能性就更大。倘若一国是重要国际组织，例如OECD、WTO等的成员，该国遵守游戏规则的可能性就更大，相应降低了国家风险。

（4）东道国社会的稳定性。民族和宗教冲突会破坏国内和平局面，带来较大的国家风险。

（5）地区和平。邻国发动的战争或战争威胁是国家风险的一个主要来源。海湾战争中的科威特就是典型的例子。

（6）关键经济指标。关键经济指标包括国民生产总值增长率、通货膨胀趋势、政府预算水平（及政府赤字）、利率、失业率、贸易余额等。另外，东道国的货币政策、财政政策、经济发展政策等都是评估国家风险时必须考虑的因素。

2. 国家风险的评估内容

国际企业不仅要在海外投资前评估国家风险，而且要在投资后追踪评估国家风险。国际企业可以设立自己的专家组来对国家风险进行评估，但由于国家风险的评估是一项比较复杂、专业性很强的工作，因此国际企业往往借助专业机构的力量来完成这项工作。例如，摩根士丹利公司、经营环境风险情报公司和《欧洲货币》杂志等都提供国家风险评估的有关数据。

中国社会科学院世界经济与政治研究所国际投资研究室从2014年起连续11年发布《中国海外投资国家风险评级报告》。2023年的报告从中国企业和主权财富海外投资视角出发，构建了经济基础、偿债能力、社会弹性、政治风险和对华关系五大类共43个子指标，涵盖了120个样本国家，全面量化和评估了中国海外投资所面临的风险。对于有海外投资需求的中国企业或其他主体来说，该评级报告提供了有益参考，对于降低企业海外投资风险、提高海外投资成功率具有一定帮助。

表7-15为《中国海外投资国家风险评级报告（2023）》中各个国家风险评级的综合排名。综合来看，发达经济体的整体风险明显低于新兴经济体，在20个低风险国家中占据18席。可以看出，新加坡是评级最高、风险最低的国家。美国的排名并不靠前，原因在于美国的政治风险和偿债能力指标下降，并且中美关系仍处于紧张状态。此外，“一带一路”共建国家大多数为中等风险，对华关系评级高于整体水平，是中国企业海外投资的新增长点。

7.3.3 国家风险的管理

1. 投资前的管理

（1）回避。管理国家风险最简单的办法就是回避，很多企业不在政治不稳定的国家投资就是采用这一策略。但是，所有的政府都会制定影响跨国公司经营项目盈利的政策，所有的投资都面临一定程度的国家风险。问题的关键在于跨国公司能够容忍何种程度的国家风险，要求获得多大的投资收益。放弃到国家风险高的国家投资，往往等于放弃了可能得到的高投资回报，同时也放弃了控制国家风险的任何努力。跨国经营本身就是一项冒险的事业。因此，只要国家风险可以识别、控制并能够得到相应补偿，就不应该回避。

表7-15　2023年中国海外投资国家风险评级综合排名

排名	国家	风险评级	排名	国家	风险评级	排名	国家	风险评级
1	新加坡	AAA	41	美国	A	81	伊朗	BBB
2	丹麦	AAA	42	哈萨克斯坦	A	82	哥斯达黎加	BBB
3	新西兰	AAA	43	厄瓜多尔	A	83	约旦	BBB
4	挪威	AAA	44	立陶宛	A	84	玻利维亚	BBB
5	荷兰	AAA	45	比利时	A	85	巴勒斯坦	BBB
6	瑞士	AA	46	斯洛文尼亚	A	86	几内亚	BBB
7	德国	AA	47	俄罗斯	A	87	阿根廷	BBB
8	卡塔尔	AA	48	马来西亚	A	88	尼加拉瓜	BBB
9	爱尔兰	AA	49	克罗地亚	A	89	多哥	BBB
10	澳大利亚	AA	50	阿塞拜疆	A	90	埃塞俄比亚	BBB
11	冰岛	AA	51	老挝	A	91	阿尔及利亚	BB
12	阿联酋	AA	52	亚美尼亚	A	92	尼日利亚	BB
13	加拿大	AA	53	博茨瓦纳	A	93	危地马拉	BB
14	卢森堡	AA	54	塞浦路斯	A	94	尼日尔	BB
15	瑞典	AA	55	巴林	A	95	缅甸	BB
16	英国	AA	56	塞尔维亚	BBB	96	白俄罗斯	BB
17	日本	AA	57	保加利亚	BBB	97	塞内加尔	BB
18	韩国	AA	58	乌兹别克斯坦	BBB	98	巴西	BB
19	法国	AA	59	坦桑尼亚	BBB	99	乌干达	BB
20	奥地利	AA	60	柬埔寨	BBB	100	墨西哥	BB
21	苏丹	A	61	巴拿马	BBB	101	马里	BB
22	智利	A	62	斯洛伐克	BBB	102	喀麦隆	BB
23	阿曼	A	63	土库曼斯坦	BBB	103	斯里兰卡	BB
24	马耳他	A	64	阿尔巴尼亚	BBB	104	摩尔多瓦	BB
25	以色列	A	65	塔吉克斯坦	BBB	105	突尼斯	BB
26	沙特阿拉伯	A	66	吉尔吉斯斯坦	BBB	106	洪都拉斯	BB
27	爱沙尼亚	A	67	希腊	BBB	107	布基纳法索	BB
28	捷克	A	68	孟加拉国	BBB	108	安哥拉	BB
29	科威特	A	69	赞比亚	BBB	109	土耳其	BB
30	印度尼西亚	A	70	南非	BBB	110	马达加斯加	BB
31	波兰	A	71	肯尼亚	BBB	111	纳米比亚	B
32	乌拉圭	A	72	菲律宾	BBB	112	伊拉克	B
33	西班牙	A	73	巴布亚新几内亚	BBB	113	委内瑞拉	B
34	秘鲁	A	74	牙买加	BBB	114	哥伦比亚	B
35	罗马尼亚	A	75	拉脱维亚	BBB	115	莫桑比克	B
36	蒙古	A	76	埃及	BBB	116	萨尔瓦多	B
37	葡萄牙	A	77	泰国	BBB	117	巴拉圭	B
38	意大利	A	78	摩洛哥	BBB	118	黎巴嫩	B
39	匈牙利	A	79	加纳	BBB	119	乌克兰	B
40	越南	A	80	印度	BBB	120	苏丹	B

（2）保险。跨国公司可以通过购买保险来应对国家风险。在美国，投资保险和担保是由海外私人投资公司（OPIC）承担的。该公司是美国政府的一个部门，成立于1969年，目的是方便和促进美国私营资本在发展中国家的投资。它对四种政治风险提供保险：外国货币不可兑换；海外资产被征用；国外的战争、革命和其他暴力政治事件导致的财产毁损；政治风波对企业收入造成的损失。1993年，俄罗斯设立了一个保险基金来保护跨国公司免受各种形式国家风险的影响。世界银行的一个附属机构——多边投资保险机构，为在欠发达国家直接投资的跨国公司提供政治保险。

（3）特许协议。除了保险以外，企业可以在投资前通过谈判与东道国政府达成谅解，以特许协议的方式明确双方的权利和义务。20世纪六七十年代，一些国际企业在投资于欠发达地区时经常采用这种方式，尤其是在母国的殖民地。不过，随着这类国家独立或旧政府被推翻，新的执政者往往会废止以前的特许协议。虽然这种特许协议现在仍然存在，但由于其违约率高，许多跨国公司都在寻求更积极的对策来控制国家风险。

（4）策略调整。企业一旦决定在一个国家投资，可以通过调整经营策略和财务策略来尽可能降低国家风险。

1）控制市场或原材料供给。这一调整策略是指增强东道国公司对跨国公司子公司的依赖关系（比如，把关键原材料的货源或销售控制在其他子公司手中），使东道国政府因成本太高而不会轻易征用跨国公司的子公司。

2）限制技术转移。跨国公司可以通过将研究与开发设备、专利技术的使用权留在母国，提高东道国实行国有化的成本。这一策略成功的前提是，其他获得许可证的跨国公司也不向被国有化的子公司提供同一技术。另外，跨国公司可以建立一个东道国政府在法律上不能复制的全球统一的唯一商标。子公司被征用后，如果使用其他商标势必会有很大的损失，这样可削弱东道国征用子公司的动机。

3）提高资产负债率。如果跨国公司能够从东道国的银行获得贷款，提高资产负债率，则东道国政府的政策变化会考虑本国银行资金的回收而对自身的行为持慎重态度。

4）多渠道融资。如果投资项目必须在东道国以外融资，跨国公司最好从多个国家的银行借款，而不是仅从母国银行借款，这样可以在东道国与母国之间出现政治冲突时，不至于被忽视。

5）分享所有权。与当地投资者分享所有权可以使当地投资者与跨国公司的利益结合在一起，发生政治事件时很可能获得当地人的帮助。

2. 投资后的管理

跨国公司一旦在国外进行了投资，它对国家风险的防范和抵御能力就会大大降低。不过，下列措施可以帮助跨国公司捕捉各种成功的机会。

（1）有计划撤资。有计划撤资是指跨国公司将自己对国外投资的全部或大部分所有权分阶段地出售给当地投资者。不过这种方式很难让各利益相关者都满意。如果项目的盈利性差，将难以吸引当地投资者。此外，如果在谈判期间受到被征用的威胁，则难以达成公平的转让价格。

案例7-2

vivo退出印度市场

在当前全球经济格局不断演变的背景下，印度作为一个新兴市场，其吸引外资的能力正受到广泛关注。近几年，印度因其庞大的人口基数和市场潜力，成为许多企业的重要投资目的地。为了提升印度制造业的全球竞争力，印度政府在莫迪的领导下，推出了一系列激励措施和资金补贴，以吸引更多国际企业前来投资，力求增强其在全球市场的影响力。

然而，在各大企业对印度市场寄予厚望的同时，印度却不断实施一些针对外资企业的政策，这些政策似乎传达出一个明确的信息：即便外资企业在印度创造了利润，也很难将其带回家。我国手机品牌vivo的经历充分展现了印度在对待外资企业时的强硬态度。

2024年，有关vivo在印度出售股份的消息引起了广泛关注。根据相关报道，vivo决定将其在印度公司的51%的股权出售给印度本土的塔塔集团。业内人士分析认为，vivo此举是迫不得已。自从在印度设立公司以来，vivo便遭遇了印度方面的频繁打压，尤其是在印度政府力推本土企业掌控外资企业的背景下，vivo只能选择出售股份以保全自身。

实际上，印度执法局对vivo的指控并不仅仅是表面上的“资金转移”，而是直接给vivo扣上了“非法转移资金”的帽子。如果这一指控成立，vivo在印度的运营将面临更大的挑战，可能不得不妥协出售更多股份。同时，vivo还可能遭遇巨额罚款，并且在印度的资金将面临被冻结的风险。

早在2019年，印度便曾对vivo进行税务指控，尽管vivo强烈否认并要求印度提供证据，印度方面却根本不予理会，依然对其实施了数十亿卢比的罚款。2022年，印度又通过所谓的《反洗钱法案》对vivo展开打击，冻结了其在印度银行账户中接近4亿元人民币的资金，并拘留了多名vivo高管。这些事件表明，印度对待外资企业的态度非常强硬，几乎没有留给他们任何回旋的余地。

面对印度这种反复无常和高压政策，vivo的境遇无疑更加严峻。正如业内人士所指出的，一旦被印度盯上，几乎没有企业能逃过惩罚。因此，vivo的罚款情况似乎已经成为必然，尽管罚款金额可能并不是他们面临的最大问题。印度政府实际上更渴望的是能够掌握外资企业的控制权。

印度政府内心明白，想要推动“印度制造”的崛起，单靠补贴吸引外资显然无法实现他们的目标。印度想要大力推动本土制造业的崛起，依赖的仍然是外来的投资和技术支持。然而，面对外资企业的资金和技术，印度并不具备完全的掌控力，这使得他们不得不采取一些极端措施。

在这种情况下，印度开始尝试各种“合作”模式，要求手机厂商在印度公司的管理层中任用印度籍人士。这一举措的目的是通过本土化管理来增强对外资企业的掌控力。然而，这种策略未必能从根本上解决印度制造业发展的难题。

资料来源：中国企业移资海外超7 000亿，印度官方明确处罚局面逐渐明朗.(2024-10-28).百度网.

（2）短期利润最大化。当需要从东道国撤资时，跨国公司可以设法从东道国的经营中尽快提取大量现金，以减少留在当地的资本数额。提高短期现金流量的具体方法有：推迟设备维修，削减营销开支，只进行维持规模的投资，降低对产品的质量要求，制定较高价格，取消培训计划，等等。这些政策的采用表明跨国公司已无意在当地长期经营，所以这种行为可能会激起东道国政府的不满。因此，跨国公司必须认真制定撤资的时间表，并考虑与东道国的关系及其可能采取的措施，在国家风险急剧上升之前转移资金。

（3）改变征用的成本收益比。如果东道国政府是理性的，那么它在采取征用政策前一定要考虑征用的成本与收益，只有征用收益大于征用成本时，它才会采用这一政策。所以跨国公司防止被征用的最好办法就是增加东道国征用的成本，或减少征用的收益。增加东道国征用成本的措施主要包括控制出口市场、运输线路、技术、商标或在其他国家制造的零部件。减少征用收益的主要措施是降低所有权当地化的潜在利益，具体可通过在当地建立研发机构、为子公司产品拓展出口市场、培训当地员工和管理者、扩大生产设施以及生产一系列进口替代产品来实现。

（4）发展当地的利益相关者。发展当地的利益相关者是一项比较积极的策略。如果跨国公司在东道国的子公司能否持续存在影响到东道国个人或团体的利益，就可以降低被征用的风险。潜在的利益相关者包括消费者、供应商、公司当地雇员、当地银行及合资企业的合伙人等。这些利益相关者会出于自身利益的考虑而反对政府征用。例如，消费者担心征用会改变产品的品质，供应商担心征用会影响生产计划，当地银行担心征用会影响跨国公司子公司的现金流量进而影响债务的清偿。

案例 7-3

美国民众抗议封禁 TikTok

2024 年 3 月 13 日，美国众议院通过关于封禁 TikTok 的法案，要求其从中国字节跳动公司剥离，否则将被美国所有应用商店下架。不久后，该法案将在参议院进行讨论并投票，若再次通过，将被送至美国总统拜登处签署生效。

TikTok 方面回应称，“我们希望参议院能够考虑事实，听取选民意见，并意识到该法案对经济、700 万家小企业以及使用 TikTok 的 1.7 亿美国人的影响。”

据《华盛顿邮报》报道，金融咨询公司牛津经济学（Oxford Economics）的研究报告显示，TikTok 2023 年为美国小企业主创造 147 亿美元的营业收入，为美国国内生产总值贡献 242 亿美元。研究还发现，TikTok 为美国提供了至少 22.4 万个工作岗位。

该法案通过当天，使用 TikTok 的美国小企业主、教育工作者和年轻人争相做出回应，数十名支持者聚集在国会大厦外抗议。许多人认为 TikTok 在美国国民经济和公众生活中发挥着越来越重要的作用。30 岁的布兰登·赫斯特（Brandon Hurst）是洛杉矶一家植物店的店主，他认为 TikTok 帮助提振了店里低迷的业绩。“这些众议员和参议员不会明白，他们的所作所为不仅会伤害内容创作者，还会伤害小企业。”来自芝加哥的 34 岁金融教育家吉吉·冈萨雷斯（Gigi Gonzalez）说，封禁 TikTok 将切断她的经济来源。她表示，她的收入主要来自 TikTok 上的品牌交易、通过 TikTok 获得的演讲机会以及通过TikTok出售的数字课程。在使用TikTok之前，她主要是通过网络研讨会来接触人们，但参加者寥寥无几。现在她能接触到数百万人，其中许多人购买了她的课程和书籍。

反对该法案的民主党众议员罗伯特·加西亚（Robert Garcia）在一次集会上说："封禁TikTok不仅仅是禁止言论自由，实际上是在对我们国家的经济造成巨大伤害……匆忙推进封禁TikTok的法案是一种误判，若法案生效，可能会导致很多人失去工作，尤其是美国年轻人。"

资料来源：TikTok美国用户抗议封禁：失去经济来源．搜狐新媒体，2024-03-15.

（5）适应性调整。适应性调整是更为激进的国家风险管理措施。这一政策认为潜在的征用是不可避免的，因此跨国公司可以通过特许证和管理合同的方式从东道国的资源中获利。例如，委内瑞拉政府与子公司被国有化的外国石油公司签订了管理协议，允许这些公司继续从事开采、提炼和营销业务。从这个角度看，跨国公司并不是拥有或控制某项资产才能盈利。

7.3 即测即评

7.4 国际并购

国外直接投资既可以采用在国外投资设厂（也称为绿地投资）的方式，也可以采用收购国外现有企业的方式，即国际并购（cross-border acquisitions，CBA）。近年来，越来越多的国际直接投资采用这种方式，几乎占到国际直接投资金额的50%。

根据联合国贸易和发展会议发布的《世界投资报告》，2007年，全球跨国并购达7 018起，随后受世界范围内金融危机的影响，跨国并购的数量有所下降，2008年为6 425起，2009年则下降到4 239起。伴随着经济的复苏，之后数年全球跨国并购的数量逐步上升，2017年和2018年分别达到6 967起和6 821起。2019年，并购数量达到历史最高的7 118起。然而，突如其来的新冠疫情使得2020年第一季度的并购数量相比2019年同期下降52%，但从第二季度便开始复苏，全年达到6 201起。2023年，全球对外直接投资小幅下降2%，降至1.3万亿美元，但国际并购价值下降了46%，主要原因是发达国家的跨国并购数额减少。

国际并购并不是国内收购方式的直接扩展，指导国际并购的战略思想通常不同于完全在国内进行并购的战略。由于收购公司与目标公司所处国家在政治与经济环境、社会文化、历史传统、法律、企业组织、会计规范等方面存在很多差异，因此国际并购更为复杂。进行收购的公司在研究、实施和管理海外并购时，必须重视这些差异。国际并购还是一个敏感的政治问题。虽然各国一般都欢迎国外企业直接到本国投资设厂（因为这种形式的国际直接投资被认为会给东道国带来投资和新的就业机会），但是国外企业收购本国企业却经常受到抵制甚至被禁止，因为大多数国家都希望由本国力量来控制国内企业。

7.4.1 国际并购的基本形式

企业国际并购的基本形式有四种：吸收合并、新设合并、资产收购和股权收购。

吸收合并是指一家企业被另一家企业吸收。收购企业保持其名称和身份，目标企业不再作为一个独立的经营实体存在。

新设合并是指兼并的两家企业都不再以法人的形式存在，而是共同组建一家新的企业。

资产收购是指收购企业购买目标企业的资产来实现收购。这种收购方式可以避免在股权收购方式下由少数股东带来的潜在问题，但这种方式要求资产过户，而过户的法定程序成本高昂。

收购的另一种方式是用现金、股票或其他证券购买目标企业具有表决权的股票。收购开始时通常是一家企业的管理层向另一家企业的管理层私下发出要约，但有时该要约直接发向目标企业的股东，这称为发盘收购。发盘收购就是一个公司通过股票市场对另一个公司股东股权的公开收购以此取得该公司控制权的交易活动。该收购要约一般通过报纸广告等公告方式发出。

7.4.2 国际并购的协同效应

国际企业进行国际并购是为了带来协同效应，即并购后，两家企业的总体效益要大于两家独立企业效益的算术和。也就是说，要使1＋1＞2。

假定A企业准备并购B企业。A企业的价值是V_A，B企业的价值是V_B。AB企业联合的价值（V_{AB}）与A、B两家企业单一价值之和的差额即为并购产生的协同效应，其表达式为：

$$协同效应=V_{AB}-(V_A+V_B)$$

协同效应可用折现现金流量模型表示为：

$$协同效应=\sum_{t=1}^{T}\frac{\Delta CF_t}{(1+r)^t}$$

式中，ΔCF_t为t时刻联合企业产生的现金流量与原两个单一企业产生的现金流量的差额，即ΔCF_t为并购后的净现金流量增加额；r为净现金流量增加额应承担的风险调整贴现率，通常用目标企业所要求的权益报酬率表示。

7.4.3 国际并购的原因

公司进行国际并购有很多战略或策略原因，其中大多数因素与国内并购无多大区别。下面是国际并购的一些特殊动因。

1. 企业成长的需要

成长可能是国际并购最主要的动机。成长对任何企业都是非常关键的。并购可以让企业立刻获得成长，国际并购更为之插上了翅膀。以下是几种常见的企业为了成长而进行国际并购的情形。

（1）如果企业盈利颇丰，本国经济却处于低速增长状态，则企业会通过国际并购将多余的现金流量投资到经济高速增长的国家中。

（2）当企业的国内市场已经饱和，或者国内市场太小以至于无法随公司成长而扩大时，企业也会选择国际并购。例如，荷兰壳牌公司和联合利华公司的海外扩张就是因为国内市场太小，而公司的销售量和规模很大，必须走出国门。

（3）海外扩张可以使中等规模的企业实现规模经济，与大企业竞争。例如，传统的日本企业一般不愿意与国外企业合并，但最近很多中型日本企业与美国企业合并，主要原因就是这些中等规模的日本企业希望通过并购获得竞争优势，与大型竞争对手抗衡。

（4）即使企业拥有最好的管理和技术，要想实现市场全球化也必须具有相当大的规模。国际并购是企业快速成长的重要手段。

2. 技术方面的原因

技术会从两个方面影响国际并购：一是技术领先的企业可以通过国际并购发挥其技术优势；二是技术落后的企业可以通过收购技术领先的目标企业提高自己的竞争优势。

3. 产品优势和产品差异

一般来讲，在国内市场中产品具有良好声誉的企业在国外市场也会被接受。例如，20 世纪 20 年代欧洲汽车工业尚未完全发展，美国企业通过大规模生产降低了成本，向欧洲出口大量汽车。后来情况发生了变化，首先是大众公司的汽车从德国到了美国，接着是日本企业的汽车在美国颇受欢迎，它们出于产品方面的考虑进行国际并购。

4. 政府政策

政府的管制、关税、配额等政策对国际并购有很大的影响。为了保护本国经济，很多国家运用关税等政策来限制国外企业对本国的出口。为了越过这种限制，国际企业可通过国际并购来拓展市场。例如，日本企业对美国的大量出口使美国政府加强了相关的限制条款，这是日本企业在美国通过国际并购进行直接投资的重要影响因素。

5. 劳动力成本与生产率的差异

前面我们已经提到，在国际并购中要考虑劳工关系，不过与劳动力相关的最重要的因素还是劳动力成本与生产率。例如，在过去，较高的劳动力成本和不断下降的生产率是进入美国市场的障碍。各国间的劳动力成本和生产率差异很大，国际企业往往在劳动力成本较低的国家进行并购，以追求更大利润。

6. 满足顾客的需求

为了满足顾客需求，由国外子公司为国内的跨国公司提供服务，一些服务性行业也要选择国际并购。例如，银行业国际并购主要是为了保持长久的银企关系。如果银行的客户向海外扩张，银行也需要向海外发展。如果银行在海外没有分支机构，就有可能造成客户的流失。再如，四大会计师事务所为了保持与国际企业的良好关系，也要随国际企业向海外扩张。

7. 经营多元化

国际并购可使国际企业实现区域多元化和产品多元化。由于各国经济并非完全正相关，因此国际并购能使国际企业不依赖单一的国内经济，降低经营风险。

8. 保证原材料的供应

如果国际企业在本国缺乏生产所需的某种原材料，且存在原材料进口壁垒，国际企业也会进行国际并购，以保证原材料的供应。

案例 7-4

中国企业海外并购的动因

2024 年以来，新“国九条”“并购六条”等一系列政策激活并购重组市场活力，为上市公司并购重组提供新思路。在这个过程中，上市公司海外并购活动也在日渐升温。

2024 年 12 月，慕思股份公告，公司计划通过全资子公司慕思国际控股和香港慕思，以 4 600 万新加坡元的现金总额，全面收购新加坡企业 MIPL 100%的股权以及印度尼西亚公司 PTTC 的特定资产。资料显示，MIPL 公司是新加坡知名的寝具、沙发等家居用品销售商，旗下拥有 Maxcoil、Viro 和 MooZzz 等多个自有品牌产品。PTTC 公司则在印度尼西亚巴淡岛设有生产基地，主要为 MIPL 公司提供寝具、沙发等家居用品的生产服务。同月，华新水泥发布公告称，公司拟以约 8.38 亿美元的价格购买股权资产，最终持有一家尼日利亚上市公司——Lafarge Africa Plc 的控制权，进而拓展西非水泥市场，进一步提升经营规模及盈利能力。Lafarge Africa Plc 主要从事水泥、混凝土等建材产品的生产与销售，在尼日利亚拥有 4 家大型水泥工厂及 6 家混凝土工厂，业务覆盖尼日利亚全国市场，其中水泥产能为 1 060 万吨/年，混凝土产能为 40 万立方米/年。

Wind 统计数据显示，以首次披露方案的公告时间计算，2024 年以来，累计 44 家 A 股上市公司披露海外并购相关事项，涉及先进制造、能源、信息技术等多个领域。市场分析指出，A 股公司海外并购的活跃是当前市场环境和政策导向共同作用的结果，具有积极意义。以并购重组为桥梁，A 股上市公司正加速全球布局，进一步推进资源储备、业务协同、市场开拓等企业发展战略。

南开大学金融发展研究院院长田利辉接受记者采访时表示，A 股公司海外并购的活跃是当前市场环境和政策导向共同作用的结果，具有积极意义。一方面，新“国九条”和“并购六条”等政策为并购重组提供了有力支持，激发了市场的活力；另一方面，企业通过海外并购能够实现全球布局，获取资源、技术和市场，提升国际竞争力和业绩增长点。

“全球化战略”以及“协同发展”成为 2024 年 A 股上市公司海外并购的重要“关键词”。从动因看，A 股上市公司大都围绕主业进行产业链的纵向贯通和延伸布局，进一步强化企业内部的协同效应，同时以国际化战略寻求新的业绩增长点。

以海南矿业为例，作为国内领先的铁矿石生产商，公司的两桩并购尤为引人注目。2024年12月20日，海南矿业宣布其全资子公司洛克石油向在纳斯达克斯德哥尔摩证券交易所上市的特提斯公司发出要约，计划收购其不低于90%的股份，交易总额约为1.83亿美元。此外，海南矿业还在同月宣布拟收购ATZ Mining和Felston两家公司的股权，目标是这两家公司位于非洲的锆钛矿项目。其中，收购非洲的锆钛矿项目将进一步丰富海南矿业战略性金属矿产的类型，大幅提升业务规模和资源储量，同时也标志着公司的全球化布局实现新突破。

以往跨境并购中，多数中国买家更多的是将技术、品牌等“带回来”；现在，越来越多的中国企业利用跨境并购“走出去”，顺应出海浪潮，通过收购海外渠道和产能，加速全球扩张。以中巨芯为例，公司近期公告称，其参股子公司正计划收购英国Heraeus Conamic公司的100%股权。中巨芯表示，本次交易将助力公司与全球领先的半导体设备厂商建立联系，进而开发布局与先进半导体设备机台配套使用的高端电子化学材料，为下游客户提供更好的服务。

田利辉认为，当下，A股公司海外并购呈现出纵向并购、布局全球、业务协同、技术获取和协同发展五大新特点。一是企业多围绕主业进行纵向并购，以实现产业链上下游的整合，在聚焦主业的前提下开展产业链延伸；二是企业通过全球化并购进入海外市场，进行市场开拓，拓展国际业务版图；三是部分企业通过并购获取稀缺资源或实现业务协同效应；四是部分企业通过并购获取先进技术，推动产业升级；五是企业更加注重并购后的整合效果，通过协同效应提升整体价值。

资料来源：从“带回来”到“走出去”A股公司海外并购逐渐升温．证券时报，2025-01-22.

7.4.4　国际并购后的整合

并购后的整合是并购不可或缺的环节，要实现并购价值就必须重视并购后的整合。整合的范围取决于参与并购的两家公司之间的相互依赖程度。整合的进度取决于并购公司之间转移的战略能力的类型。战略能力的转移是实现并购价值的关键要素，一般包括经营资源（如销售能力、生产设备、商标、销售渠道、办公条件等）、功能技巧（如设计、产品开发、生产技术、材料处理、质量控制、包装营销、激励、培训等）、管理手段（战略方向、领导关系、计划与控制、人力资源管理等），以及规模收益（如财务资源的增加、风险的分散、资本成本的降低等）。

对国际并购进行整合一般更为困难，因为被收购公司在国外，收购公司一般不熟悉被收购公司的环境，这就要求收购公司精心制定整合计划。由于被收购公司的管理层与员工不熟悉收购公司的文化、管理行为和公司惯例，因此他们更需要了解收购公司的意图和背景。收购公司必须按照新的管理体制理顺被收购公司的管理思路，并清楚地告知被收购公司。特别需要注意的是，被收购公司管理层与员工的薪酬和福利问题，收购公司应参照东道国的标准，而不是照搬收购公司的标准。

7.4 即测即评

总的来说，外国收购公司应该要求被收购公司的现任管理层继续留任，因为没有他们就不可能保持公司管理的连续性。然而，如果收购的出发点是改变经营战略，则应尽快更换业绩不佳的管理层，并且建立一个新的管理团队。在实行合理化改革和裁员计划时，必须了解和执行当地的就业法，了解东道国的文化，否则有可能陷入怨声载道和消极对抗的困境之中。

本章小结

随着世界经济一体化进程加快，国际直接投资呈现出全球性的扩张趋势。目前主要的国际直接投资方式包括在国外投资设厂开展生产经营业务、收购现有的国外企业以及与外国企业合资等。由于国际投资的环境比较复杂，因此国际资本预算也更为复杂，尤其需要对国际资本预算的主体和国家风险分析做重点考虑。

本章通过两个案例说明了国际资本预算的具体方法。国家风险包括政治风险和经济风险，国际企业应该对国家风险进行评估，并采取措施进行管理。企业进行国际并购是为了取得协同效应，应了解企业进行国际并购的一些特殊动因。此外，国际并购后的整合也非常关键。

名词术语

国际直接投资　　国际资本预算　　国家风险　　国际并购

练习题

一、思考题

1. 国际直接投资的种类有哪些？

2. 描述跨国公司进行国际直接投资的潜在好处。

3. 如何确定国际资本预算主体？预算主体不同会对投资决策有何影响？

4. 国家风险由哪些部分组成？

5. 如何评估国家风险？请从互联网上查找有关权威部门发布的最新的国家风险评估结果。

6. 与国内并购相比，国际并购有哪些特殊动因？

7. 人民币升值后，我国很多企业到欧美进行国际并购，所并购的企业大多是在当地生产并在当地销售，但欧美的人工成本远远高于我国和东南亚国家。我国企业并购的意义何在？哪些因素可能会妨碍这类并购的最终成功？

8. 企业进行海外投资就会面临国家风险，为什么这些风险不能阻止全球海外投资规模的不断扩大呢？

9. Raider公司和Ram公司都想减少现金流量的不确定性。Raider公司计划实施一项长期计划，将其40%的资金投在加拿大，而Ram公司也计划实施一项长期计划，将其30%的资金投在欧亚5个不同的国家。一旦计划开始实施，哪家公司将能更有效地减少现金流量的不确定性？为什么？

10. 如果中国对进口商品进行长期管制，在中国的国际直接投资数额将增长、减少还是不变？为什么？

11. 一家中国跨国公司向位于加勒比海的子公司出售非常先进的电话零件。该零件由消费者购买回去改进其电话系统，其他国家不制造该零件。该公司是否面临政治风险？该公司是否面临经济风险？你认为该公司应该关注政治风险还是经济风险？为什么？

二、计算题

我国某家电公司开拓东南亚市场，拟在泰国建立一家子公司并在当地进行生产，产品主要在当地销售，部分出口欧美国家。经过考察，预计该项目前期固定资产投资5 000万泰铢，流动资产投资700万泰铢，前3年每年取得的销售收入折合4 700万泰铢，使用当地人工，原材料在当地采购，因此，付现成本为每年2 700万泰铢，设备折旧每年达500万泰铢，企业在当地的所得税税率为30%，子公司前3年每年获得的利润留在当地，补充流动资产，使销售收入每年提高20%，相应地，付现成本每年也提高20%，之后每年的利润全部汇回国内，公司规模不再扩大，汇回国内的利润根据税收协定不再被双重征收所得税。母公司对该子公司的营业预期为10年，之后企业的价值按照第10年末的账面价值估计。泰铢对美元的汇率为1美元=25.8泰铢，而人民币对美元的汇率为1美元=8.6元人民币。母公司认为该项目的资本成本率大约为15%。

要求：根据上述资料，回答下列问题：

(1) 通过计算说明该公司的这项投资是否可行。

(2) 经营3年后，子公司遇到了东南亚金融危机，泰铢急剧贬值到1美元=32泰铢，人民币对美元的汇率保持稳定。母公司应该采取哪些措施减少泰铢贬值对母公司的不利影响？

(3) 对母公司而言，如果预计泰铢贬值后再升值的可能性较小，泰国经济受到冲击，但是通过采取一系列措施，子公司原有的泰铢销售收入预计保持不变。该子公司的价值是否会受到影响？企业是否应该撤资？

三、课堂案例

1. 海斯公司是一家中国啤酒制造商，生产海斯及其他品牌的啤酒。近期它通过与美国最大的酿酒厂凯瑞公司开办合资企业打入美国市场。海斯公司对合资企业有相对控股权。合资企业建立后，海斯公司可以利用凯瑞公司在美国的销售网销售公司啤酒，同时可以利用凯瑞公司的设备生产啤酒并在当地销售。作为回报，海斯公司为凯瑞公司提供中国啤酒市场的信息。

要求：

(1) 解释合资企业怎样使海斯公司实现股东财富最大化的目标。

（2）与出口方式相比，在开办合资企业后，海斯公司在美国回避了哪些障碍？

（3）解释与建立独资企业相比，海斯公司建立合资企业的利弊。

（4）由于建立了这个特定的合资企业，海斯公司是否会失去中国之外的一些市场份额？为什么？

2. 沃尔瑞公司是一家中国公司，目前在新加坡没有业务，但是它正考虑在那里建立一家子公司。它收集了如下信息来评估该项目。

（1）需要初始投资5 000万新加坡元。目前即期汇率为1新加坡元＝5元人民币，初期需要投资2 500万元人民币。除了建设工厂购买设备的5 000万新加坡元初始投资外，还需要2 000万新加坡元作为营运资本，这部分资金将由子公司从新加坡银行借入。沃尔瑞新加坡子公司将以每年14%的利息支付借款利息。该借款本金将在10年后偿还。项目将在3年后终结。到时该子公司将被整体出售。

（2）该公司产品在新加坡的价格、需求量及单位可变成本见下表。

年度	单位价格（新加坡元）	需求量（个）	单位可变成本（新加坡元）
1	500	40 000	30
2	511	50 000	35
3	530	60 000	40

（3）固定成本预计每年600万新加坡元。

（4）预计第一年末汇率为1新加坡元＝0.52元人民币，第二年末为1新加坡元＝0.54元人民币，第三年末为1新加坡元＝0.56元人民币。

（5）新加坡的公司所得税税率为零。新加坡政府将对外国子公司汇回母公司的收益征收30%的预提税。

（6）母公司在中国享受税收优惠，不需要缴纳公司所得税。中国政府对国际企业子公司汇回母公司的收益也予以税收抵免，不再课税。

（7）每年末子公司经营活动中产生的所有现金都要汇回母公司，子公司将用投入的营运资本维持企业的持续经营。

（8）子公司的厂房和设备用直线法在10年内计提完折旧。因为厂房和设备初期作价5 000万新加坡元，会计残值预计为零，所以每年的折旧费是500万新加坡元。

（9）3年后，子公司将被整体出售。沃尔瑞公司计划让收购公司承担当前的新加坡贷款。营运资本不会收回，将由收购公司使用。沃尔瑞公司希望出售这家子公司的收入在扣除资本利得税后能达到5 200万新加坡元。这笔收入在汇回母公司时不用缴纳预提税。

（10）沃尔瑞公司对该项目要求20%的收益率。

要求：

（1）计算该项目的净现值。沃尔瑞公司应该接受该项目吗？

（2）在母公司看来，有两种安排：一是子公司在新加坡筹资提供营运资本；二是母公司投入自己的资金来提供营运资本。哪一种安排会使该项目的净现值对汇率变动更敏感？为什么？

（3）假定沃尔瑞公司采用初始提议的融资安排，并且资金被冻结在新加坡直至出售子公司。3年内，子公司欲汇回的资金需要再投资，税后年收益率为6%。该项目的净现值为多少？

（4）假定沃尔瑞公司决定实施该项目并采用初始提议的融资安排。再假定一年后，有一家新加坡公司愿意支付税后价格2 700万新加坡元购买该子公司，而且沃尔瑞公司对第二年和第三年的有关预测不变。沃尔瑞公司应该出让该子公司吗？通过计算给出理由。

四、课后上网练习

1. 以你在第1章课后上网练习中选定的中国国际企业为主体，上网收集相关信息，回答以下问题：

（1）该企业是否进行过国际直接投资？主要采取了哪些国际直接投资方式？

（2）如果该企业在其他国家或地区有合资企业或独资企业，描述这些子公司的成立时间、经营范围、股权结构、近几年业务发展情况等。

（3）如果该企业进行过国际并购活动，详细描述并购活动的具体时间、并购对象、并购原因、并购资金来源、并购后的整合过程及并购后的经营业绩变化情况等。

2. 使用网上新闻研究过去3个月中的某一国际收购事件。描述收购动机，解释收购方如何从收购中受益。

五、小企业的困境

小强体育用品出口公司直接对外投资决策

小强体育用品出口公司的业务一直在增长。公司最近与一家美国公司的合作也很成功。这家美国公司为小强体育用品出口公司生产其他体育用品，然后卖给其他分销商。小强早期主要通过出口来开展国际经营，因为这比在美国建厂生产更容易，成本也更低。然而，小强现在开始考虑在美国建立独资公司生产乒乓球。

1. 根据资料，小强体育用品出口公司在美国建厂的好处是什么？

2. 根据资料，小强体育用品出口公司在美国建厂的弊端是什么？

3. 描述在决定该项目是否可行时需要获取的数据及必要的资本预算分析步骤。

4. 解释为什么会存在与该项目现金流相关的不确定性。

六、真实案例在线文章

在网上查找一篇近期的文章。文章内容（最好与某一特定国际企业有关）能够诠释本章所阐述的一个或多个概念。可以使用的搜索关键词包括直接对外投资与政府鼓励、直接对外投资与政府管制、合资、独资、国际并购、跨国经营风险、汇回收益税收政策、外国收入税收政策、国家风险、经济风险、政治风险、跨国公司与政府接管等。

七、推荐书目/视频

1. 李规正，段福德．合资留给了我们什么？：中外企业合资十大败局分析．北京：中国社会科学出版社，2005.

2. 李翀．金融战争：金融资本如何在全球掠夺财富．北京：机械工业出版社，

2018.

3. 罗伯茨. 并购之王：投行老狐狸深度披露企业并购内幕. 北京：机械工业出版社，2014.

4. 伯勒，希利亚尔. 门口的野蛮人：史上最强悍的资本收购. 北京：机械工业出版社，2010.

5. 陈威如，等. 全球化之路：中国企业跨国并购与整合. 北京：中信出版社，2017.

6. 跨国并购. 中央电视台7集纪录片，2011.

第8章 国际营运资金的管理

知识要点

国际营运资金管理的目标
集中现金管理的优点
净额结算的概念及其优点
多国现金调度的程序
国际企业内部应收账款管理的方法
国际资金转移管理的一般方式

思维导图
视频讲解

章前预习与思考

国际营运资金管理是指国际企业对营运资金的管理，是国际企业财务管理中非常重要的一个环节。由于国际企业理财环境的特殊性和复杂性，与国内企业相比，国际企业在营运资金管理方面要更多地受汇率波动、外汇管制和税收等因素的影响，这是国际企业营运资金管理的特殊之处，也要求国际企业的财务人员在营运资金管理方面必须具有更强的风险意识和更好的应变能力。

国际营运资金管理的目标主要受国际企业竞争战略的影响。由于不同的国际企业具有不同的竞争战略，同一国际企业在不同时期也具有不同的竞争战略，因此它们的营运资金管理目标有所差异。有关调查显示，保证销售、降低流动资产余额、投资决策最优化、提供可用资金等都可能成为国际企业营运资金管理的目标。大多数人认为营运资金管理必须提供必要的现金、应收账款、存货及短期信用以保证预期销售目标的实现，即保证销售扩大是营运资金管理的最主要目标。还有人认为尽可能降低现金、应收账款和存货的余额，即流动资产余额最小化是营运资金管理的主要目标。除此以外，还有种种看法。不过营运资金管理的直接目标可以概括为：

通过资金在全球的合理流动和有效配置，实现各种流动资产持有水平的最优化。

国际企业营运资金管理的内容与国内企业营运资金管理的内容并无多大区别。其营运资金有毛营运资金和净营运资金两种口径。毛营运资金是指企业流动资产总额，包括现金、短期投资、应收账款、存货等项目；净营运资金是指流动资产减去流动负债后的净额。在本章，我们采用毛营运资金的概念。国际营运资金管理包括两方面的内容，即营运资金的存量管理和营运资金的流量管理。营运资金的存量管理主要在于确定现金、应收账款、存货等营运资金的最佳持有水平，这一点与国内企业相同，不过国际企业的管理视角更为广阔。营运资金的流量管理主要是指国际企业利用内部资金转移机制实现资金的最佳配置，即国际资金转移管理。

8.1 现金管理

现金是企业生产经营过程中的货币资金，包括备用金、银行活期存款、存单等项目，其特点是流动性最好，但盈利能力较差。与国内企业类似，国际企业现金管理的根本目标在于确定用于投资的现金的最佳水平，具体地说，就是在保证企业生产经营活动对现金需要的前提下，尽可能节约现金，减少现金余额，提高资金利用率。但是，国际企业的现金不仅数量多、分布广、币种多样化，而且在跨境转移中会遇到各国不同的法规约束，所以国际企业的现金管理更加复杂。

图8-1是一个国际企业的现金流动简图，该公司在不同国家拥有两家子公司。我们假设两家子公司定期向母公司支付费用和股利，并且把剩余现金交给母公司管理，这些是母公司现金流入量中来自子公司的部分。母公司现金流出量中与子公司有关的部分包括母公司向子公司的贷款和投资、向子公司支付的剩余现金的利息和本金等。子公司之间的商品购销导致它们之间也有现金流动。

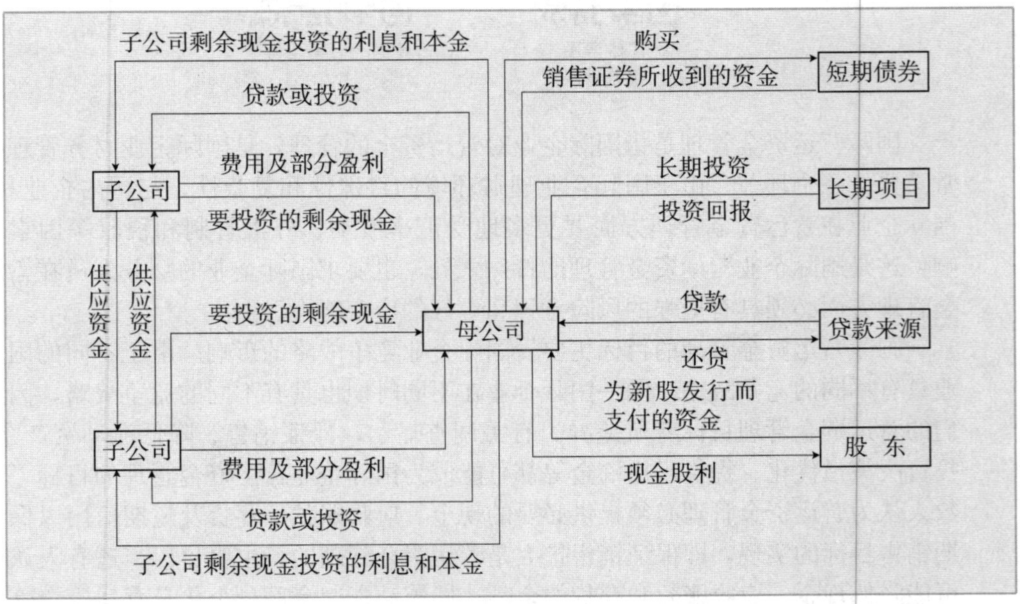

图8-1 国际企业的现金流动简图

8.1.1　集中现金管理

受汇率和利率经常波动、组织结构和经营活动复杂等因素的影响，国际企业通常都会选择高度集中的现金管理体制，即国际企业从总体利益出发对母公司及各国子公司的现金余缺进行统一调度。在这一管理体制下，国际企业一般会设立现金管理中心，要求每家子公司所持有的现金余额仅以满足日常交易需要为限，超过此最低需要的现金余额都必须汇往现金管理中心，该中心是国际企业中唯一有权决定现金持有形式和持有币种的现金管理机构。

现金管理中心所在国必须具有以下特点：政治稳定；允许资金自由流入流出；货币坚挺，能迅速兑换成其他货币；有发达的、能提供风险较小的中长期投资机会的资本市场；有活跃的、能提供任何期限的临时投资的货币市场；有包括远期外汇市场在内的有效外汇市场；在税收方面比较宽松，只按收入来源课征所得税，对现金资产不课征资本税；鼓励国际企业的子公司在当地发展；有便捷高效的通信网络。

集中现金管理有以下优点：

（1）通过集中现金管理，可以使整个国际企业现金持有量达到最小，提高资金利用效率。这是因为在集中现金管理体制下，每家子公司只需为支付动机持有现金，不需为投机动机和预防动机持有现金①，由现金管理中心来集中持有针对投机动机和预防动机的现金余额。这样，现金管理中心持有的现金余额要远远低于各子公司独立管理时现金余额的总和，多余出来的现金就可以进行短期投资，获取利润。

（2）在集中现金管理体制下，现金管理中心监控整个国际企业的活动，这样就可以发现单个子公司无法意识到的问题和机会。

（3）通过集中现金管理，所有决策都是以国际企业总体利益最佳为指导原则做出的。

（4）通过集中现金管理，现金管理中心的现金交易（尤其是外汇交易）大大增加，这样可以让银行提供更好的服务，给企业带来更大的收益。这是因为银行往往为大客户提供更好的服务，对大额存款支付较高的利息。

假设50 000美元以下的银行存款月利率为0.1%，50 000美元以上的银行存款月利率为0.11%。某国际企业的两家子公司各有为期1个月的剩余现金30 000美元，如将其分别存入银行，它们所得到的利息之和为60美元（30 000×0.1%），但是如果国际企业采用集中现金管理，将子公司的资金集中到一起存入银行，所得利息为66美元（30 000×0.11%）。

（5）在集中现金管理体制下，国际企业的整体筹资成本可以降低，从而提高营运资金的效益。

例如，假设A子公司在下个月有剩余现金30 000美元，B子公司需要借入为

① 企业持有现金的动机有三个：（1）支付动机，即持有现金以便满足日常支付的需要；（2）投机动机，即持有现金以便在证券价格剧烈波动时从事投机活动，从中获得收益；（3）预防动机，即持有现金以应对意外事件对现金的需求。

期1个月的现金30 000美元。如果没有集中现金管理，A子公司可能用30 000美元购买1个月期、年利率为12%的银行存单。同时B子公司可能从银行借入为期1个月、年利率为15%的现金。在集中现金管理体制下，B子公司可以用低于银行借款的利率借入A子公司的剩余现金，从而降低国际企业的整体筹资成本。

（6）在集中现金管理体制下，只有一个部门——现金管理中心负责现金管理，这样中心可以吸引更多的现金和证券管理方面的专家。

（7）在集中现金管理体制下，各子公司持有的现金余额减少，这样当国外子公司所在国政府实行外汇管制或其他管制措施时，国际企业的损失可以降低。

当然，集中现金管理并不意味着现金管理中心控制现金管理的所有方面，各子公司仍在一定程度上保留自主权，而且现金管理中心的有效决策依赖于各子公司提供的信息。

8.1.2 多边净额结算

由于国际企业对遍及全球的子公司实行集中现金管理，而母子公司之间以及子公司之间购销货物、提供劳务等引发的往来结算很频繁，因此，为了减少外汇暴露风险和资金转移成本，国际企业可以在全球范围内对公司内部的收付款项进行综合调度，抵消一部分收付款额度，只将抵消后的净额进行结算，这种方法叫作净额结算。根据涉及主体的多少，又可分为双边净额结算与多边净额结算。

1. 双边净额结算

双边净额结算是指两家公司有业务往来，需要进行相互结算时，公司间仅就净额部分进行支付。例如，柯洛希尔公司是美国的一家国际企业，该公司的德国子公司销售2万美元的商品给日本子公司，同时日本子公司又向德国子公司销售3万美元的原材料，这两笔业务如果不经过净额结算，将会有5万美元（3+2）的资金流动，而采用双边净额结算，只要德国子公司向日本子公司支付1万美元（3-2）就可以结清账目。

一般来讲，资金转移成本为资金转移数额的0.25%～1.5%，包括汇费、银行手续费等交易成本，以及在途汇款的机会成本。假设资金转移成本率为1%，在上例中，通过双边净额结算可以节约资金转移成本400美元［(50 000-10 000)×1%］。

2. 多边净额结算

多边净额结算是双边净额结算的扩展，指多家有业务往来公司的往来账款的抵消结算。国际企业的内部贸易结构比较复杂，多家公司之间相互之间会有业务往来，有时款项很大，需要进行多边净额结算。

例8-1

假设前述柯洛希尔公司除了德国与日本的子公司外，还有一家加拿大子公司，母公司与各子公司以及子公司之间业务往来所形成的现金收付情况如表8-1所示。表8-1中的货币单位是母公司的报告货币——美元，各子公司的货币为当地货币。

表 8-1 柯洛希尔公司现金收付矩阵 单位：万美元

		支出				收入合计	净额*
		美国	加拿大	日本	德国		
收入	美国	—	3	3.5	6	12.5	5.5
	加拿大	2	—	1	4	7	(1.5)
	日本	1	2.5	—	3	6.5	0
	德国	4	3	2	—	9	(4)
支出合计		7	8.5	6.5	13	35	0

* 每家公司的净额等于收入合计减去支出合计，如加拿大子公司的净额为－1.5 万美元（7－8.5）。

从表 8－1 中我们看到，在收入方面，美国母公司将从加拿大子公司收到价值 3 万美元的加拿大元，从日本子公司收到价值 3.5 万美元的日元，从德国子公司收到价值 6 万美元的欧元，美国母公司通过公司内部交易共计收取 12.5 万美元。在支出方面，美国母公司将支付 2 万美元给加拿大子公司，支付 1 万美元给日本子公司，支付 4 万美元给德国子公司，美国母公司在公司内部交易中共计支付 7 万美元。其他三个子公司与此类似。

如果没有净额结算制度，柯洛希尔公司的四家公司之间将发生 12 笔外汇交易[①]，如图 8－2 所示。母公司及三家子公司之间的 12 笔内部交易将带来 35 万美元的资金流动，资金转移成本为 3 500 美元（350 000×1%）。

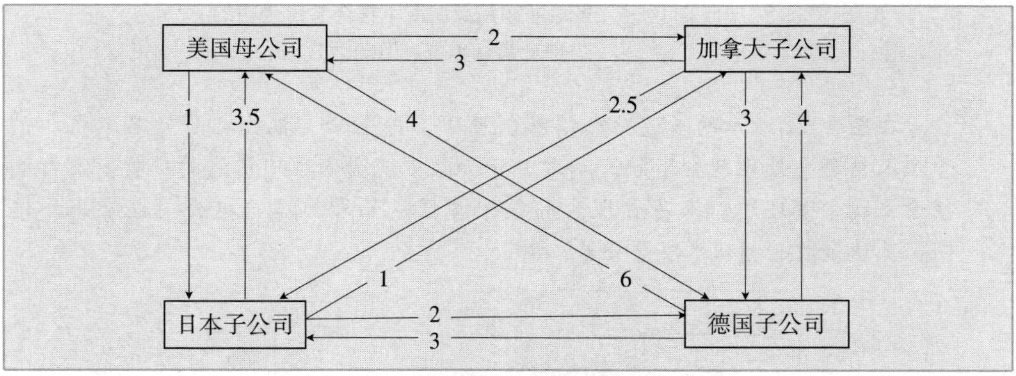

图 8－2 没有净额结算制度时柯洛希尔公司的内部交易（单位：万美元）

如果柯洛希尔公司采用双边净额结算制度，则至少可以削减一半的交易。交易情况如图 8－3 所示。双边净额结算制度下，柯洛希尔公司的 6 笔内部交易将带来 9 万美元的资金流动，资金转移成本为 900 美元（90 000×1%），节约了 2 600 美元（3 500－900）的资金转移成本。

如果柯洛希尔公司采用多边净额结算制度，情况会更好。从表 8－1 中我们可以看到，若将各公司之间的现金收支互相冲销，公司内部资金转移金额为 5.5 万美元，

① 一般来讲，如果有 N 个分支机构，最多可能有 $N(N-1)$ 笔交易，本例中为 $4\times(4-1)=12$。

日本子公司的现金收支净额为零，只需加拿大子公司和德国子公司分别向美国母公司支付相当于1.5万美元和4万美元的资金，如图8-4所示。资金转移成本为550美元(55 000×1%)，比没有净额结算制度时节约了2 950美元(3 500−550)。

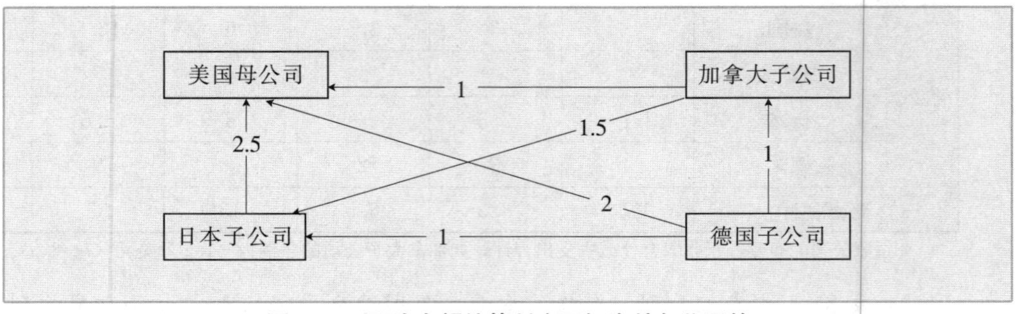

图8-3　双边净额结算制度下柯洛希尔公司的内部交易（单位：万美元）

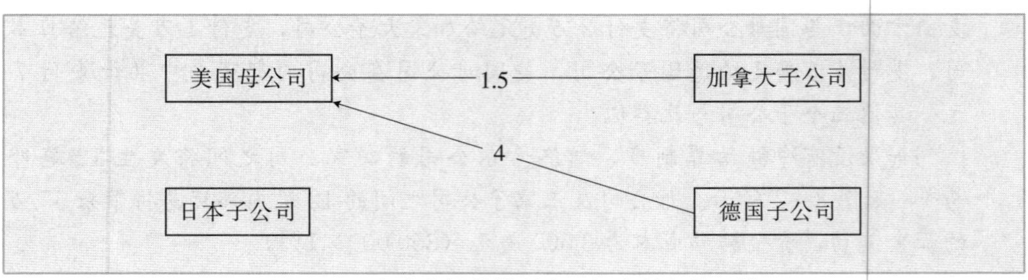

图8-4　多边净额结算制度下柯洛希尔公司的内部交易（单位：万美元）

在图8-4所示的多边净额结算制度下，每个分支机构都有一名本机构的现金管理人员负责处理现金余缺。不过，正如集中现金管理中讲到的那样，国际企业往往设立现金管理中心来负责现金的集中管理。如果柯洛希尔公司也采用了这一体制，其现金收付情况将如图8-5所示。

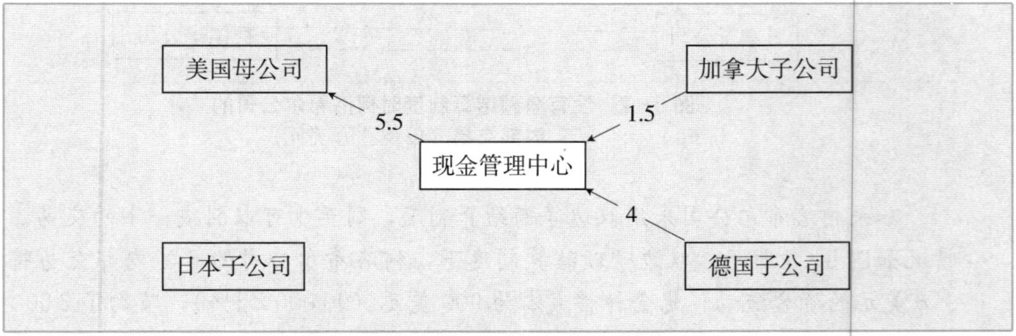

图8-5　拥有现金管理中心的多边净额结算制度（单位：万美元）

多边净额结算的优点主要体现在以下方面：

(1) 缩小资金转移规模，降低资金转移成本。柯洛希尔公司的例子是很好的说明，多边净额结算使该公司节约了2 950美元的资金转移成本。国际企业的内部交易越多，资金往来越频繁，多边净额结算越能体现出优势。

（2）加强风险管理。国际企业内部母子公司、各子公司之间大规模的资金往来结算不但会有大量的结算成本，而且面临很大的汇率变动带来的风险。多边净额结算在缩小资金转移规模、减少汇率变动风险的同时，把本来由各子公司独自承担的结算风险集中起来由国际企业统一承担，有利于加强风险管理。

另外，多边净额结算还可以使国际企业建立规范的支付渠道，使业务进一步规范化、专业化，同时还能与银行建立起更稳定的合作关系。

需要注意的是，国际企业在采用多边净额结算制度时必须了解各子公司所在国的外汇管制情况，一些国家可能会对多边净额结算制度有所限制。

8.1.3　现金计划与预算

有效的现金管理是建立在完备的报告制度基础之上的。国际企业的现金管理中心必须全面、及时、准确地了解各子公司的信息，包括子公司的财务状况、未来的现金余缺情况、预计的现金流入量与流出量、当地与国际货币市场动态及汇率变动情况等，只有这样，现金管理中心才能在整个国际企业范围内有效地配置现金资源。随着市场竞争日趋激烈，国际企业风险意识增强，以及信息技术飞速发展，国际企业现金管理所需的信息从每季信息转变为每月信息，从每月信息转变为每周信息，甚至每日信息，所以国际企业一般采用编制现金预算的方法来帮助财务管理人员了解相关信息。现金预算是一份详细说明预期现金收付时间与金额的计划，它是所有现金管理体系的基础。

例8-2

一家国际企业的总部位于巴黎，其现金管理中心设在总部内。该企业在法兰克福、佛罗伦萨、鹿特丹、伦敦设有子公司。现金管理中心要求各国子公司在每日营业终了时向中心报送日常现金报告，报告当日现金余额和近5日内的现金收支预算。所有的报告金额按照中心规定的统一汇率折算成美元。表8-2是上述四家子公司2024年4月18日向现金管理中心报送的日常现金报告。

表8-2　子公司日常现金报告　　单位：万美元

日期：2024年4月18日 子公司：法兰克福 日终现金余额：－30 5日预测：				日期：2024年4月18日 子公司：佛罗伦萨 日终现金余额：＋70 5日预测：			
天数	收入	支出	余额	天数	收入	支出	余额
1	80	40	＋40	1	86	10	＋76
2	25	45	－20	2	72	152	－80
3	60	140	－80	3	100	74	＋26
4	55	55	0	4	150	46	＋104
5	50	20	＋30	5	90	24	＋66
期间净额			－30	期间净额			＋192

续表

日期：2024年4月18日 子公司：鹿特丹 日终现金余额：+80 5日预测：				日期：2024年4月18日 子公司：伦敦 日终现金余额：+20 5日预测：			
天数	收入	支出	余额	天数	收入	支出	余额
1	48	68	−20	1	20	10	+10
2	80	55	+25	2	52	22	+30
3	96	41	+55	3	30	70	−40
4	18	48	−30	4	60	10	+50
5	60	49	+11	5	40	60	−20
期间净额			+41	期间净额			+30

表8-2中提供了日终现金余额与5日现金收支预测的信息。根据2024年4月18日的报告，佛罗伦萨子公司有现金余额70万美元。这个余额意味着该子公司在当天营业终结有70万美元的现金，不需要透支。法兰克福子公司有现金余额−30万美元，这可能需要透支来弥补短缺的现金，或者从现金管理中心借入资金来弥补。鹿特丹和伦敦子公司的现金余额分别为80万美元和20万美元。

现金管理中心根据各子公司5日现金预测情况，汇总编制短期现金预算，如表8-3所示。从表8-3中可以看到，逐日合计一栏反映了整个国际企业每日的现金溢余或短缺情况，这些信息被用来规划货币市场的运作及资金投放和筹集的时机和期限，也被用来决定如何与银行合作。该国际企业虽然5日合计现金溢余233万美元，但是第2天和第3天却存在现金短缺，对此要予以充分重视。

表8-3 短期现金预算表

2021年4月18日后　　单位：万美元

子公司	第1天	第2天	第3天	第4天	第5天	5日合计
法兰克福	+40	−20	−80	0	+30	−30
佛罗伦萨	+76	−80	+26	+104	+66	+192
鹿特丹	−20	+25	+55	−30	+11	+41
伦敦	+10	+30	−40	+50	−20	+30
预计现金余缺逐日合计	+106	−45	−39	+124	+87	+233

表8-3中“5日合计”一栏反映了各子公司5天内的现金状况，这些信息对于决定子公司日常溢余资金的流向很重要。公司未来几日的现金状况将影响日常溢余资金是汇往现金管理中心还是继续留在当地；同时，这些信息还有助于决定借款或筹资地点。

8.1.4 多国现金调度系统

为了从全球角度进行战略思考，合理配置资金，国际企业在多边净额结算的基础上一般还建立多国现金调度系统。多国现金调度系统是现金管理中心根据事先核定的各子公司每日所需现金和子公司的现金日报及短期现金预算，统一调度子公司的现金，调剂余缺。

现金管理中心进行多国现金调度的程序是：

(1) 核定各子公司每日所需的最低现金余额。

(2) 每日终了时，汇总各子公司的现金日报与短期现金预算。

(3) 比较各子公司当日现金余额与核定的最低现金余额，确定现金余缺。

(4) 由现金管理中心发出资金转移指令，资金溢余的，或汇往现金管理中心，或直接汇往现金短缺的子公司，或积储在当地进行短期投资；现金短缺的子公司将获得其他子公司多余的现金。

例 8-3

承例 8-2，现金管理中心根据各子公司的报告编制合并现金日报表，如表 8-4 所示。该表列示了各子公司的现金余额、维持经营所要求的最低现金余额以及各子公司与整个国际企业的现金余缺情况。从表 8-4 中可以看到，佛罗伦萨子公司和鹿特丹子公司该日的现金余额超过了其正常经营的需要，而伦敦子公司虽然拥有 20 万美元的现金余额，但仍比维持经营所要求的最低现金余额少 5 万美元。法兰克福子公司现金短缺 50 万美元，包括其经营现金赤字和最低要求现金余额。整个国际企业现金溢余 15 万美元。

表 8-4 合并现金日报表 单位：万美元

子公司	日终现金余额	最低要求现金余额	现金余缺
法兰克福	−30	20	−50
佛罗伦萨	+70	50	+20
鹿特丹	+80	30	+50
伦敦	+20	25	−5
合计			+15

假定现金管理中心经过综合考虑，决定按表 8-5 的指令进行现金调度。

表 8-5 现金调度指令

法兰克福子公司：
(1) 汇送____美元到现金管理中心
(2) 汇送____美元到________
(3) 从现金管理中心获得____美元
(4) 从鹿特丹子公司获得 500 000 美元

续表

佛罗伦萨子公司： （1）汇送 150 000 美元到现金管理中心 （2）汇送 50 000 美元到伦敦子公司 （3）从现金管理中心获得____美元 （4）从____获得____美元
鹿特丹子公司： （1）汇送____美元到现金管理中心 （2）汇送 500 000 美元到法兰克福子公司 （3）从现金管理中心获得____美元 （4）从____获得____美元
伦敦子公司： （1）汇送____美元到现金管理中心 （2）汇送____美元到________ （3）从现金管理中心获得____美元 （4）从佛罗伦萨子公司获得 50 000 美元

现金管理中心在下达现金调度指令之前必须掌握足够的信息，并考虑下列因素：

（1）当日营业终了时各子公司的现金余缺状况，子公司的现金短缺能否通过向银行透支的方式弥补。

（2）参照短期现金预算，了解现金溢余的子公司在未来几日内的现金状况，决定其现金溢余是汇往现金管理中心还是留在当地。

（3）各国币值状况。如果预计某种货币将大幅贬值，则该地子公司应将最低要求现金余额降至最低水平；如果可在当地银行透支，那么现金余额可以是负数。

（4）各国利率状况。如果某地利率水平很低，那么现金管理中心可以考虑该地子公司的现金短缺直接通过借款弥补。

8.1.5 银行关系

良好的银行关系对国际企业的现金管理非常重要。国际企业必须关注银行为自己提供的服务，与银行建立良好的合作关系。如果与银行关系没处理好，国际企业就可能会得到不太满意的服务，如存款利息少、收费与服务不匹配、服务不及时和不恰当等。下面是国际企业在处理银行关系时常见的几个问题。①

1. 发生业务关系的银行过多

与过多的银行发生业务关系会带来高昂的费用，不可避免地产生闲置账户、较

① Shapiro A. Foundation of Multinational Financial Management. 3rd Edition. Englewood Cliffs，NJ：Prentice-Hall，1998：326.

高的补偿性余额、更多的浮游资金、较多的管理费用等，并使国际企业无法控制与银行关系的各个方面。

2. 较高的银行成本

财务管理人员不仅要认真关注银行服务的直接成本，如利率、差价、佣金等，还要关注资金浮游量、补偿性余额①等引起的间接成本。尤其要注意拉丁美洲与亚洲的发展中国家银行的有关规定。在这些国家，补偿性余额可能高达 30%～35%，票据结算需要几天甚至几周的时间。

3. 不充分的报告

很多银行不能及时提供有关收款与账户余额的信息，这会导致企业闲置现金和浮游资金过多，给企业带来损失。为了避免这个问题，企业应该让银行提供每日的余额信息，以及时了解资金总量以及可以随时使用的资金金额。

4. 过长的结算时间

在许多国家，银行的浮游资金使企业可支配的资金量减少。比如在墨西哥、西班牙、意大利、印度尼西亚等国，向偏远地区银行支取支票需要几周的时间才能结算至首都的总部账户。不过企业可以与银行谈判，要求缩短结算时间。

8.1 即测即评

如果企业对于银行来讲是一个有价值的客户，就很容易通过谈判获得更好的服务。企业应该经常同银行讨论每类银行业务的准确价值以及企业业务对银行的价值，并且每月编制一份报告说明银行业务的价值，这样就可以及时准确地了解它与各家银行的具体业务。有了这些信息，企业就能够与银行谈判，要求得到更好的服务和更优惠的条件。

8.2　应收账款管理

应收账款是企业生产经营过程中应收未收的款项，是企业营运资金的重要组成部分。国际企业的应收账款有两种类型：一是国际企业母公司或各国子公司与国际企业外的独立法人之间在经济往来过程中形成的应收账款；二是国际企业内部各国子公司之间以及母公司与子公司之间因商品、劳务、技术等生产要素的转移所形成的应收账款。这两类应收账款具有不同的性质与特点，在管理标准和方法上存在很大差异，应分别考察。

8.2.1　独立客户的应收账款管理

对于独立客户的应收账款管理，国际企业可从以下几方面着手。

---

① 补偿性余额是指银行要求借款企业将借款的一定比例的平均余额留存银行。银行提出这种要求的目的是降低银行贷款风险，提高贷款的有效利率。

1. 信用政策决策

与国内企业类似，信用政策也是国际企业需要考虑的首要问题。不论在国内贸易还是国际贸易中，企业提供商业信用、投资于应收账款，是希望能够从中获利。虽然信用政策越宽松，国际企业的销售额可能会越大，但信用政策并不是越宽松越好。企业要对应收账款的成本和收益有清醒的认识。应收账款的收益主要在于增加销售量或者吸引客户、减少存货等。应收账款的成本包括机会成本、管理成本、坏账成本和汇率变动的风险等。国际企业在应收账款管理中应增强风险意识，权衡放松信用政策的预期成本和收益，以便做出正确选择。在做出信用政策决策时，国际企业可以按照以下五个步骤来进行成本收益分析：

（1）计算应收账款的当前成本。

（2）计算新信用政策下应收账款的成本。

（3）根据前两步的信息，计算新信用政策下的增量应收账款成本。

（4）不考虑应收账款成本，计算新信用政策下的增量利润。

（5）只有在增量利润大于增量成本的情况下，才选择新信用政策。

例 8-4

假定泰达公司在意大利的子公司年销售额为 1 000 万欧元，目前的信用期限为 90 天。如果信用期限延长至 120 天，销售额预计会增加 6%，即增加 60 万欧元。新增销售收入对应的销售成本为 35 万欧元，每月的应收账款成本为应收账款的 1%。另外，预计欧元平均每 30 天贬值 0.5%。

如果不考虑货币价值的波动，90 天后将收回的每 1 欧元应收账款相当于现在的 0.97 欧元［1×(1−3×1%)］。如果再考虑经过 90 天，欧元将贬值 1.5%（3×0.5%），届时 1 欧元应收账款的价值将降至 0.955 欧元［0.97×(1−1.5%)］，这意味着 90 天欧元应收账款的成本率为 4.5%。同样的道理，120 天后将收回的每 1 欧元应收账款相当于现在的 0.941 欧元［(1−4×1%)×(1−4×0.5%)］欧元，这意味着 120 天欧元应收账款的成本率为 5.9%。

如果应用前面介绍的五步分析法，过程如下：

（1）90 天的信用期限下，应收账款的成本为 45 万欧元（1 000×4.5%）。

（2）120 天的信用期限下，应收账款的成本为 59 万欧元（1 000×5.9%）。

（3）新信用政策下，由增加销售额导致的应收账款的成本为 3.54 万欧元（60×5.9%）。

（4）新信用政策下的增量成本为 17.54 万欧元（59＋3.54−45）。

（5）新信用政策下的增量利润为 24.5 万欧元［(60−35)×(1−4×0.5%)］。

（6）因为 17.54 万欧元＜24.5 万欧元，所以应该将信用期限改为 120 天。

2. 结算币种与付款条件

结算币种与付款条件是国际企业应收账款管理中需要决策的两个关键因素。在国际商业实践中，销售结算可以采用出口方货币、进口方货币或者第三国的货币。一般来说，出口方愿意采用硬通货结算，而进口方希望采用软通货支付到期款项。销售商为了获得硬通货，往往在价格和付款条件上做一定让步。如果采用软通货支付，则销售商希望付款越早越好，以最大限度地减少销售日与付款日之间的汇兑损失。而以硬通货结算支付的应收账款，可能被允许延长付款期。如果国际企业的某子公司预期所在国货币急剧贬值，而且所在国政府要求将即期外汇收入兑换成本国货币，则该子公司应尽可能鼓励进口方推迟以硬通货标价的应收账款的支付。

需要注意的是，在应收账款管理中还要注意业绩评价体系的影响。因为一般销售经理应该对本地货币结算的应收账款的贬值负责。例如，如果目前的汇率是 1 欧元＝10 元人民币，但是预期 3 个月后的汇率是 1 欧元＝9 元人民币，那么如果经理提供了 3 个月的信用期限，目前每 1 元人民币的销售额，3 个月后只有 0.9 元人民币。

3. 应收账款的让售与贴现

应收账款的让售是指企业将应收账款出售给银行或其他有关单位，立即收到现款。虽然企业在让售过程中要付出一定代价，但规避了坏账损失的风险；另外企业可以采用当地商业习惯上使用的付款期，有利于开展竞争，销售时不必对客户提出更高的要求。应收账款的贴现是指用应收账款作为抵押品，从银行或其他金融机构获得现款。国际企业在急需资金时可以采用这种方法。

8.2.2　国际企业内部的应收账款管理

国际企业内部的应收账款与独立客户的应收账款差别有二：一是前者无须考虑资信问题；二是付款时间不完全取决于商业习惯，而主要取决于国际企业的全球战略。国际企业内部应收账款管理中常用的方法有：提前或延迟付款、再开票中心等。

1. 提前或延迟付款

国际企业内部应收账款的提前或延迟付款是国际企业转移资金的常用手段，是指国际企业通过改变企业内部应收账款的信用期限来调剂资金。运用这种手段的原因在于付款方与收款方资金的机会成本不同。

应收账款在付款方实际支付款项之前可视为收款方为付款方提供的一种无息贷款。就收款方而言，如果当时资金充裕，收到的账款可以存入银行或通过其他投资渠道获利；如果当时资金紧缺，收到的账款可以减少从银行的借款，减少利息费用。就付款方而言，如果当时资金紧缺，就必须采用银行借款等融资方式来筹集资金，从而增加资本成本；如果当时资金充裕，支付账款则会减少利用上述资金从事短期投资获利的机会。所以，如果仅考虑自身利益，收款方一般总是希望缩短信用期限，尽可能提前收回应收账款；付款方一般总是希望延长信用期限，尽可能延迟支付应付款项。如果付款方与收款方是相互独立的非关联方，则上述选择是理所当然的。但是，如果双方是同一国际企业内部的子公司，或是母公司与子公司的关系，则上述选择可能会损害国际企业的整体利益。此时，国际企业应该从整体利益出发，根据收付款双方的机会成本来决定采用提前还是延迟付款的策略。如果收款方因收回应收账款所得利益大于付款方付出款项所受损失，则应采用提前付款策略；反之，则采用延迟付款策略。

例8－5

表8－6列示了某国际企业在法国和荷兰两地子公司的银行存款和贷款利率。

表8－6 法国与荷兰的存贷款利率

子公司	存款利率	贷款利率
法国	3.0%	3.6%
荷兰	2.8%	3.4%

图8－6列示了法国与荷兰子公司资金余缺的四种可能性，以及两国利率与利率差额。

		荷兰	
		资金充裕	资金紧缺
法国	资金充裕	3.0%，2.8% (0.2%)	3.0%，3.4% (－0.4%)
	资金紧缺	3.6%，2.8% (1.2%)	3.6%，3.4% (0.2%)

图8－6 法国与荷兰子公司资金余缺的四种可能性

如图8－6所示，如果法国与荷兰子公司都资金充裕，二者的利率差为0.2%(3.0%－2.8%)；如果法国子公司资金充裕，荷兰子公司资金紧缺，二者的利率差为－0.4%；如果法国子公司资金紧缺，荷兰子公司资金充裕，二者的利率差为1.2%；如果法国与荷兰子公司都资金紧缺，二者的利率差为0.2%。

如果利率差为正，该国际企业应该将资金转移到法国子公司。具体而言，对于两家子公司间的应收账款，荷兰子公司应提前付款，法国子公司应延迟付款。如果利率差为负，该国际企业应该将资金转移到荷兰子公司。具体而言，对于两家子公司间的应收账款，法国子公司应提前付款，荷兰子公司应延迟付款。

提前或延迟付款作为一种应收账款管理手段，在国际企业中得到普遍应用，它有利于减少外汇风险，提高国际企业的整体偿债能力。但要有效执行这一手段，必须及时掌握相关信息，如母子公司、子公司间应收、应付账款结算资料，各国外汇管理法规，各国税收法规，各公司营运资金情况，当地存贷款利率和预计外汇变动情况等。

另外，国际企业的提前与延迟付款策略可能会受到东道国政府的限制。一般而言，东道国政府对出口不愿意延迟收款，对进口不愿意提前付款，因为对出口延迟收款推迟了当地出口商外汇收入的收汇日期，对进口提前付款则起着提前付汇的作用；相反，各国政府都鼓励对出口提前收款和对进口延迟付款。这种倾向在一国政府面临外汇储备短缺的情况下尤为明显。

2. 再开票中心

再开票中心是国际企业资金管理部门设立的贸易中介公司。当国际企业内部成员之间从事贸易活动时，商品和劳务直接由出口商提供给进口商，但有关货款的收支结算通过再开票中心进行。再开票中心的运作原理如图 8－7 所示。

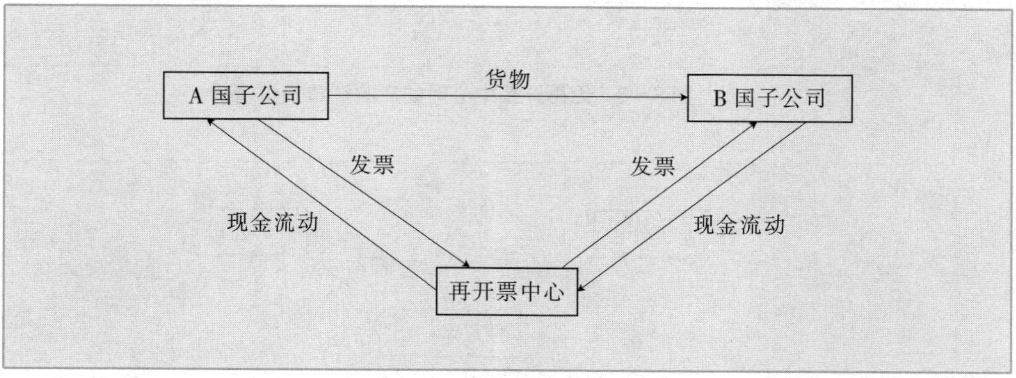

图 8－7　再开票中心的运作原理

通过再开票中心管理营运资金，具有以下优点：

（1）有利于集中管理国际企业内部的应收、应付账款。再开票中心从 A 国子公司买进货物，然后再以较高价格卖给 B 国子公司，起着买卖中介的作用。在上述过程中，货物是由 A 国子公司直接运往 B 国子公司，并不通过再开票中心。再开票中心的作用是把国际企业内部成员不同地区的贸易活动和应收账款、应付账款集中起来统一管理，有效促进国际企业内部的贸易往来，减少相关费用。

（2）有利于提高国际企业整体税后利润水平。再开票中心一般设立在税率较低的国家或地区，这样国际企业可以通过转移价格把利润转移到税率较低的地方，提高企业整体税后利润水平。

（3）有利于统一调度资金。通过再开票中心，可以更灵活、更有效地使用多边净额结算，减少资金转移费用；再开票中心的财务控制和齐全的统计数据可以帮助资金管理部门制定更合理的长期资金计划；再开票中心不仅可以加强有贸易关系的子公司间的资金流通，还可以通过统一的融资政策使资金在以往没有联系的子公司间调配流动。再开票中心比提前或延迟付款更具灵活性。

例 8－6

某跨国企业四家子公司之间的业务关系是：A 国子公司向 B 国子公司赊销商品，C 国子公司向 D 国子公司赊销商品；A、B 两家子公司处于资金紧缺状态，C、D 两家子公司处于资金过剩状态。如果没有设立再开票中心，应收账款的支付如图 8－8 所示。

如果通过再开票中心管理应收账款，就可以通过提前或延迟子公司付款，从而使没有业务联系的企业的资金也能灵活调配，如图 8－9 所示。

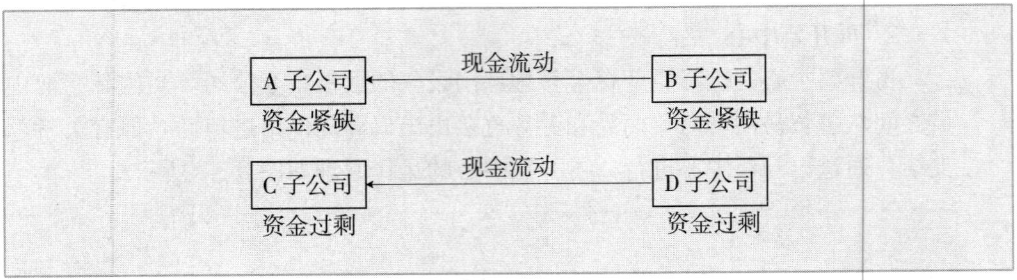

图8-8 无再开票中心时的应收账款支付情况

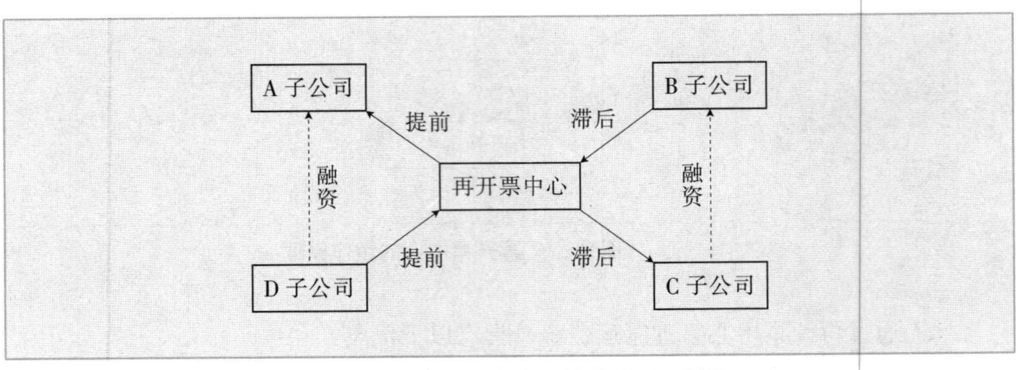

图8-9 通过再开票中心提前或延迟付款

8.2 即测即评

（4）有利于外汇风险管理。母公司资金部门通过再开票中心，可以将国际企业内部所有的贸易货币都采用开票中心指定的货币，从而对交易风险实行集中管理。再开票中心还可以采取套期保值等手段进行风险管理。

国际企业设立再开票中心有如下不利之处：一是设立再开票中心需要较高的成本；二是再开票中心的设立会导致当地税务部门的频繁检查，以确定其是否存在逃税行为，由此会引发法律咨询费等专项费用。

8.3 存货管理

存货包括原材料、半成品、在产品、产成品、包装物等。企业持有存货的目的主要是保证企业生产按计划进行，即如期向购货商提供商品。与国内企业相似，国际企业存货管理的目标是在保证企业生产经营活动对存货需要的前提下，尽可能降低存货成本。但是，国际企业的存货管理要比国内企业复杂得多。国际企业存货的转移经常会超越国界，所以在存货管理中，国际企业要了解不同国家与地区中存货生产成本与储存成本的详细信息，遵守不同国家与地区的法律法规，并准备应对国际运输时间长、风险大等棘手问题。

8.3.1　存货超前购置

存货超前购置是指国际企业用多余的资金预先购置将来所需要的存货。作为国际企业一种重要的存货策略，存货超前购置的重要性主要体现在以下三个方面。

（1）当预计国际市场某项存货供求关系将发生重大变化，该项存货的需求量和价格将大幅上扬时，超前购置存货能以较低的付出获得将来所需存货，从而有利于降低存货成本。

（2）如果某子公司所在国能够提供某种质优价廉的原材料，而该原材料是母公司或其他子公司急需的，那么该子公司的存货超前购置战略作为国际企业全球战略的重要组成部分，可以起到不可忽视的作用。

（3）如果子公司的多余资金在当地无适当的投资机会，且汇出外汇或将外汇兑换成硬通货又受到东道国政府的限制，超前购置存货后再高价出口就能避开东道国政府的外汇管制。

超前购置的机会成本可以用当地货币进行证券投资所获得的报酬率来衡量，在制定存货超前购置决策时，要对其成本收益进行权衡。

例 8-7

假设法国某国际企业在阿根廷有一家子公司，阿根廷正面临严重的通货膨胀。现在阿根廷子公司有多余的阿根廷比索，银行存款名义利率为每月 2%，预计阿根廷比索对欧元的汇率在以后 3 个月中每月贬值 3%，第 4 个月贬值 2%，第 5 个月起每月贬值 1%。在阿根廷，当地多余的阿根廷比索除银行存款外没有其他的投资机会。持有阿根廷比索存款可享受月利率 2%，但由于前 3 个月阿根廷比索对欧元的汇率每月贬值 3%，每月损失 1%（2%－3%），存款的机会成本为－1%；第 4 个月的损失为 0（2%－2%），存款的机会成本为 0；第 5、6 个月每月的损失为 1%（2%－1%），存款的机会成本为 1%。6 个月的存款损失（机会成本）如表 8-7 所示。

表 8-7　货币贬值条件下存款的机会成本

月次	机会成本（%）
1	－1
2	－1
3	－1
4	0
5	1
6	1

假定存货储存成本为每月 1%，储存存货可以免除存款损失，两者相抵，第 1 个月储存成本相当于零，详见表 8-8。

表 8-8　阿根廷子公司储存成本和物价上涨率（%）

月次	月储存成本	累计储存成本	累计物价上涨率
1	0	0	0
2	0	0	0.5
3	0	0	1.0
4	1	1	1.5
5	2	3	2.0
6	2	5	2.5

由表 8-8 可见，在第 4 个月时累计储存成本为 1%，而累计物价上涨 1.5%，所以，以保持 4 个月存货储备量为最优，如果储备 5 个月，累计储存成本超过累计物价上涨率，就得不偿失了。

8.3.2 反通货膨胀策略

国际企业的许多子公司经常在通货膨胀环境下从事生产经营活动，因此，子公司所在国的物价上涨和货币贬值会给国际企业的存货管理带来严重影响。下面分三种情况进行分析。

（1）如果子公司主要依赖进口购置存货，在预期当地货币贬值的情况下，应提前购置存货，并且尽可能多地购置。这是因为当地货币贬值后，进口成本会大大增加。

8.3 即测即评

（2）如果子公司主要从当地购置存货，在预期当地货币贬值的情况下，应尽量降低原材料、半产品等的存货储备。因为如果本地货币贬值，会大大减少以母公司所在国货币表示的当地存货的价值。

（3）如果子公司既从国外进货，又在当地购货，在预期当地货币贬值的情况下，应努力减少当地存货的数量，同时超前购置进口存货。如果不能准确地预见货币贬值的幅度和时间，那么子公司应设法保持相同数量的进口存货和当地存货，以规避外汇风险。

8.4 国际资金转移管理

公司内部的财务交易对国际企业实现全球战略具有非常重要的意义。国际企业从事国际经营活动，能够通过内部财务机制将资金与利润在公司内部进行跨国转移，以实现资金的最优配置，这就涉及国际资金转移管理问题。在本节中，我们探讨的国际资金转移管理是指国际企业内部的资金转移，具体分三种类型：母公司向子公司转移、子公司向母公司转移以及子公司之间相互转移。母公司向子公司转移的资金包括开设子公司的初始投资，子公司经营过程中的追加投资、贷款、购销货款等；子公司向母公司转移的资金包括股利、贷款利息、专利权使用费、许可证费、管理费、出口佣金，母公司收回投资、购销货款等；子公司之间转移的资金包括相互间贷款的发放与收回、利息的收入与支付、购销货款等。

8.4.1　国际资金转移管理的作用

世界各国的税收制度迥异，资金在各国间转移所带来的成本和面临的壁垒也有很大不同，因此国际企业利用自己的财务网络进行国际资金转移管理大有用武之地。也就是说，市场的不完备让国际资金转移管理具有很大的价值。导致内部资金转移比外部资金转移更有价值的因素有许多。国际资金转移的正式壁垒包括：对国际资金移动的数量限制（外汇控制）和直接税；所有者的国籍和全球纳税情况不同，收入税率不同；对投资者国籍的限制与对在本国资本市场投资的限制。国际资金转移的非正式壁垒包括：获取信息的成本；跨国履行合同的困难；交易成本；传统的投资类型；本国资本市场不完备；利率上限；强制性信贷；法律和制度对小股东保护不足；市场规模小导致交易成本高；关键金融机构处于垄断地位；难以获取证券估价所需的信息。

国际资金转移管理使国际企业能够在企业内部跨国转移资金和利润，这给国际企业带来了套利机会。

1. 税收套利

国际企业可以将利润从高税率国家的子公司转移到低税率国家的子公司，或者把利润平均，将利润转移到亏损的子公司。

2. 金融市场套利

通过公司内部的资金转移，国际企业可以绕过外汇管制，利用剩余资金获取较高收益，降低借款成本，开发更多资源。

3. 监管体系套利

当国际企业子公司利润不受市场影响，而受政府或工会影响时，国际资金转移管理让国际企业能够调配利润，进而粉饰真实盈利水平，这可以使国际企业在谈判中占有一定优势。

另外，国际资金转移管理还可以使国际企业子公司不受所在国信贷管制的影响。如果政府对在当地借款有限额，那么子公司利用国际资金转移管理获得外部资金，就可能带来较高的短期利润，抑或在长期竞争中占据较好的市场地位。

8.4.2　国际资金转移管理的一般方式

国际企业内部资金转移的方式有很多，如转移定价、股利、特许权费、服务费与管理费、提前或延迟付款、内部信贷等。转移定价将在下一章详细讨论，提前或延迟付款在 8.2 节已经做了介绍，下面介绍其他几种资金转移手段。

1. 股利

股利是国际企业国外子公司向母公司转移资金的最重要方式。股利将影响母公司与母公司所在国、子公司与子公司所在国以及股东的利益，所以国际企业应详细考察各种因素，对各方利益进行平衡，认真制定股利政策。股利支付率是股利政策中的核心要素。例如，如果母公司规定子公司的股利支付率为50%，那么国外子公司应将50%的利润交给母公司。在实践中，一些国际企业对所有子公司规定相同的股利支付率，其目的是游说子公司所在国，让它们相信这一比率是必要的而不是随意制定的。

国际企业在制定股利政策时必须考虑以下因素：

（1）税收因素。东道国与母国的税法都对股利政策制定有重大影响，国际企业应该了解各国的实际税率，通过调整各子公司的股利支付率，选择从位于转移成本最低的国家的子公司收回股利，使国际企业的整体税负降至最低。

例如，匹克公司是一家美国公司，计划以股利形式从国外收回200万美元。它的三家子公司分别位于比利时、西班牙和芬兰，三家公司今年税前利润均为300万美元，均有能力提供这笔资金。匹克公司决定选择使整个税负最低的股利政策。

假设比利时子公司的公司所得税税率为25%，股利预提税税率为15%。西班牙政府为鼓励出口，对所有出口收入免征5年所得税。西班牙子公司所有利润均来自出口，无须缴纳所得税，也没有股利预提税。芬兰子公司的公司所得税税率为20%，汇回母公司的股利须缴纳10%的股利预提税。假设没有其他的国外税款抵免，并且所产生的抵免项目在其他地方也不能用。美国的公司所得税税率为21%。表8-9列示了从各子公司收回200万美元股利所承担的税负。计算结果表明，匹克公司最好的选择是从芬兰子公司收回股利，最坏的选择是从西班牙子公司收回股利。

表8-9　从国外收回股利的税负　　单位：美元

子公司所在国	股利金额	东道国的所得税	东道国的股利预提税	支付股利后美国的所得税	支付股利后的应纳税额	支付股利后整个企业的税负
比利时	2 000 000	750 000	300 000	0	1 050 000	1 650 000
西班牙	2 000 000	0	0	420 000	420 000	1 770 000
芬兰	2 000 000	600 000	200 000	20 000	820 000	1 570 000

说明：（1）东道国的所得税＝子公司税前利润×东道国公司所得税税率。

（2）东道国的股利预提税＝股利金额×子公司所在国股利预提税税率。

（3）支付股利后美国的所得税＝股利×美国所得税税率－股利×子公司所在国公司所得税税率。因为比利时的公司所得税税率超过了美国的公司所得税税率，所以对于比利时子公司汇回的股利在美国不征税，而从西班牙和芬兰子公司汇回的股利应按税率差额纳税。

（4）支付股利后的应纳税额＝东道国所得税＋东道国的股利预提税＋支付股利后美国的所得税。

（5）支付股利后整个企业的税负＝支付股利子公司的支付股利后应纳税额＋未支付股利子公司的东道国所得税。例如：

1 650 000＝1 050 000＋0＋600 000

1 770 000＝420 000＋750 000＋600 000

1 570 000＝820 000＋750 000＋0

（2）资金需求。股利汇付不仅对国际企业的税负有影响，而且会引起资金的流动，这些资金流动的价值依赖于各子公司的机会成本。国际企业各子公司面对的筹资形势可能相差很大，有的子公司可以用较低的成本筹集资金，有的子公司却没有这么幸运，只能按相对较高的利率借入资金。一般来讲，必须借款的子公司，其资金机会成本比有剩余资金的子公司高。所以，母公司往往要求资金机会成本较低的子公司支付较高的股利，那些借款成本较高或有较好投资机会的子公司可以支付较低的股利。

（3）外汇风险。国际企业如果能预知汇率的变动，就可以通过调整股利政策来提升国际企业的整体价值。例如，对所在国货币将贬值的子公司采取高股利政策，对所在国货币将升值的子公司采取低股利政策，或者对所在国货币将升值的子公司推迟股利支付时间。

（4）政府管制。各国政府一般都对国内公司向国外公司支付股利有限制，有的对股利金额做出规定，有的规定股利不得超过盈利或注册资本的一定百分比。为了取得子公司所在国政府的信任，国际企业往往维持比较稳定的股利支付率，以此向子公司所在国政府表明，这种股利是国际企业金融体制的组成部分，而不是为了逃汇，不会损害该国的外汇储备。但也有出现特殊情况的可能，如果子公司所在国发生政局变动或外汇危机，在高政治风险下，母公司也许会要求子公司尽快转移多余资金，这时一般通过增加股利汇付实现资金的转移。

（5）子公司规模和建立的时间。小型子公司很少制定股利汇付的基本原则，往往随机应变；中型子公司在运用股利政策配置资金方面具有较大的灵活性；大型子公司在股利汇付方面的政策一般不宜变更。子公司如果建立时间较长，一般会将利润的很大一部分作为股利汇付给母公司；反之，刚建立的子公司向母公司转移的资金相对少些。

（6）合资企业中其他股东的态度。国外子公司中的当地股东会影响国际企业股利政策的制定和调整。与当地股东相比，国际企业更多地从长期全球战略出发，因此当地股东追求较短的回收期，而国际企业却追求全球范围内的资金最佳配置。

2. 特许权费、服务费与管理费

子公司向母公司支付特许收费、服务费与管理费或子公司之间支付特许权费、服务费，也是国际企业转移资金的一种基本方式。因为各种服务、管理建议、专利等基本没有市场参照价，所以这种方式给了国际企业更大的资金调节余地，子公司所在国一般难以控制。

特许权费是指子公司为获取技术、专利或商标的使用权，而付给拥有技术、专利、商标的母公司或子公司的报酬。特许权费可以是每单位产品支付一定的金额，或以全部销售收入的一定百分比计算。

服务费是用于补偿由母公司或其他子公司向该子公司提供的专门服务的支出。它是对子公司产生特定利益的报酬，一般按服务的时间、服务的类型和等级确定支付费用标准。

管理费是国际企业在进行国际经营业务时发生的应由子公司分摊的费用。国际企业发生的管理费用特别是母公司的管理成本，必须由其他子公司分摊，如现金管理中心、研究与开发、公共关系、法律和会计咨询等方面发生的费用。这些费用的发生是针对整个国际企业的，所以一般采用按子公司销售额多少摊销的方法。

国际企业的母公司为了维护其向各子公司收取特许权费、服务费和管理费的权利，一般要事先签订特许经营合同。在特许经营合同中，必须对一些问题做出详细规定。

（1）收费标准的计算依据。如特许权费和使用费，一般按照许可制品、用件和许可证规定的其他转让物的净销售价格的一定比例征收。这里的净销售价格是指没有商业折扣的发票价格，不包括包装费、销售税金及运费减价。

（2）支付管理费的币种和时间。规定支付管理费的币种，可以明确外汇风险；规定支付管理费的时间，可以明确未按时支付款项的责任。

（3）纳税所在地和责任。

（4）有关咨询和培训考察等方面费用的支付方式、费用标准等。

各国政府一般也希望国际企业事先规定特许权费、服务费与管理费的支付，而且将许可权费或服务费的突然变更视为逃汇的迹象。所以国际企业应尽量避免特许权费、服务费与管理费支付政策的突然变化。对于所在国有外汇管制的子公司或应税利润较大的子公司，国际企业应从一开始就确定较高的特许权费、服务费与管理费支付率，并保持稳定。

3. 内部信贷

内部信贷是国际企业在全球范围转移资金的一种重要方式。内部信贷主要有三种：直接贷款、背靠背贷款、平行贷款。直接贷款是指母公司向子公司或者一家子公司向另一家子公司直接提供信贷。下面介绍背靠背贷款与平行贷款。

（1）背靠背贷款（back-to-back loans）。这种贷款方式是指母公司在为子公司融资时，先将足够的资金存入国际金融中介机构，再由中介机构向国外子公司贷款。在还本付息时，先由子公司偿还给中介机构，再由中介机构偿还给母公司。背靠背贷款一般适用于为所在国利率较高或资本市场受限制的子公司融资。由于它在公司内部的直接贷款业务中安插了一个金融中介，所以又称联结融资（link financing）。典型的背靠背贷款的结构如图8－10所示，母公司在A国银行存入资金，A国银行将这笔资金贷给B国的子公司。

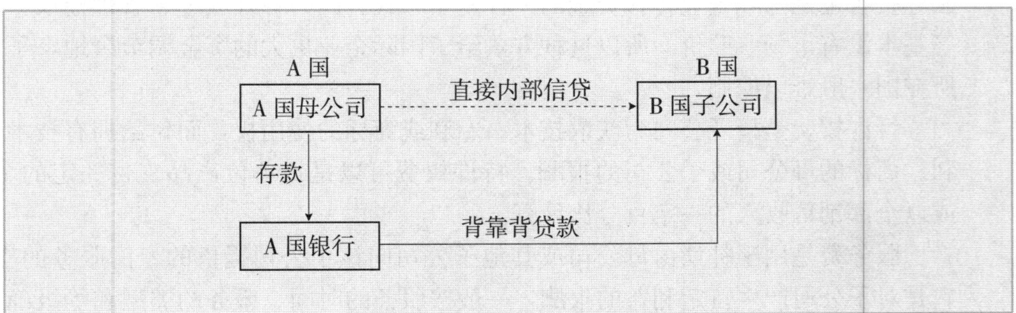

图8－10 背靠背贷款的结构

从图8－10中可以看到，背靠背贷款与直接贷款的不同之处在于，前者是以银行为中介的内部信贷。从银行的角度来看，这笔贷款是没有风险的，因为母公司的存款可以提供全额担保。银行只是扮演一个中介角色，所获得的收益就是借款公司所付利息与母公司存款利息的差额。

与直接贷款相比，背靠背贷款有两个突出的优点。

其一，在一些国家，对支付给母公司的利息和支付给金融机构的利息所征预提税的税率不同。因此，背靠背贷款可以少纳税，节约成本。

其二，背靠背贷款比母公司直接贷款更有利于企业防范征用风险与外汇风险，更有利于转移资金。各国政府资金冻结的重点是外国跨国公司，对国际金融机构却不会严加限制。政府通常允许跨国公司在本国的子公司按约定向国际金融机构还贷，因为如果该国禁止借款子公司归还贷款，会影响本国的信用评级，有损国际形象。但如果跨国公司在本国的子公司偿还跨国公司内部的直接信贷，当地货币管理当局就不会有那么多顾忌了。

（2）平行贷款（parallel loans）。平行贷款是一种很有用的方法，它可以将大额资金调回国内，绕过外汇管制，避免投资国外的外汇贴水，为国外子公司融资而不增加外汇风险，并以优惠的利率获得外币融资。如图 8－11 所示，平行贷款由两组相互关联但独立（平行）的贷款组成，通常至少涉及两个国家的四个主体。在图 8－11 中，一家希望在意大利投资的美国国际企业为一家意大利国际企业在美国的子公司提供美元贷款，这家意大利的国际企业又给该美国企业在意大利的子公司提供欧元贷款，还本和付息同时进行。理论上，两笔贷款的利率差由各国的货币时间价值和预期的汇率变化决定。

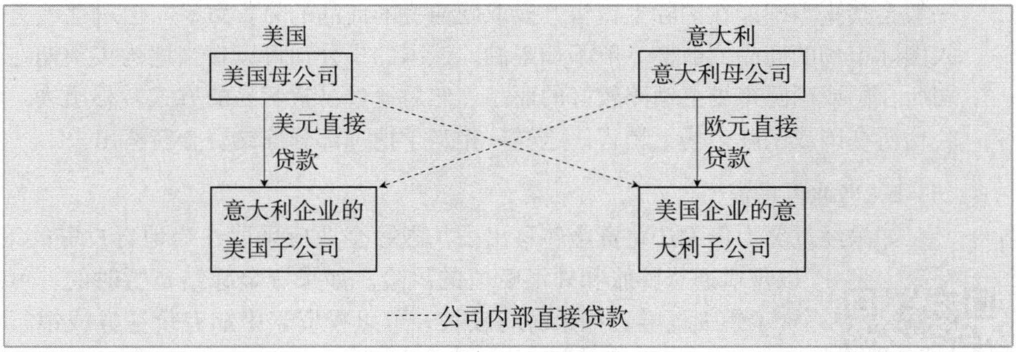

图 8－11　平行贷款的结构

8.4.3　资金冻结条件下的国际资金转移管理

国际企业子公司所在国政府可能会对国际企业的资金转移设置各种限制，如股利汇付、特许权费和管理费等费用支付的额度和时间等。遇到这种情况，国际企业应采取相应对策，设法在资金被冻结时还能有效地加以利用。一般来讲，在资金冻结条件下，国际资金转移管理有以下几种方式。

1. 利用不受管制的渠道

如果子公司所在国政府只对股利汇付有限制，国际企业可以通过特许权费、服务费与管理费的支付来转移资金。

2. 背靠背贷款与平行贷款

在国际资金转移管理的一般方式中，已经介绍了这两种信贷方式的优点，它们是资金冻结情况下有效的资金转移管理方式。

3. 国际企业内部应收账款的提前或延迟付款

在8.2节中已经介绍了国际企业内部应收账款提前或延迟付款的具体做法。在资金冻结的条件下，这也是一种重要的资金转移方式。其基本做法是：当某子公司所在国预期冻结资金或已冻结资金时，应尽可能地提前支付应付其他子公司或母公司的账款；同时，母公司和其他子公司应尽量延迟对该子公司的付款。这种方法之所以具有可行性，原因在于应收账款、应付账款属于跨国企业的内部账户，而不是内部贷款，子公司所在国政府不便干预。

4. 开辟新的出口业务

子公司所在国实行外汇管制、冻结资金的主要原因一般是该国无力持续获取硬通货。在这种情况下，国际企业可以通过在东道国开辟新的出口业务，一方面帮助东道国解决外汇短缺问题，另一方面可以为资金转移提供新的渠道。新开辟的出口业务有两种形式。一种是子公司投资于某项出口导向型业务。例如，聘用当地的建筑公司为母公司在世界其他地区的工程服务，支付当地货币作为报酬；子公司代母公司举办商务会议，会议的各种费用以当地货币支付。子公司的这些经济行为都有利于东道国，所以不会受到禁止。另一种是进行易货贸易。实行资金冻结的国家，一般会禁止本国能在国际上销售并换取硬通货的商品的易货贸易，但对那些无法打入国际市场的商品或劳务一般不加限制。该国的子公司可以在当地购买预期在母公司所在国或国际市场上销路较好的商品，然后通过易货贸易的方式转移出去，在母公司所在国或国际市场上销售。这样，相当于把一部分冻结资金转移出去。

5. 当地再投资

如果经过努力仍无法将资金转移出去，国际企业应采取在当地再投资的策略，以规避通货膨胀和外汇贬值的风险。如果资金冻结是暂时的，可以投资于短期证券；如果时间较长，可以投资于中期有价证券或银行定期存款。可能的话，国际企业也可以贷款给其他公司。如果这些做法都不理想，则只能进行直接投资增加生产设施。若这种机会也不存在，就只有用冻结资金购买预期会升值的资产或具有广阔国外市场的商品，以便日后有可能销售出去，借以保值。

8.4 即测即评

8.5 国际营运资金的数字化管理

营运资金的数字化管理是指企业借助以大数据、云计算以及人工智能等为代表的数字技术，对企业营运资金数据进行采集、传输、存储、计算和应用等，将各类复杂的营运资金信息转变为可以量化的数据并加以处理的过程。数字化技术能够优化营运资金管理，加强企业对营运资金的管控能力，提升资金的使用效率。相较于国内企业而言，国际企业营运资金的分布更广，币种更加多样，对于汇率波动、外汇管制、税收制度等信息的处理要求更高。数字化技术能够帮助国际企业更有效地处理各类信息，做出对现金、应收账款、存货等管理的最优决策。

8.5.1　国际资金数字化管理的优势

1. 营运资金可视化

营运资金的可视化包含两层含义。第一，分布的可视化，即营运资金在时间和地理上的分布可视化。由于国际企业子公司位于不同国家，掌握企业集团营运资金的地理分布有助于企业营运资金调度决策的制定。第二，状态的可视化，即呈现经营流程中资金的每种状态，从表面的资金收益等信息穿透到底层资产。例如，在现金计划与预算中，各国子公司向现金管理中心报送的日常现金报告仅能反映某一时点的静态信息，即子公司当日账户的余额情况。但是数字化管理能够将业务与资金数据相联结，实时反映业务流程中的资金流向，避免信息反映迟滞，从而支持现金管理中心进行资金规划和风险预警。

2. 多维度数据分析

数字化资金管理系统能够及时、广泛地采集企业内外部数据，通过数据建模分析，为管理者提供数据驱动的决策支持。在传统的分析工作中，往往做出很多假设，在只考虑关键因素的情况下得出最优解。但人工智能和机器学习等数字化技术能够将众多维度的数据同时纳入分析，为企业提供深入、准确且切实可行的方案。例如，在国际企业内部的应收账款管理中，提前或延迟付款的决策，除了需要考虑资金余缺、银行利率之外，各子公司市场前景、汇率波动、各国外汇管制、税收法规等因素也需要同时考虑。

3. 处理多样化资金数据

数字化时代，企业的资金数据范围和类型极为广泛，不仅包含传统的数字类型，还包括与电子票据、订单、仓储单等相关的文字、图片、音频、视频等非结构化数据。企业可以利用数字化技术将各种类型的资金数据标准化，并进行深入的数据分析和应用，充分发掘数据的价值。

4. 预测与自动化响应

借助人工智能技术的支持，数字化资金管理系统不仅能管理和处理大数据，还能够分析大数据并从中学习，对国际企业各子公司现金需求量、各国汇率、通货膨胀率波动等做出预测，从而使国际企业内部资金如何调度、应收账款管理政策如何制定、存货是否需要超前购置等决策通过算法进行自动化响应。

8.5.2　国际资金数字化管理的实现

1. 数字化技术

国际企业可以根据自身营运资金管理的目标，结合企业资金管理现状，合理开发或采购数字化技术。具体包括：

（1）以人工智能为代表的智能技术。借助人工智能技术，国际企业营运资金管理的决策模式可以从经验式逐步向智能辅助甚至人工智能主导的新决策模式转变。比如基于预设规则对收付结算进行自动化操作，实时监控、及时识别并提示资金管理风险，基于机器学习持续完善规则。

（2）云计算技术。灵活开放的平台化云计算技术可以使国际企业资金管理人员不再拘泥于某一固定办公场所，也不再拘泥于某一固定电脑设备，而是随时随地通过认证接入资金管理平台。同时，云计算技术也能实现各子公司营运资金状况的实时共享。

（3）大数据技术。技术进步使得企业能够处理各种结构化或非结构化的数据，海量数据也为大数据技术提供了基础，而大数据又为国际企业营运资金管理过程中各种问题的预测分析提供了支持。

（4）区块链技术。区块链技术不仅可以提升数据的安全性，而且可以大幅减少现代网状协作交互资金的多方确认流程，特别是对于沟通成本较高的国际企业来说，将大幅提升效率。

（5）机器人流程自动化（RPA）。机器人流程自动化能在指定环境下以近乎零错误率运行，辅助自动校验和检查机制，保障资金管理的低风险和稳定性。该技术可以大幅减少财务人员的重复性工作，提高资金处理效率，从而帮助企业将更多资源投入更具价值的资金管理工作中。

2. 数字化人才团队

国际营运资金管理向数字化转型要求企业打造一支具有数字化能力的人才团队，为国际企业开发或运用数字化技术提供支持。此外，资金管理人员也要求在横向上具有全面的综合能力，尤其是在业务知识、数据分析与预测、IT技术应用和需求分析等方面提高能力，作为传统资金管理与数字化之间的衔接，推动数字化资金管理的顺利进行。国际企业可以充分调动全球人才资源库，扩大企业资金管理的能力边界。

3. 组织的协同能力

企业资金管理的数字化无法脱离其他部门或职能独立完成。财务数字化是企业全面数字化的关键一环，而营运资金管理数字化是财务数字化的核心。因此，资金管理数字化转型需要由各业务部门和职能部门配合，结合数字化转型的整体战略，重塑业务流程，借助数字化手段形成覆盖全面业务流程的一体化系统，实现资金信息的快速处理与实时共享。

案例8-1

京东：互联网时代的敏捷资金管理

京东集团的“智能商业体”战略布局需要灵活、敏捷的资金管理体系，兼顾企业战略布局，以资金管理为核心进行管控来支撑。这也是互联网时代集团企业构建敏捷资金管理体系的关键。

架构：资金管理各司其职、环环相扣

伴随京东集团业务的不断发展，围绕业务和资金的特性，京东集团设定了相应的资金管理框架。为了更好地支持集团全球业务扩展与适应互联网企业的行业特点，京东集团资金管理部下设资金业务部、资金共享中心、海外业务部、资金分析部、资金运营部、银行业务部、融资管理部，并制定了清晰的业务职责和流程。在此管理框架下，各职能板块各司其职又环环相扣，确保资金稳健运营，强化资金分析规划，实现集团资金管理集中化、精细化与流程化，致力于形成京东集团业务高速增长的资金基础。

单独从资金的交易、分析、运营这一视角来看，资金业务部、资金共享中心、资金分析部和资金运营部形成了京东资金管理从规划、执行、分析到内部控制等诸多资金交易环节的闭环。

技术：为互联网的资金管理赋能

借助自身技术研发优势，京东集团自主开发了完整的资金管理系统，连接集团各业务系统与各大银行收付平台，能够支持万亿元的交易规模，确保高效与准确的日常资金运营。同时，配备专业的系统模块研发和运维人员，确保系统功能的拓展能够跟上业务发展的步伐。从交易规模来看，京东集团早已超过万亿元。这样的规模如果没有强大的技术基础，没有一个良好的系统化解决方案，资金管理人员必将陷于低效且重复的手工作业中。从资金管理的角度而言，资金管理有确定性和不确定性因素，确定性因素强调流程化、标准化，通过系统固化流程，加强对数据的挖掘，不确定性因素需要借助系统提前预警，加强风险控制，不断更新数据的分类，使资金报告的维度更加精细。IT系统能在其中为资金管理充分赋能，提升管理效率和能力。

人才：以人为本构建面向未来的资金管理

无论是针对资金管理部的每个员工还是整体的资金管理框架，要提高工作效率和敏捷性，就需要将合适的人放到合适的位置上，并且让适当的人在适当的时间获得必要的知识和经验。资金管理具有很强的跨界属性，融合了财务、金融、技术，还需要跟业务场景结合。

在人才培养方面，京东集团资金管理部下设的资金运营部职责之一是绩效管理和人才培训规划。一方面，通过充分利用集团的培训资源和机构，包括京东大学，设定相应维度，结合工作需求做一些培训；另一方面，从运营管理的角度，运用轮岗机制培养团队的业务能力。

时代呼唤更轻盈、灵动、敏捷的组织和管理模式，释放“数字化＋组织”的无穷魅力。从财资管理和经营视角来看，企业在组织模式和人才管理上，也需要不断应用数字化手段和流程革新，构建面向未来的、敏捷的资金管理体系。

资料来源：中石油、京东、长虹、TCL、海尔、资金管理亮点剖析. 财资一家，2019-12-11.

本章小结

国际营运资金管理包括营运资金的存量管理和营运资金的流量管理，其中营运资金存量管理主要包括对现金、应收账款和存货等的管理，营运资金流量管理是指国际资金的转移管理。

国际企业通常会选择高度集中的现金管理体制，通过多边净额结算、多国资金调度系统、现金计划等进行现金管理。国际企业内部应收账款管理常使用提前或延迟付款、再开票中心等方式。为了获取税收套利，国际企业往往采取股利、特许权费、服务费与管理费、内部信贷等方式进行国际资金转移管理。

国际营运资金管理数字化是对时代要求的顺应，有助于企业实现全面的数字化转型。国际企业可以通过自主研发或采购数字化技术提高资金管理效率。

名词术语

集中现金管理　　多边净额结算　　多国资金调度系统　　再开票中心
税收套利　　背靠背贷款　　平行贷款

练习题

一、思考题

1. 集中现金管理有什么优缺点？
2. 什么是净额支付？它如何帮助跨国公司提高业绩？
3. 国际企业如何处理与银行的关系？
4. 国际企业如何运用提前或延迟付款帮助需要资金的子公司？
5. 说明再开票中心的运作机制及其优点。
6. 分析存货超前购置的成本收益。
7. 国际企业在制定股利政策时必须考虑哪些因素？
8. 说明背靠背贷款和平行贷款的运作原理。
9. 当子公司资金被冻结时，国际企业如何进行国际资金转移管理？

二、计算题

1. 信通公司是一家母公司位于中国的跨国公司。该公司在英国、日本和美国等国家设有子公司，这些母子公司之间的交易比较频繁，信通公司现金收付矩阵如下表所示。假定该公司的资金转移成本率为2%。

信通公司现金收付矩阵　　单位：万元人民币

		收入				支出合计	净额
		中国	英国	日本	美国		
支出	中国	—	13	28	28	69	
	英国	10	—	30	14	54	
	日本	8	25	—	10	43	
	美国	7	15	17	—	39	
收入合计		25	53	75	52	205	

要求：请计算与全额结算相比，双边净额结算与多边净额结算节约的资金转移成本。

2. 联正公司在俄罗斯的子公司年销售额为500万卢布，目前的信用期限为60天。如果信用期限延长30天，销售额预计会增加5%。企业销售利润率为24%，每月应收账款成本是应收账款的0.7%。另外，预计卢布平均每30天贬值0.3%。

要求：请比较新旧信用政策下应收账款成本与增量利润，并确定企业是否应该延长信用期限。

三、课堂案例

作为公司的财务主管，你必须为下一年的剩余现金确定投资策略。你所在的公司总部设在中国。假设有关币种、即期汇率、年利率的相关资料以及预测部门提供的一年后的即期汇率如下表所示。人民币强势的概率是30%，人民币基本稳定的概率是40%，人民币弱势的概率是30%。公司有以下四种投资策略：

(1) 风险型。无任何限制地致力于收益率期望值的最大化。

(2) 平衡型。对任何外币的投资不超过25%。

(3) 保守型。至少将50%的资金投资于人民币，对任何单一外币的投资不超过10%。

(4) 超保守型。不承受任何汇率变动的风险。

币种、即期汇率与年利率的情况

币种	即期汇率（人民币）	年利率（%）
澳大利亚元	4.23	13.0
英镑	8.37	12.5
加拿大元	5.03	11.0
菲律宾比索	0.09	11.5
欧元	7.14	7.0
日元	0.04	12.0
韩元	0.005	8.0
泰铢	0.19	9.0
港元	0.81	6.0
人民币	1.00	9.0

注：表中汇率为直接标价法，即每1单位外币换算人民币的价格，下同。

一年后的即期汇率

币种	强势人民币	稳值人民币	弱势人民币
澳大利亚元	4.17	4.39	4.56
英镑	8.35	8.48	8.75

续表

币种	强势人民币	稳值人民币	弱势人民币
加拿大元	5.01	5.05	5.08
菲律宾比索	0.08	0.13	0.15
欧元	7.11	7.19	7.31
日元	0.03	0.039	0.06
韩元	0.004	0.006	0.007
泰铢	0.18	0.21	0.23
港元	0.79	0.815	0.83
人民币	1.00	1.00	1.00

要求：

（1）根据上述资料，针对以上四种投资策略，计算各种投资策略下收益率的期望值。

（2）你将为公司建议哪一种投资策略？为什么？

四、课后上网练习

彭博网站（www.bloomberg.com）提供了各国货币不同到期日的利率数据。

（1）到市场板块点击利率和债券，可以查看任一国家的利率，浏览其一年期的收益率。假设可以投资于任一币种，哪种货币可以提供最高的收益率？

（2）作为一家中国跨国公司的现金管理者，如果公司有剩余现金可用于一年期的投资，你会在下一年将资金投向何处？请解释。

（3）如果你正在日本为一家国外公司的子公司工作，负责进行为期一年的日元投资，你会将资金投向何处？请解释。

五、小企业的困境

小强体育用品出口公司的现金管理

小强创办体育用品出口公司以来，一直关注可能面临的汇率风险。该公司生产乒乓球，并把产品出口给美国的一家经销商，出口商品以美元计价。后期，小强又在美国开办了一家合资公司，为小强体育用品出口公司生产乒乓球，并将产品销售给美国经销商。经销商用美元向小强体育用品出口公司支付货款。最近小强借入美元为合资公司提供资金，引起一些现金流出（支付利息），部分抵消了美元的现金流入。该借款的利率比美国短期国债利率高出3个百分点。小强体育用品出口公司经营得很成功，这使小强有了多余的美元现金。小强需要决定是偿还部分美元借款，还是将这些现金投资于人民币短期国债或者美国短期国债。

1. 如果小强把多余现金投资于人民币短期国债，能降低该公司的汇率风险吗？

2. 小强决定用这些多余现金偿还美元借款，然而，一位朋友建议他投资美国短期国债，原因是“借款为美元应收账款提供了抵消物，所以投资于美国短期国债比偿还借款更有利”。他的朋友说得对吗？小强应该怎么做？

六、真实案例在线文章

在网上查找一篇近期的文章。文章内容（最好与某一特定国际企业有关）能够诠释本章所阐述的一个或多个概念。可以使用的搜索关键词包括跨国公司的现金流动、现金和汇率风险、母公司和现金管理、子公司和现金管理等。

第9章 国际转移价格

知识要点

国际转移价格的功能
国际转移价格制定的影响因素
国际转移价格的制定程序
国际转移定价的方法

思维导图
视频讲解

章前预习与思考

9.1 国际转移价格概述

9.1.1 国际转移价格的概念

国际转移价格是指国际企业管理当局从全球经营战略出发，为谋求公司整体利益最优，在母公司与子公司、子公司与子公司之间购销商品和提供劳务时采用的内部价格。如果国际企业拥有多个子公司，而且商品和劳务经常在母子公司、子公司之间转移，就需要制定商品和劳务的转移价格。很显然，转移价格越高，输出方的毛利就会越大，接受方的毛利就越小。可见，转移价格是企业经营分权化和内部一体化的必然产物。即使对于国内企业，转移价格的制定也是很棘手的问题，对于国际企业，问题更复杂，因为国际企业在制定转移价格时还必须考虑子公司所在国的外汇管制与关税，以及商品和劳务输入国与接受国之间所得税税率的差异。

9.1.2　国际转移价格的功能

1. 强化管理控制

国际转移价格最初是国际企业对海外公司进行业绩评价和管理控制的一种手段。随着企业规模扩大、企业组织形式变化和产业一体化的发展，国际企业往往采用分权式管理。在海外设立的子公司和分公司成为责任中心，实行目标管理和预算控制制度，其核心内容就是把公司战略目标经由预算制度分配给各责任中心，然后对目标完成情况进行评价、考核和奖惩。这样，国际企业需要在内部进行产品和劳务的转让，从而需要制定内部转移价格，作为内部结算和控制评价的依据。从这个意义上说，国际转移价格作为分权管理控制的主要手段，是企业经营分权化和内部经济一体化的必然产物，也反映了企业内部分工与合作的要求。

2. 优化资源配置

为了实现公司整体利益最优化，国际企业要在世界范围内调配公司资源。国际转移价格是优化资源配置的一种手段，尤其是当国际企业直接转移资金的渠道（如应收账款的提前与延迟支付等）受到东道国限制时，国际转移价格的优势体现得很明显。所以，国际转移价格成为国际企业绕过外汇管制、避免资金冻结、根据公司战略要求配置资源的重要工具。

例 9－1

罗斯曼公司是一家总部位于美国的跨国公司，位于美国的母公司负责生产，然后把产成品转移给海外的销售子公司。已知母公司与销售子公司所在国的所得税税率均为 25%，产品的单位变动成本为 3 000 美元，销售子公司对外销售单价为6 000美元。有两种转移价格制定策略可供选择：一种是低价出售策略，转移价格为每单位 4 000 美元；另一种是高价出售策略，转移价格为每单位 4 800 美元。表9－1列示了两种转移价格策略下的不同结果（为了简化，假设只出售 1 单位产品）。

表 9－1　两种转移价格策略对资金流动的影响　　单位：美元

项目	母公司	销售子公司	合并结果
低价出售策略			
销售收入	4 000	6 000	6 000
减：销售成本	3 000	4 000	3 000
毛利	1 000	2 000	3 000
减：营业费用	400	400	800
应税收益	600	1 600	2 200
减：所得税（25%）	150	400	550
净利润	450	1 200	1 650

续表

项目	母公司	销售子公司	合并结果
高价出售策略			
销售收入	4 800	6 000	6 000
减：销售成本	3 000	4 800	3 000
毛利	1 800	1 200	3 000
减：营业费用	400	400	800
应税收益	1 400	800	2 200
减：所得税（25%）	350	200	550
净利润	1 050	600	1 650

从表9-1可以看到，在两种转移价格策略下，全公司的毛利均为3 000美元，应税收益均为2 200美元，净利润均为1 650美元。但是，在低价出售策略下，销售子公司向母公司支付4 000美元；在高价出售策略下，销售子公司向母公司多支付800美元。由此可见，如果国际企业想把资金留在销售子公司所在国，就应采取低价出售策略；如果国际企业想把资金留在母公司，就应采取高价出售策略。

3. 降低整体税负

国际转移价格与国际税收的关系非常紧密。国际转移价格的另一个重要功能就是降低国际企业的整体税负。转移价格对税收负担的影响主要体现在所得税和关税两个税种上。

（1）降低所得税。当产品在不同国家间转移时，输出国和接受国（即出口国与进口国）企业的所得税都将受到影响。在出口国的企业中，转移价格是应税收益；在进口国的企业中，转移价格是可抵税的费用。国际企业应在税法允许的范围内制定能使在这两个国家的整体税负最小的价格作为转移价格。各国税率不一样，国际企业通过转移价格降低所得税负担的原则是，将尽可能多的利润转移到税率较低的国家。

例9-2

承例9-1，假设美国的所得税税率为25%，销售子公司所在国的所得税税率为40%，其他条件不变。表9-2列示了两种转移价格策略下的不同结果。

表9-2　两种转移价格策略对所得税的影响　　单位：美元

项目	母公司	销售子公司	合并结果
低价出售策略			
销售收入	4 000	6 000	6 000
减：销售成本	3 000	4 000	3 000
毛利	1 000	2 000	3 000
减：营业费用	400	400	800
应税收益	600	1 600	2 200

续表

项目	母公司	销售子公司	合并结果
减：所得税（25%，40%）	150	640	790
净利润	450	960	1 410
高价出售策略			
销售收入	4 800	6 000	6 000
减：销售成本	3 000	4 800	3 000
毛利	1 800	1 200	3 000
减：营业费用	400	400	800
应税收益	1 400	800	2 200
减：所得税（25%，40%）	350	320	670
净利润	1 050	480	1 530

从表 9-2 可以看到，在低价出售策略下，母公司和销售子公司分别应缴纳所得税 150 美元和 640 美元，合计为 790 美元；在高价出售策略下，母公司和销售子公司分别应缴纳所得税 350 美元和 320 美元，合计为 670 美元。如果有关政府对转移价格没有限制，当子公司所在国的税率高于母公司所在国的税率时，罗斯曼公司应该采用高价出售策略。高价出售策略下的合并净利润比低价出售策略下的合并净利润高 120 美元［(4 000－4 800)×(0.25－0.40)］。这是因为高价出售策略把 800 美元的应税收益从子公司所在国转移到了母公司所在国，后者的税率要比前者低 15%。

如果接受国的税率比输出国的税率低，是不是就应当采用低价出售策略呢？不可轻易下结论。因为美国对该国企业来自世界范围的收入征税，所以，税率较低的销售子公司分配给母公司的收益将被调至税前最高值来确定应纳税额，销售子公司在东道国已纳税额可以抵扣。这样一来，如果子公司的净利润要分配回母公司，低价出售策略并不能降低公司的整体税负。但是，如果国外子公司的净利润留在东道国再投资，低价出售策略可以降低整体税负，因为有更多的资金可以再投资。不过，这一策略只能是暂时的。有利可图的机会总有穷尽之时，而且母公司的股东希望获得更高的投资回报率，子公司迟早要向母公司分配利润。

如果有关国家或地区税率相近，国际企业还可利用避税港（tax heaven）提高转移价格，降低所得税的负面影响。避税港是指单方面向其他国家和地区的投资者提供无税、低税或其他优惠条件的国家和地区，如百慕大群岛、卢森堡、中国香港等。除了税负很低甚至不需要纳税外，避税港的当地政府对外国公司的法律管制也较松，公司的资金调拨与利润分配比较自由。国际企业可以在避税港设立象征性的分支机构，利用转移价格将子公司的利润调入避税港，最大限度地降低公司整体税负。如在例 9-2 中，假设罗斯曼公司在百慕大群岛设有子公司，则可以让美国的母公司以低价将产品出售给百慕大群岛的子公司，该子公司再以高价出售给销售子公司。在这两笔交易中，货物可以由美国母公司直接运往销售子公司，无须经过百慕大群岛。但是，美国母公司因低价出售而无利润，销售子公司因高价购入而有利润，所有的利润都转移到了避税港——百慕大群岛子公司。这样，罗斯曼公司只需在百慕大群岛缴纳很少的所得税，甚至不缴所得税，从而降低了公司的整体税负。

（2）降低关税。在确定国际转移价格时，还要考虑关税因素。进口关税一般采用从价计征的比例税率，即按照进口货物的到岸价乘以进口关税税率计算。国际企业可以通过转移价格政策改变进口产品的到岸价格。在关税税率既定的前提下，改变到岸价格就可以改变进口国子公司的关税负担。向位于高关税国的子公司销售产品，可以采取低价出售策略减轻关税负担。

国际企业在做出决策时，应将关税和所得税考虑在内，谋求整体税负最低。

例 9-3

承例 9-2，假设销售子公司所在国对进口商品征收 5%的关税，其他条件不变。表 9-3 列示了两种转移价格策略下的不同结果。

表 9-3　两种转移价格策略对所得税、关税的影响　　单位：美元

项目	母公司	销售子公司	合并结果
低价出售策略			
销售收入	4 000	6 000	6 000
减：销售成本	3 000	4 000	3 000
关税（5%）	—	200	200
毛利	1 000	1 800	2 800
减：营业费用	400	400	800
应税收益	600	1 400	2 000
减：所得税（25%，40%）	150	560	710
净利润	450	840	1 290
高价出售策略			
销售收入	4 800	6 000	6 000
减：销售成本	3 000	4 800	3 000
关税（5%）	—	240	240
毛利	1 800	960	2 760
减：营业费用	400	400	800
应税收益	1 400	560	1 960
减：所得税（25%，40%）	350	224	574
净利润	1 050	336	1 386

将表 9-2 与表 9-3 对比，我们可以发现，在低价出售策略下，如果销售子公司所在国对进口货物征收 5%的关税，罗斯曼公司的净利润将减少 120 美元（1 410－1 290）。这 120 美元是销售子公司所在国对转移价格为 4 000 美元的商品征收的 200 美元关税的税后成本，即 120＝200×(1－40%)。与例 9-2 相同，罗斯曼公司仍然青睐高价出售策略。这种策略使得净利润从 1 290 美元增至1 386美元，也就是说，两种定价策略下净利润的差异为 96 美元。而在没有关税的例 9-2 中，两种定价策略下净利润的差异为 120 美元。二者的差额 24 美元是由于转移价格增加的 800 美元

(4 800－4 000) 导致关税增加了 40 美元 (800×5%)，40 美元关税的税后成本为 24 美元 [40×(1－40%)]。

在实践中，许多国家意识到转移价格可能会被用作纳税筹划或绕过外汇管制的手段，所以都制定了相应的控制和限制转移价格的法规。如《美国税收法典》第 482 条规定，当美国国内税收署 (IRS) 认为国际企业有逃避税收的情况时，可在有关公司之间重新分配总收入、税收扣除、抵免或津贴。转移价格应反映独立交易价格 (arm's length price)，即公司在相同条件下与其他非关联客户交易时的价格。而且，在出现纠纷时，举证责任由纳税者承担，即纳税者需要拿出证据证明国内税收署确定并据以征税的转移价格是不合理的。所以，国际企业不应将所有成本都计入单一的转移价格，母公司应该列出它向子公司提供商品和服务的明细目录，包括采用的向子公司收取服务费、管理费、特许权费、技术培训费等方式，并根据这份明细目录来收取费用，因为详细的目录比较容易取得子公司所在国政府的认可。

例 9-4

承例 9-2，除了低价出售策略和高价出售策略外，罗斯曼公司还可以采取低价出售策略加特许权费的方式。如表 9-4 所示，低价出售策略加特许权费的方式与高价出售策略下公司的净利润相同。

表 9-4 低价出售策略、高价出售策略与低价出售策略加特许权费 单位：美元

	母公司	销售子公司	合并结果
低价出售策略			
销售收入	4 000	6 000	6 000
减：销售成本	3 000	4 000	3 000
毛利	1 000	2 000	3 000
减：营业费用	400	400	800
应税收益	600	1 600	2 200
减：所得税 (25%，40%)	150	640	790
净利润	450	960	1 410
高价出售策略			
销售收入	4 800	6 000	6 000
减：销售成本	3 000	4 800	3 000
毛利	1 800	1 200	3 000
减：营业费用	400	400	800
应税收益	1 400	800	2 200
减：所得税 (25%，40%)	350	320	670
净利润	1 050	480	1 530
低价出售策略加特许权费			
销售收入	4 000	6 000	6 000
特许权费收入	800	—	—
减：销售成本	3 000	4 800	3 000
毛利	1 800	1 200	3 000

续表

	母公司	销售子公司	合并结果
减：营业费用	400	400	800
应税收益	1 400	800	2 200
减：所得税（25%，40%）	350	320	670
净利润	1 050	480	1 530

4. 调节利润水平

国际企业为了实现其全球战略，可以利用转移价格调高或调低各子公司的利润。子公司高价购入、低价出售可以调低利润，子公司高价出售、低价购入可以调高利润。

（1）调低利润的目的。调低利润可以掩盖公司的获利情况，使公司在竞争中处于有利地位。如果子公司在当地获得的利润较高，一则可能引起东道国政府的注意，要求与国际企业就有关投资条款重新谈判，或者强行征用；二则可能成为工资上升和其他福利开支增加的诱因；三则可能引起潜在投资者的注意，导致更多竞争对手进入同一市场，增加子公司的竞争压力。所以当国际企业发现子公司的利润过高时，可以采用转移价格来提高子公司的生产成本，或者降低其收入来降低利润，减轻压力。

合资企业的利润由合资各方按比例分配，所以从国际企业整体利益的角度看，并不一定是合资企业的利润越高越好。因而国际企业总希望利用转移价格将子公司的利润转移到母公司或其他子公司，压低合资企业的利润，减少当地投资者分得的利润。不过，在合资企业中，转移价格是一个非常敏感的话题，往往会造成合资双方的对立，甚至会引起东道国政府的干预，国际企业应慎重考虑。

（2）调高利润的目的。调高利润可以粉饰子公司的经营状况，在东道国树立良好形象。国际企业为了使某国的子公司具有良好的资信水平，以便在当地金融市场上发行股票、债券或获取信贷，经常利用转移价格来调高子公司的利润。

调高利润还可以帮助子公司走出困境，增强竞争力。对于在国外新设的子公司，国际企业除在资金等方面给予支持外，往往还低价向子公司供应所需的商品，或者高价购买子公司的产品，帮助子公司打败竞争对手，提高竞争地位。对于在竞争中处于不利地位的子公司，国际企业也可以利用转移价格调高其利润，帮助其走出财务困境，人为改善财务状况，提高盈利水平。

5. 规避风险与绕过限制

近年来，许多国家政府都加强了对外国企业在本国的经营活动以及外资流动的管理和控制，对国际企业不利于本国利益的行为进行限制。国际企业可以利用国际转移价格绕开这些限制。在政治局势不稳定的国家，国际企业的正当权益往往难以得到保障，面临财产被征用的风险，国际转移价格可以帮助国际企业规避这些风险。

（1）绕过东道国的外汇管制。许多国家为了加强国际收支管理，避免外汇流失，往往实行外汇管制，对外国公司汇出利润加以限制，有的国家对汇出利润还要征收一定比例的预提税。国际企业可以制定较高转移价格向子公司提供商品或劳务，将该子公司的资金转移到母公司或其他子公司。

（2）逃避东道国的价格限制。很多国家出于反暴利、反倾销等目的，对某些最终产品规定最高和最低限价。针对最高限价，国际企业可以制定较低的转移价格向该国子公司提供原材料和零部件，从而降低售价。针对最低限价，国际企业可以利用较高的转移价格向该国子公司提供原材料和零部件，从而增加成本，提高售价。

（3）规避通货膨胀风险。世界性的通货膨胀使企业货币性资产的购买力下降。为了减少因通货膨胀造成的损失，国际企业应该让处于通货膨胀较为严重的国家的子公司保持最低限度的净货币性资产。国际企业可以利用较高的转移价格向子公司提供商品和劳务，或以较低的转移价格获取子公司的商品和劳务，提前或延缓这些资金的转移，以避免货币购买力的损失和外汇风险。

（4）规避政治风险。为了防止财产被东道国征用，国际企业可以将子公司进口商品的转移价格调高，或者将子公司出口商品的转移价格调低，借以转移子公司的资金与存货，规避政治风险。

9.2 国际转移价格制定的影响因素

9.1 即测即评

国际企业的全球化经营增加了国际转移价格的复杂性。国际转移价格制定不仅受到国际企业内部因素的影响，而且受到国际范围外部因素的影响。

9.2.1 影响国际转移价格制定的内部因素

国际转移价格制定又称国际转移定价。影响国际转移定价的国际企业内部因素包括企业经营战略、组织结构、业绩评价体系、信息系统、企业目标和管理者偏好等。

1. 经营战略

经营战略与国际转移定价间的关系主要取决于两个方面。一是在各子公司的产品依存关系上，是否存在纵向一体化战略。如果存在纵向一体化战略，则其内部交易必须按国际企业管理层的统一部署进行，需要实行内部转移定价，以确保国际企业全球一体化战略的实现；如果不存在纵向一体化战略，则各子公司可以自由选择购销对象。这样，只有在各子公司自愿进行内部交易时，才会发生相互间的国际转移定价问题。二是在国际企业的内部和外部交易上，各子公司是否被视为一家独立的企业。如果一家子公司仅仅对企业集团外部销售时才被视为一家独立的企业，而在企业集团内部销售时作为一个非独立单位或机构，那么需要采用国际转移定价，否则，该子公司在交易时不需要执行国际转移定价策略。

2. 组织结构

国际企业的组织结构也对国际转移价格有影响。首先是国际企业的集权化或分权化管理程度对国际转移定价有重大影响。集权化程度较高的公司往往由总部集中控制内部交易的转移价格，一般采用以成本为基础的定价方法；分权化程度较高的公司往往将国际转移定价权下放给各下属子公司或部门，一般采用市场价格定价法或协议定价法；还有的国际企业部分产品实行集权化管理，部分产品实行分权化管理，这类企业往往同时运用多种国际转移定价方法。另外，国际企业内部的组织形式也会对国际转移价格有影响。分公司基本上完全受母公司控制，没有多少自主定价权。但子公司往往不一样，因为母公司只是通过控股权来控制各子公司，不少子公司仍有一定的定价自主权，它们往往选择以市价为基础来定价；有些子公司则选择以成本为基础来定价。

3. 业绩评价体系

由于国际转移价格直接影响到国际企业内部购买方和供应方的成本和利润，影响到各相关子公司或机构的业绩，因此，国际转移定价政策应能对国际企业下属各子公司或分支机构及其主管人员的经营业绩进行充分科学的测量，同时应能激励各下属子公司取得更好的业绩。制定国际转移价格时必须考虑业绩评价体系。如果一家子公司被当作利润中心，子公司管理层会特别注意内部转移价格的制定。他们可能会从子公司的角度出发，抵制或者不愿执行从国际企业整体战略出发制定的国际转移定价策略。这种情况有时是难以避免的。经常出现的情况是，内部转移价格使某一子公司受益而另一子公司受损。国际企业一方面应该力求内部转移价格对所有子公司公平合理，另一方面应该在对子公司管理人员进行业绩评价时排除国际转移定价的影响。

4. 信息系统

在信息技术飞速发展的今天，一家有良好管理信息系统的国际企业有可能将下属各子公司或分支机构的相关信息集中到公司总部，并将国际转移定价权也集中到总部，由总部根据各下属公司及时反馈的信息统一制定价格，并根据实际情况及时修订，这样可以保证部门目标与公司整体目标的一致性；相反，如果公司的管理信息系统落后，收集信息花费的时间很长，就无法对内部转移价格进行有效调整，所采用的内部转移价格就可能不合理，起不到应有的作用。

5. 企业目标和管理者偏好

国际企业的目标直接制约着国际转移定价。不同的国际企业有不同的目标，同一国际企业在不同时期的目标也可能有所不同。如在面对控制和占领市场、避免或减轻税负、防范和化解外汇风险等目标时，国际企业所要求的国际转移定价策略不尽相同。另外，不同国家的管理者因文化背景和管理偏好存在差异，对国际转移定价中各因素的考虑侧重点也有差异。国外的相关调查表明，美国、英国、日本、法国等国的财务主管都倾向于以成本为基础的定价；加拿大、意大利等国的财务主管则倾向于以市价为基础的定价。同时，美国、加拿大、法国和意大利的财务主管大多看重所得税，日本的财务主管则关注企业所在国的通货膨胀等因素。

9.2.2　影响国际转移价格制定的外部因素

影响国际转移定价的外部因素很多，如税制差异、市场竞争、通货膨胀、外汇及政治风险等。下面进行简要介绍。

1. 税制差异

由于大部分国家的税制差异较大，因此国际企业的管理层有可能利用国际转移定价人为调节国际企业的整体税负，以增加整体利润，这也是国际转移价格的重要作用之一。但是，这种做法势必影响相关国家的税收，从而导致有关国家政府，如税务部门、海关等对此采取某些干预措施。例如，有的国家按“局外价格”的原则来检查、监督国际转移定价；有的国家则采取“比较定价”的原则对国际转移定价进行监督。这些都迫使国际企业对国际转移定价采取慎重态度，必须为转移定价寻找合理依据，以求得到有关国家政府的认可。

2. 市场竞争

国际企业在运用国际转移价格增强其整体竞争实力时，有可能导致子公司所在国政府采取反托拉斯和反倾销行动，同时也可能会遭到所在国其他竞争对手的报复，使其处境更为不利。另外，出于竞争的考虑而对子公司采取的国际转移定价，实际上是给予该子公司的一种价格补贴，这有可能使子公司产生懒惰和依赖思想，最终与国际企业的初衷相背离。而且，由于各子公司都有自己独立的利益，而内部转移价格是一种非公平交易价格，由此会滋生出各种不满情绪，对公司业绩产生短期和长期的消极影响。综上可见，市场竞争也在一定程度上制约国际企业采取国际转移定价策略。

3. 通货膨胀

国际企业为了规避子公司所在国的通货膨胀风险，往往利用国际转移定价将高通货膨胀率国家的货币性资产保持在最低限度，使其货币购买力不因通货膨胀而发生损失。但是这种做法引起的资产或资金的转移可能会受到子公司所在国的限制。因此，对于国际转移定价产生的这种后果，国际企业应该充分考虑。

4. 外汇及政治风险

国际企业在国外设立的子公司的资产和负债一般都是用外币计价的，在浮动汇率制下，外币与母公司所在国货币的汇率并不总是稳定的，这就使得国际企业面临较大的外汇风险。国际企业可以利用国际转移定价将资金从软货币国家转移到硬货币国家，减少外汇风险。当子公司所在国政局动荡，存在政治风险时，国际企业也可以利用国际转移定价将该子公司的实物资产转移到别的国家。

此外，国际转移定价的外部环境因素、税收法规、对利润汇回的限制、子公司竞争状况都是国际企业在选择国际转移定价策略时经常考虑的因素。总之，国际转移定价受到很多因素的影响，各种因素的影响程度各不相同，它们之间还相互影响、相互作用，而且不断变化。因此，国际企业应该明确主要目标，从整体利益

9.2 即测即评

出发，适应市场变化，考虑所有因素，建立完善的国际转移定价机制。

9.3 国际转移价格的管理

9.3.1 政府对国际转移价格的管制

国际企业运用国际转移价格可以实现全球战略目标，但同时往往给有关国家带来损失。因此，各国为保证税收利益和国内企业的竞争地位，对国际转移价格采取了一系列管制措施，其中主要有价格替代和直接管制两种。

1. 价格替代

东道国政府可以寻找一种市场价格或与之接近的价格替代国际转移价格，为此通常采取独立交易价格法和国家出口牌价法等方法。独立交易价格法要求国际企业内部商品、劳务、技术的转移价格应反映独立交易价格，即企业向非关联客户销售商品、劳务、技术时的价格。如果发现某国际企业的子公司进口价格过高，或者出口价格过低，子公司所在地税务部门可以要求按独立交易价格计算，予以补税。国家出口牌价法的基本原则是，国家对于大宗出口的初级品制定出口牌价，作为公开市场上出售的以该产品为原料的制成品价格的一部分，以此价格为基础对国际企业内部相应产品的转移价格进行控制。

2. 直接管制

东道国政府对国际企业内部转移价格的直接管制主要包括两个方面。

（1）加强海关监督。海关是贯彻执行东道国政府有关出口政策、法令和规章的行政管理机构。国际企业向子公司出口和从子公司进口都必须通过子公司所在国的海关。充分发挥海关的监督和管理作用，可以有效防止以损害东道国利益为前提的国际转移定价的运用。当海关对进口货物进行检查并发现价格明显异常时，海关有权要求国际企业重新估价并补缴税款。

（2）建立健全审计制度，加强对合资、外资企业的财务监督。企业全部经营状况最终都会在财务会计资料中反映，国际转移价格的操纵也不例外。因此，建立健全严格的审计制度，加强对国际企业的财务监督，是控制转移价格的一个关键环节。

9.3.2 国际转移价格的制定程序

1. 确定目标

在国际企业中，常见的制定转移价格的目标有：降低税负，增加利润；合理调配资金；降低经营风险；增强子公司的经营积极性等。

2. 制定方案

统一完整的国际转移定价方案能够使各子公司了解母公司的意图和战略，有利于缓解各子公司的矛盾。方案的主要内容有：转移定价的目标；公司经营产品的种类；制定转移价格所依据的标准；有关市场价格的资料与信息；各子公司不同意见的仲裁与协调；转移定价方案的实施以及检查的时间与方式等。

3. 仲裁与协调

仲裁的主要任务包括：解决各部门之间有关转移定价的争端；检查转移定价方案的实施情况；修改或补充现存的转移定价方案。仲裁委员会的作用与职能以及成员构成都应在转移定价方案中有所说明。

4. 实施与检查

转移定价方案应适时而变，并随外部环境的变化做出调整。外部环境的变化包括国际市场竞争情况的变化、有关国家税法的调整与改变、有关货币之间汇率的大幅变动以及有关国家政局的变化等。这就要求国际企业对转移定价方案的实施进行定期或不定期的检查，发现问题及时修订。

9.3.3 国际转移定价的方法

国际转移定价有三种基本方法，即以市场为基础的定价方法、以成本为基础的定价方法以及交易自主的定价方法。另外还有一种混合方法，即双重定价方法。

1. 以市场为基础的定价方法

以市场为基础的定价方法，就是以被转移产品在公司外部市场上的价格作为企业内部转移定价基础的一种方法。采用这种定价方法在国际企业内部转移产品时，将所属各子公司都视为独立经营的企业，所确定的转移价格基本上接近正常的市场交易价格。这种方法又可以分为完全市场价格定价法和市场价格扣减法两种。完全市场价格定价法所确定的价格与出售给公司外部购买者所采用的市场价格一样，是完全的市场价格。市场价格扣减法是指从市价中减去一定百分比的毛利作为国际转移价格。

以市场为基础的国际转移定价需要具备三个条件：一是存在竞争的中间产品市场；二是各子公司在生产经营方面有较大的独立性和自主权，有权对外销售其产品，有权从外部采购所需的原材料等物资和各种劳务；三是有市场价格可供参考。

以市场为基础的定价方法主要有以下优点：

（1）有利于发挥子公司的主观能动性。市场价格代表了产品的真实价值，以市场为基础的国际转移价格有助于子公司做出正确的生产决策和采购决策，有利于发挥子公司的自主权，有效利用资源。同时，还有利于子公司管理层充分利用市场，增强适应市场的能力。在采用以市场为基础的国际转移价格的情况下，企业利润基本上反映了真实的经营业绩，所确定的子公司收益较为真实，有利于经营业绩的考评。

（2）排除了人为因素的影响，较为客观公正。由于市场价格往往是一种公允价格，以市场为基础的国际转移价格能被有关国家政府认为是正常交易价格，因此，这种定价方法可以避免有内部交易的公司与所在国政府相关法规发生冲突。

以市场为基础的定价方法的缺点主要有：

（1）以市场为基础，国际企业管理当局在利用国际转移价格人为调整收益时会受到一定限制。

（2）许多内部交易的中间产品往往很难找到中间市场和公允的市场价格，即使存在这样的市场，也很少是完全竞争的，因而也难以选定一个公正的市场价格作为其定价基础。

（3）在某些情况下，运用市场价格作为内部转移价格可能会低估产品的获利能力以及它对公司的贡献。例如，假设存在一种中间产品，能以每件 3 美元的价格从市场上购入，但不能以每件 3 美元的价格在市场上出售。高昂的市场交易成本使得这一产品继续在公司内部生产是有利可图的，因为公司内部生产可以避免签订合约以及强制执行合约的成本。假设在产品价格中，每件有 0.5 美元的价值是由这种相互协同所创造的，则此时恰当的转移价格为每件 2.5 美元。如果将每件 3 美元的市场价格作为转移价格，购买该产品的子公司愿意购买的产品数量要小于转移价格为每件 2.5 美元时愿意购入的数量，这样就不能达到企业价值最大化。

（4）采用这种定价方法有可能导致对成本数据收集工作的忽视，不利于成本管理。

2. 以成本为基础的定价方法

以成本为基础的定价方法，其国际转移价格是以供货企业的实际成本、标准成本或预算成本为基础，加上一个固定比率的毛利来确定的。具体做法有三种：

（1）以完全成本为基础的定价方法。按照这种定价方法，国际企业将供应方公司提供的中间产品或服务的全部成本作为内部交易的国际转移价格。完全成本包括直接材料、直接人工和制造费用。这种方法的最大优点是简便、客观，成本数据是现成的，减少了定价时的人为因素。这种方法的缺陷主要在于，由于供应方公司的全部生产成本可以通过转移价格转移到购买方公司，因此供应方公司失去了控制产品成本、提高生产效率的动力。而且在以完全成本为基础的定价法下，往往会高估市场价格，购买方就会倾向于从内部购入较少的产品，这样会导致公司部分生产能力闲置，长期下去会损害国际企业的整体利益。为了弥补这一不足，国际企业可以采用标准成本作为确定生产成本的标准，以督促各方降低成本，提高生产效益。

（2）以变动成本为基础的定价方法。按照这种定价方法，国际企业将供应方公司提供的中间产品或服务的变动成本作为内部交易的国际转移价格。产品的变动成本包括直接材料、直接人工和变动制造费用。运用这种方法确定国际转移价格，可以使购买方公司生产的最终产品的变动成本与从国际企业整体来看的该产品的变动成本保持一致；使下属公司所做的决策代表公司整体最大利益。

但是，这种方法存在一些问题。一是供应方公司不能弥补其支出的固定成本。如果供应方公司生产的所有产品都用于内部转移，变动成本当然低于总平均成本，此时供应方公司的固定成本得不到补偿，供应方公司可能出现亏损。二是当产品的单位变动成本随产量的提高而增加时，国际企业中所有的购买方公司都需要为之支付较高的转移价格。在这种情况下，公司中就会出现争论，到底是让那些扩大了采购量从而导致变动成本增加的购买方公司提高付费，还是让所有的购买方公司都按增加的变动成本付费。三是以变动成本为基础的定价方法使得供应方公司会有意虚报变动成本的金额，如将固定成本计入变动成本。例如，电费有多少属于固定成本，有多少属于变动成本，是很难区分的。从某种程度上讲这种分类有一定的随意性，因此供应方公司与购买方公司往往会对各种成本的属性及其应用产生争议，国际企业管理当局就不得不耗费时间和精力去解决这一争端。

（3）成本加成定价法。按照这种定价方法，国际企业将供应方公司提供的中间产品或服务的实际或标准的生产成本再加上一定利润来作为内部交易的国际转移价格。加成部分一般是成本的统一百分比，如 12%。成本加成定价近似于市场价格，在中间产品不存在外部市场时尤为有用，有利于业绩评价。但成本加成定价法中的加成比例是人为规定的，不可避免地带有主观色彩，难以保证是符合客观情况的最优决策。

以成本为基础的定价方法对以降低中间产品成本为目的的纵向一体化战略有利。为实施纵向一体化战略，避免各销售利润中心采取对子公司最优而对国际企业整体不利的决策，国际企业管理当局要求各销售利润中心拒绝单独对外销售以获取较多利润的诱惑，服从国际企业的整体安排，按照成本进行内部销售。以成本为基础的定价方法克服了以市场为基础的定价方法的某些局限性。由于各子公司的成本资料容易收集并且客观存在，这种方法简便易行、有据可查，经得起各国税务部门的稽核和审查，而且可以避免定价的随意性，有助于各子公司重视成本管理。

但是，以成本为基础的定价方法限制了各销售利润中心的出售权，可能丧失对外销售的盈利机会。这种方法还限制了各购买利润中心的购买权，阻止了这些购买利润中心从企业外部市场购买物美价廉的资源。因此，各利润中心缺乏决策的灵活机动性，而且各国的成本内容和范围不尽相同，即使生产和销售同样的产品，成本也缺乏可比性。

3. 交易自主的定价方法

按照这种定价方法，各利润中心都被视为独立经营的企业或单位，它们可以自主定价。由于此时的交易是自愿的，总部不加干涉，因此国际转移价格决定了购买利润中心是否愿意内购，也决定了销售利润中心是否愿意内销。这种定价方法有利于企业的分权化经营，使各子公司经理人员的责权利相匹配，有利于国际企业管理当局对各子公司进行业绩考评和奖惩。但由于交易是自愿的，各子公司都是从自身来考虑，而子公司个体业绩最优未必等于国际企业整体最优，因此这种定价方法不利于实现国际企业的全球战略目标和整体利益最大化。为此，有些国际企业采用双重定价方法，或者将交易自主的定价方法作为辅助方法。

由于各利润中心同属于国际企业，因此，在交易自主的前提下，买卖双方可以通过协商来确定双方都能接受的国际转移价格，这就是协商定价，也是一种交易自主的定价方法。另外这种方法保持了各利润中心的独立性，使它们能对自己的实体做出正确决策，并为决策带来的后果负责。因此，这种方法能激励各利润中心的经营人员控制成本，提高经营绩效。但是这种方法会耗费大量的时间，还会造成部门间的冲突。而且，两个利润中心有可能联合起来，做出对它们自身有利却损害国际企业整体利益的国际转移定价决策。

4. 双重定价方法

双重定价方法是指国际企业管理当局对购买利润中心采用以完全成本为基础的定价方法，对销售利润中心则采取以市场价格为基础的定价方法。这种定价方法不会产生以完全成本为基础的定价方法下，销售利润中心既作为成本中心又作为利润中心的矛盾，也不存在以市场为基础的定价方法下购买利润中心不愿意内购的问题。这种方法不以任何方式改变各利润中心的职权，却减少了它们的责任。因为它与以成本为基础的定价方法不同，购买利润中心无须对进入最终产品的中间产品赚取的全部利润负责；也与以市场为基础的定价方法不同，销售利润中心无须对内部交易的中间产品的全部盈利负责。可见，双重定价方法既有利于国际企业纵向一体化战略的实施，也使各利润中心免受内部交易的困扰。

然而，双重定价方法也有缺陷，存在利润重复计算的问题，并且这种问题会随着企业内部交易的增多而日益突出。在这种定价方法下，国际企业整体的收益小于各利润中心的收益之和，当国际企业整体表现为亏损时，某些利润中心却可能显示为盈利。

9.3 即测即评

当国际企业有大量内部交易、中间产品的成本与市价的差异很大、购买利润中心的毛利率很低时，这一问题更为严重。而且，双重定价方法还会导致有关责任无人承担或责任不明的问题。因此，双重定价方法必须根据国际企业的实际情况，与其他方法结合使用。

对于国际企业来讲，不存在唯一的、理想的、能够满足所有目标要求的国际转移定价方法。这是因为：第一，国际市场上环境因素的快速变化和国际企业策略的相应变化，使得国际企业在不同条件、不同时间下要采取不同的国际转移定价方法。第二，国际企业国际转移定价往往要受到各国政府有关规定的限制。第三，国际企业内部转移定价系统的目标之间存在矛盾，不可能存在一种能满足所有目标要求的国际转移定价方法。所以，国际企业多以某种定价方法为主，辅以其他定价方法。

本章小结

国际转移价格是国际企业管理当局为谋求公司整体利益最优，在母子公司之间购销商品和提供劳务时采用的内部价格。国际转移价格可以发挥强化管理控制、优化资源配置、降低整体税负、调节利润水平、规避风险与绕过限制等功能。制定国际转移价格时，国际企业需要考虑各种内外部因素，需要面对各国政府对国际转移价格的管制。国际转移定价的方法有：以市场为基础的定价方法、以成本为基础的定价方法、交易自主的定价方法和双重定价方法。

名词术语

国际转移价格	独立交易价格	以市场为基础的定价	以成本为基础的定价
交易自主的定价	双重定价		

练习题

一、思考题

1. 举例说明低价出售策略和高价出售策略对国际企业资金流动、所得税和关税的影响。

2. 国际转移价格的功能有哪些?

3. 国际企业的业绩评价体系会对国际转移价格的制定产生什么影响?

4. 分析影响国际转移价格制定的外部因素。

5. 各国政府是如何对国际转移价格进行管制的?

6. 以市场为基础进行国际转移定价有何优缺点?

7. 以成本为基础进行国际转移定价有何优缺点?

8. 国际企业的组织结构是如何影响其国际转移定价的?

9. 在我国早期实行中外合资企业所得税“三减两免”的税收优惠政策期间,大量合资企业纷纷出现巨额亏损。某合资企业在销售量急剧增长的情况下,通过放弃国内同质却价格低廉的冰柜,转而从国外进口高价冰柜,提供给产品零售商,以实现产品零售终端的渠道控制。该企业在国内经营9年居然没有盈利。该企业这么做的目的是什么?

二、计算题

一大型机械生产集团母公司所在国的所得税税率是20%,该集团在海外有一销售子公司,其所在国的所得税税率是15%,关税税率为3%(可在所得税前作为费用扣减)。现有两种定价策略:一种是高价出售策略,每件配件的价格为5 400美元;另一种是低价出售策略,每件配件的价格为2 000美元。该种配件负担的生产成本和其他非税费用为1 700美元。

要求:根据上述资料,回答下列问题:

(1) 如果两个国家之间不重复征税,母公司所在国对于海外汇回的子公司收入不进行双重征税。该集团向子公司销售时应该采用哪种定价策略?

(2) 如果两个国家之间不重复征税,但子公司以低税率缴纳所得税的收入在汇回之时需要在东道国补缴税收差额。该集团应该采用哪种定价策略?

三、课堂案例

中国东方贸易公司从世界各地购入散装的香料,包装成消费者需要的规格,再通过位于新加坡、英国和美国的销售子公司出售。中国母公司的所得税税率为

15%，新加坡子公司的所得税税率为30%。以一箱包装好的混合香料为单位，母公司和新加坡子公司之间现行的转移定价为300元，其他信息见下表。

中国东方贸易公司和新加坡子公司之间采取的转移定价策略 单位：元

项目	母公司	新加坡子公司	整个公司
销售收入	300	500	500
减：销售成本	200	300	200
毛利	100	200	300
减：营业费用	50	50	100
应税收益	50	150	200
减：所得税（15%，30%）	7.5	45	52.5
净利润	42.5	105	147.5

要求：你认为中国东方贸易公司应该如何调整母公司与新加坡子公司之间的转移价格？通过表格列示你的思考过程。

四、真实案例在线文章

在网上查找一篇近期的文章。文章内容（最好与某一特定国际企业有关）能够诠释本章所阐述的一个或多个概念。可以使用的搜索关键词包括跨国公司与内部转移价格、国际转移价格制定等。

五、推荐书目

1. 曹明星，等. 跨境所得的国际税收筹划与管理. 北京：中国税务出版社，2014.

2. 段从军. 国际税收实务与案例. 北京：中国市场出版社，2016.

3. 杨志清. 国际税收. 北京：北京大学出版社，2010.

第 10 章 国际纳税筹划

知识要点

国际税收的概念
税收管辖权与国际税收协定
国际重复征税与免除方式
国际纳税筹划的特点与原因
国际纳税筹划的主要方式

思维导图
视频讲解

章前预习与思考

税金是企业一项重要的财务支出，与企业盈利直接相关，企业纳税管理是财务管理的一项重要内容。国际企业纳税涉及各国税制以及各个国家之间的税收关系，因此比国内企业的纳税管理更为复杂和烦琐，同时也为国际企业的纳税筹划提供了一些可供操作的条件。国际企业可以在各国现行税制和国际税收协定的基础上调整战略，并在投资、筹资、经营活动和股利分配等方面充分考虑税收的影响，以实现纳税额的最小化。

10.1 国际税收概述

案例 10 - 1

苹果补缴近 110 亿欧元欠税

2025 年 1 月 6 日，爱尔兰财政部表示，该国 2024 年总税收达到 1 080 亿欧元，创下历史新高，这主要得益于苹果公司补缴的巨额税款。爱尔兰财政部公布的年度报告显示，2024年企业税收入同比增长63.9%，达到391亿美元，其中有近110亿欧元来自苹果。

苹果补税事件始于2016年。2016年8月，欧盟委员会裁定，苹果在爱尔兰享受的低税率等同于爱尔兰为其提供国家补贴，而这与欧盟相关规则不符，苹果需补缴高达130亿欧元的税款。爱尔兰政府和苹果随后对此裁定进行上诉。

2020年7月，欧盟普通法院判决，欧盟委员会2016年的裁定未能在法律上证实苹果享受的低税率是不公平的，撤销欧盟委员会2016年有关裁定。

2023年5月，欧盟委员会向欧洲法院提起上诉，请求推翻欧盟普通法院的裁决，要求苹果公司向爱尔兰补缴130亿欧元的税款。当年11月，欧洲法院总顾问表示，欧盟普通法院在裁定苹果避税案时犯了法律错误，应重新审查此案。

2024年9月，欧洲法院裁定苹果公司须向爱尔兰补缴130亿欧元税款，为这场持续八年时间的诉讼画上了句号。

苹果补税并非一次性付清。爱尔兰最初预计2024年将收回80亿欧元的苹果欠税，不过该国截至年底已获得近110亿欧元的税款。与此同时，爱尔兰2024年财政盈余为128亿欧元，比上年增加116亿欧元。即使剔除苹果的补税，爱尔兰2024年获得了约280亿欧元的企业税收入，低于该国财政部此前预测的295亿欧元，但大幅超过2023年创纪录的238亿欧元。值得一提的是，爱尔兰的企业税收入主要由美国公司贡献，在过去十年间（不包括苹果补缴的税款）增长了近七倍，使其成为欧洲公共财政状况最健康的国家之一。

资料来源：苹果补缴近110亿欧元欠税.（2025-01-08）.新浪财经.

国际纳税筹划与国际税收密切相关，为便于理解，在介绍国际纳税筹划之前，先简单介绍国际税收的相关内容。

10.1.1 与国际税收相关的几个基本概念

1. 国际税收

国际税收是指两个或两个以上的主权国家或地区基于各自的课税主权，在对跨国纳税人分别进行课税时所形成的征税关系及税收分配关系。

国际税收和国家税收之间既有联系又有区别。

首先，国际税收不能脱离国家税收而单独存在。国际税收不能也不可能有自己独立于国家税收的特定征收者和缴纳者，它只能依附于国家税收的征收者和缴纳者。如果没有各个国家对其管辖范围内的纳税人进行课税，也就无法产生国际税收分配关系。

其次，国际税收与国家税收反映的经济关系不同，利益协调关系也不同。国家税收的分配是发生在同一国家的课税主体与纳税主体之间的财富分割和转移，反映的是一国范围内的税收征纳关系，其处理依据是国家法律。国际税收的分配则发生在不同国家的课税主体之间，反映的是国家之间的税收分配关系。当产生国家间税收利益矛盾时，调整这一矛盾会导致一部分财富在各有关国家课税主体之间重新分割和转移，因此，国际税收的处理依据是国家间的协议和各种规范。

最后，国际税收也不同于涉外税收。涉外税收通常是一国政府对外国人（包括外国企业和个人）征收的各种税收的统称。尽管涉外税收具有一定的国际意义，但涉外税收反映的是一国政府凭借政治权力与管辖范围内的外国纳税人之间发生的征税关系。作为国家税收的有机组成部分，涉外税收的本质是国家税收的延伸，仍然是主权国家或地区内部的税收分配形式。

2. 国际税收的纳税人

国际税收的纳税人也称跨国纳税人，是指在两个或两个以上国家同时负有纳税义务的自然人和法人。国际税收涉及的自然人包括从事国际活动的所有个人。按照法律范围，国际税收纳税人中的自然人可以分为个人居民和个人非居民。个人居民是指按照一国法律，由于居所、居住时间、停留时间或其他类似标准，在该国负有全面纳税义务的人。个人非居民指不符合该国居民身份，但在该国负有有限纳税义务的人。按照这些个人从事的经营活动，可以分为从事跨国间接投资的自然人、从事独立个人劳务的自然人和从事非独立个人劳务的自然人三类。从事跨国间接投资的自然人（消极投资者）一般指单纯购买股票、债券或放款食利者，可以是跨国股票投机商，也可以是向外国出售工业产权的专利权转让者，获得来自不同国家的间接投资收入；从事独立个人劳务的自然人，一般指从事独立的科学、文化、艺术、教育活动的自然人以及独立开业的会计师、医师、律师等，获得跨国的劳务收入；从事非独立个人劳务的自然人，一般指因受雇领取薪金报酬的自然人，如跨国公司的雇员、技术人员和工人等取得跨国的工资收入。

国际税收纳税人中的法人一般指依照有关国家法律成立的、有必要的财产和组织机构、独立享有民事权利和承担民事义务的社会组织、公司、社团等。国际税收涉及的负有纳税义务的法人，一般包括从事跨国经营活动的所有公司和企业。

关于跨国法人的公司组织形式，有两种关系值得注意：一是总公司（总机构）与分公司（分支机构）的关系；二是母公司与子公司的关系。按照西方国家公司法的一般规定，如果一家公司在国内外设立资本完全受其控制的公司或办事处，则前者是后者的总公司或总机构，后者为前者的分公司或分支机构（或常设机构）。一般来说，子公司与分公司在法律上的地位不同，二者在纳税方式和税收待遇上也有差别。总公司与分公司同属一个法人实体，即分公司是总公司的一个派出机构或附属机构，不具有独立的法人地位，其经营业务问题完全由总公司决定，资本全部属于总公司，其债务由总公司负担，所以分公司一般与总公司汇总纳税，分公司的损益可以并入总公司的损益。分公司在把利润汇出时，无须缴纳预提税。子公司与分公司的法律地位正好相反。母公司与子公司是两个独立的法人实体，母公司虽然控制子公司的部分甚至全部股权，但它们是各自国家的法人组织，子公司具有独立的法人资格。这种独立性主要体现在：子公司有自己的公司名称和公司章程，可以独立召集股东大会和董事会，具有独立的资产负债表，可以独立以自己的名义进行各类业务活动。子公司一般与母公司分别纳税，独自计算盈亏，但也有汇总纳税的情况。跨国公司也有居民公司与非居民公司之分。一般来说，在采用注册登记地标准来确定居民身份的国家，分公司不具有独立的法人资格，是该国的非居民公司；而子公司是独立的法人实体，因此是该国的居民公司。无论是居民公司还是非居民公司，都可能成为国际税收涉及的纳税人。

3. 国际税收的课税对象

国际税收的课税对象是指被两个或两个以上国家征收税金的具体对象。国际税收的课税对象主要是跨国所得，具体包括以下几类。

（1）跨国经营所得。主要指跨国纳税人从事跨国的工业、商业、服务业等生产经营活动所取得的收入。对于应纳税所得额的计算，各国的税法规定不完全一致。一般来说，应纳税所得额的计算，要从总收入中减去为产生这一所得而支出的一切费用，而这些费用必须是生产经营活动中正常的、必要的费用，如工资、固定资产折旧、原材料成本、利息支出、广告费、管理费等。

（2）跨国劳务所得。指跨国纳税人在跨越国界从事设计、讲学、咨询、演出等各项劳务的所得。

（3）跨国投资所得。指跨国纳税人通过跨国投资入股、放贷、转让特许权等活动的所得，比如利息、股利、特许权使用费等。

（4）其他跨国所得。指除上述三种跨国所得之外的跨国所得，如财产所得、遗产继承所得等。

4. 国际税收的种类

世界各国的税法规定的税种十分繁多。按大类可以分为商品税类、所得税类、财产税类以及行为税类。具体而言，商品税类包括增值税、消费税、关税等；所得税类包括企业所得税、个人所得税、资本利得税等；财产税包括遗产税、继承税、赠与税等；行为税类包括印花税等。下面选择国际税收中几个比较重要的税种进行介绍。

（1）企业所得税。企业所得税是以企业的收益或所得为对象而课征的税，对于大多数国家而言企业所得税是重要的财政收入来源。各国的企业所得税税率不同且所采用的税率制度也存在差异。从税率上，各国的企业所得税税率存在较大差异，某些国家和地区为了吸引国际企业，将企业所得税税率规定得非常低甚至不征企业所得税，如开曼群岛等，也有许多国家的税率达到了 40%；在税率制度上，一部分国家采用比例税率，如中国、巴西、加拿大等，而美国采用超额累进税率。

（2）增值税。增值税是以商品的生产或流通环节所产生的新增价值为对象而课征的税。增值税是一种公认的透明度较高的税种，不仅容易征收，而且有助于鼓励储蓄，减少不必要的消费。增值税在许多欧盟国家和拉美国家已经成为针对私人居民的主要税收来源。目前，在发达国家中，只有美国没有开征增值税，大部分发展中国家都开征了增值税。

（3）预提税，又称预提所得税。预提税是一国对其企业向国外投资者或债权人支付的股利和利息收入，以及特许权、专利权或版权所得课征的税。预提税并非由直接产生税源收入的纳税人承担，因此属于间接税的一种。预提税从企业支付给纳税人的款项中预提，并由当地税务机构征收。许多国家之间都签订有税收条约，明确规定了各种被动收入的具体税率。

此外，除了以上税种，跨国企业在经营过程中还会遇到关税与资本利得税。关税是一国对于过境的应税货物所征收的税，主要针对进口货物征收，在极少情况下对出口货物征收。征收关税一方面是为了充实财政，另一方面是为了保护本国工业。资本利得税是以企业出售资本性资产所得的利益为对象课征的税。有些国家并不单独设置这一税种，而是将资本利得纳入营业利润之后一起计算企业所得税。此外，也有国家为了鼓励资本流入而免征资本利得税，如英国。

5. 税收管辖权

税收管辖权是政府在征税方面的管理权。一国政府有权自行决定对哪些人征税、征多少税。税收管辖权属于国家主权在税收领域的体现。国际税收分配关系中一系列矛盾的产生都与税收管辖权有关。

按照国际公认的标准，税收管辖权的划分原则有属地和属人两种。其中，属地原则是以纳税人的收入来源地或经济活动所在地为标准，确定国家行使税收管辖权范围的一种原则，也称属地主义或属地主义原则。其主要内容是，只对跨国纳税人来源于本国国界内的收入征税。对来源于本国国界之外的收入，不论所在国家是否征税，都不属于本国税收管辖权的范围。属人原则是以纳税人的国籍和住所为标准，来确定国家行使税收管辖权范围的一种原则，也称属人主义或属人主义原则。其主要内容是，不论跨国纳税人的收入源于何国，只要是本国居民，就对其全部收入征税。

在国际税收领域，由于各国或地区行使征税权力所采取的原则不尽相同，因此它们所确立的税收管辖权的范围和内容也有所不同。目前，世界上的税收管辖权大致可以分为三类：居民管辖权、公民管辖权、地域管辖权，其中居民管辖权和公民管辖权遵循的是属人原则，而地域管辖权遵循的是属地原则。

居民管辖权是指一个国家对属于本国居民取得的来自世界范围的全部所得行使的征税权力。这种管辖权是按照属人原则确立的。各国税法对居民身份的确认方法不尽相同。

公民管辖权是指一个国家依据纳税人的国籍行使税收管辖权，对属于本国公民取得的来自世界范围内的全部所得行使的征税权力。这种管辖权也是按照属人原则确立的。公民是指取得一国法律资格，具有一国国籍的人。需要指出的是，国际税收中使用的公民概念，不仅包括个人，而且包括团体、企业或公司，是一个广义的公民概念。

地域管辖权又称收入来源地管辖权，是指一个国家对发生在其领土范围内的一切应税活动和来源于或被认为是来源于其境内的全部所得行使的征税权力。这种管辖权是按照属地原则确定的。在地域管辖权下，通过确认所得的地域标志来确定该笔所得的来源地，一笔所得被地域化，从而纳入所在地域的国家税收管辖范围。这种按地域范围确定的管辖权体现了有关国家维护本国经济利益的合理性，也符合国际经济交往的要求和国际惯例，被各国公认为一种较为合适的税收管辖权，并为绝大多数国家所接受。

在国际税收的实践中，只选择一种税收管辖权的国家比较少，绝大多数国家都是两权并用，另外很少的国家是三权并用。这是因为税收管辖权的选择不仅关系到国家税收收入，而且关系到一国主权，因此在不违反国际法的前提下，各国都会选择对本国有利的税收管辖权，以维护本国利益最大化。只采用单一的税收管辖权的国家有阿根廷、巴西、巴拿马、委内瑞拉、阿根廷等；同时采用地域管辖权和公民管辖权的国家包括菲律宾和罗马尼亚；同时采用地域管辖权和居民管辖权的国家最多，其中包括中国、印度、澳大利亚、日本、韩国、英国、法国、加拿大、俄罗斯等；同时采用地域管辖权、居民管辖权和公民管辖权的有美国和墨西哥等。

6. 国际重复征税

国际重复征税是指两个或两个以上国家对同一跨国纳税人的同一征税对象分别课税所形成的重复征税现象。

国际重复征税一般包括法律性重复征税、经济性重复征税和税制性重复征税。法律性重复征税是指不同的征税主体（即不同国家）对同一纳税人的同一税源进行的重复征税。这是由于不同国家在法律上对同一征税人采取不同的征税原则，产生了管辖权的重叠，从而造成重复征税。经济性重复征税是指不同的征税主体（即不同国家）对不同纳税人的同一税源进行的重复征税。经济性重复征税一般是由股份公司的经济组织形式引起的。股份公司的公司利润和股利属于同源所得，在对二者同时征税的情况下，必然会带来重复征税问题。当这种情况中的征税主体是两个或两个以上的国家时，重复征税称为经济性重复征税。税制性重复征税是各国在税收制度上普遍实行复合税制度导致的。在复合税制度下，一国对同一征税对象可能征收几种税。复合税制度导致不同国家对同一税源多次课征相同或类似的税种，从而造成税制性重复征税。国际税收中的国际重复征税一般属于法律性重复征税。

国际重复征税的存在无疑会对投资者利益、税负公平原则、国际经济交往以及国家间税收权益产生消极影响。主要表现在：第一，加重跨国纳税人的税收负担，影响投资者对外投资的积极性；第二，违背税收公平原则；第三，阻碍国际经济合作与发展；第四，影响有关国家之间的财权利益关系。

7. 国际税收协定

国际税收协定是指两个或两个以上的主权国家为了协调相互间在处理跨国纳税人征税事务和其他有关方面的税收关系，本着对等原则，经由政府谈判所签订的一种书面协议或条约，也称为国际税收条约。

国际税收协定属于国际经济法的一种，它调整的是国际经济关系中的国际税收关系，是国际经济关系发展的产物。国际税收协定按处理的税种不同，可分为所得税的国际税收协定、遗产税和赠与税的国际税收协定；按所涉及的缔约国数量，可分为双边税收协定、多边税收协定；按处理问题的范围，可分为综合性的国际税收协定和单项的国际税收协定。

国际税收协定以国内税收法为基础。国际税收协定与其他国内税法的地位关系有两种模式，第一种模式是国际税收协定优于国内税法，第二种模式是国际税收协定与国内税法具有同等的法律效力，当出现冲突时按照“新法优于旧法”和“特别法优于普通法”等处理法律冲突的一般性原则来协调。目前，我国采用的是第一种模式，即国际税收协定优于国内税法。

我国对外签订的税收协定采用了《联合国范本》和《经济合作与发展组织范本》的条文结构，内容包括：协定适用的范围、对各项所得和财产分类确定征税权的划分、税收无差别待遇、消除双重征税方法、相互协商程序以及协定的生效和终止等。

截至 2023 年 12 月底，我国已与 111 个国家（地区）正式签署了避免双重征税协定，其中与 105 个国家（地区）的协定已生效。这些税收协定的签署在加强我国与缔约国（地区）间的经贸往来，尤其是吸引外资和促进我国企业实施“一带一路”倡议等方面发挥了重要作用。

10.1.2　国际重复征税的免除

1. 国际重复征税产生的原因

如前所述，国际重复征税分为法律性重复征税、经济性重复征税和税制性重复征税。其中，法律性重复征税是国际重复征税中的最主要部分，是一种管辖权性质的重复征税，涉及的是两个或多个征税主体。如果同一纳税人（或不同纳税人的同一征税对象，或不同征税对象）涉及的只有一个征税主体，即只受一国税收管辖，就不会产生国际重复征税，这说明国际重复征税只在两个或多个征税主体的征税权力同时存在且互相交叉时才可能产生。换言之，国际上税收管辖权的不统一是国际重复征税产生的根本原因。税收管辖权的不统一源于各国税收管辖权的不同选择以及对税收管辖权行使依据和标准的不同选择。国际上存在属地原则的地域税收管辖权和属人原则的居民（公民）税收管辖权，在不违反原则的前提下，各国可以选择不同类型的税收管辖权，也可以根据不同标准确立自己对地域或对人的管辖范围。因此，税收管辖权的不统一具体表现在三个方面：一是依据不同标准对同一笔所得的来源判定属于两个或多个国家，这些国家对同一笔所得同时实行税收管辖；二是依据不同标准对同一纳税人的居民（公民）身份判定属于两个或多个国家，它们便可对同一纳税人进行属人的税收管辖；三是依据不同原则对同一纳税人的所得分别进行属人的税收管辖和地域的税收管辖。

管辖权存在如上三个方面的不统一，因此产生了三种类型的国际重复征税。

（1）由行使地域税收管辖权标准不统一产生的国际重复征税。例如，对于同一笔利息所得，甲国根据贷款的实际使用地标准判定这笔利息应来源于该国而行使地域税收管辖权，乙国则根据利息的支付者是该国居民判定这笔利息来源于该国而应由乙国行使地域税收管辖权，从而产生了国际重复征税。

（2）由行使居民（公民）税收管辖权标准不统一产生的国际重复征税。例如，一国可能将居民（公民）税收管辖连接点归于国籍或注册登记地，另一国则将连接点归于居住或管理机构所在地，而纳税人的这些管辖连接点可能分散在不同国家，从而会承担两国或多国的纳税义务。

（3）地域税收管辖权和居民（公民）税收管辖权之间的不统一产生的国际重复征税。在目前大多数国家同时按属地原则和属人原则确定自己的税收管辖权的情况下，这种管辖权之间不统一产生的国际重复征税十分普遍。

上述三种类型的国际重复征税，总的来看都是由税收管辖权的不统一造成的，但前面两种类型是由管辖权内部不统一造成的，后一种情况则是由管辖权之间的不统一造成的。

此外，经济性国际重复征税的原因有两个：一是税制原因，即几乎所有国家都既征企业所得税又征个人所得税，从而造成对利润与股利的重复征税；二是经济原因，由于跨国股份公司的控股关系快速发展，子公司、孙公司与重孙公司的出现使得同一税源被不同征税主体征税。

2. 免除国际重复征税的范围

对于国际重复征税，各国的态度是要加以免除。但从各国的具体实践来看，并非对跨国纳税人承担的任何重复税收都给予无条件、无限制的免除，而是要从范围上加以限制。

从可以享受重复征税免除的纳税主体来看，只有属于一国的居民或公民的跨国纳税人，其在国外取得的收入所承担的税收才能在该国获得国际重复征税的免除。也就是说，只有那些被一个国家行使居民或公民税收管辖权的跨国纳税人，才能获得由其居住国或国籍国给予的免除国际重复征税的待遇。非居民或非公民的跨国纳税人是不能享受此项待遇的。

从可以享受重复征税免除的纳税客体来看，只有从一国以外的地方获得的并已由收入来源国征税的那部分所得、收益或其他相关的收入等，才构成该国国际重复征税免除的对象。也就是说，可以在居住国或国籍国得到国际重复征税免除的对象，一方面要求是来源于非居住国的所得、收益或一般财产价值，而不是其他征税对象；另一方面要求这些对象在非居住国或非国籍国已经承担纳税义务，而未纳税的所得、收益或一般财产价值不能享受此项待遇。

从可以享受重复征税免除的税种来看，只有跨国纳税人在本国以外承担的所得税或一般财产税及其相关的税收才是一国国际重复征税免除的税种。也就是说，可以在居住国得到国际重复征税免除的税收，要求是跨国纳税人在非居住国或非国籍国缴纳的所得税和一般财产税以及与之有关的税种，而不是其缴纳的增值税、消费税等商品与服务课税税种，土地税、房屋税、车船税等个别财产税税种，以及不属于税收的各种开办费、注册费、登记费等费用。

3. 免除国际重复征税的方式

国际上免除国际重复征税通常采取三种方式，即单边方式、双边方式和多边方式。

（1）单边方式。单边方式是指由一个国家单方面采取措施来免除本国居民或公民来自全世界的所得已经或可能出现的国际重复征税。在这种方式下，居住国或国籍国为了鼓励本国居民（公民）对外投资和从事其他国际经济活动，减轻其国际税收负担，在本国税法中单方面制定了一些旨在免除或减轻国际重复征税的规定，对本国居民（公民）来源于全世界的所得行使的居民或公民税收管辖权加以一定的限制，使这些跨国纳税人来自国外所得的国际重复征税得以免除或减轻。例如，一些国家在本国税法中规定本国居民来源于国外所得已承担的税款可以按税法的规定获得全额免税或部分免税，而不管其他国家是否也采取相同的办法对待跨国纳税人。

（2）双边方式。双边方式是指由两个国家在协商谈判的基础上，通过签订双边税收协定，采取一定方法来免除双方居民或公民的国际重复征税。国际税收关系的特点决定了仅由一国单方面采取措施免除国际重复征税有很大的局限性，而且一国不可能要求其他国家按照自己的愿望去对待跨国纳税人。居住国或国籍国在给予跨国纳税人国外所得免税的同时，也希望收入来源国对地域税收管辖权加以一定的限制，但收入来源国不一定会这样做。在这种情况下，只能通过双方协商谈判，签订双边税收协定，在协定的相关条款中规定双方在免除国际重复征税方面应承担的义务和应采取的方法。双边方式是目前免除国际重复征税最常见、最普遍的方式。

（3）多边方式。多边方式是指由两个以上的国家在协商谈判的基础上，通过签订多边税收协定，采取一定方法来免除对跨国纳税人的国际重复征税。多边方式与双边方式的性质和原理基本相同，只是参与国较多而已。目前，它还不是免除国际重复征税的主要方式，但在未来，多边协定以及多边征管等多边税收工具必然是国际税收发展的方向。

10.1 即测即评

10.2　国际纳税筹划的概念及原因

案例 10-2

全球最低企业税率协议正式生效

自 2024 年 1 月 1 日起，OECD 主推达成的全球最低企业税率协议将在欧盟、英国、挪威、澳大利亚、韩国、日本、加拿大等主要经济体正式生效。爱尔兰、卢森堡、荷兰、瑞士、巴巴多斯等跨国企业的传统“避税天堂”也是协议参加方。美、中两国虽支持协议，但暂未制定必要国内法以实施协议。

根据最低企业税率核心原则，无论企业在哪国申报利润，都需公平缴税。换言之，即使企业的子公司在境外适用税率低于 15%，企业总部也将被所在国追回相关比例税收差额，确保其所缴税款达到一定门槛。举例来讲，某法国企业如在另一个低税率国家按 9%的税率纳税，须向法国缴纳 6%的附加税差额。

最低企业税率适用于营业额超过 7.5 亿欧元（约合 8.9 亿美元）的跨国企业。据估算，税率实施将使全球年度税收增加 9%，创造高达 2 200 亿美元的额外收入。此项改革允许一定数量的例外情况，并且根据有关分析师预测，有意吸引外资的国家或将更多转向提供补贴或信贷支持。

全球最低税率是美国财长耶伦在 2021 年 1 月出席参议院财政委员会听证会时提出的，旨在为美国政府寻求一个综合性的多国协议，以建立有效最低税收规则的方式更新全球税收规则，防止全球利润转移，并确保公司支付其公平份额的税收。2021年7月，经过两天谈判，全球130个国家和地区就制定一套更平衡的跨国企业税务制度达成协议，同意把最低公司税率定在至少15%。这一协议，每年可为全球带来大量额外税收。

资料来源：全球最低企业税率协议正式生效.（2024-01-06）. 新浪财经.

10.2.1 国际纳税筹划的概念与特点

1. 国际纳税筹划的概念

从广义上讲，纳税筹划是指纳税人在不违反税法规定的前提下，利用税法不完善以及意义不明确之处，尽量减少其纳税义务的行为。

国际纳税筹划则是指跨国纳税人在法律许可的范围内，根据各国政府的税收制度差异，通过对经营活动的事先筹划与安排，进行纳税方法的优化选择，以尽可能减轻税收负担，获得节税的税收收益，实现国际企业收益最大化。

国际纳税筹划与国际逃税之间有本质区别。国际逃税是指跨国纳税人采取虚报、谎报、隐瞒、伪造等各种非法的跨国税收手段，逃脱或减少其总纳税义务的违法行为。国际避税与国际逃税都是某国纳税人减少其全球总纳税义务的税收行为，都减少了有关国家预期的财政收入，但二者的性质存在根本不同。国际避税采用不违法的手段，国际逃税则采用非法手段，属于违法行为。对于国际避税，有关国家一般只要求纳税人对其行为的合理性进行解释和举证，对其不合理的收入和费用分配进行强制性调整，并要求补缴所规避的税款。为防止国际避税的发生，有关国家主要通过加强合作，修改和完善有关国内税法和税收规定，制定反避税法律、法规或条款，杜绝税法漏洞。对于国际逃税，则要根据国内税法追究法律责任，对不构成刑事犯罪的依照税法追缴税款、加处罚款，甚至冻结银行存款、查封或扣押财产；对构成刑事犯罪的，还要根据刑法追究刑事责任，按刑事处罚规定对逃税者进行处罚，包括判刑入狱。

2. 国际纳税筹划的特点

国际纳税筹划是国内纳税筹划在国际范围内的延伸和发展，其行为不仅跨越了国境，而且涉及两个或两个以上国家的税收政策，较国内纳税筹划更为复杂。与国内纳税筹划相比，国际纳税筹划具有如下特殊性：

（1）国际纳税筹划的主体是跨国纳税人，包括法人和自然人。自然人是指从事对外经济活动的非公司形式的各类经营组织及个人。法人主要指跨国公司，包括母公司以及分布在与母公司非同一税收管辖区的其他国家的子公司、分公司等，它们是国际纳税筹划的主体。

（2）纳税人的税收筹划活动具有国际性。国际性是指国际税收筹划是在全球范围内展开的。近些年来，跨国公司在全球范围内迅速发展，成为推动经济全球化的内在动力和主体。随着国际企业在空间上的全球化扩展，税收筹划从空间跨度来看日益具有全球性质，涉及各国税收法规及国际税收协定。

（3）纳税人的税收筹划活动具有更大的风险性。跨国公司管理位于不同国家和地区、不同文化背景下的企业，不仅受本国政府的监管、本国税法的约束，还受他国政府的监管、他国税法的约束；不仅面对税收政策、税收征管法规变动带来的税收风险，还面临各种政治风险、汇率风险以及外汇资金管制风险等。随着世界各国税法制度的逐渐完善和各国政府对税收管理的加强，以及世界经济变化的日益加剧，跨国公司的经营环境较国内公司具有更大的不确定性，国际纳税筹划也将面临更大的风险。

（4）纳税人的税收筹划活动具有更强的专业性。国际税收筹划需要考虑不同国家、国际组织的税法规定，以及国家之间的税收协定等，因此对于税收筹划人员具有的较高的专业要求。这就要求进行税收筹划的人员不仅需要了解各国的税法、财会制度以及国情，同时还需要掌握各家公司之间的生产经营状况以及涉税情况。事实上，由于国际税收环境日趋复杂，单靠跨国公司自己进行税收筹划已显得力不从心，因此很多跨国公司都将税收筹划工作委托给从事税务代理、咨询以及筹划的专业人员和机构。

10.2.2 国际纳税筹划的原因

国际纳税筹划的产生原因不仅包括纳税人追求利益最大化的内在动因，而且包括国家间税收差异等外在原因。具体来说，企业进行国际纳税筹划的原因主要包括如下几个方面。

1. 纳税人追求经济利益最大化

减轻税负、追求经济利益最大化是纳税人进行国际纳税筹划的主要原因和内在动力。每个纳税义务人都有减轻自身纳税义务、实现自身经济利益最大化的欲望。在所得一定的情况下，纳税义务越轻，税后利润就越大。纳税人可以研究各国税收制度的差异，通过纳税筹划的方式达到减轻税负的目的。

2. 各国税收管辖权不统一

在实践中，世界上没有哪个国家单纯地行使一种税收管辖权，各国的税收管辖权侧重点不同。在税收管辖权方面，世界各国根据各自的需要有不同的选择。有的国家只采用地域管辖权，只对来源于本国境内的所得征税，如巴拿马。大多数国家一般同时行使两种税收管辖权，如我国实行的是地域管辖权和居民管辖权。此外，即使行使同样的管辖权，各国管辖权的具体内容也会有所不同。例如，居民管辖权中，判断是否成为一国税收居民的标准包括注册地标准、机构所在地标准等，我国判定法人居民身份以注册地和管理机构所在地为准，而美国以注册所在地为准。

各国对税收管辖权的规定存在差异，由此形成某种重叠和漏洞，为国际纳税筹划创造了有利条件。所有这些不同的纳税规定客观上都可以使跨国经营者有条件地选择有利于自己的纳税制度和法律规定，以最低限度地承担国际纳税义务。

3. 各国税法对税收要素的规定不同

因国情不同，各国的税收制度存在极大差异，导致税收负担也存在差别，这为国际纳税人纳税筹划提供了可能，跨国纳税人可以巧妙利用这些差异进行国际纳税筹划。这些差异主要表现为：税率差异、税基差异、税制模式差异、税收优惠差异等。

（1）税率差异。税率是税收制度中的核心要素。如今世界各国大多采用两种税率制度，即比例税率和累进税率。以所得税为例，有的国家采用比例税率，有的国家采用累进税率。即使是实行统一税率制度的国家，由于各国的经济制度、社会经济发展水平等国情不同，具体的税率规定也千差万别。比如企业所得税，中国和荷兰实行25%的比例税率，巴西实行34%的比例税率，而美国等国家分别实行不同级别的超额累进税率。税率差异是纳税筹划的一个基本条件。企业在进行跨国经营活动时，可以通过人、资金及所得的适当流动，制定周密的税务计划，选择合适的经营地点、登记注册地点、经营方式等，避开高税负国家，获取税负差异带来的好处。

（2）税基差异。税基是指课税的基础与依据。比如，企业所得税的税基是指公司在一个纳税年度内的收入总额减去国家规定准予扣除项目金额后的余额。各国制定税法时所考虑的侧重点不同，虽然同为所得税课税的税基，外延却可能不同。各国成本费用扣除的标准不一样，对于一些特定的成本费用，有的国家规定可在税前扣除，有的国家则不允许，因此纳税人可以选择利用税基差异，巧妙地进行国际避税。

（3）税制模式差异。当今世界各国存在三种不同的税制模式。第一种以直接税为主体。直接税通常包括个人所得税、企业所得税、资本利得税、不动产税、财产税等。由于财产税占税收总额的比重小，几乎无足轻重，因此，以直接税为主体，实际上就是以所得税为主体。大多数经济发达国家采取这种税制。第二种以间接税为主体，采取这种税制的大多数是发展中国家。间接税通常包括消费税、增值税、关税以及印花税等。以间接税为主体，实际上就是以商品及劳务税为主体。第三种是低税模式，一些国家和地区被视为“避税港”，如百慕大群岛、巴哈马等。由于这些国家或地区对股利收入或资本利得不征收或者只征收很少的税，因而成为跨国纳税人进行税收筹划的理想地点。

（4）税收优惠差异。为吸引外国投资，许多国家采取优惠措施，为投资者提供减免税及各种纳税扣除。特别是发展中国家，因经济发展需要大量投资，采取了许多对外资减免税的措施；而发达国家更倾向于国内资本向外流动，可能会规定对外投资减免税的措施。不同国家税收优惠的方法也有差异，发达国家较多采取与投入相关的间接性鼓励方法，如加速折旧、投资减免、再投资免税等；而发展中国家经常采用一般性的减免期或免税期的政策。各种税收优惠使得实际税率大大低于名义税率，这为国际纳税筹划提供了机会。

4. 国家之间宏观税负水平的差距

宏观税负水平是指政府在参与国民收入分配的过程中，以税收等方式筹集的财政收入的价值总额占GDP的比例，它反映了一个国家的总体税负水平，是目前国际上公认的衡量一国税负水平高低的指标。按照宏观税负的高低来划分，世界上各个国家的宏观税负水平可分为高、中、低三类。

（1）高宏观税负水平的国家。大多数经济发达国家的宏观税负水平都比较高，其税收总量占 GDP 的比重在 35%以上。宏观税负水平最高的国家如瑞典、丹麦、法国、荷兰等税收总量占 GDP 的比重在 50%左右；其他欧洲国家的宏观税负水平在 35%～45%之间；相对于欧洲国家，美国、澳大利亚等的宏观税负水平要低一些，但其税收总量占 GDP 的比例也在 35%左右。

（2）中等宏观税负水平的国家。中等宏观税负水平的国家税收总量占 GDP 的比重在 20%～30%之间，如印度、肯尼亚、南非、哥伦比亚等国家。

（3）低宏观税负水平的国家。低宏观税负水平的国家税收总量占 GDP 的比重不超过 20%，大多在 15%左右，有的国家不到 10%。低宏观税负水平的国家也可以分为三类：一是世界上公认的避税地国家；二是经济不发达的国家，这类国家经济落后，税源匮乏，如玻利维亚等国家；三是自然资源非常丰富的国家，特别是石油输出国组织的成员国，如阿拉伯联合酋长国、沙特阿拉伯、科威特、巴林、约旦、阿曼等国家，其财政收入很大部分不是来源于税收收入，而是来源于出售自然资源的收入。因此，跨国纳税人在进行国际纳税筹划时，要看所在地的宏观税负水平，以实现税收筹划的目标。

5. 存在避免国际双重征税的税收协定

对跨国纳税人所得的重复征税，将加重纳税人的税收负担，严重损害跨国纳税人生产经营的积极性。各国从合理调整税收负担、充分运用国际资金流向方面考虑，都采取了免除国际双重征税的措施，然而各国使用的方法不同。有的国家采取免税法，有的国家采取抵免法，有的国家采取分国抵免限额；一些国家允许税收饶让，一些国家则不允许。国际重复征税问题必须通过各国税法和国际税收协定与合作来解决。这些方法的存在给跨国纳税人带来降低税负的空间。

随着经济全球化进程的日益加快，税收协定不断拓展。目前，世界上国家与国家之间签订的双边税收协定已有 3 000 多个。税收协定向缔约国的居民纳税人提供了许多优惠待遇。跨国纳税人在选择投资地点时，可充分利用东道国对外缔结的税收协定中的优惠待遇。

6. 避税地的存在

避税地是指为跨国经营者所得或财产提供免税或低税待遇的国家或地区，为众多跨国投资者所青睐。国际上习惯把避税地分为三种类型。第一种为纯国际避税地，这些国家或地区不征收个人所得税、公司所得税和财产税，如巴哈马、百慕大群岛、开曼群岛等。第二种为普通避税地，这些国家或地区完全放弃居民（公民）税收管辖权，只行使地域管辖权，如巴林、以色列、列支敦士登、瑞士、马来西亚、巴拿马和哥斯达黎加等。第三种为正常课税，这些国家或地区签订了众多的国际税收协定，对外资实行优惠政策，如荷兰、比利时、瑞典、英国等。因此，一个住所在高税负国家的纳税人，可以通过将住所迁往避税地，成为避税地的居民，达到少纳税的目的。避税地为跨国纳税人避税提供了理想之所。

10.2.3 国际纳税筹划的对象

国际企业进行国际纳税筹划的对象主要是国际企业的利润。为了使集团的利润最大化，必须使国际企业经营活动的主要税收最小化，这些税收包括直接税和间接税。

10.2 即测即评

直接税包括：(1) 所得税。主要指公司所得税；对股利、利息和特许权使用费跨国转移征收的预提税；出售不动产和有价证券的资本利得税。(2) 财产税，包括资本税、财产税（不动产、土地）。(3) 社会保障税及其他直接税。

间接税包括：(1) 增值税和消费税。(2) 关税及其他附加税。(3) 交易税，指销售税、不动产交易税、股票交易税等。

国际纳税筹划主要是针对难以转嫁的直接税，如企业所得税，因股利、利息和特许权使用费跨境转移而在当地缴纳的预提税等，通过选择合适的方法，实现免除、减少或递延纳税义务等目标。

10.3 国际纳税筹划方式

案例 10-3

苹果公司的国际避税策略与后续进展

美国苹果公司巧妙的避税“魔术”被称作“爱尔兰-荷兰三明治”。因为其手法主要是在两家爱尔兰子公司和一家荷兰子公司之间腾挪，就像两片面包夹着一片奶酪的三明治。

第一片面包是苹果公司在爱尔兰设立的苹果国际销售公司。这家公司负责从中国代加工厂商处廉价买到苹果产品，再以高价把产品卖到欧洲、非洲、大洋洲、中东和印度等地的苹果零售店或苹果经销公司，这样，它接收除了美国以外的全球所有销售收入。苹果公司之所以选择在爱尔兰“收钱”，其中一个原因是爱尔兰是欧盟国家，爱尔兰与欧盟其他成员国之间的交易免缴所得税。同时，爱尔兰的企业所得税税率只有12.5%，远低于美国和其他欧盟国家。不仅如此，苹果公司为爱尔兰在科克郡环保区建了一座玻璃墙环绕的工厂，而爱尔兰政府以苹果公司为当地提供了就业机会为由，为其提供税务减免的优惠条件。据统计，2011年，苹果国际销售公司为220亿美元的销售额仅支付了1 000万美元的所得税，税率仅为0.05%。

第二片面包是设在爱尔兰的苹果国际运营公司。爱尔兰的税率已经很低，但世界上还有免税的地方，那就是开曼群岛、百慕大群岛、英属维尔京群岛等“避税天堂”。为了尽可能少缴所得税，苹果公司把大部分营业收入以成本最低的方式转移到“避税天堂”。爱尔兰恰好又提供了向“避税天堂”转移营收的独特通道。根据爱尔兰独特的税法，即使是在爱尔兰注册的公司，只要其母公司（控制权）或总部（管理权）设在外国，就被认定为外国公司。于是，苹果公司设立了苹果国际运营公司。该公司注册地是爱尔兰科克郡，但总部设立在“避税天堂”英属维尔京群岛。由于是外国公司，它把收入汇到总部不需要向爱尔兰缴税，几乎是零成本。

苹果公司的这两家爱尔兰子公司的部分所有权属于英属维尔京群岛的鲍德温控股无限公司。该公司没有登记在册的办公地点和电话号码，登记在册的唯一一名管理人员是居住和工作地点都位于美国加利福尼亚州库比提诺的苹果公司财务总裁奥本海默。通向“避税天堂”的渠道已打通，接下来要考虑的是，怎么把苹果国际销售公司的销售收入低成本地转到苹果国际运营公司。如果直接在这两家公司之间转移销售收入，要向爱尔兰缴纳所得税。于是，苹果公司在两片面包之间加入了一片荷兰奶酪——在荷兰注册了苹果欧洲运营公司。

与爱尔兰不同，荷兰税法以公司注册地而不是总部所在地来认定公司的国籍，所以苹果国际销售公司、苹果国际运营公司和苹果欧洲运营公司在荷兰都被认定为欧盟的公司。爱尔兰和荷兰都规定，欧盟成员国公司之间的交易免缴所得税。在三家公司之间，苹果选择了一种看不见摸不着但又很值钱的知识产权充当转移收入的媒介。苹果国际运营公司持有大量苹果产品的相关专利和知识产权，如 iPhone、iPad 等软硬件终端服务和 iTunes 上的歌曲等。由于苹果国际销售公司在销售苹果产品时必须用到苹果的知识产权资产，因此苹果国际销售公司就需要向苹果国际运营公司支付知识产权专利使用费。于是，苹果国际销售公司通过荷兰的公司的中转，将销售收入以专利使用费的名义转到苹果国际运营公司，最终转到英属维尔京群岛的总部。钱一旦进入“避税天堂”，就无法再被任何监管机构监控，而美国法律允许一家美国公司的海外子公司留存通过非美国无形资产取得的收入，直到这家海外子公司把利润转回美国才需要缴税。实际上，绝大部分跨国公司，如微软、雅虎、亚马逊、戴尔、星巴克、脸书等，都在使用各种避税策略。

于是，苹果公司成功利用“爱尔兰-荷兰三明治”逃避了大量的税款，仅 2011 年和 2012 年就至少避税 125 亿美元，全球舆论哗然。2016 年 8 月，欧盟宣布，爱尔兰的两份税收裁定给予苹果公司优于其他企业的突出优势，构成非法国家援助，命令爱尔兰向苹果公司追缴 130 亿欧元的税款另外加收利息，刷新了国家援助法下单笔最高补税金额的纪录。2017 年 12 月 4 日，爱尔兰财政部长表示，爱尔兰政府已与苹果公司达成托管基金协议，苹果公司将从 2018 年第一季度开始向托管基金转账支付 2016 年欧盟裁定补缴的 130 亿欧元税款。

然而，2020 年 7 月 15 日，欧盟常设法院做出判决，判定有关苹果公司在欧盟成员国爱尔兰享受的税收优惠政策不构成国家补贴，撤销欧盟委员会 2016 年相关裁定，苹果公司无须补缴 130 亿欧元税款。欧盟常设法院认为，欧盟委员会 2016 年的裁定未能在法律上证实苹果公司享受的低税率是不公平的。2020 年 9 月 25 日，欧盟委员会执行副主席玛格丽特·韦斯特格发布关于欧盟委员会决定的声明，称欧盟委员会已决定对欧盟普通法院就爱尔兰苹果公司国家援助案的判决向欧洲法院提起上诉，认为普通法院的判决存在法律错误，并提出了与在税收筹划案件中应用国家援助规则有关的重要法律问题。

资料来源：苹果公司是这样成功避税的. 都市快报，2013 - 05 - 26；2020 年世界税收十件大事. 中国税务报，2021 - 01 - 06.

国际纳税筹划的方式多种多样，下面列举一些常用的纳税筹划方式。

10.3.1 利用公司组织形式进行国际纳税筹划

1. 避免成为常设机构

绝大多数国家利用常设机构的概念，作为对非居民公司征税的依据。构成常设机构的，就可以认定其所得来源于该国境内，可以行使地域管辖权，对其所得征税；不构成常设机构的，对其所得不征税。这在国际税收中称为归属原则。

在国际税收协定中，常设机构是指企业进行全部或部分经营活动的固定场所。《经济合作与发展组织范本》和《联合国范本》对常设机构的定义是“企业进行全部或部分营业的固定场所”。两个范本都采用列举的方式，指出常设机构包括管理场所、分支机构、办事处、工厂、作业场所等。

对跨国纳税人而言，在进入外国市场时，避免成为常设机构，就可以避免在该非居住国的纳税义务。这种税收筹划的重点在于：研究国际税收协定的相应条款，避开有可能构成常设机构的活动形式，即避免成为外国政府直接税和间接税的课税主体。

例如，一家法国公司向英国出口汽车，所有销售合同都在法国境内签订，而向英国订购者发货的汽车直接来自该公司在英国伦敦的仓库。法国公司在伦敦没有产品展示厅。根据英法两国的税收协定，法国公司在英国的活动不构成常设机构，从而也不成为英国所得税的纳税人，无须在英国纳税。如果法国公司授权一家英国公司代理销售，而且这家英国公司的全部业务仅涉及为法国公司提供代理服务，则英国公司的活动构成法国公司在英国的常设机构。因此，法国公司需要向英国缴纳所得税。

2. 避免成为税收意义上的居民

在实行居民管辖权的国家，判定法人居民的标准主要有五类：一是法律标准，亦称组建地标准或注册登记地标准。它是将凡按本国法律组建并登记成立的公司规定为本国居民公司。二是总机构标准，是以一家公司的总管理机构，如总公司、总部是否设在本国境内为判定标准。如果一家公司总机构在本国境内，即为本国居民。三是管理机构所在地标准。以公司经营活动的实际控制和管理中心所在地为依据，凡是实际控制和管理中心所在地被认定在本国境内的公司为本国居民公司。按照有关国家规定，实际控制和管理中心所在地一般是指公司董事会所在地，或董事会有关经营决策会议的召开地点。四是主要经营活动标准。以公司经营业务数量为依据。实行这一标准的国家通常规定，如果一家公司占最大比例的贸易额或利润额是在本国境内实现的，该公司就是本国居民公司。五是控股标准。以一家公司拥有控股表决权股份的大股东的居民身份为依据，有控股表决权的大股东是本国居民，该公司也为本国居民公司，并负有纳税义务。我国采取的是登记注册地和管理机构所在地相结合的标准。

第一个标准虽比后几个标准易于掌握，但国际企业可以采取变更注册登记地的办法，避免成为该国的法人居民。如美国采用注册登记地标准，一家跨国公司要想避免成为美国的居民公司，可以把总机构或管理机构设在美国，而在别国注册登记。管理机构所在地标准的确定，主要以董事会所在地或经营决策中心所在地为准，这样，公司可以将董事会的开会地点或经营决策中心地点转移至低税国或无税国，尽量避免在高税国召开董事会会议，从而合法地避免成为该国的法人居民。法人居民地点的选择对于其纳税义务至关重要。跨国公司是哪个国家的法人居民，就要把其世界范围的所得汇总到哪国纳税，高税国的居民公司承担较高的纳税义务。如果该公司把总部或管理机构、注册地改设在巴拿马等仅实行收入来源管辖权的国家或地区，其所得税税率很低，并且对来源于境外的所得不征税，就可以大大降低整个跨国公司的总税负。

总之，跨国公司可以采用各种手段，避免成为高税国的居民公司，甚至可以避免成为任何一个居住国的居民公司，从而达到避税目的。

3. 合理选择分公司或者子公司等组织形式进行纳税筹划

当一国企业决定对外投资时，是选择建立分公司还是选择设立子公司，往往需要反复权衡利弊，做出最有利的选择。事实上，分公司与子公司在享受待遇方面差异很大，在跨国纳税方面也有许多差别，可以说各有利弊。

（1）设立分公司。随着国际企业对外经营活动不断扩大和发展，在国外设立分公司是必要的。在国外管辖区设立的分公司通常被认作常设机构，但并不是所在国的居民公司。

设立国外分公司，将面临两个国家税收管辖权对它的影响：一是分公司就自己的利润向所在国缴纳所得税和其他税收，包括增值税、财产税、各种地方税等；二是分公司的税后利润汇回总公司所在国、并入总公司利润后，还要向居住国缴纳所得税。一般来说，为避免由此带来的双重纳税，居住国一般允许总公司在纳税时抵免分公司在国外已缴纳的税收。

国际企业去国外开展任何一项经营活动，在初期可能会发生亏损，作为税收惯例，总公司所在国一般允许用国外分公司的亏损冲抵总公司利润。这一点正是分公司在国际纳税筹划中的长处。

设立国外分公司的主要优势包括：

1）总公司直接控制分公司的经营活动，并负法律责任，管理上比较方便。

2）可以在分公司所在地减少填报账表、审计和遵从公司法等许多麻烦，有关财务资料也不必全部公开。

3）设立分支机构的法律手续简单，可以免缴当地政府的资本注册登记税和印花税。

4）一般情况下可以将税后利润转回母国。

5）可以利用避免国际双重征税的有利形式，如免税法等。

6）分支机构在初期发生营业亏损时，可以冲减总机构的利润。

同样，设立国外分公司也会产生一些弊端，主要有：

1）在所在国没有独立的法人地位，没有资格享受当地政府向居民企业提供的免税期或其他投资鼓励措施。

2）分公司没有自己的资产负债表，经营活动没有自主权。

3）总公司需要承担国外分公司的所有义务。

4）若分支机构转为子公司，要对由此产生的资本利得承担纳税义务。

5）分公司一旦取得利润，总公司就需在母国纳税。如果分支机构位于低税国，而总机构位于高税国，则该机构一般无法获得低税国给予的减免税好处。

6）总公司与分公司之间支付的利息或特许权使用费不能从利润中扣除，缺乏灵活性。

（2）设立国外子公司。国外子公司的资产及相应的业务独立于母公司，作为外国的居民公司，应当缴纳当地居民的所有税收。因此，子公司只要将所得留在居住国，不汇回母公司，就可以避免母公司所在国征税，也可以避免东道国对外国子公司的双重征税。但如果子公司把所得以股利、利息或特许权使用费的形式汇回母公司，双重征税就难以避免。为了消除母子公司间的双重征税问题，世界上许多国家的对外税收协定规定，如果母公司拥有支付股利子公司的股份不少于 10%，允许抵免母子公司之间股利收益的已缴纳额，即采用间接抵免法。但由于国外子公司资产的独立性，其亏损不得抵消母公司的利润，因此，建立国外子公司时，可采用抵免法降低税负，特别是当子公司所在国税率低于母公司所在国税率时。

建立国外子公司的优势主要体现在：

1）国际企业内部的财务战略可以灵活实施，如果子公司利润不向母公司分配，就可以进行再投资，以避免某些税收，如预提税等。

2）国外母公司不承担子公司的债务。

3）子公司可以享受所在地相关税收优惠。

4）实现递延纳税，获取资金的时间价值。

建立国外子公司的弊端主要在于：

1）公司的登记手续复杂、费用多、时间长，法律规定较为严格。

2）将分配的利润汇回母公司时，需要缴纳预提税。

3）当子公司所在国的税率提高到与母公司所在国相近或更高时，跨国纳税人通过在国外子公司保留利润所获得的延期纳税的好处就不存在了。

在国外设立分公司和子公司各有利弊，在选择对外投资的组织形式时，的确令企业决策者为难。不过，两种形式可以交替使用。一种常见的选择是，在营业初期以分公司形式经营，当分公司开始盈利之后，再转变为子公司。当然，若某些国家制定了相应的防范措施，这种纳税筹划方案的实施可能有一定难度。

4. 合理设置研发中心进行纳税筹划

随着竞争日趋激烈，研发投入对于企业的竞争力以及增长潜力具有决定性作用。而以往研发投入主要集中在母公司，跨国公司的发展改变了以往母公司作为研发中心的传统格局。跨国公司开始在全球范围内根据东道国的人才、基础设施、政策等方面的优势设置研发机构。因此，有必要对研发投入的整个过程进行税收筹划，进而最大化跨国公司利益。纵观全球，跨国公司的研发投入安排主要包括两种形式：一是以母公司为研发中心，将母公司所开发的技术向集团内其他公司转让；二是跨国集团利用各国优势，在全球范围内安排研发机构。下面进行详细说明。

（1）以母公司为研发中心，将技术向集团内其他公司转让。跨国公司在母公司开发新技术后，通过签订知识产权转让合同等形式转让给在国外的集团内的其他公司，而集团内的其他公司需要向母公司缴纳特许权使用费。因此在税收筹划时，应充分考虑集团内其他公司缴纳特许权使用费在所获利润中的扣除可能性，从而设法避免较高的税收负担。除了利用特许权使用费进行税收筹划外，通过组建无形资产控股公司也是跨国公司常用的税收筹划方法。由于集团内其他公司在向母公司缴纳特许权使用费时需要缴纳预提税，因此为了降低预提税，跨国公司倾向于在拥有广泛税收协定的国家建立无形资产控股公司，即从母公司获得无形资产，向设在其他国家的跨国子公司提供和转让这些无形资产为主要经营业务，进而以最低的预提税向母公司转回特许权使用费。母公司也可以通过在避税地成立无形资产控股公司，将少缴甚至不缴税的特许权使用费保留在无形资产控股公司账户上，并进行下一步的投资。

（2）将研发中心设置在母公司所在国以外的税收筹划策略。由于研发投入的高投入性、长期性以及高风险性，各国一般都会对企业进行研发投入制定鼓励政策，如固定资产加速折旧、税收减免、投资抵免等，跨国公司可以利用这些政策差异来选择研发机构的地点开展具体的研发活动，进而达到最大化公司利益的目的。

10.3.2　利用融资安排进行国际纳税筹划

中国企业在进行境外投资的过程中，可以选择科学合理的融资方式，通过融资安排进行国际纳税筹划。

1. 母公司的债权融资与股权融资

各国对股利和利息的税收政策通常不同，对企业支付的利息，往往允许其作为费用扣除，对企业分配的股利则作为企业所得，不允许扣除；对企业汇出利息的预提税往往较低，对企业汇出股利的预提税则往往较高。在同样多的投资和同样高的回报率情况下，企业通过加大借款（债权性融资）从而减少权益性融资比例的方式增加税前扣除，降低企业税负，这也被称为资本弱化。

2. 母公司直接借款与间接借款

在直接借款模式下，国内母公司直接借款给境外子公司，按照市场公允利率向境外子公司收取利息。但是，所投资东道国通常会对汇出本国的利息征收预提税。如果中国与投资东道国之间没有签订税收协定，或者签订的税收协定没有将利息的预提税限制在一个较低的水平，则该借款利息可能在东道国缴纳较高的预提税。

另外，根据中国的税法，中国母公司收到的利息须缴纳 6%的增值税和 25%的企业所得税（不过，该利息在境外缴纳的预提税通常可在一定限额内抵免中国企业所得税）。因此，直接借款给境外被投资企业，税负有可能较高。

在间接融资模式下，一般会在第三地设立融资公司。融资公司取得的利息收入通常需在当地缴纳所得税，而该利息收入在以利息的形式从融资公司所在地汇至母公司时，还可能需要缴纳当地预提税。因此，融资公司一般选择所得税税率较低、与东道国签订税收协议、利息预提税税率较低的地点设立。

例如，假设某中国公司投资设立的美国子公司出于经营需要，计划向中国母公司借入一笔款项。根据中美避免双重征税协定，如果该利息直接支付给中国母公司，预提税可降低到 10%。但是，如果该中国公司在瑞士等地投资设立一家子公司，专门为美国子公司提供融资，则根据美国和瑞士的税收协定，该美国子公司支付给瑞士公司的利息在一定条件下可以免缴美国的预提税。瑞士公司要获得该利息收入，仍须缴纳一定的当地所得税，中国公司在最终取得该利息收入时，也需要按照 25%的税率补缴中国企业所得税，但该笔收入在汇回中国之前，可以用来满足其他项目的资金需求，因此，在一定程度上降低或递延了整体税负。

10.3.3 通过转移定价进行国际纳税筹划

转移定价亦称转让价格、内部价格，是国际企业根据全球经营战略目标，在关联公司之间销售商品、提供劳务和技术、进行资金借贷等活动所确定的企业集团内部价格。它不取决于市场供求，只服从于国际企业整体利益的需要。

关联公司主要是指具有直接或间接的控制与被控制法律关系的两家或两家以上的公司。这种控制与被控制的法律关系主要体现在参股上，因为参股比例决定参与管理及控制的程度。一般来说，一家国际企业的总机构与其分支机构、同一个总机构的不同分支机构、母公司与子公司，以及同一家母公司的几家子公司之间都是互相关联的。但按照国际税收中的特定含义，关联公司主要是指母公司与子公司之间以及子公司与子公司之间的关系。因此，这里所讨论的转移价格主要是指这一类关联公司之间的内部交易价格。

国际企业利用转移定价进行纳税筹划，根本原因在于各国税制设计的差异。只有在各国税负水平高低不等的前提下，跨国纳税人才有将利润进行国际转移的必要。国际关联企业内部交易的转移定价使这种利润的转移成为可能。

关联公司利用转移定价进行税收筹划的方法很多，主要包括如下几种。

1. 购销业务中的转移定价

购销业务中的转移定价主要包括产品、设备、零部件等实物交易中的转移定价，这是目前转移定价中最重要、最频繁的一种方式。其主要手段是：通过对关联企业之间的原材料供应和产品销售实行“高进低出”或“低进高出”的办法，把收入尽量转移到税负低的企业，而把费用尽量转移到高税负的企业，借此转移利润，达到避税目的。具体运作原理是：高税国一方的关联企业可以按低于市场的价格甚至低于成本的价格向低税国一方的关联方出售商品，而以高于市场的价格从低税国一方的关联企业那里购进商品。这样，高税国一方关联企业的利润减少，低税国一方关联企业的利润增加，从而实现高税国企业利润向低税国企业转移的效果。

2. 提供劳务过程中的转移定价

关联企业之间相互提供劳务活动时，可以通过高作价或低作价方式收取劳务费，从而使关联企业之间的利润根据需要转移，达到减轻税收负担的目的。一般来说，关联企业在相互提供劳务时，应按照独立企业原则收取劳务费。但若关联企业一方税率较低或符合某项税收优惠政策，就可以通过调整劳务收费标准，转移利润。

3. 贷款业务的转移定价

在资金借贷业务中，关联企业可以通过人为增加或减少贷款利息的方法转移利润，减少整体税收负担。例如，资金比较宽裕、利润较多的母公司，如果其所在地的税负较重，可以采用无偿提供贷款或预付款的方式借给关联公司使用，这样，这部分资金的利息全部由提供资金的母公司承担，从而增加母公司的成本，减轻税负，但可能会被当地政府限制债务比率，超过部分的利率不可扣除。又如，关联企业的一方为了增加另一方的盈利，可通过提供贷款、少收或不收利息的方式，减少另一方的财务费用，达到提高对方盈利的目的。反之，为造成关联企业亏损或微利，则可以较高的利率收取贷款利息，提高关联企业成本。

4. 固定资产的租赁定价

国际企业的关联公司还常常发生固定资产的租赁行为，其租金的高低也会直接影响国际企业内各关联企业的利润水平。国际企业可以通过固定资产租赁业务进行纳税筹划。一种方法是利用自定租金价格转移利润。例如，处在高税区的公司借入资金购买机器设备，以最低价格租赁给低税区的关联企业，后者再以高价租给另一高税区的关联企业。另一种方法是利用不同国家不同的折旧政策。例如，英国按机器设备的法定所有权计提折旧，美国按机器设备的经济所有权计提折旧，则不同规定下的关联公司可以利用设备租赁业务，计提两次折旧。

5. 无形资产的转移定价

无形资产是指企业长期使用但没有实物形态的资产，主要包括专有技术、注册商标、专利、著作权、土地使用权等。由于无形资产价值的评定比较困难，很难有统一标准，而且由于其单一性和专有性的特点，转移价格没有统一的市场价格标准可以参照，其价格更难确定，因而比其他转移定价更为方便。这也使得国际企业可以通过安排无形资产转移定价，追求税收负担的最小化。具体操作步骤如下：国际企业内的关联企业可以通过签订许可证合同或技术援助、咨询合同等，提高约定的支付价格，从而转移利润；或者将本企业的生产配方、生产工艺技术、商标或特许权等无偿或低价提供给关联企业，其报酬不通过技术转让收入核算，而是从对方的企业留利中获取，从而减少应纳税款。

6. 管理费的转移定价

有些国家的税法规定，外国企业在本国境内设立的机构、场所，向总机构支付的同本机构、场所生产及经营有关的合理的管理费用，应当提供总机构出具的管理费用汇集范围、总额、分摊依据和方法的证明文件，并附有注册会计师的查证报告。但税法并没有具体规定管理费支付标准，这就为关联企业利用向上级公司支付管理费的方式转移利润、减轻税负提供了条件。通过管理费的转移定价进行国际纳税筹划的方法是：下属企业多付、少付甚至不付管理费，使下属企业的利润根据需要进行转移，以此避税。

国际企业运用转移定价进行纳税筹划，目的是获取最大限度的利润。利用转移定价的基本原理就是，根据所在国税率高低，通过转移定价的各种方式，把高税率国家中关联公司的利润转移到低税率国家的关联公司。低税率国家的关联公司的利润比以前相对增加，应纳税额也相应增加，但高税率国家的关联公司相应减少了应纳税款，由于所在国税率较高，因此减少的应纳税额比处于低税率国家的公司增加的纳税额要大。因此，从总体上看，大大减少了国际企业的总税负。如果子公司所在国税率较低，母公司所在国税率较高，那么利润必然是从母公司流向子公司。母公司往往采取向子公司低价销售零部件和设备，少收取利息、特许权使用费，少分摊管理费用等方法，降低子公司的生产成本金额；子公司向母公司高价出售其产品，同样能增加子公司利润。相反，如果子公司所在国税率比母公司所在国税率高，则母公司采取相反的方法，如向子公司高价销售零部件和设备、贷款收取高利息、多分摊各种费用等，使利润从子公司流向母公司。

总之，国际企业内部的转移定价在国际企业的经营战略活动中具有举足轻重的地位。通过转移定价，国际企业可以避免激烈的市场竞争而获得高利，这也使得国际企业在经营战略中把转移定价放在相当重要的地位。

10.3.4 利用避税地进行国际纳税筹划

如前所述，避税地是指某一国家或地区在境内的全部或部分区域，对外实行低税甚至无税的政策。避税地可以是一个国家或地区，也可以是某个国家境内的港口、岛屿、沿海地带或交通方便的城市，因此又称“避税港”。一个国家或地区以及其境内的某个地方想成为国际避税地，并非仅仅提供一种或几种税收优惠就可以了。一个成功的避税地必须具备以下条件：首先，它必须在一种或几种税收征管上给予国外投资者和经营者免征或减征的优惠。其次，避税地的政治社会稳定，使投资者和经营者有足够的安全感。最后，避税地必须拥有良好的交通、通信、法律和金融服务等软硬件条件，能够满足投资者和经营者的要求。

跨国公司可以通过在避税地建立各种公司，如控股公司、信托公司、贸易公司等，达到纳税筹划的目的。

1. 设立控股公司

控股公司是指在一家或多家子公司里控制 50%～100%的股份和表决权的公司。一家公司只持有其他公司的股票而没有具体的生产经营业务，是纯控股公司；既持有其他公司股票，同时自身也经营业务的公司，是混合控股公司。控股公司享有子公司的收益，但无须承担其全部债务。控股公司的收入主要是从子公司获得的股利和出售股份的资本利得。某些避税地对股利收入和资本利得不征税或只征很少的税，在这样的国家建立控股公司就能起到纳税筹划的作用。另外，控股公司在跨国公司的兼并、合营和解散中处理有关股份时，还可以获得免征资本利得税的好处。

2. 设立信托公司

法人利用信托公司进行纳税筹划，与自然人通过信托组织进行纳税筹划有相同之处。信托公司从事代管财产、代发公司股票和债券、筹集资金、办理信托投资、接受并管理抵押等业务。跨国公司通过在避税地建立信托公司，从而虚设信托财产，把在高税国的财产划归为信托公司的财产，那么信托资产的经营所得就可以名正言顺地挂在该公司名下，得到在避税地减税免税的好处。

3. 设立贸易公司

这类公司是从事货物和劳务交易的公司，主要从事购买、销售及租赁等业务，为这些活动开具凭证。通过贸易公司可以把高税国公司的利润转移到避税地。

10.3.5 利用国际重复征税的免除方法进行国际纳税筹划

企业或个人从事国际经济、贸易、服务等活动，往往涉及两个或两个以上国家，受两个或两个以上国家税收管辖权的约束，因而很有可能负有双重纳税义务，即不仅要向收入来源国政府纳税，而且要向其居住国（母国）纳税。

国际重复征税不仅直接影响跨国纳税人的切身利益，而且给所涉及的国际经济活动带来极大影响。因此，各国政府纷纷采取措施避免或免除对跨国公司和个人的重复征税。有的国家通过本国税法的规定，采取单方面免除双重征税的办法；有些国家通过两个或两个以上国家之间协商、谈判、签订税收协定或条约的办法，达到免除国际重复征税的目的。无论是各国的国内税法规定，还是国家之间的税收协定，都采取一定措施来避免或免除国际重复征税，如免税法、抵免法、扣除法、减免法和税收饶让等。这些方法的实施和推广在避免或消除跨国纳税人重复征税的同时，也为跨国纳税人进行纳税筹划提供了机会。

1. 利用免税法进行国际纳税筹划

免税法是避免出现国际重复征税的基本方法之一。实行综合所得税制的国家或行使居民管辖权的国家采取免税法，对本国法人、自然人在国外因从事投资、经营活动而取得的收入予以免税，避免出现对本国纳税人的国外收入重复征税的情况。此外，本国纳税人的国外收入，凡已经在来源国申报纳税（包括享受国外免税等优惠），本国政府一律视同在国外已纳税而在本国国内可以不申报纳税。免税所得分为两种：一是本国纳税人的全部国外收入；二是本国纳税人汇回国内的国外收入。国家在实行免税时往往附加一些条件，如居民国外的税后收入要全部汇回国内，否则不可享受免税待遇等。免税法是国际纳税人将国外所得从低税区、避税地汇回本国时寻求免缴或少缴税款的有效工具。

免税法分全额豁免和累进豁免。全额豁免是指一国税务部门在对本国纳税人所得征税时，将来自国外的税后所得从总所得中扣除，仅对国内所得和某些不能免税的国外所得征税。由于全额豁免的免税额过多，因此多数国家不使用或不经常使用全额豁免，往往只实行累进豁免。累进豁免是指实行累进税制的国家为鼓励本国纳税人到国外投资和经营，对本国纳税人的国内、国外所得进行汇总，得出纳税人的总所得额，以总所得额适用的税率乘以纳税人的国外所得额得到的金额，作为纳税人可以豁免的税额。

免税法是国际上避免重复纳税的常用纳税筹划方法。对跨国纳税筹划人来说，这种方法是将其从避税地、低税区获取的收入自由汇回本国，又可享受国内免征税收的重要途径。在采用免税法的国家，其居民的国外收入若在国外已享受减税、免税等税收优惠待遇，回国后本国又给予免税待遇，这样，该居民不仅可以少承担甚至不用承担国外税负，连本国的税负也合法地回避了。

2. 利用抵免法进行国际纳税筹划

抵免法是当今世界上普遍采用的避免出现国际重复纳税的方法。实行抵免法的国家在向本国居民征收所得税时，准许其以在国外已缴纳的所得税税额冲减其应向本国缴纳的所得税税额。抵免法分为直接抵免、间接抵免、限额抵免三种。

（1）直接抵免。直接抵免适用于自然人和同一法人中的总公司和分公司。同一法人中的总公司和分公司，其分公司在国外已缴纳的税款，总公司可用于冲减总公司在国内应缴纳的税款。直接抵免分为全额抵免、普通抵免及补充差额抵免三种。

1）全额抵免。全额抵免是指税务当局将居民纳税人的国内、国外所得汇总计算，允许纳税人以其在国外已缴纳的税款冲减其国内应缴纳的税款。

2）普通抵免。普通抵免是指税务当局将纳税人的国内、国外所得汇总计算，允许纳税人以其在国外已缴纳的税款冲减其国内应缴纳的税款，但当其国外所得在收入来源国适用的税率高于在国内适用的税率时，最多抵免税额不得高于其在国外已缴纳的税额。

3）补充差额抵免。补充差额抵免是指税务当局将居民纳税人的国内、国外所得汇总计算，允许纳税人以其在国外已缴纳的税款冲减其国内应缴纳的税款，但当其国外所得在收入来源国适用的税率低于在国内适用的税率时，纳税人在国外已缴纳的税款低于其国外所得按照国内税法计算的税款时，纳税人应补缴差额部分。

通过上述示例可以发现，全额抵免和补足差额抵免可以消除国际重复征税，而普通抵免不能消除国际重复征税，只是在一定程度上减轻了因重复征税给纳税人造成的较重税负。对国际纳税人来说，熟悉和掌握直接抵免的具体做法，有助于计算和测度可减轻国内税负的程度。

（2）间接抵免。间接抵免是指一国对居民纳税人征税时，允许其以从国外子公司取得的已纳过税的股利收入乘以子公司所在国征税税率得出可以抵免的数额，冲减居民纳税人应向本国政府缴纳的税款。由于母国的总公司与国外子公司并非同一经济实体，而是两个独立的法人，因此总公司在母国缴纳所得税时，不能把其国外子公司的所得并入总公司所得计算应纳税额。

间接抵免法有时对跨国纳税人比较有利。当然，许多国家在实行间接抵免时往往附加一些条件。

（3）限额抵免。限额抵免分为综合限额抵免和分国限额抵免。综合限额抵免是指一国将居民纳税人的国内所得和国外所得汇总在一起，计算得出一个统一的抵免限额。如果该居民纳税人从某家国外子公司取得的收入超过其应分摊的限额，而从另一家国外子公司取得的收入低于其应分摊的限额，两相抵消可以避免分别计算的不利结果。综合限额抵免可以把居民纳税人的子公司在国外申报纳税时适用的税率高于或低于其在国内申报纳税时适用的税率拉平，从而为国际纳税人开展税收筹划提供可能和空间。

分国限额抵免是指按照居民纳税人来自每一家国外子公司的所得分别计算抵免限额。这种抵免方法对居民纳税人子公司在国外缴纳的税款高于本国限额的部分予以承认，低于限额的，要求纳税人按照国内税率补缴税款。

3. 利用扣除法、减免法进行国际纳税筹划

（1）扣除法。扣除法是指一国对其居民纳税人来自国外所得征税时，允许居民纳税人将已向外国政府缴纳的所得税税款作为费用，冲减来自国外的应税所得，剩余的来自国外的应税所得并入来自国内的应税所得，用国内所得税税率申报纳税。用扣除法避免国际重复征税的效果并不理想，因为居民来自国外的所得是已经在国外纳过税的税后收入，这部分收入理论上不需要再申报纳税，否则就是一笔所得两次纳税。由于将国外已纳税款作为费用冲减其应税所得，意味着税前利润的费用扣除范围扩大，因此扣除法对国际纳税人有一定的吸引力，但包括国外已纳税款在内的海外费用总额不可能超过其海外收入总额，因此，利用扣除法开展国际税收筹划的空间不大。

（2）减免法。减免法是指一国允许其居民纳税人就来自国外并在收入来源国已纳税的所得，按低于本国正常税率申报纳税。换句话说，一国的居民纳税人在国外经过税收处理的收入所得汇回本国后，本国政府再以比本国正常税率低的税率对其再次征税。

4. 运用税收饶让进行国际纳税筹划

税收饶让又称饶让抵免，是税收抵免方法的一种特殊方式。这种方式是一国政府对其居民在国外享受减免税而未缴纳的那一部分所得税款，视同已经缴纳，连同在国外实际缴纳的税款一起，给予税收抵免待遇，即允许该居民的国内外所得从应向本国缴纳的所得税款中抵扣，但一般抵扣额不得超过其国外所得应向本国缴纳的税额。这种方式一般要通过有关国家间签订税收协定来加以确定，实际上是为贯彻某种经济政策，承认和鼓励本国跨国纳税人在低税区、免税区和税收优惠地区投资而采取的一种特殊的优惠措施。同时，它也为跨国纳税人实现双重纳税筹划创造了条件。

避免和消除国际重复征税的方法，尤其是免税法和税收饶让抵免，不仅能够消除对跨国纳税人的国际重复征税，而且可以给跨国纳税人带来丰厚的税收利益。跨国纳税人为了追逐更多的额外利润，有时还可以通过转移定价等方式将其利润或收入尽量转移到免税区、低税区和税收优惠地区，经税务处理后，再汇回本国享受免税或饶让抵免待遇，从而实现纳税筹划的目的。

10.3.6　利用国际税收协定进行国际纳税筹划

利用国际税收协定进行国际纳税筹划，大体可归纳为以下三类。

1. 建立直接导管公司

直接导管公司是指为获取某一特定税收协定的好处，而在某一缔约国建立的一种具有居民身份的中介公司。例如，A 国甲公司原计划在 B 国设立子公司乙，但 B

国要对本国公司汇往A国的股利征收较高的预提税，税率为30%。B国与C国缔结有相互按5%的税率征收股利预提税的税收协定，A国与C国也签订有相互按5%的税率征收股利预提税的税收协定。此时，A国甲公司便可以在C国建立一家持股公司丙，通过丙公司收取来自B国乙公司的股利。这样，A国甲公司就可以减少其股利所得的总纳税义务。由于A国甲公司通过C国丙公司就能得到C国与A、B两国签订的税收协定的税收优惠，C国丙公司犹如一根直接吸取缔约国公司所得的导管，因此称为导管公司（见图10-1）。

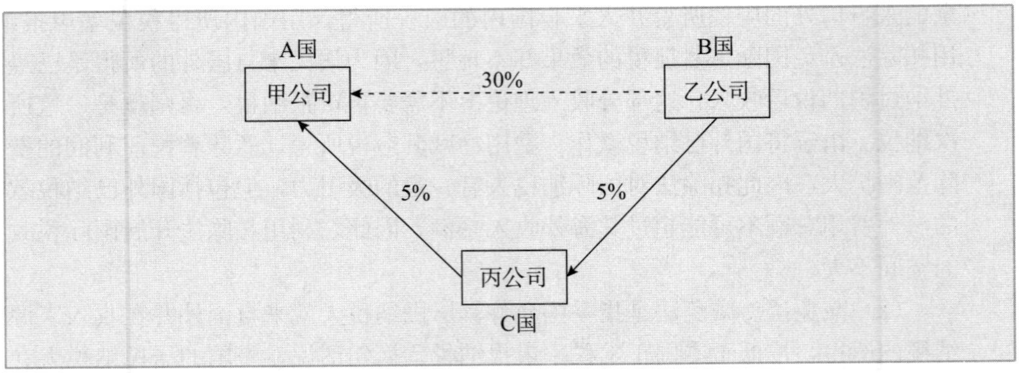

图10-1 导管公司示意图

2. 建立脚踏石导管公司

脚踏石导管公司是指为获取某些特定税收协定的好处，而在相关缔约国建立的两家或两家以上具有居民身份的中介公司。这是在设立直接导管公司不能奏效的情况下采取的一种更间接、更迂回的税务筹划方式，涉及在两个或以上国家设立子公司，利用有关国家签订的两个或两个以上的税收协定。例如，A国甲公司原计划在B国设立子公司乙，但B国要对本国公司汇往A国的股利征收较高的预提税，税率为30%。B国与C国、A国与D国缔结有相互按5%征收股利预提税的税收协定，C国与D国签订有相互对持股公司免征股利预提税的税收协定。此时，A国甲公司便可以在D国设立一家持股公司丁，通过丁公司在C国建立一家持股公司丙，通过丙公司在B国建立一家子公司乙。这样，A国甲公司通过丁公司和丙公司，能取得B国乙公司股利并规避税负，丁公司和丙公司在其中犹如两块到达目的地所必需的踏脚石，通过它们作中介吸取C国与D国、C国与B国税收协定给予的税收优惠，减轻税负，因此称为脚踏石导管公司（见图10-2）。

3. 直接利用双边关系设置高股权控股公司

一些国家对外签订的税收协定中明确规定，如果股权收益所有人是缔约国另一方居民，缔约国一方居民向股利收益所有人支付的股利享受协定优惠的必要条件是，在收益所有人直接拥有支付股利公司的股权不得低于一定比例。因此，这些国家的跨国公司在缔约国另一方建立子公司时，就需要将持有该子公司的股份设定在限额之上，以便股利能够享受优惠待遇。例如，按中国签订税收协定的惯例，将这一比例定为25%。假如某国的跨国公司拥有在中国的全资子公司，而两国之间签有上述税收协定，那么，该跨国公司从子公司取得的股利就可以享受 5%预提税的优惠待遇（一般情况下为 10%）。

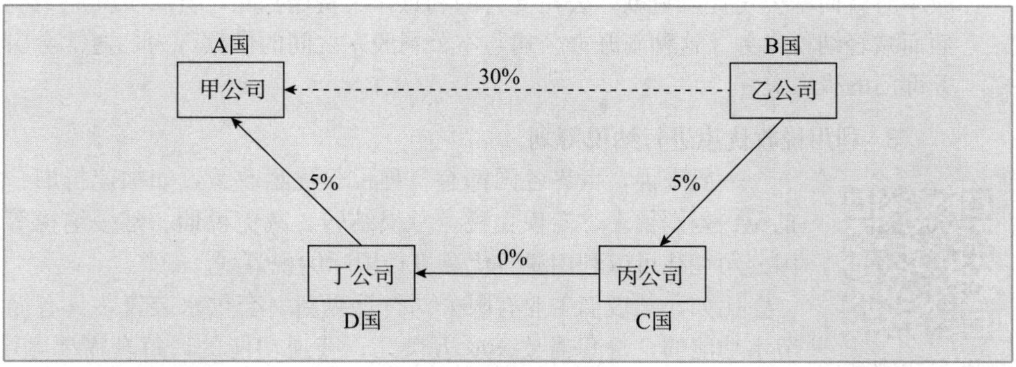

图 10－2　脚踏石导管公司示意图

10.3.7　进行国际纳税筹划的其他方法

1. 通过保留利润进行纳税筹划

这种方式即利用延期付税的规定，不分或少分股利，通过保留利润进行纳税筹划。延期付税是指实行居民管辖权的国家对国外子公司取得的利润收入，在没有以股利等形式汇给母公司之前，对母公司收到的国外子公司应分的股利不征税，征税行为可以推迟到母公司收到股利之时。跨国公司可以设法让国外子公司将其税后利润长期积累在公司内部不予分配，或有意降低应分配股利的比例，从而相应地推迟或减少股东向母国缴纳的税收，达到合法纳税筹划的目的。延期付税相当于纳税人获得了一笔长期无息贷款，同时也降低了所得税的实际课征率。

这种推迟分配股利或少分配股利的做法给股东带来了一举两得的利益，既可以减少税收负担，又可以获得股票升值的好处。股东少分配的那部分利润并不意味着股东权益的损失，因为子公司可以把未分配的利润以公积金的形式积存起来，把这部分利润转化为股东所持有的股票的升值额，起到积累利润的作用。随着以后年度生产规模的扩大和生产效益的提高，股利会增加。股票市价上升，股东可以通过出售股票获得更多的资本利得，而且一般情况下，资本利得税要比个人所得税或公司所得税低得多。

2. 通过借款进行纳税筹划

通过借款来投资是跨国公司筹措资金的渠道之一，应区分正常借款和不正常借款。不正常借款包括关联公司之间的借款和公司向个人股东借款两种。关联公司之间的借款指国外子公司将自己当年的利润留下一部分不作为股利分配，而是借给母公司长期使用。这样做一举两得，一方面可以少缴纳子公司所在国的所得税，另一方面母公司支付给子公司的利息可以作为费用扣除。公司向个人股东借款，如果发生在企业和原有股东之间，一般属于正常借款，因为对于一家经营若干年的公司来说，其股本通常已由其股东认购缴足，如果一时资金短缺而向本公司股东借款，公司支付的利息都可作为费用扣除。但如果是新开办公司向股东借款，情况就有所不同了，极有可能是利用借款来虚提利息费用进行纳税筹划活动。如果股东在未缴足股本时就向本公司提供贷款，公司支付的利息作为费用扣除，会减少其应纳税所得额而减轻纳税义务。这种新开办公司与本公司股东之间的借款行为，通常会引起税务部门的极大关注。

3. 利用税收优惠进行纳税筹划

10.3 即测即评

一般来说，世界各国都有各种税收优惠政策，如加速折旧、投资抵免、差别税率、专项免税、亏损结转、减免税期、延缓纳税等。跨国公司往往可以利用税收优惠进行国际纳税筹划。

比如，某玻璃工业有限公司打算更新一套供水装置，具有循环或节水功能的，每套需要 100 万美元；普通功能的，每套需要 80 万美元。表面看购买前一种要多花钱，但税法规定，节水装置可享受 40% 的投资抵免。另外节约水耗，每年还可以少开支水费 2 万美元。对比之后，公司购买有节水功能的供水装置更为有利。

本章小结

国际纳税筹划是纳税筹划活动在国际范围的延伸和发展，是跨国纳税人利用各国税法规定的差别和不完善之处，以各种公开的合法手段减轻国际税负的行为。为此，本章首先对国际税收进行了简要介绍，进而介绍国际纳税筹划的特点及原因，并在此基础上介绍国际纳税筹划的主要方式。

国际税收在本质上与一般的税收概念有很大的差别，这主要表现在国际税收的管辖权和各国税收制度的差别两个方面，而税收管辖权、各国税收制度的差别以及国际税收协定构成国际纳税筹划的环境基础。

国际企业可以采用如下纳税筹划方式避税：利用公司组织形式，利用融资安排，通过转移定价，利用避税地，利用国际重复征税的免除方法，利用国际税收协定等。

名词术语

国际纳税筹划　　税收管辖权　　税收协定　　国际重复征税

练习题

一、思考题

1. 什么是国际纳税筹划？国际纳税筹划与一般国内纳税筹划有什么区别和

联系？

2. 为什么会产生国际重复征税？国际重复征税对国际企业有什么影响？

3. 目前解决国际重复征税问题的做法有哪些？

4. 纳税筹划必然导致税收征管主体的税收收入减少，那么国际纳税筹划是一种道德行为吗？

5. 国际纳税筹划产生的原因有哪些？

6. 国际纳税筹划有哪些主要方式？

7. 国际纳税筹划应注意哪些问题？

二、计算题

1. 某跨国公司总部设在A国，并在B国、C国、D国分设甲、乙、丙三家子公司。甲公司为在C国的乙公司提供1 000单位的原材料，按甲公司所在国的正常市场价，成本为每单位2 600元，这批原材料应以每单位3 000元出售给乙公司；再由乙公司加工成产品后转售给D国的丙公司，乙公司利润率为20%；各国税率水平分别为：B国50%，C国60%，D国30%。该跨国公司为少纳税，由甲公司以每单位2 800元的价格将原材料卖给D国的丙公司，然后由丙公司以每单位3 400元的价格转售给C国的乙公司，再由C国的乙公司按总价格3 600 000元在该国市场出售。

要求：

(1) 计算该跨国公司采取后面的纳税筹划方法能够节约税负开支的金额。

(2) 分析该纳税筹划方法的基本原理。

2. 我国甲公司在B国投资设立一家子公司，2021年税前利润为1 000万B元，B国所得税税率为20%，子公司将税后利润的60%汇给甲公司作为股利。B国对该子公司汇出的股利要征收5%的预提税。甲公司还在A国设立一家分公司，该分公司2021年税前利润为100万A元，A国所得税税率为30%，我国所得税税率为25%。汇率为1B元=5元人民币，1A元=2元人民币。

要求：计算甲公司应向我国缴纳的所得税数额。

三、课堂案例

美国西格玛公司正打算在地中海地区建立一个附属机构。考虑的两个国家是西班牙和塞浦路斯，西格玛公司打算把附属机构所有税后收入汇回美国。它不能确定是建立分公司还是建立全资子公司。

在塞浦路斯，公司所得税税率是25%，外国分公司的利润适用相同的税率。在西班牙，公司所得税税率为35%，与美国的税率相同。此外，外国分公司在西班牙也适用35%的所得税税率。塞浦路斯对股利征收5%的预提税，西班牙对股利征收10%的预提税。

要求：公司财务经理要求你帮助他确定附属机构设在哪里，选择哪种组织形式。选址的决策主要考虑建立外国分公司还是全资子公司，在塞浦路斯还是在西班牙可以使总体税收负担最小？

四、真实案例在线文章

在网上查找一篇近期的文章。文章内容（最好与某一特定国际企业有关）能够诠释本章所阐述的一个或多个概念。可以使用的搜索关键词包括国际纳税筹划、国际避税等。

第 11 章　国际财务报告与财务分析

知识要点

国际财务报告披露的主要内容
披露会计信息的成本
国际分部报告的披露内容
国际财务分析的框架
业绩评价指标的选择
国际业绩评价中的特殊问题

思维导图
视频讲解

章前预习与思考

11.1　国际财务报告解读

11.1.1　国际财务报告概述

国际财务报告是指为了满足多个国家信息使用者的需要而编制的财务报告。国际财务报告的提供者主要是跨国公司①，需求者主要是跨国公司既有和潜在的投资者、债权人、母子公司所在国的政府部门等。跨国公司在两个或更多的国家经营业务，其资本环境和经营环境都是国际市场。跨国公司要在不同国家进行直接投资，

① 其实，不仅仅是跨国公司需要提供国际财务报告，国际企业在从事国际业务的过程中也需向有关各方提供国际财务报告。本章主要讨论跨国公司财务报告。

要从国际金融市场筹集资金，要在多个国家间从事经贸活动，这些都要求跨国公司向有关各方提供符合要求的财务报告。

目前，跨国公司提供国际财务报告的方式有：向国外使用者提供与国内使用者相同的财务报告；向国外使用者提供按照该国会计准则或国际会计准则重新编制的财务报告；向国外使用者提供翻译为某种语言和折算为某种货币的财务报告；在公司财务报表的附注部分进行披露，提供适合国外使用者的补充信息；同时提供两套财务报告，即在正常的财务报告基础上，再提供一套适合特定需求者要求的财务报告。

虽然跨国公司提供国际财务报告的必要性已经为人们所认识，但是跨国公司究竟应提供何种形式、包括哪些内容的财务报告，并没有统一的模式。从国际惯例来看，由母公司提供合并财务报表是各国对跨国公司财务报告的普遍要求，而且近年来对分部财务报告的要求越来越强烈。在财务报告的内容方面，由于各国的法律要求不同，各国对财务报告披露内容的要求也有很大差异。不过，随着经济全球化趋势的加强，会计准则的国际趋同也得到很大发展。

从目前大多数跨国公司公布的年度财务报告来看，国际财务报告的披露内容主要包括：

（1）公司最高管理层的信息或报告，如董事会报告，涉及公司主要经营活动、营业情况的回顾及可能的发展，重要的资产负债表日后事项，建议的股利，董事会人员名单及持股情况，以及对政治和慈善事业的捐赠。

（2）公司经营业绩概况，公司主要经营业务、产品和劳务等方面已经达到的水平，占领的市场和未来的发展前景。

（3）公司财务报表，包括财务状况表、综合利润表、权益变动表和现金流量表。①

（4）财务报表附注，包括对会计政策的说明、报表中某些项目的详细说明、物价变动对公司财务报表产生的影响、分部报告等。

（5）公司管理人员会计责任的声明书。

（6）审计报告。有些公司还提供社会责任报告和环境报告。

11.1.2 国际分部报告

跨国公司在多个国家开展经营活动，这些国家具有不同的利润率、发展机会、未来前景和风险，而且跨国公司往往在不同国家提供不同的产品和劳务。因此，国际财务报告的使用者希望了解跨国公司在不同行业、不同国家或地区的经营情况，据以判断跨国公司经营活动面临的风险和报酬，再进一步做出决策。这样一来，虽然跨国公司的合并财务报表所提供的反映跨国公司整体财务状况、经营成果和现金流量状况的信息对报告使用者非常有用，但合并财务报表只能反映公司

---

① 这是国际会计准则理事会的规定。按照我国会计准则，公司财务报表包括资产负债表、利润表、现金流量表和所有者权益变动表。

全貌而无法揭示细节的缺点也非常明显。因而在国际财务报告中，一般都包括分部报告。分部报告是对合并财务报表的有益补充和完善，使国际财务报告趋于合理。分部报告能够帮助报告使用者更好地了解企业以往的业绩，更好地评估企业的风险和回报，从整体上对企业做出更有根据的判断。

英国是最早要求提供分部报告的国家。1965 年，英国的股票交易所首先对上市公司提出了编制分部报告的要求，当时要求上市公司披露分行业的营业额和利润额以及分地区的营业额。英国《1967 年公司法》提出了公司应披露分部信息的法定要求。《1981 年公司法》继续对分部报告做出规定，要求按地区披露营业额和按行业披露营业额及利润额。《1981 年公司法》要求分部信息必须包括在报表附注之中，因而首次要求分部信息必须经过审计。不过，英国的公司法对分部报告中分部的确认问题一直未做明确的规定。1990 年英国会计准则委员会在被取代前发布了最后一个标准会计实务说明书 SSAP 25《分部报告》，综合了当时的法定要求和股票交易所的要求。

美国也是较早要求提供分部报告的国家。1969 年美国证券交易委员会就开始要求在证券交易委员会注册的公司披露行业信息，一年后对上市公司每年提交的年度报告（10-K 年度报告）提出了相应要求。美国财务会计准则委员会于 1976 年发布了《财务会计准则公告第 14 号——企业分部的财务报告》，要求企业按照产品、行业、地区和主要客户分部来提供分部报告；之后于 1997 年发布了《财务会计准则公告第 131 号——企业分部和相关信息的披露》，取代了第 14 号财务会计准则公告。

国际会计准则委员会于 1981 年发布了《国际会计准则第 14 号——分部报告的财务信息》，1997 年对该准则进行了修订。2006 年，国际会计准则理事会发布了《国际财务报告准则第 8 号——经营分部》，取代第 14 号国际会计准则。① 该准则具体内容包括：

（1）范围。该准则适用于负债或权益性工具在公开市场上交易的主体，以及在公开市场发行任何种类工具，而向证券交易委员会或其他监督机构提交或正在提交财务报表的主体。

（2）经营分部。经营分部是主体的组成部分，具有以下特征：该部分从事可取得收入并产生费用的经营活动（包括与同一主体其他组成部分进行交易产生的收入和费用）；主体首席经营决策者定期评价该部分的经营成果，以决定向其分配资源和评价其业绩；能获得该部门单独的财务信息。一个经营分部可能从事尚未产生收入的经营活动，例如刚开业尚未取得收入的活动。

需要注意的是，并非主体的每一部分都必须是经营分部或经营分部的一部分。例如，公司总部某些职能部门可能不赚取收入，或对于主体的经营活动而言，其赚取的收入仅仅是偶发性的，则不是经营分部。首席经营决策者指的是一种职能，而不必是具有特定头衔的某一管理人员。该职能事项主体向其经营分部分配资源，并评价其业绩。例如，首席经营决策者通常是主体的首席执行官或首席运营官，也可

---

① 国际会计准则理事会（IASB）于 2001 年成立，取代之前的国际会计准则委员会（IASC）。

以是由执行董事或其他人组成的团队。

（3）报告分部。主体应单独报告按照前述规定界定为经营分部，并且超过量化界限的经营分部的信息。

该准则规定，如果经营分部满足以下任一量化界限，主体应单独报告该经营分部的信息：1）该分部的报告收入，包括对外部客户的销售和内部跨分部销售或转移，达到或超过所有经营分部合并（内部和外部）收入的10%。2）该报告分部的利润或亏损绝对数达到或超过以下两项绝对数中较大者的10%：未报告亏损的所有经营分部的合并报告利润；报告亏损的所有经营分部的合并报告亏损。3）该分部的资产达到或超过所有经营分部资产合计数的10%。

不满足以上任一量化条件的经营分部也可能作为报告分部，并单独进行披露，前提是管理层认为这些分部报告的信息对信息使用者来说是有用的。

如果经营分部报告的总外部收入少于主体收入的75%，应将其他的经营分部确认为报告分部（即使它们不满足量化界限的条件），直到在报告分部中主体收入至少达到75%。

（4）披露。主体应向财务报表使用者披露信息，使其能够评价主体所从事经营活动的性质和财务影响，以及其经营所处的经济环境。按照上述原则，主体应在编制综合利润表的每一期间披露下列信息：

1）一般性信息。确定主体报告分部所考虑的因素，以及报告分部取得收入的产品和服务的类型。

2）报告分部利润或亏损信息。该信息包括包含在报告分部利润或亏损中的特定收入和费用、分部资产、分部负债和计量基础。

3）其他信息。将分部收入总和、报告分部利润或亏损、分部资产、分部负债和其他重要的分部项目，与按照该准则描述的主体的对应数据进行调节的信息。

2017年3月29日，国际会计准则理事会根据《国际财务报告准则第8号——经营分部》的实施后审议结果，发布了一份征求意见稿。尽管实施后审议结果确认该准则整体运行良好，但国际会计准则理事会仍然提出了若干有待改进的领域，其中包括：

1）澄清并强调合并两个经营分部必须满足的条件。

2）要求公司披露执行首席经营决策者职能的人员或团体的职衔和职责。

3）如果财务报表中的分部不同于年度报告及相关材料中其他地方报告的分部，则公司需要在财务报表附注中提供信息。

11.1.3 编报国际财务报告中的压力、动力和阻力

编报国际财务报告是跨国公司必须完成的一项工作，其内容和格式随着经济发展而不断变化。影响国际财务报告编报及其内容、格式等的因素很多，通过了解编报国际财务报告中的压力、动力和阻力，可以对国际财务报告的现状和未来发展有更深刻的认识。

1. 编报国际财务报告中的压力

编报国际财务报告中的压力是指来自跨国公司外部的团体要求跨国公司编报国际财务报告披露更多信息的压力。这些团体就是国际财务报告的需求者。

（1）国际融资的需要。跨国公司编报国际财务报告的主要压力是国际融资的需要。跨国公司的投资者和债权人是跨国公司资金的提供者，也是国际财务报告的主要需求者。他们需要国际财务报告提供详细的信息，以便做出投资决策、贷款决策和其他经济决策。投资者与债权人对跨国公司信息披露的可比性和统一性有强烈要求。他们一方面需要与本国会计准则相一致的财务报告，以便与本国其他企业相比较，确定资金投向；另一方面又需要比较跨国公司在各国的经营情况，以便调整资源配置。

（2）各国监管机构对信息披露管制的加强。21 世纪初，美国曝出的安然公司、世界通信公司等大公司的会计丑闻，使得各国监管机构纷纷强化对信息披露的管制。这些管制措施要求跨国公司披露更多的信息，要求国际财务报告的内容更为详尽。联合国、经济合作与发展组织在这方面也做出了很多努力，致力于协调各国差异，对国际财务报告的内容和格式等提出了建议和指南。如今，为了保护投资者利益，提高市场效率，保障市场持续和有序发展，各国监管机构仍在不断强化对信息披露的监管。

（3）政府和工会的压力。由于跨国公司的经营活动对一些东道国的国民经济和其他社会生活（诸如就业机会、货币的对外兑现价值、社会福利乃至人们的生活水平）等方面具有十分重要的影响，因此更加需要跨国公司披露信息。另外，跨国公司可以通过内部产品的交换和转让较容易地转移资金和调节收入，引起各国政府对跨国公司的监管，要求跨国公司披露更多的信息。工会组织为了保护雇员的权利，也要求通过各种方式参与公司管理，从公司获得更多的信息，这也给跨国公司编报国际财务报告施加了更大的压力。

2. 编报国际财务报告中的动力

编报国际财务报告中的动力是指跨国公司出于自身利益的考虑，选择编报财务报告，披露更多信息的动力。

跨国公司的管理层认识到信息需求者对国际财务报告的需求，并且知道这些信息会对投资者、债权人等的决策产生重大影响，有动力自愿披露对自身有利的信息。如跨国公司可以通过披露有关公司财务状况、经营成果、现金流量状况以及公司未来前景的信息来改变投资者对公司看法的不确定性，从而影响公司的股票市价、资本成本和流动性。经营状况好的企业通过自身披露相关信息消除了投资者的不确定性，对公司股票市价产生了积极影响。同时投资者会认为没有披露相关信息的公司存在某些问题，从而对其股票市价信心不足。这就迫使所有跨国公司都编报国际财务报告，提供更多的信息。

3. 编报国际财务报告中的阻力

编报国际财务报告中的阻力是指编报国际财务报告给跨国公司带来的成本以及国际财务报告编报技术方面的问题，这些对跨国公司编报财务报告形成阻力。

（1）来自跨国公司编报成本方面的阻力。具有不同政治、经济背景的财务报告使用者对国际财务报告提出了多方面的要求，为了满足这些要求所提供的会计信息，无论在深度还是广度上都要远远超过国内财务报告，所以跨国公司在编报国际财务报告时，对会计信息成本方面的考虑成为跨国公司编报国际财务报告中的阻力。

会计信息披露成本包括直接成本和间接成本。其中直接成本为财务报告的编制、认证和传播的成本。相对于国内企业而言，跨国公司在编制国际财务报告时往往涉及不同语言、不同信息载体之间的交流。此外，不同国家采用的会计准则可能存在差异，这使得跨国公司在收集和处理信息方面的成本更高。间接成本是指公司披露的信息和报告被其他团体如竞争者、工会、监管者等利用所产生的成本。例如，企业将竞争战略、技术创新、生产经营等信息披露给同行，可能会导致企业竞争优势流失。此外，由于信息披露导致股东诉讼的潜在风险同样增加了跨国公司的披露成本。[1]

（2）来自国际财务报告编报技术方面的阻力。编报国际财务报告涉及很多复杂的问题，这些棘手的技术问题也成为跨国公司编报国际财务报告中的阻力。

1）会计标准的选择。跨国公司母公司和子公司分别处于不同的国家从事生产经营活动，跨国公司要在母公司所在国的会计准则与子公司所在国的会计准则之间做出选择，决定按照何种会计准则来进行会计处理和提供财务报告。由于整个跨国公司可能涉及多个国家的会计准则和报告要求，因此跨国公司要对不同会计准则进行调整，或者按照不同的报告规则编制多套财务报告。

2）报告语言和报告货币。国际财务报告明显区别于国内财务报告的一个方面就是对报告语言和报告货币的选择。国际财务报告的使用者分属于不同的国家，使用不同的语言和货币，为了满足财务报告使用者的需要，跨国公司要在各种语言和货币间做出选择。

11.1 即测即评

3）审计。国际财务报告的审计涉及两方面的选择：一是对会计师事务所的选择，即是由一个国际会计师事务所对跨国公司进行审计还是由多个会计师事务所进行审计，在后一种情况下存在各事务所之间如何协调的问题，无论哪种情况都有利用其他审计师和专家工作的问题。二是对审计准则的选择。各国的审计准则存在差异，在国际财务报告审计中应采用哪种审计准则，各国审计准则间应该如何协调，这些问题也是编报国际财务报告时必须解决的。

11.2 国际财务分析

国际财务分析是指对国际企业财务报告的分析。各国的会计规范不同，同样的

① Christian Leuz, Peter D. Wysocki. The Economics of Disclosure and Financial Reporting Regulation: Evidence and Suggestions for Future Research. Journal of Accounting Research, 2016 (54): 525-622.

数字在不同的国家可能具有不同的含义。在进行国际财务分析时，首先应该了解各国的会计实务，不过这已经超出本书的范围，读者可以通过阅读国际会计方面的有关书籍来了解财务报告方面的国际差异。本节主要介绍国际财务分析的方法。

11.2.1　财务分析概述

在分析手段上，国际财务分析与国内财务分析并没有太大的区别。财务报表分析的技术可分为两大类：横截面技术和时间序列技术。这些分析方法在初级财务管理书籍中已经详细介绍，下面对这两种技术方法做框架性的介绍。

1. 横截面技术

常见的横截面技术包括共同比财务报表和财务比率分析。

编制共同比财务报表的目的是对不同规模企业的报表进行比较。具体编制时，在资产负债表中，将资产总额定为 100%，其他项目以其占总资产的比例列示；利润表中将总收入（或主营业务收入）定为 100%，其他项目以其占总收入的比例列示。

财务比率可以分为六类：

（1）变现能力比率，如流动比率、速动比率、现金流量指标等；

（2）资产管理比率，如流动资产周转率、存货周转率、应收账款周转率、营业周期等；

（3）负债比率，如资产负债率、产权比率、已获利息倍数等；

（4）盈利能力比率，如销售利润率、资产报酬率、权益报酬率、每股收益、市盈率等；

（5）获取现金能力比率，如销售现金比率、每股营业现金流量、全部资产现金回收率等；

（6）财务弹性比率，如现金满足投资比率、现金股利保障倍数等。

2. 时间序列技术

（1）趋势报表。在构建趋势报表时，要选择某一年作为基期，其他年度的报表项目按照与基期相比的相对价值列示。为方便起见，一般将基期的价值视为 100。例如，某国际企业 2021—2024 年的销售收入总额如表 11－1 所示。

表 11－1　销售收入　　单位：万美元

年份	2021	2022	2023	2024
销售收入	840.784	931.940	1 000.567	1 325.632

在趋势报表中该项目的列示如表 11－2 所示。

表 11－2　销售趋势报表

年份	2021	2022	2023	2024
销售收入	100	110.8	119.0	157.7

其中：

$$2022\text{年的销售收入相对价值}=\frac{931.940}{840.784}\times100=110.8$$

其他各年的计算类似。

（2）财务比率分析。时间序列技术中的财务比率分析是指分析财务比率的变动趋势，其基本思路与趋势报表相同，只是报表项目换成了财务比率。比如，可以分析企业5年来的流动比率，从中找出变动趋势。

有两个观点对于正确认识财务分析很有帮助：一是财务分析不等于财务报表分析。财务分析的重点是财务报表分析，但财务报表分析并不是财务分析的全部内容。除了报表以外，还应对财务报告的其他部分予以分析。而且，有关产品市场和资本市场的信息也能够帮助分析者更全面地了解企业的状况。二是财务分析不等于财务比率分析。财务比率分析是财务分析的主要手段，但不是财务分析的全部，比较分析、趋势分析等都是财务分析的重要手段。

11.2.2 国际企业分析框架

佩普、伯纳德和黑利（Palepu，Bernard，and Healy）在1996年出版的《利用财务报表进行企业分析和估价》一书中提出了一个企业分析框架①，该框架由四个部分组成：企业战略分析、会计分析、财务分析、前景分析。下面对这四个部分逐一进行介绍。

1. 企业战略分析

企业战略分析是财务分析的第一个必要步骤。它是对公司所处环境的分析，目的是了解公司与竞争对手的竞争态势和经济环境。在进行企业战略分析时，分析者应该明确公司成功的关键因素以及企业所面临的风险，进而预测公司的未来发展。分析者可以考察公司的财务报告和其他出版物，与公司员工、分析师交谈，或者从新闻出版物、互联网、社交媒体等渠道了解公司的有关信息。

在全球背景下预测公司未来发展是一件很困难的事情，近年来发生的一些重大事件可以为此提供证据。例如，2007年美国爆发的次贷危机使美国经济陷入衰退，而美国进口贸易和对外直接投资的减少对全球经济造成了直接影响。2016年，英国脱欧公投给欧盟乃至世界经济带来较大的不确定性。2018年的中美贸易摩擦，美国单方面加征关税使得全球贸易形势紧张，对全球经济造成巨大冲击。2020年突如其来的新冠疫情更是导致世界范围内对外直接投资的急剧下降，这种影响一直持续到现在。因此，在全球背景下，人们难以对未来做出准确的预期。

2. 会计分析

会计分析的目的是评价公司会计数据反映经济现实的程度。分析者需要评价公

---

① Krishna G. Palepu，Victor L. Bernard，Paul M. Healy. Business Analysis and Valuation Using Financial Statements. South-Western College Publishing，1996；Frederick D. S. Choi，Gray K. Meek. International Accounting. Sixth Edition. Prentice Hall，2008.

司的会计政策与会计估计，了解公司管理当局对会计政策的选择取向。因为各国的会计惯例迥异，分析者还需要对某些会计数据做出调整，以便消除有可能被歪曲的会计数据。

一般来讲，公司管理当局有选择会计政策、做出会计判断的权力，它们决定了公司的会计灵活性（即对特定会计事项运用什么会计政策和做出什么估计的管理抉择），这是因为管理当局最了解公司的经营和财务状况。不过，管理当局可能会利用这种会计政策选择的权力来进行盈余管理，进而操纵会计利润，这就是所谓的“创造性会计”①。

评价公司会计质量的程序如下：明确关键的会计政策；评价会计灵活性；评价会计战略；评价披露质量；辨明潜在亏损（如不正常的大额资产注销；未做解释的夸大利润的收益；公司会计利润与经营活动现金流量之间的差异）；消除会计扭曲。

会计准则的国际趋同会直接影响会计信息质量。自 2002 年欧盟通过法律要求欧洲上市公司自 2005 年 1 月 1 日起强制采用国际财务报告准则（IFRS）以来，至今全球已有 144 个国家或地区要求强制采用国际财务报告准则，22 个国家或地区允许采用国际财务报告准则或采用与国际财务报告准则相趋同的策略。② 此外，据学者统计，在“一带一路”沿线国家中，要求使用国际财务报告准则的有 79 个，占比 68%；而包括中国在内的与国际财务报告准则趋同的国家有 13 个，占比 11%。表 11－3 列示了与国际财务报告准则趋同的“一带一路”沿线国家会计准则应用情况。③ 国际财务报告准则的采用会提高会计信息透明度，增强会计信息的可比性。尤其是对跨国公司来说，当公司经营的多个国家采用相同的会计准则时，企业编制财务报告的成本将大大降低，会计信息处理的准确性也将提高。

表 11－3　与 IFRS 趋同的“一带一路”沿线国家会计准则应用情况

区域	国家	上市公司	与 IFRS 趋同程度	非上市公司	与 IFRSSEM* 趋同程度
东南亚	菲律宾	菲律宾财务报告准则	基本一致	菲律宾中小企业财务报告准则	完全一致
	马来西亚	马来西亚财务报告准则	基本一致	马来西亚私人实体报告标准	部分修改
	缅甸	缅甸财务报告准则	与 2010 版 IFRS 相同	缅甸中小企业财务报告准则	与 IFRSSEM 相同
	泰国	泰国财务报告准则	基本一致	泰国会计准则、非公开责任实体的泰国会计准则	与 IFRSSEM 基本一致的准则于 2019 年生效

① 规则基础的会计准则给创造型会计提供了肥沃的土壤，在这样的模式下，无论准则制定得多么详细，别有用心的公司与个人总能找出准则的漏洞，即所谓的“道高一尺，魔高一丈”。安然事件后，对规则基础的会计准则的批评不绝于耳，而更依赖专业判断的原则基础得到越来越多人的认可。

② 陆建桥. 国际财务报告准则发展当前的形势、挑战与未来趋势. 会计研究，2020（10）.

③ 田高良，等.“一带一路”沿线国家企业会计准则与国际财务报告准则、中国企业会计准则的比较研究. 会计研究，2020（10）.

续表

区域	国家	上市公司	与 IFRS 趋同程度	非上市公司	与 IFRSSEM* 趋同程度
东南亚	新加坡	新加坡财务报告准则（SFRS）	基本一致	IFRSSEM、SFRS、IFRS	允许使用
	印度尼西亚	印度尼西亚财务报告准则	趋同中	印度尼西亚中小企业会计准则	趋同中
南亚	印度	印度会计准则	基本一致	印度会计准则	未考虑使用 IFRSSEM
	孟加拉国	孟加拉国财务报告准则	基本一致	孟加拉国中小企业会计准则	基本一致
	尼泊尔	尼泊尔财务报告准则（NFRS）	基本一致	NFRS、尼泊尔会计准则	正在制定与 IFRSSEM 基本一致的准则
	斯里兰卡	斯里兰卡财务报告准则	基本一致	本国中小企业会计准则	基本一致
东亚	中国	CAS	存在一定差异	本国中小企业会计准则	实质趋同，仅有小部分修改
南美洲	委内瑞拉	委内瑞拉会计准则	基本一致	IFRSSEM	允许使用
大洋洲	新西兰	NZ-IFRS	基本一致	NZ-IFRS-RDR	存在披露要求等区别

* IFRSSEM 为中小企业国际财务报告准则。

3. 财务分析

财务分析的目的是评价公司当前和过去的业绩，并判断其可持续性。如前所述，财务分析的基本思路为横截面分析与时间序列分析，分析工具主要是财务比率。

在对跨国公司进行财务分析时需要注意，各国采用的会计准则的不同，以及各国融资体系、政府影响和财务报告理念的诸多差异导致财务报表数据和财务比率存在明显的国别差异。例如，英国和美国公司的净利润均值要远大于德国和日本，原因在于日本和德国的财务报告要比英美两国的财务报告更为谨慎。此外，法国、德国和日本重视维护债权人的利益，从而同样导致财务报告中反映的净利润低于英美两国。①

案例 11-1

中国石化在中国企业会计准则与国际财务报告准则下的净利润差异

中国石化同时在内地和香港的证券交易所上市，因此，2023 年年报附注中披露了它按中国企业会计准则计算的净利润和按国际财务报告准则计算的本年度利润的重大差异影响，如表 11-4 所示。

① 乔伊，等．国际会计学：第 7 版．大连：东北财经大学出版社，2012.

表 11-4　中国石化 2023 年度利润差异　　单位：百万元人民币

项目	2023 年	2012 年
按中国企业会计准则编制的财务报表之净利润	958 655	940 457
调整：		
政府补助	47	52
安全生产费	−248	179
专项借款汇兑损益的资本化调整	−1 978	—
其他	−3	−346
按国际财务报告准则编制的财务报表之本年度利润	67 864	76 499

对于会计准则的国别差异，分析者可以把外国的会计指标按照国际公认的原则（如国际会计准则）重新表述。上面提到，采用或趋同国际财务报告准则的国家和地区越来越多，很多希望参与国际资本市场的公司也都会提供按照国际公认的原则编制的报表。分析者还可以专门研究几个国家的会计标准，主要对这几个国家的财务报告进行分析。

4. 前景分析

前景分析是指对公司未来的预测，是企业分析框架的最后一步。前景分析包括预测和估价。

预测不是一项单独的活动，而是包括公司战略分析、会计分析和财务分析结果的一种决策方式。例如，在预测时要回答以下问题：公司经营战略的变化对未来的销售收入和利润有何影响？最近公司采取了什么样的新会计政策？这种会计政策是管理当局盈余管理的表现吗？财务分析中发现的趋势会持续到将来吗？

11.2 即测即评

估价是指把量化的预测转变为对公司价值的估计。估价的方法有很多，简单的如市盈率估价模型，即首先根据行业状况确定公司的市盈率，然后用预测得出的每股盈余与之相乘，就可以得出公司未来的每股股价。① 复杂的有各种现金流量估价模型，如在实体现金流量折现模型中，首先预测公司未来的自由现金流量②，按照加权平均资本成本折现，即为公司的业务价值。再将对债权人的现金流量折现算出债务价值，这样，将公司的业务价值（可向所有投资者提供的实体价值）减去债务价值及其他优于普通股的投资者要求，就可以获得对公司股本的估值。③

11.3　国际业绩评价

业绩评价是企业财务管理中的重要环节，其目的在于将组织高层管理者的目标

① 因为市盈率＝每股市价/每股盈余，所以未来的每股市价＝市盈率×预测的每股盈余。

② 自由现金流量（free cash flow）有很多种定义，一种常见的定义为经营活动现金流量减资本性支出。

③ 科勒，等. 价值评估：公司价值的衡量与管理. 北京：电子工业出版社，2007.

转化为对基层决策者的激励。在国际企业中，由于国外经营涉及通货膨胀、汇率变动、转移定价等特殊问题，其业绩评价更为复杂。在本节中，将介绍国际业绩评价。国际业绩评价是指国际企业对国外经营情况的评价，这种评价一般是站在母公司的立场上进行的，其目的是帮助国际企业的最高管理当局判断目前的经营状况，发现存在的问题并及时做出修正，从而有效配置公司的有限资源。

11.3.1 子公司业绩与管理者业绩

在对国外的经营活动进行业绩评价时，面临的一个基本问题就是是否对子公司业绩与管理者业绩做出区分。一种观点认为，子公司的业绩就是子公司管理者的业绩；另一种观点认为，子公司的业绩与子公司管理者的业绩应有所区别。多数人赞成后一种观点。

国外子公司的业绩不仅仅由子公司管理者的行动决定，许多不可控事件对子公司的业绩也有重大影响。例如，国际企业总部决策、东道国政府的政策都会影响子公司的业绩。因此，一般认为应区分子公司业绩与管理者业绩，不能让子公司的管理者对他们无法控制的因素所造成的影响承担责任，这样才能恰当评价和激励国外子公司管理者的业绩。也就是说，只能依据子公司管理者可以影响的资产负债表和利润表的项目来评价。在实务中，这种评价可以通过把每个资产负债表和利润表项目划分为可控制和不可控制的组成部分来完成，如表11-5所示。

表11-5 控制财务报表格式（当地货币）

财务报表项目	当地可控部分	当地不可控部分
资产负债表		
资产（明细）	××	××
负债（明细）	××	××
所有者权益（明细）	××	××
利润表		
收入	××	××
经营费用	××	××
利息费用	××	××
其他	××	××
所得税	××	××
净利润	××	××

资料来源：Frederick D. S. Choi，Gray K. Meek. International Accounting. Sixth Edition. Prentice Hall，2008.

但是，在业绩评价中，切不可滥用可控性原则。可控性原则如果作为一个一般规律就会产生误导，因为尽管许多事件在管理者的控制之外，但这些事件的结果并不一定在管理者的控制之外。因此，将管理者与“不可控者”分离是危险的，这样做会歪曲对管理这些事件结果的经理的激励。

例如，在此框架下，一家美国公司的韩国子公司经理不应对公司财务部门委托代借的日元的利息支出负责。因为借款决策是由公司总部做出的，总部管理当局应对利息支出负责。

又如，一名工厂经理对生产程序有决策权，但不能控制原材料的价格。在考核业绩时，企业应该将投入价格的影响剔除吗？答案是否定的！因为经理可以调整或改变生产程序，根据材料价格的变化改变材料的用量。如果经理不需要对其不可控的因素负责，就没有动力改进生产流程了。

这里并不是要否定可控性原则，而是指出在应用可控性原则时要保持谨慎态度。通常越总括的业绩指标越具有不可控性，但对管理者的歪曲激励越小。可控性与歪曲激励的权衡是业绩评价中最核心的问题。国际企业管理层在进行国际业绩评价时要考虑这一因素。

11.3.2 业绩评价指标

从理论上讲，一个健全的业绩评价系统由三部分组成：一是评价指标，即采用何种业绩评价尺度作为考察对象，如财务指标、非财务指标等；二是评价依据，即如何判别业绩的好坏，比如是根据历史水平还是根据行业平均水平来确定业绩的优劣；三是奖惩机制。实务中谈到业绩评价时，一般仅指前两个部分，即狭义的业绩评价所包含的内容。在本节中，主要对前两个部分做详细介绍。

业绩评价指标就是衡量业绩的指标。业绩评价指标既可以是外部指标，也可以是内部指标。外部指标指来自企业外部的指标，如股价、咨询机构的评级等；内部指标指来自企业内部的指标，如净利润、权益报酬率等。业绩评价指标既可以是财务指标，也可以是非财务指标。财务指标有投资报酬率、净资产收益率等，非财务指标有市场占有率、雇员满意度、顾客满意度等。

1. 财务指标

国际企业业绩评价中使用的财务指标可以分为三大类：第一类是与各种口径的利润相联系的一系列指标，表现为利润绝对值指标或各种报酬率指标，如与净利润相联系的投资报酬率、资产利润率、净资产利润率、每股收益、销售利润率等；第二类是考虑资本成本的剩余收益指标，如经济增加值；第三类是现金流量指标，如营业现金流量、自由现金流量等。下面在三类指标中各选一个比较重要的指标做详细介绍。

(1) 投资报酬率（ROI）。投资报酬率等于利润与投入资本之比，它可以反映投资的效率，是监控资产管理和经营策略有效性的有用工具。

投资报酬率中分子、分母的计算可以采用各种不同的尺度。比如，分子可以是利润总额，也可以是净利润，或者是息税前利润。分母可以是总资产，也可以是股东权益，或者是股东权益加上计息债务。在实践中，不同尺度的投资报酬率都在使用。比如股东权益收益率（净利润/股东权益）就是一个很常用的指标，它是杜邦财务分析体系的核心。投资报酬率的优点主要体现在以下几个方面[①]：

---

① 徐经长，杜胜利，陈轲. 国际会计学. 2 版. 北京：中国人民大学出版社，2004.

1）投资报酬率能反映公司的综合盈利能力。投资报酬率由三项指标构成：收入、成本和投资。提高投资报酬率既可以通过增收节支，也可以通过减少投入资本来实现。不仅如此，投资报酬率还可以分成两个指标（如资产周转率与销售利润率），直至分析出财务报表的若干要素，综合力极强。

2）投资报酬率具有横向可比性。作为效率指标，投资报酬率体现了资本的获利能力，剔除了因投资额不同而导致净利润差异的不可比因素，有利于判断各子公司经营业绩的优劣。

3）投资报酬率可作为选择投资机会的依据，有利于调整资本流量和存量，作为配置资源的参考依据。

4）投资报酬率可以采取资产收益率的形式，反映公司运用资产并使资产增值的能力，资产运用的任何不当行为都将降低投资报酬率。所以，以此为评价尺度，将促使公司充分利用闲置资金，合理确定存货水平，加强应收账款及固定资产管理，及时处理积压库存。

5）投资报酬率还将敦促公司寻求更有利的投资机会，包括技术改造、新产品研制与开发、新市场开拓等。

投资报酬率的这些优点使它一度成为使用最多的一种财务指标，直到现在还有很多企业在使用。但是投资报酬率也存在一些缺陷，特别是将其用于评价跨国公司时，由于各国会计原则不同，与投资相关的会计处理方法存在差异，因此投资额当中包含的内容不尽相同，从而使得不同国家子公司之间的投资报酬率不具有可比性。此外，跨国公司之间存在转移定价，当转移定价为非正常交易价格时，投资报酬率当中的利润便是不真实的，使得投资报酬率的可靠性降低。

（2）经济增加值。经济增加值（economic value added，EVA）是由美国思腾思特咨询公司提出的，该指标实际上是改进后的剩余收益。① EVA是公司经过调整的营业净利润（NOPAT）减去公司现有资产经济价值的机会成本后的余额，其计算公式为：

$$\text{EVA}=\text{NOPAT}-k_W\times\text{NA}$$

式中，k_W 为企业的加权平均资本成本；NA为公司期初的经济价值。NOPAT是以报告期营业利润为基础，经过下述调整得到的：加上坏账准备的增加；加上后进先出（LIFO）计价方法下存货的增加；加上商誉的摊销；加上净资本化研究费用的增加；加上其他营业收入（包括投资收益）；减去现金营业税。

企业的加权平均资本成本通过以下公式得出：

$$k_W=\frac{D_M}{D_M+E_M}\times(1-T)\times k_D+\frac{E_M}{D_M+E_M}\times k_E$$

式中，D_M 为公司负债总额的市场价值；E_M 为公司所有者权益的市场价值；k_D 为负债的税前成本；T 为公司的所得税税率；k_E 为所有者权益的成本。

---

① 传统的剩余收益是指净收益与投资成本的差异，计算公式为：剩余收益＝净收益－投资额×资金成本。

EVA 扩展了剩余收益的概念，它的优点有二：一是它所利用的加权平均资本成本反映了以市场为基础的风险水平，这就相当于从营业利润中扣除了股东投资的机会成本，是股东从经营活动中得到的增值收益；二是它是在对因财务报告需要而被公认会计原则曲解的信息进行调整后计算得出的。

后来又有学者提出了修正的经济增加值指标（REVA）。该指标认为，公司用于创造利润的资本价值总额既不是公司资产的账面价值，也不是公司资产的经济价值，而是其市场价值。因此要以资产的市场价值为基础来衡量企业的经营业绩，其计算公式为：

$$REVA_t = NOPAT_t - k_W \times MV_{t-1}$$

式中，$NOPAT_t$ 为 t 期末公司调整后的营业净利润；MV_{t-1}为 $t-1$ 期末公司资产的市场总价值，等于公司所有者权益的市场价值加上经过调整的公司负债价值（$t-1$ 期的总负债减去无利息的流动负债）。

（3）自由现金流量。自由现金流量是评估企业价值时最常用的指标之一，由哈佛大学的詹森（Jensen）教授于 1986 年提出。该指标没有严格的定义，却有众多的名称，如袭击者现金流量（raiders cash flow）、超额现金流量（surplus cash flow）、多余现金流量（excess cash flow）、可分配现金流量（distributable cash flow）、可自由使用的现金流量（disposable cash flow）等。自由现金流量不受会计方法的影响，也不受经理的操纵。自由现金流量是公司不必进行再投资而能够维持当前增长速度的经营现金流量，等于来自顾客的现金净额减去用以保持当前增长率所需的现金支出。也就是说，自由现金流量是指除了库存、厂房、设备、长期股权等类似资产所需的投入外，企业能够产生的额外现金流量。用经营活动现金净流量减去资本性支出，可以得到自由现金流量的近似值，这也是自由现金流量的传统定义。

但如果考虑到有些资本性支出具有一定的随意性，如研发、采购等，在计算自由现金流量时就要审查企业的资本性支出是否必要，可以将销售成本的增长率与资本性支出的增长率进行比较。假设为了维持某一特定的销售成本增长率，资本性支出应该有大致相同的增长。如果发现在某一会计期间资本性支出的增长率明显高于销售成本的增长率，就有理由认为是投资过度，并且这个过度投资就是随意性资本性支出，它可以被看成是自由现金流量。

利用自由现金流量对公司业绩进行评价的依据在于持续经营的企业应该有创造稳定现金流量的能力，但并不意味着自由现金流量越高，企业绩效越好。由于存在代理问题，企业自由现金流量过高可能是因为企业出现了投资不足的问题；然而，自由现金流量过低也可能意味着企业进行了过度投资。此外，跨国公司在运用该指标进行业绩评价时，还应注意企业内部资金调度对各子公司自由现金流量的影响，否则利用该指标进行业绩评价就没有意义。

2. 非财务指标

前面已经指出，以投资报酬率为代表的传统财务指标的缺陷十分明显。在这一背景下，业绩评价指标朝两个方向演变：一是对传统财务指标进行改进，如 EVA；

二是在业绩评价中引入非财务指标。非财务指标在业绩评价中的重要性已经得到人们的认可，越来越多的国际企业开始在国际业绩评价中使用非财务指标。

目前得到公认的评价国际企业业绩的非财务指标有：

（1）市场占有率；

（2）产品质量与服务指标，包括产品瑕疵率、返修率、退货率等；

（3）顾客满意度指标；

（4）生产率指标，可以用单位雇员增值额和每一直接人工小时生产量来表示；

（5）人力资源指标；

（6）子公司创新能力指标；

（7）过程控制指标。

业绩评价指标中财务指标和非财务指标的竞争体现在两方面：第一，体现了长期与短期之争。相对于仅反映前期成果的利润指标，顾客满意度、市场占有率等指标更能体现企业的长期发展态势，而结合企业生命周期的分析将更好地揭示企业的成长性。第二，体现了在可操作程度与准确性之间的取舍。量化的财务指标虽易操作，但在某些情况下失之偏颇，结合非财务指标可能更为准确，不过可操作性会打折扣。所以，在现实中往往表现出一种矛盾的状态：理论上赞同非财务指标，实践中却更多地使用财务指标。林格和斯奇曼（Lingle and Schiemann）1996年调查了203位经理人员对各种财务与非财务指标的质量、使用和重要性的看法，结果如表11-6所示。①

表11-6 财务与非财务指标的质量、使用和重要性调查结果（%）

指标	业绩指标类型					
	财务指标	顾客满意度	经营效率	员工业绩	社区与环境	创新与变革
最有价值的信息	82	85	79	67	53	52
愿意根据信息的质量来评判工作	61	29	41	16	25	16
在业绩考核中，指标被明确地界定	92	48	68	17	25	13
指标在日常管理中使用	98	76	82	57	44	33
指标被用以驱动组织创新	80	48	62	29	9	23
指标与薪酬相联系	94	37	54	20	6	12

从表11-6中可以看出，尽管只有82%的被调查者认为财务指标具有较高价值，但90%以上的被调查者在业绩考核中明确界定了财务指标，在日常管理中使用财务指标，并将薪酬与财务指标相联系；相反，虽然85%的被调查者认为顾客满意度具有较高价值，但只有76%的被调查者在日常管理中使用顾客满意度，仅有48%的被调查者在业绩考核中明确界定了顾客满意度或用顾客满意度驱动组织创新，只有37%的被调查者将薪酬与顾客满意度相联系。同样的情形也出现在经

① Lingle，Schiemann. From Balanced Scorecard to Strategic Gauges：Is Measurement Worth It?. Management Review，1996（3）.

营效率、员工业绩、社区与环境以及创新与变革上。这说明，虽然非财务指标越来越重要，但是在业绩评价的实践中，却由于这些指标自身的缺陷而导致人们谨慎使用。只有将财务指标与非财务指标结合在一起，克服二者缺陷的业绩评价体系才能满足实践的需要。比如卡普兰（Robert S. Kaplan）提出的平衡计分卡（balanced scorecard）就提供了将财务指标与非财务指标结合在一起的一种思路，它以战略为核心，考察财务、客户、内部运营、学习与成长等四个方面的绩效。

11.3.3　业绩评价依据

业绩评价的第二个层面是评价依据，即业绩评价中的参照系选择。常见的评价依据有预算标准、历史标准、自由决定的标准（discretionary standard）、外部标准、长期有效的标准（timeless standard）和资本成本。

预算标准是指在评价国外子公司时采用经营预算中预定的指标，如预算中确定的净利润指标。如果预算制定得很合理，它与其他评价依据相比就有明显的优势。因为预算考虑了国外子公司面临的机遇与挑战，更多地从子公司自身出发。实际业绩与预算业绩对比，能使母公司管理当局区分哪些是子公司经理可以控制的结果，哪些是其无法控制的结果。

历史标准是指以子公司以往的业绩为依据来进行业绩评价，可以是前几年的平均业绩、历史最高水平或上一年的业绩，如销售收入、每股利润的增长率。采用历史标准最大的优点是便于操作，但这种标准承认历史的合理性（否则无法作为依据），这样就把子公司以往的不足之处也带到了将来。

自由决定的标准是指母公司管理当局根据子公司的经营计划、上一年的业绩、预算的业绩及对完成预算业绩难度的评价而主观确定的业绩目标。

外部标准是指根据子公司与同行业企业或市场指数来评判子公司的业绩。

长期有效的标准是指按照固定的标准来评判子公司的业绩，如 10%的资产报酬率，这个 10%是不随时间改变的。

资本成本是指基于子公司资本成本的业绩标准，如以经济增加值为基础的业绩评价系统。

11.3.4　国际业绩评价中的特殊问题

通货膨胀、外币折算与转移价格是国际业绩评价中经常需要面对的问题。在业绩评价时必须考虑这些因素的影响并做出相应调整，否则就有可能做出错误的业绩评价，进而影响公司资源的最佳配置。

通货膨胀对历史财务报表造成的影响，可能给业绩评价带来如下不利后果：

（1）与当前销售收入相比，销售成本被低估。

（2）与当前价格相比，所使用的资本成本被低估。

（3）由于（1）和（2），资本回报率被加倍高估。

（4）对使用不同账龄的同类固定资产的分部来说，它们的业绩对比将是谬误的。

（5）位于不同国家的子公司的业绩比较是没有意义的。

（6）在不同期间的业绩对比也将是无效的。①

有的国际企业采用在内部报告系统中结合现行成本调整的办法来消除通货膨胀的影响。例如，在计算现金流量时，重点在于判断每类产品是否可以赚取足够的收入来支付工厂重置成本、所分摊的总部成本份额以及足以保证一定增长水平的利润。此外，也可以对投资报酬率做修正，如现行成本下的息税前利润与现行成本下固定资产加净营运资本之比。通过现行成本的调整，国际企业就可以在不同国家和不同期间对所属企业进行对比。

11.3 即测即评

子公司的会计记录与财务报表一般都是用当地货币表示的，国际企业需要对这些用外币表示的财务报表进行折算，以便于国际业绩评价。在外币折算时，可以采用历史汇率、现行汇率、报告期平均汇率等。

国际企业出于整体利益的考虑，制定了不同的转移定价策略。在国际业绩评价时，一般要剔除转移价格给子公司业绩带来的正面或负面影响，以正确评价子公司业绩。

本章小结

国际财务报告是指为了满足多个国家信息使用者的需要而编制的财务报告。虽然跨国公司提交国际财务报告的必要性已经为人们所认识，但是跨国公司究竟应提供何种形式、包括哪些内容的财务报告，并没有统一的模式。跨国公司面临来自外界和自身的各种编制国际财务报告的压力、动力和阻力的影响。可以将企业战略分析、会计分析、财务分析、前景分析四个方面相结合进行国际财务分析。在对国外的经营活动进行业绩评价时，要注意区分子公司业绩和管理者业绩，并且要对业绩评价指标和业绩评价依据做出正确选择。

名词术语

国际财务报告	国际分部报告	业务分部	行业分部
业绩评论	经济增加值	自由现金流量	

① 乔伊，等. 国际会计学：第7版. 大连：东北财经大学出版社，2012.

练习题

一、思考题

1. 跨国公司为什么需要编制国际财务报告?
2. 谈谈会计准则国际趋同对国际财务报告的影响。
3. 如何构建一个框架来进行国际财务报告分析?
4. 谈谈在国际业绩评价中可控性原则的应用。
5. 什么是经济增加值? 如何在业绩评价中应用?
6. 如何理解自由现金流量?
7. 如何选择业绩评价依据?
8. 通货膨胀、外币折算和转移价格等因素如何影响国际业绩评价?

二、课堂案例

瑞杰技术公司是一家中国公司，生产高科技产品。5 年前，它在中国香港、墨西哥和日本都设立了子公司。每家子公司每年赚取的收入都折算成人民币（以年平均汇率折算)。每家子公司用来经营业务的资源数量相同，劳动力工资在各地也类似，通货膨胀率、经济增长和竞争情况在各地都比较相似。子公司的收入情况及各种货币过去 5 年的平均汇率如下面的两个表格所示。在各地赚取的收入都在当地进行再投资而不是汇回母公司，将来的收入也没有汇回母公司的计划。副总裁委员会开会评估过去 5 年间各子公司的经营业绩，讨论母公司拥有的多余现金应投往何处。因为相关汇率受许多因素的影响，财务经理认为汇率未来变动有大量的不确定性因素。但财务经理也认为，没有哪种货币总是升值或总是贬值，上年的平均汇率可作为对未来几年汇率的一个预测参考。

每家子公司收入情况　　　　单位：百万元人民币

年份	每家子公司年收入换算成人民币的数额		
	中国香港	墨西哥	日本
第 1 年	20	21	30
第 2 年	24	24	32
第 3 年	28	24	35
第 4 年	32	36	41
第 5 年	36	42	46

汇率变动情况

年份	港元	墨西哥比索	日元
第 1 年	0.84	0.10	0.040
第 2 年	0.84	0.12	0.043

续表

年份	港元	墨西哥比索	日元
第3年	0.83	0.16	0.046
第4年	0.81	0.20	0.055
第5年	0.81	0.24	0.064

注：表中汇率为1外币兑换人民币。

要求：

（1）用你认为合适的方法给每个负责子公司的管理人员的业绩排队。

（2）用你认为合适的任何方法分析母公司应把多余资金投往哪一家子公司，请解释理由。

（3）如果子公司投资赚取的所有收入每年都要汇回母公司，你会改变（2）中的决策吗？

（4）该委员会的最后一个任务是提出关于是否从一些子公司撤资的建议。一位副总裁认为，对折算成人民币的收入进行评估，可看出香港子公司和墨西哥子公司的业绩高度相关。该副总裁认为有两个这样的子公司并不能获得太多的多样化优势，因此卖掉香港子公司或墨西哥子公司中的任意一家，也不会丧失多样化利益。你同意他的观点吗？为什么？

三、课后上网练习

以你在第1章课后上网练习中选定的中国国际企业为主体，上网收集该国际企业任一国外子公司近3～5年的相关财务信息，回答以下问题：

（1）你如何评价该国际企业国外子公司近3～5年的经营业绩？

（2）哪些因素可能会影响对该国外子公司业绩评价的客观性？如何调整？

四、真实案例在线文章

在网上查找一篇近期的文章。文章内容（最好与某一特定国际企业有关）能够诠释本章所阐述的一个或多个概念。可以使用的搜索关键词包括国际财务报告、国际财务报告分析、国外子公司业绩评价等。

图书在版编目（CIP）数据

国际财务管理学：立体化数字教材版 / 许艳芳等编著. -- 7 版. -- 北京：中国人民大学出版社，2025. 7.（中国人民大学财务管理系列教材）. -- ISBN 978-7-300-34219-1

Ⅰ. F811. 2

中国国家版本馆 CIP 数据核字第 202555ZG25 号

“十二五”普通高等教育本科国家级规划教材
中国人民大学财务管理系列教材
国际财务管理学（第 7 版・立体化数字教材版）
许艳芳　王建英　支晓强　袁　淳　编著
Guoji Caiwu Guanlixue

出版发行	中国人民大学出版社		
社　　址	北京中关村大街 31 号	**邮政编码**	100080
电　　话	010－62511242（总编室）		010－62511770（质管部）
	010－82501766（邮购部）		010－62514148（门市部）
	010－62511173（发行公司）		010－62515275（盗版举报）
网　　址	http://www.crup.com.cn		
经　　销	新华书店		
印　　刷	天津鑫丰华印务有限公司	**版　　次**	2009 年 10 月第 1 版
开　　本	787 mm×1092 mm　1/16		2025 年 7 月第 7 版
印　　张	21.5 插页 1	**印　　次**	2025 年 7 月第 1 次印刷
字　　数	476 000	**定　　价**	56.00 元

中国人民大学出版社 管理分社

教师教学服务说明

中国人民大学出版社管理分社以出版工商管理和公共管理类精品图书为宗旨。为更好地服务一线教师，我们着力建设了一批数字化、立体化的网络教学资源。教师可以通过以下方式获得免费下载教学资源的权限：

★ 在中国人民大学出版社网站 www.crup.com.cn 进行注册，注册后进入“会员中心”，在左侧点击“我的教师认证”，填写相关信息，提交后等待审核。我们将在一个工作日内为您开通相关资源的下载权限。

★ 如您急需教学资源或需要其他帮助，请加入教师 QQ 群或在工作时间与我们联络。

中国人民大学出版社 管理分社

教师 QQ 群： 648333426（工商管理） 114970332（财会） 648117133（公共管理）
教师群仅限教师加入，入群请备注（学校 + 姓名）

联系电话： 010-62515782，82501868，82501048，62514760

电子邮箱： glcbfs@crup.com.cn

通讯地址： 北京市海淀区中关村大街甲 59 号文化大厦 1501 室（100872）

管理书社　　人大社财会　　公共管理与政治学悦读坊